应用型高等院校"十二五"规划教材

管理学

周学锋　主编

北京师范大学出版集团
BEIJING NORMAL UNIVERSITY PUBLISHING GROUP
安徽大学出版社

图书在版编目(CIP)数据

管理学 / 周学锋主编. —合肥:安徽大学出版社,2012.8

应用型高等院校"十二五"规划教材

ISBN 978-7-5664-0465-7

Ⅰ.①管… Ⅱ.①周… Ⅲ.①管理学—高等学校—教材 Ⅳ.C93

中国版本图书馆 CIP 数据核字(2012)第 144300 号

管理学 周学锋 主编

出版发行:北京师范大学出版集团
安 徽 大 学 出 版 社
(安徽省合肥市肥西路 3 号 邮编 230039)
www.bnupg.com.cn
www.ahupress.com.cn

印 刷:合肥现代印务有限公司
经 销:全国新华书店
开 本:184mm×260mm
印 张:25.75
字 数:540 千字
版 次:2012 年 8 月第 1 版
印 次:2012 年 8 月第 1 次印刷
定 价:41.80 元
ISBN 978-7-5664-0465-7

责任编辑:朱丽琴 龚婧瑶 装帧设计:戴 丽
责任印制:陈 如

编委会

主　编　　周学锋

副主编　　何叶荣

编　委（排名不分先后，以姓氏笔画为序）

何叶荣　杨　渊　陈方旻
周学锋　周　峰　单　杰
郭　瑞　惠光伦　裴飞云
霍圣年

前 言

管理学是一门应用性很强的学科,既有科学的规律,又有管理技巧的运用,它是专门研究管理活动的基本规律和一般方法的科学。它所揭示的各种规律、原理与方法,不仅适用于工商企业的管理,也适用于机关、事业单位等各种社会组织的管理。我们在编写中坚持管理学的一般性和普遍性原则,突出一般组织的管理共性。因此,我们把本教材定名为《管理学》。

我国已有《管理学基础》、《管理学原理》、《管理学概论》、《管理学》等多种版本教材出版,但部分教材学术性、理论性太强,实用性、针对性和趣味性等却不尽如人意。针对应用型高校学生群体,增强管理学课程教育教学的适用性,是我们编写这本《管理学》的出发点。

在《管理学》编写过程中,我们按照对应用型本科经济管理类专业学生的培养目标及对其知识结构和实际应用能力的要求,坚持注重基础教学和实际运用的原则,力求做到理论结合实际,博采众长,并且充分吸收国内外管理实践的经验和最新研究成果,力求循序渐进、简明扼要。在内容取舍上,本书力求做到体系完整而又重点突出,抓住管理思维和实践的精髓,着力体现系统性、适应性、时代性、逻辑性和经典性,以便学生在掌握管理学科学体系的同时能把握住重点和难点。在编写方法上,本书力求结构合理、由浅入深、条理清晰、通俗易懂,因此我们把多年教学和实践经验融入教材中。在章节体例安排上,本书配有引导案例、本章小结、案例分析、思考题及应用训练,且在正文部分尽力用有针对性的插图和表格说明问题,力求为学生提供一份系统的、全面的学习资料,在提升教材趣味性的同时,提高学生的学习效果。

基于上述考虑,本教材内容结构按照横向、纵向和纵横向交叉三个维度进行设计。横向维度即管理平台模块,包括管理、管理者、管理职能、管理环境、管理道德、管理思想、原理和方法等基本管理要素;纵向维度即管理过程模块,包括决策、计划、组织、领导、控制和创新等基本管理职能;纵横向交叉维度即管理展望模块，包括在当代信息化和全球化背景下管理内外部环境的变化和管理发展的趋势。管理平台模块是本教材的总纲和基础，起到统领其他模块的作用；管理过程模块是本教材的核心；管理展望模块是本教材的有益补充，力求反映管理的今天，展望管理的明天。

《管理学》主要作为应用型高校经济管理类专业学生教材，可供其他相关学科学习使用，也可作为党政事业单位干部和企业管理人员培训用参考书。

在编写过程中，我们得到了安徽大学出版社、其他高校和本校领导及同仁的指导、关心和支持，特别是淮南师范学院办公室缪保爱老师在编写过程中花费了大量精力。在此，我们表示衷心感谢！本书仍有不足或不当之处，敬请同行专家及广大读者批评指正，以使本书的内容更加完善和优化。

编　者

2012 年 4 月

目　录

第一章 管理与管理学

学习目标

- ▶了解管理的含义、性质与基本职能
- ▶掌握管理者的基本技能
- ▶熟悉管理对象的构成与环境分类
- ▶能深刻领会管理在现代社会中的重要作用
- ▶能深入理解管理的艺术性

案例导引

"剪裤子"的故事

美国国际商业机器公司的创始人托马斯曾经讲过一个故事。

有一个男孩第一次得到一条裤子,穿上长了一些。他请奶奶帮助把裤子剪短一点,可奶奶说,眼下的家务事太多,让他去找妈妈,而妈妈回答他,她已经同别人约好去打牌,让他去找姐姐。男孩子又去找姐姐,姐姐说有约会,时间就要到了。男孩子非常失望,担心第二天穿不上这条裤子,带着这种心情进入了梦乡。

奶奶忙完家务事,想起了孙子的裤子,就去把裤子剪短了一点;姐姐回来后心痛弟弟,又把裤子剪短了一点;妈妈回来后同样也把裤子剪短了一点。可以想象,第二天早上大家会发现这种未经管理(协调)的活动所造成的恶果。

可见,任何集体活动都需要管理。没有管理,集体中每个成员的行动方向就不一定相同,即使方向一致,由于没有整体协调配合,也达不到预期目标。

(资料来源:徐国华:《管理学》,北京:清华大学出版社,1994。)

在人类社会活动中，管理活动无处不在，无时不有。当人类社会开始工业化时，管理学应运而生。管理学伴随着人类社会的进步，不断丰富和发展。什么是管理和管理学？我们将从管理的内涵、职能、性质及其价值，管理者及其扮演的角色和技能，管理环境的概念、分类及其研究意义，管理学的研究对象及其方法等方面展开讨论。

第一节　管理与管理活动

事实上，人们现在不论从事经济建设、政治建设、文化建设、社会建设，还是生态文明建设，为了实现预期目标，提高活动的质量和水平，都要从事诸如决策、计划、组织、领导、控制和创新等活动，这就是管理活动。

一、人类活动与管理

从古到今，人类的经济、政治、军事、宗教及其他一切社会活动，都具有三个最基本的特点。

（一）目的性

人类的一切活动都是经过大脑思考，为了达到预期的目的而进行的。每个人都有自己的需求、自己的理想，他们不仅为自己的预期目的和理想去奋斗，并且还往往需要与其他人进行共同的努力。甚至可以说，人类正是在为实现预期目的的活动中，在不断地思考、谋划、设计和组织管理的过程中，逐渐进化的。

（二）依存性

人类的目的性来源于人对外部环境和人类自身的相互依存关系。人类为了生存和发展，必须通过适应和改造外部环境去取得必需的资源，必须通过个人或集体的劳动为自己或他人提供需要的产品和劳务。人从来就不是孤立的个体，尽管在人类发展的进程中，各个集团、阶级、民族、国家之间经常发生矛盾、冲突和斗争，但始终没有改变人类必须相互依存的特点。

（三）知识性

人类活动的另一个基本特点是能从自己过去的实践中学习，从前人的经验中学习，并能把学到的知识加以记忆、积累、分析和推理，从而形成人类独有的知识体系，包括各种科学理论、原理、方法和技艺等。人们在不断积累知识，认识人类社会发展客观规律的伟大实践活动中，推动社会不断向前发展。

由此可见，人类活动尽管千差万别，但都是有目的的、相互依存的活动，都是不断地积累知识、探索规律以及运用知识和规律的活动。人们在活动过程中，为了实现预期目标，始终期望提高活动的质量和水平，追求工作的效率和效果。因此，人类活动不仅为人们的管理实践提供了现实条件，也对管理活动提出了客观要求。

随着人类社会的发展，特别是进入工业化、知识化、信息化和网络化时代，人们越来越认识到管理对人类社会发展与进步影响深远，意义重大。

从宏观层面看，人类社会发展到今天，人们共同认识到人与自然、人与社会以及人与人的关系问题，正在面临许多新的机遇和挑战。

其一，资源短缺将是一种长期经济现象，如何对有限的资源进行合理利用的问题。

其二，科技是阻碍和推动生产力发展的原因之一，如何发挥科技推动生产力，而不是阻碍生产力的作用。

其三，高度专业化的社会分工是人类社会发展的必然要求，如何平衡分工与合作问题。

其四，实现人类社会的长期发展，需要靠全体成员的共同努力，如何培育社会全体成员的共同价值观，实现社会共同理想问题。

其五，近年来，以计算机技术为基础，信息网络、互联网等技术在各行各业中的迅速普及和应用等问题。

以上都是管理要解决的问题。因此，人们越来越认识到加强管理的必要性和迫切性。

从中观层面看，在人类经济社会发展的历史长河中，重视了管理活动，不论是国家、社会，还是企业，都实现了又好又快的发展。比如，第二次世界大战后，从 1945 年到 1960 年这短短的 15 年间，日本经济从濒于崩溃的边缘一跃发展到世界第二位，堪称“经济奇迹”。学者们总结日本的经济发展，提出了生产第四要素理论，即生产之所以能够发生并持续进行，除了需要土地、劳动和资本外，还必须存在第四要素——管理。还有学者提出了生产力的四要素理论，即生产力由劳动者、劳动对象、劳动工具以及管理活动这四大要素构成。由此可见，管理具有很重要的作用。

从微观层面看，任何一个组织，为了有准备地获取和使用所拥有的资源以实现组织目标，通常面临三个基本问题。

其一，如何使个人适应组织的需要以提高工作效率。

其二，如何使组织适应环境。

其三，如何使组织适应人的发展需要。

这三个问题正是管理要解决的“个体——组织——环境”共生共息和效益问题。

因此，人类活动，不论是哪种活动，都一定包含着管理活动，管理活动客观地存在于一切人类活动之中，贯穿于人类社会生产实践活动的始终。可以说，管理是人类活动的客观要求。凡有人群的地方都需要管理，管理活动的历史与人类活动的历史同样悠久。

古今中外，古往今来，凡是体现人类高度智慧的重大社会活动和重大社会产品，都无不体现管理在其中扮演的重要角色：古代埃及金字塔、中国的长城和都江堰、现代载人航天、三峡大坝……

二、管理的内涵

理解了管理的重要性和必要性，并不等于真正理解管理的含义。那么什么是管理呢？要给“管理”下一个简洁、确切的定义并非易事。

（一）几种代表性的观点

长期以来，许多中外学者从不同的研究角度出发，对管理做出了不同的解释。然而，不同学者在研究管理时，由于其出发点不同、研究对象不同、内外部环境不同以及分析问题角度不同，对“管理”一词所下的定义也就不同。到目前为止，“管理”还没有一个统一的定义，从不同的角度可以有不同的理解。因此，我们仅着重介绍几种具有代表性的观点：

1. 弗雷德里克·W. 泰罗（Frederic W. Taylor）的定义

管理是确切知道要干什么，并使人们用最好、最经济的办法去干。他强调用最好的工作方法去工作，寻求最经济的方法完成工作任务。

2. 亨利·法约尔（Henri Fayol）的定义

管理是所有人类组织都有的一种活动，这种活动由五项要素组成：计划、组织、指挥、协调和控制。他强调管理职能和管理过程。

3. 哈罗德·孔茨（Harold Koontz）的定义

管理就是设计和保持一种良好的环境，使人在群体里高效率地完成既定目标。他强调管理的内容就是设计、保持良好的工作环境、实现既定目标和追求效率。

4. 赫伯特·西蒙（Herbent Simon）的定义

管理就是决策，决策贯穿管理的全过程。他认为决策过程是任何管理工作解决问题时所必经的过程。

5. 斯蒂芬·罗宾斯（Stephen P. Robbins）的定义

管理是指同别人一起并且通过别人更有效地完成活动的过程。这一定义把管理视作过程，既强调了人的因素，又强调了管理的双重目标——既要完成活动，又要讲究效率。

6. 彼得·F. 德鲁克（Peter F. Drucker）的定义

管理就是界定企业的使命，并激励和组织人力资源去实现这个使命。界定使命是企业家的任务，而激励与组织人力资源是领导力的范畴，二者的结合就是管理。

7. 周三多的定义

管理就是管理者为了有效地实现组织目标、个人发展和社会责任，运用管理职能进行协调的过程。

（二）管理的内涵

上述“管理”的定义，包含着丰富的内涵：

其一，管理的目的是为了实现预期的目标。管理的目标是管理活动的出发点和落脚点，世界上既不存在无目标的管理，也不可能实现无管理的目标。

其二，管理是在一定的环境条件下进行的。管理是管理者在既定的内外部环境和条件下进行的，有效的管理必须充分考虑组织内外部的环境和条件变化。

其三，管理的本质是协调。协调就是使个人的努力与集体的预期目标相一致。协调包括人力、物力、财力、技术、时间和信息等方面，协调的中心是人。

其四，协调的方法是多样的，协调既需要定性的理论和经验，也需要定量的专门技术。计算机的应用与管理信息系统的发展，将会使协调活动发生质的变化。

其五，管理必须讲究效率和效果。效率涉及的是活动的方式，而效果涉及的是活动的结果。管理者实现了组织的目标，就是实现了预期效率和效果。管理活动既要追求高效率，又要追求高效果，如图 1－1 所示。

		效率	
		高	低
效果	高	以低的成本产出市场所需要产品	以低的成本产出市场不需要产品
	低	以高的成本产出市场所需要产品	以高的成本产出市场不需要产品

图 1－1 管理的效率与效果

由此可见，所谓“管理”，就是管理者在一定的环境条件下，运用管理职能进行有效的协调，以实现预期组织目标、个人发展和社会责任的过程。

知识链接

管理释义

“管”的本义是泛指细长的圆筒状物，用得比较多的物件有管状乐器、钥匙等，如“郑人使我掌其北门之管”，此处即为钥匙义。从细长圆筒形物引申出的含义是狭小、狭窄，如“管见”、“管窥”等。从钥匙义引申出的是保管、看管、管束等含义。与此紧密相关的词语是“管辖”：“管以开门闭户，辖以解脱车轮。管辖：喻机要之地。”再引申为“总理其事曰‘管’”，如“管家”、“总管”等。

“理”的本义是指玉石的纹路，引申出“道理”一词，表示“规律”和“原则”。“理”作动词时的本义是“治玉”，即把玉石雕琢加工，制成玉器，所以引申出“治理”、“整理”等意思，如“修理”、“理财”等。

“管理”＝“管＋理”。“管＋理”是一种活动。既然是活动就一定有主体和客体（活动者和对象），假设自己就是那个活动者，面对一个对象（人或物）在进行“管＋理”的活动。首先是“管”：即将对象限制在一个狭小的范围之内进行看管，这个对象对我们来说是很重要的，必须在我们的控制之下。接下来就是“理”：因为这个对象有自己的纹理、条理、道理和规律，所以必须充分了解对象自身的规律，并根据这些规律对对象进行整理或治理，最终达到一个使我们满意的理想状态或目标。

（资料来源：程忠国、朱友发、司树宏：《管理学基础》，北京：北京师范大学出版社，2010。）

三、管理的性质

关于管理的性质，学者们从多方面进行过分析与研究，认为管理存在于人类社会中，必然具有自然属性和社会属性；同时，管理又具有科学性和艺术性的特征。

（一）管理的自然属性和社会属性

管理活动是人类活动的重要组成部分，具有同生产力和社会化大生产相联系的自然属性；同时，管理又具有同生产关系、社会制度相联系的社会属性。

管理具有自然属性，因为管理过程就是对人、财、物、信息、时间等资源进行合理配置，对业务及职能活动进行协调运作，以实现生产力的科学组织过程。这种组织生产力的管理功能，反映了人与自然的关系，不因社会制度、生产关系的不同而变化。管理的这种不因生产关系、社会制度的变化而变化，只与生产力发展水平相关的属性称为管理的"自然属性"。

管理具有社会属性，因为管理是人类的活动，而人都处于在一定的生产关系之中，必然要受到生产关系的制约和社会制度的影响。在管理过程中，为维护生产资料所有者的利益，需要调整人们之间的利益分配，协调人与人之间的关系。这种调整生产关系的管理功能，反映的是生产关系与社会制度的性质，管理的这种与生产关系和社会制度相联系的属性称为管理的"社会属性"。

理解管理的二重性是相互联系、相互制约的。一方面，管理的自然属性不是孤立存在的，它总是存在于一定的社会制度、生产关系中；同时，管理的社会属性也不可能脱离管理的自然属性而存在，否则，管理的社会属性就成为没有内容的形式。另一方面，管理的二重性又是相互制约的，管理的自然属性要求具有一定社会属性的组织形式和生产关系与其相适应，同时，管理的社会属性也必然对管理的方法和技术产生影响，如图 1－2 所示。

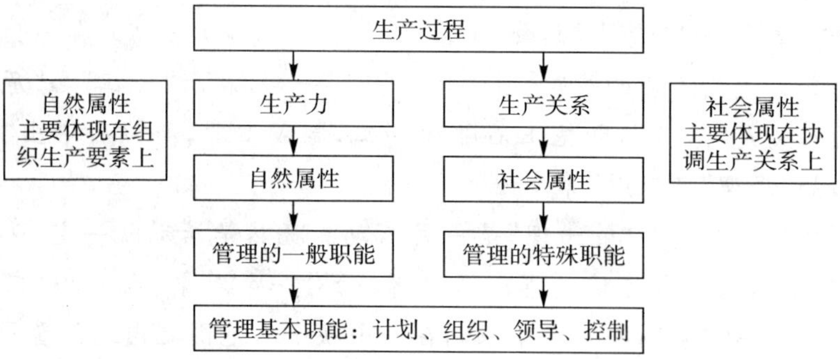

图 1－2　管理属性的关系图

理解管理的二重性，对于我们学习管理学和从事管理工作、认识我国的管理问题、探索管理活动的规律等，都具有重大的现实意义。

（二）管理的科学性和艺术性

管理的科学性主要体现在：

1. 理论系统性

现在的管理已经形成了一整套理论，这是通过对大量的实践经验进行概括和总结而完成的。管理学的各个章节所包括的内容相互间都有着紧密的联系，从而形成了一个合乎逻辑的系统。

2. 真理性

管理的真理性是不言而喻的，它的许多原则都是经过了实践反复的检验才抽象出来的。因此，它是一种科学知识，是客观事物及其规律的真实反映。

3. 发展性

管理一直处于不断发展完善的过程当中，因为受到各方面条件的限制，管理理论不可能达到尽善尽美的程度，它要在发展中不断充实、完善，有些内容还要进行修正，使之能够更有效地去指导实践。

管理的艺术性主要体现在：

其一，艺术的含义是指能够熟练地运用知识并通过巧妙的技能来达到完美效果，而有效的管理活动正需要如此。

其二，管理环境变化多端，要求管理者在强调其科学性的同时，把握其灵活性与创造性，以求达到管理效果的完美。

其三，真正掌握了管理知识的人，能够熟练地、灵活地把这些知识应用于实践，并能根据自己的体会不断创新。

管理聚焦

外行管理 IBM 公司的成功

众所周知，IBM 公司是计算机行业的龙头老大，20 世纪 80 年代中期以前，它的一举一动都会对整个行业产生重大影响。1985 年，IBM 公司的大中型机独占世界市场 70%的份额，大型机的毛利率达 85%，中型机的毛利率达 50%。

然而好景不长，从 1990 年到 1993 年，公司连续 3 年亏损，1993 年一年亏损额就高达 80 亿美元，3 年累计亏损 168 亿美元，创下了美国企业史上第二高亏损纪录，公司危在旦夕。

在这生死存亡的紧急关头，哈佛大学工商管理硕士（MBA）、美国最大的食品企业——美国食品烟草集团总裁郭士纳，这位非计算机专业科班出身的经理人受命于危难之际。

郭士纳经过3个月的认真调研，认为IBM公司的失败，表面上看是产品不适应市场，但实质是缘于公司长期以来形成的封闭傲慢的工作作风和人浮于事的臃肿机构，各部门之间的权力之争使公司未能满足顾客的需求。温和的改良也许是公司免遭更大风险的唯一途径，但是由于公司仍受积弊的约束，难以迈出大步。因此，他力排众议，认为必须在保持IBM公司团队优势的基础上，对这一庞然大物进行脱胎换骨式的改造，并具体做出如下决策：第一，质疑IBM首创"销售和服务是营销功能中不可分割的两部分"的思想，推出新的方法，即将两种功能融为一体，推销员不仅是产品的推销者，还应是经验丰富的顾问，将推销手续费中的60%同每笔交易的利润率挂钩。这一改革使公司的销售队伍从原来的15万人精简到7万人，不仅节约了推销费用，还提高了推销效益。第二，打破不轻易减人的传统。IBM公司创始人是贫寒家庭出身，深知下层员工养家糊口的困难，立下了"宁可咬紧牙关也要与员工共存亡"的规矩。郭士纳认为，面对激烈竞争的市场，如果仍坚持这一规则，无异于大家一起死。于是公司进行了大量裁员，为轻装上阵创造了条件。第三，必须进行历史性的战略调整。IBM公司是一家以硬件为主的公司，虽然公司有一流的软件系统，但原来只是为了推销硬件。郭士纳决意要使软件和服务扮演更为重要的角色，同硬件部门一起成为IBM的三大支柱。他的经营战略核心是使IBM成为一家专为客户解决问题的公司。面对网络世界，IBM没有时间从头开发新型网络群软件系统，于是他采用移花接木的方法，耗资35亿美元，强行收购市场占有率达34%却缺乏资本难以继续发展的莲花公司，实现了强强联合，使IBM公司向网络世界迈出了坚实的一步。

经过"外行"郭士纳大刀阔斧的改革，IBM公司在一年后便开始扭亏为盈，1996年底实现收入759亿美元，净利润为54亿美元，股价从1993年的40美元上升到175美元，1997年收入继续上升到785亿美元，真正成为一家集硬件系统、软件系统及客户服务为一体的全方位的网络计算机产品公司，并以崭新的面貌成为计算机领域最强势的公司之一。

（资料来源：孙袭林、陈雨良、李彤：《实用现代管理学》，北京：北京大学出版社，2004。）

四、管理的职能

管理的基本职能包括：决策（计划）、组织、领导、控制和创新。

职能即职责范围内应有的能力，或指人、事物或机构应有的作用。不同的管理者在管理工作中，往往采用程序具有某些类似、内容具有某些共性的管理行为，比如决策、组织、控制等。人们对这些管理行为加以系统归纳，逐渐形成了"管理职能"这一被普遍认同的概念。

因此，所谓“管理职能”是管理者在管理过程中的各种基本活动及其功能，是人们对管理工作应有的一般过程和基本内容所作的理论概括。管理职能是为管理目标服务的。

确定管理职能对任何组织而言都是极其重要的，但管理究竟应该包括哪些职能，管理学者至今仍众说不一。

最早系统地提出管理职能的是20世纪初，法国工业家、管理过程学派的开山鼻祖法约尔。他提出，管理的职能包括计划、组织、指挥、协调、控制等五大职能，为后人的研究奠定了基础。后期学者对管理职能划分的研究基本上没有超越他的范围。自法约尔提出五种管理职能以来，以后陆续有三职能说、四职能说、六职能说及七职能说，甚至还有二职能说、一职能说等等。目前，学者们普遍认同的说法是，管理的基本职能包括决策（计划）、组织、领导、控制、创新等五种职能。

（一）决策（计划）

决策是指组织或个人为了实现某种目标而对未来一定时期内有关活动的方向、内容及方式的选择或调整过程。决策渗透于管理的所有职能中。

计划是指在一定时间内，对组织预期目标和行动方案所做出的选择和具体安排。

（二）组织

组织是指根据工作的要求与人员的特点设计岗位，通过授权和分工，将适当的人员安排在适当的岗位上，用制度规定各个岗位的职责和上下左右的相互关系，形成一个有机的组织结构，使整个组织协调运转。

（三）领导

领导指领导者利用组织赋予的权力和自身的影响力，指挥和影响组织成员为实现组织目标而努力工作的管理活动过程。领导职能的基本内容包括指挥、带领、引导、激励、沟通和协调等。

（四）控制

控制是指按照组织目标和计划的要求，对组织各项活动的运行状况进行检查和监督，以保证它们按组织计划进行并纠正各种重要偏差的过程。

（五）创新

创新职能与上述各种管理职能不同，其本身并没有某种特有的表现形式，而是在与其他管理职能的结合中表现自身的存在与价值。

上述管理职能是相辅相成、相互影响、相互作用、相互交叉渗透的，缺一不可。每一个职能都有其重要的作用及价值，缺了任何一个要素，管理活动都将无法顺利进行和有序展开，如图 1—3 所示。

图 1-3　各管理职能间有顺序逻辑关系

在管理过程中，计划、组织、领导和控制呈现出一种循环的状态，每一项管理活动都是从计划开始，经组织贯彻，领导沟通协调展开，最后对偏差及其成果进行控制结束的。而上一轮控制活动结束之后又引发新一轮的计划、组织……如此反复循环。而另一方面，决策和创新职能主要体现在计划、组织、领导和控制环节之中，决策更多具有客观性，管理者必须根据内外部环境变化做出选择和调整，决策往往决定组织发展的成败。创新更多具有主观性，管理者根据内外部环境变化，无时无刻不需要创新，保持组织的生命力和竞争力。因此，创新是推动管理活动开展的原动力。

第二节　管理者的角色与技能

管理者合格与否在很大程度上取决于管理职能的履行情况。为了有效履行各种职能，管理者必须明确以下两点：自己要扮演哪些角色？在扮演这些角色的过程中，自己需要具备哪些技能？

一、管理者

任何组织中的人，都可以根据其在组织中的不同工作岗位和工作性质，将其划分为管理者和作业人员两类。

管理者是指在组织中从事管理活动，履行管理职能，指挥或协调他人完成具体任务的人，如学校里的校长、系主任，企业的厂长、车间主任以及公司的总裁和经理等，这些人都是管理者。他们都是为了实现组织的目标，在组织中担负计划、组织、领导、控制和协调等工作，并为下级人员卓有成效地工作创造良好的环境。管理者除了指挥别人完成某项具体工作以外，也可能承担某项具体的工作。比如，一些公司的销售经理，除了监督以及激励其下属完成销售任务外，自身也可能承担一部分具体的销售业务。

作业人员是指在组织中直接从事某项工作或任务，不具有监督其他人工作职责的人。例如汽车装配线上的装配工人、饭店里的厨师、商场的营业员以及医院里的医生等，这些人处于组织中的最底层，不具有监督他人工作的职责。

管理者按照不同标准可以划分为不同类型。

（一）按管理人员所处的组织层次划分

按管理人员所处的组织层次分，管理者可分为高层管理者、中层管理者和基层管理者。如图1—4所示。

图1－4 管理者的层次

1. 高层管理者

高层管理者是指对整个组织的管理负有全面责任的人，他们的主要职责是制定组织的总目标、总战略，掌握组织的大政方针，把握组织的发展方向，拥有资源分配权等。如：学校的正副校长、医院的正副院长、企业的董事会成员等。

2. 中层管理者

中层管理者介于高层和基层管理者之间。中层管理者主要职责是贯彻执行高层管理者所制定的重大决策，监督和协调基层管理者的工作活动，或对某一方面的工作进行具体的规划和参谋。如：大学中的各院系党政负责人、企业中各职能部门的负责人等。与高层管理人员相比，中层管理人员特别注意日常的管理工作。

3. 基层管理者

基层管理者是最直接的一线管理人员，是监督组织运作的最底层的管理者。他们的主要职责是直接给下属人员分派任务、直接指挥和监督现场作业活动、保证各项任务的有效完成。如：工长、领班、小组长等。

上述三个不同层次的管理者，其工作内容和性质存在很大的差别。一般来说，第一线管理者所关心的主要是具体的战术性工作，而高层管理者所关心的则主要是抽象的战略性工作。

对于所有的管理者来说，他们都要履行基本的管理职能，但由于所处的层次不同，管理职能履行的重点和程度是有区别的，用在各职能上的时间也是不同的。这种区别如表1—1所示。

表1—1 不同层次管理者履行管理职能的变化

职能	高层管理者	中层管理者	基层管理者
计划职能	28	18	15
组织职能	36	33	24
领导职能	22	36	51
控制职能	14	13	10

（资料来源：斯蒂芬·罗宾斯：《管理学》，北京：中国人民大学出版社，1997。）

（二）按管理者所从事管理工作的领域及专业不同划分

按管理者所从事管理工作的领域及专业不同，管理者可分为综合管理者和专业管理者。

1. 综合管理者

综合管理者是指负责管理整个组织或组织中某个事业部的全部活动的管理者，如公司的总经理和事业部的经理等。

2. 专业管理者

专业管理者是指负责管理组织中某一类活动（或职能）的管理者，如研发、生产、营销、人事、财务等部门的管理者。

综合管理者与专业管理者之间的关系如图1—5所示。

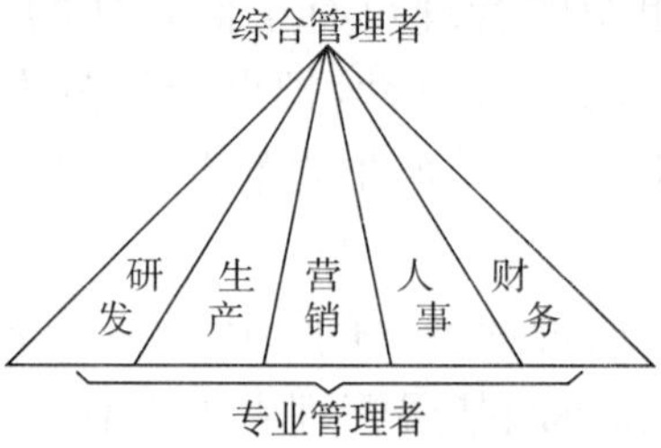

图1-5 管理者的领域分类

二、管理者的角色

管理者在管理活动中，因时因地扮演着不同角色。20世纪60年代末，加拿大管理学家亨利·明茨伯格（Henry Mintzberg）对5位总经理的工作进行了仔细的研究。在观察的基础上，他提出了"管理角色理论"。他认为管理者扮演着10种角色，这10种角色可被归为三大类：人际角色、信息角色和决策角色，如表1—2所示。

（一）人际角色

人际角色是明茨伯格所确定的第一类角色，管理的核心就是处理各种人际关系。管理者在处理与组织成员和其他利益相关者的关系时，他们就扮演人际角色。管理者所扮演的3种人际角色是代表人角色、领导人角色和联络者角色。

1. 代表人角色

作为所在单位的领导，管理者必须行使一些具有礼仪性质的职责。如出席集会、参加社会活动以及宴请重要客户等。这时候，管理者行使着代表人的角色，是单位的代表。

2. 领导者角色

由于管理者对所在单位的成败负重要责任，他们必须在工作小组内扮演领导者角色，负责激励下属、人员配备、培训以及相关职责。

3. 联络者角色

管理者须扮演组织联络者的角色。管理者无论是在和组织内的个人一起工作时，还是在建立和外部利益相关者的良好关系时，都起着联络者的作用。管理者必须对重要的组织问题有敏锐的洞察力，从而能够在组织内外建立关系和网络。

(二)信息角色

明茨伯格所确定的第二类管理者角色是信息角色。在信息角色中,管理者确保和他一起工作的人具有足够的信息,从而能够顺利完成工作,这时他们就扮演信息角色。管理者在其组织内部的信息传递中处于中心地位,是组织的中枢神经,他既是获取外部信息的焦点,也是传递信息的来源。具体包括下列3种角色:

1. 监督者角色

管理者须扮演的一种信息角色是监督者角色。作为监督者,管理者须持续关注组织内外部环境的变化以获取对组织有用的信息。管理者通过接触下属或个人关系网来搜集信息,根据这些信息,管理者可以发现组织的潜在机会或威胁。

2. 传播人角色

在作为传播者的角色中,管理者把他们作为信息监督者所获取的大量信息分配出去,将从外部人员和下级那里获取的信息传递给组织的其他人员。更重要的是,管理者必须保证员工收到必要的信息,以便切实有效地完成工作。

3. 发言人角色

管理者所扮演的最后一种信息角色是发言人角色。管理者必须把信息传递给单位或组织以外的个人,向外界发布组织的计划、政策、行动以及结果。例如,必须向董事和股东说明组织的财务状况和战略方向,必须向消费者保证组织在切实履行社会义务,以及必须让政府官员对组织的遵守法律感到满意。

(三)决策角色

管理者也起着决策者的作用。在决策角色中,管理者处理信息并得出结论。管理工作中最重要的部分也许就是担任决策角色。管理者对他的组织战略决策系统负有全面的责任,也就是组织的每一项重大决策皆与管理者有关,包括以下四个角色:

1. 企业家角色

管理者所扮演的第一种决策角色是企业家角色。作为企业家,管理者要能寻求组织和环境中的机会并对所发现的机会进行利用。如开发新产品、提供新服务以及发明新工艺等。

2. 干扰应对者角色

管理者所扮演的第二种决策角色是干扰应对者角色。一个组织不管被管理得多么好,它在运行的过程中,总会遇到或多或少的冲突或问题。管理者必须善于处理冲突或解决问题,如平息客户的怒气,同不合作的供应商进行谈判,或者对员工之间的争端进行调解等。

3. 资源分配者角色

作为资源分配者,管理者负责分配组织的各种资源,包括时间、信息、人力、资金等,决定组织资源用在什么方向、用于哪些项目等。

4. 谈判者角色

管理者所扮演的最后一种决策角色是谈判者角色。所有层次管理工作的研究表明，管理者应把大量的时间花费在谈判上。管理者的谈判对象包括员工、供应商、客户和其他利益相关者。无论是何种组织，其管理者都要进行必要的谈判工作，确保组织朝着既定的目标迈进。

表 1—2　明茨柏格对管理者应担负角色的描述

角色	描述	特征活动
人际关系方面		
1. 代表人	象征性的首脑，必须履行许多法律性或社会性的例行义务	迎接来访者，签署法律文件
2. 领导者	负责激励和动员下属，负责人员配备、培训等职责	实际上从事有下级参与的活动
3. 联络者	维护自行发展起来的外部接触和联系网络，向人们提供信息	发感谢信，从事外部委员会工作及其他外部人员参加的活动
信息传递方面		
4. 监督人	寻求和获取各种特定的信息(其中许多是及时的)，成为组织内部和外部信息的神经中枢	阅读期刊和报告，保持私人接触
5. 传播者	将从外部人员和下级那里获得的信息传递给组织的其他成员	举行信息交流会，用打电话的方式传达信息
6. 发言人	向外界发布有关组织的计划、政策、行动、结果等信息，成为组织所在产业的专家	举行董事会议，向媒体发布信息
决策制定方面		
7. 企业家	寻求组织在环境中的机会，监督某些方案的策划	制定战略，检查决议执行情况
8. 冲突管理者	当组织面临重大、意外的动乱时，负责采取补救行动	制定战略，以免陷入混乱和危机
9. 资源分配者	负责分配组织的各种资源，批准所有重要的组织决策	从事涉及预算的各种活动和安排下级的工作
10. 谈判者	在主要的谈判中作为组织的代表	参与工会合同谈判

三、管理者的技能

管理是否有效，在很大程度上取决于管理者是否真正具备了一个管理者应该具备的管理技能。一般来说，作为一名管理人员应该具备以下三种基本技能。

（一）技术技能

管理者的技术技能是指掌握与运用某一专业领域内的知识、技术和方法的能力，包括专业知识、经验；技术、技巧；程序、方法、操作与工具运用熟练程度等。如车间主任要熟悉各种机械的性能、使用方法、操作程序，以及各种材料的用途、加工工序等。

管理者可以是某一领域的技能专家，也可以不是某一领域的专家。但不管怎样都需要了解并初步掌握与其管理的专业相关的基本技能，否则将很难与他所主管的专业技术人员进行有效的沟通。如医院的院长不应该是对医疗过程一窍不通的人，学校的校长也不应该是对教学科研工作一无所知的人。

当然，不同层次的管理者，对于技术技能要求的程度是不同的。从图1—6可以看出，相对而言，技术技能对于基层管理者最重要，对于中层管理者较重要，对于高层管理者不是很重要。

（二）人际技能

管理者的人际技能是指“成功地与别人打交道并与别人沟通的能力”，包括联络、处理和协调组织内外人际关系的能力，激励和引导组织内工作人员的积极性和创造性的能力，正确地指导和指挥组织成员开展工作的能力。

人际技能包括对下属的领导能力、与上级领导的沟通能力以及与同级同事协调的能力，还有与相关的外界组织和人员发生相关的联系与交往的能力。可以说，人际关系这项技能，对于高、中、低层管理者有效地开展管理工作都是非常重要的，因为各层次的管理者都必须在与其上、下、左、右之间进行有效沟通的基础上，相互合作，共同完成组织的目标。

从图1—6可以看出，人际技能对于所有层次管理的重要性大体相同。

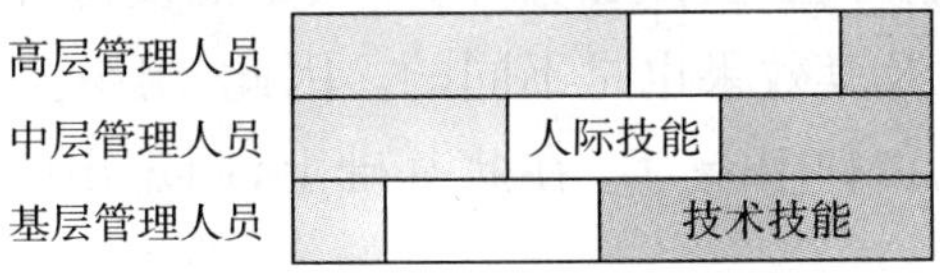

图1-6　不同层次管理人员应具备的管理技能图

（三）概念技能

管理者的概念技能是指管理者观察、理解和处理各种全局性复杂问题的抽象能力，包括对复杂环境和管理问题的观察、分析能力；对全局性的、战略性的、长远性的重大问题处理与决断的能力；对突发性紧急处境的应变能力等。其核心是一种观察力和判断力。显然，在组织的动态活动中，任何管理者都会面临一些紧急状况，这就需要敏锐地辨清各种要素之间的相互关系，深刻了解组织中任何活动的后果，准确地抓住问题的实质，果断地做出正确决策的能力。因此，管理者所处的层次越高，其面临的问题越复杂，越具有多变性，就越需要概念技能。

第三节　管理的环境及其分类

任何组织都不是孤立存在、完全封闭的，其任何活动都是在特定环境中进行的，要进行组织的管理，就必须了解和把握环境对组织的影响并对组织的环境进行分析。

一、管理环境的内涵

管理环境是指存在于社会组织内部与外部的，影响管理实施和管理效果的各种力量、条件和因素的总和。任何一个组织，其活动都是在特定环境中进行的，环境的变化会对组织的生存和发展产生有利或不利的影响。作为管理者，必须加强对环境的分析，使组织的目标、内部条件与外部环境实现动态平衡。

管理环境是组织赖以生存的土壤，环境本身是在不断变化的。管理环境的变化程度由构成要素的不确定性和复杂性决定。

环境的不确定性由变化程度和复杂程度两个维度决定。变化程度是指不可预测的变化，变化程度分为稳定和动态两个方面。复杂程度是指组织环境中的要素数量和这些要素相似程度，管理者应该尽力将这种不确定性减至最低程度。

管理环境为组织活动提供了条件，同时，也限制了组织的生存。任何组织的活动都需要利用一定的资源。然而，组织能够利用的资源是有限的。这种有限性是由两个方面的因素决定的：其一，资源的稀缺性决定了人类可利用资源的有限性。任何资源，不论是从自然界直接获取，还是经过人类加工后获取，都不是用之不竭的，其数量总是有限的；其二，组织对资源的利用能力也是有限的。同样数量的资源在不同的组织，或在同一组织的不同时期的利用情况及其效果也是不同的。因此，组织要充分、有效地利用资源，就必须明确自己的资源状况和利用能力。在此基础上，制定出既符合环境要求，又能被组织成员所接受的正确决策。

由于管理环境是在不断变化的，因此，可能会给组织带来不同程度的影响：一种可能是为组织的生存和发展提供新的机会，比如新材料的出现，为企业开发新产品提供机会；另一种可能是环境在变化过程中对组织生存造成某种不利的威胁，比如技术条件或消费者偏好的变化可能使企业产品不再受欢迎等。通过对管理环境的研究，可以为组织提供大量的能够客观反映环境特点及其变化趋势的信息，并据此预测它在未来的发展和趋势。组织可以在变化的环境中寻找机会，及时地采取措施。

二、管理环境的分类

管理环境一般可以分为内部环境和外部环境。

（一）内部环境

内部环境主要指社会组织履行基本职能所需要的各种内部的资源与条件（如人、财、物、信息等）状况以及管理水平、人员的社会心理、组织文化等因素，是组织内部的各种影响因素的总和。任何组织都是独特的资源和能力的结合体，这一结合体形成了管理工作的基础。内部环境有人力资源环境、物力资源环境、财力资源环境以及内部文化环境。

1. 人力资源环境

人力资源环境对于任何组织都始终是最关键和最重要的因素。人力资源根据不同组织、不同标准可以划分为不同的类型。比如企业人力资源根据所从事工作性质的不同，可分为生产工人、技术工人和管理人员三类。

2. 物力资源环境

物力资源环境是指内部物质环境的构成内容，即在组织活动过程中需要运用的物质条件的拥有数量和利用程度。

3. 财力资源环境

财力资源环境是一种能够获取和改善组织其他资源的资源，是反映组织活动条件的一项综合因素，包括组织的资金拥有情况、构成情况、筹措渠道、利用情况。财力资源的状况决定组织业务的拓展和组织活动的进行等。

4. 内部文化环境

文化环境是指组织的文化体系，包括组织的精神信仰、生存理念、规章制度、道德要求、行为规范等。

内部环境决定了管理活动的可选择的方式方法，而且在很大程度上影响到组织管理的成功与失败。在一定条件下，内部环境是可以控制和调节的。

（二）外部环境

外部环境是指组织外部的各种自然和社会条件因素的总和。它是不以组织的意志为转移的，是管理者必须面对的重要影响因素。组织的外部环境还可以进一步划分为一般环境和具体环境。

1. 一般环境

一般环境，也称“宏观环境”，指对某一特定社会中所有企业或其他组织都发生影响的环境因素，包括经济和技术、政治和法律、社会和文化以及自然环境等多种要素。

经济环境是影响组织,特别是企业的重要环境因素,它包括宏观和微观两个方面。宏观经济环境主要指一个国家的人口数量及其增长趋势、国民收入、国民生产总值等。通过这些指标能够反映国民经济发展水平和发展速度。微观经济环境主要指消费者的收入水平、消费偏好、储蓄情况、就业程度等因素。

技术环境反映了组织物质条件的科技水平。技术环境除了直接相关的技术手段外,还包括国家对科技开发的投资和支持重点、技术发展动态和研究开发费用、技术转移和技术商品化速度、专利及其保护情况等。

政治法律环境包括一个国家的政治制度、社会制度、执政党的性质以及政府的方针、政策、法规法令等。

社会文化环境包括一个国家或地区的居民文化水平、宗教信仰、风俗习惯、道德观念、价值观念等。

自然环境包括地理位置、气候条件及资源状况。其中,地理位置是制约组织活动的一个重要因素。

一般环境的影响常常是广泛的,可能影响到处于其中的所有组织。在大多数情况下,一般环境是管理者所无法影响和控制的,因此,适应和利用是更常用的应对策略。

2. 具体环境

具体环境,亦称"微观环境"或"任务环境",是指某个社会组织在完成特定任务过程中所面临的特殊环境因素。如一家商业企业,可能与一所学校面临相同的一般环境,但与一所学校面临的具体环境不同,而且与其他企业的具体环境也可能不同。对工商企业来说,具体环境主要包括:竞争对手、用户、供应商和特殊利益群体等。与一般环境相比,具体环境对特定组织的影响更为明显,也更容易为管理者所识别、影响和控制。

外部环境制约管理活动的方向和内容。无论什么样的管理目的,管理活动都必须从客观实际出发。脱离现实环境的管理是不可能成功的。"靠山吃山,靠水吃水",一定程度上反映了外部环境对管理活动的决定作用。同时,外部环境影响管理的决策和方法。当然,管理对外部环境也具有能动的反作用。

环境对组织的生存和发展起到决定与制约作用,因此,要求管理者必须了解与认识环境,分析与评估环境,能动地适应环境,从而谋求内部管理与外部环境的动态平衡。可以说,组织的内部条件、外部环境和管理工作这三者共同决定了一个组织的总体绩效水平,决定了组织生存和发展能力。

第四节 管理学的研究对象与方法

管理学是系统研究管理活动的基本规律、原理和一般方法的科学。管理学是研究在一定条件下,如何通过合理的组织和配置资源,提高生产力水平的科学。管理学是一门综合性的交叉学科。

由于企业、学校、研究所、医院、报社、政府、军队等组织自身活动的目的与特点不同，所以研究解决不同行业各自特殊性的管理原理和方法，就形成了各种不同门类的专业或行业管理学，如企业管理学、军队管理学、学校管理学、医院管理学、行政管理学等。

作为一般意义上的管理学，主要是研究各种管理活动中具有共同规律性的基本概念、原理与方法。本教材内容属于一般意义上的管理学范畴。

一、管理学的研究对象

管理学对管理活动具体形态的研究，构成了管理学的实际研究内容，主要包括以下五个方面。

（一）管理理论的产生和发展

管理理论是一个历史的发展和演化的过程。管理理论和管理思想的形成与发展，反映了管理科学从实践到理论的发展过程，研究其产生和发展是为了继承发展和建设现代的管理理论。通过对管理理论的产生和发展的研究和介绍，了解管理学的发展历程，有助于我们掌握管理的基本原理。

（二）管理的原理与方法

任何一门科学都有其基本的原理，管理科学也不例外。管理的基本原理是指带有普遍性的、最基本的管理规律，是对管理的实质及其基本运动规律的描述。诸如决策的制定、计划的编制、组织的设计和过程的控制等，这些活动都有一些基本的原理和原则，是人们进行管理活动必须遵循的准则。我们必须学习和掌握它，做到活学活用。管理方法是实现管理目标所不可缺少的，一般而言，凡是有助于管理目标实现的各种程序、手段、技术都可以归属于管理方法的范畴。

（三）管理过程及其相应的职能

管理学主要研究管理活动的过程和环节、管理工作的程序等问题。相应地就需要研究管理过程中所包含的决策（计划）、组织、领导、控制和创新等管理的基本职能。

（四）对管理中人的研究

包括对管理的主体和客体，管理者和被管理者之间特性的把握。其中管理者是管理活动的主体，管理活动成功与否，与管理者有着密切的关系。管理者的素质、领导方式、领导行为、领导艺术和领导能力，对管理活动的成败起着决定性的作用。另外还要研究如何正确处理组织中人与人之间的关系、如何建立和完善组织机构以及各种管理体制、如何激励组织内成员，从而最大限度地调动各方面的积极性和创造性，为实现组织目标服务。

（五）对管理资源的研究

包括对人力、物力、财力、信息、机会等管理资源的研究，研究这些资源的实际状况及其对管理的影响和意义、研究这些资源的发展变化等；研究如何合理配置组织中的人、财、物，使各要素充分发挥作用的问题；研究如何根据组织目标的要求和社会需要，合理地使用各种资源，以求得最佳的经济效益和社会效益的问题。

二、管理学的基本特点

管理学作为一门学科具有如下特点：

（一）实践性

管理学所提供的的理论与方法是人们通过对各种管理实践活动的深入分析、概括、总结、升华而得到的。管理学是一门应用性、实践性科学，它不能脱离管理实践，它的理论与方法要通过实践来检验其有效性。同时管理的理论与方法又必须为实践服务，有效的管理理论与方法只有通过实践，才能带来实效，发挥其指导实际工作的作用，并在不断反复的实践中，完善其理论和方法。

（二）发展性

管理学是对前人的管理实践、管理思想和管理理论的总结、扬弃和发展。不了解管理活动和其发展的历史，就难以很好地理解、把握和运用管理学。同时，管理学又是一门有待于丰富和发展的科学。社会进步和科学技术的发展，特别是计数机和网络技术的广泛应用，给人们提出了许多新的管理问题，需要人们去研究和解决。因此，管理学是一门在实践中不断发展的科学。

（三）一般性

管理学研究的是所有管理活动中的共性原理。管理学是从一般原理、一般情况的角度对管理活动和管理规律进行研究的，管理学有别于其他种种专门管理学，它试图从各种不同的组织中概括、抽象、提炼出共同的东西，并形成系统的理论。无论是宏观原理还是微观原理，都需要以管理学的原理作为基础来加以学习和研究，管理学是各门具体的或专门的管理学科的共同基础。

（四）综合性

从管理内容上看，管理学涉及的领域十分广阔，它需要从不同类型的管理实践中抽象概括出具有普遍意义的管理思想、管理原理和管理方法；从管理学科与其他学科的相关性来看,它与经济学、自然科学、社会科学、心理学、数学、计算机科学等都有着密切的关系,是一门综合性学科。

三、管理学的研究方法

管理学的研究方法和其他社会科学一样,其基本研究方法大致可归纳为以下三种:

(一)归纳法

通过对客观存在的一系列典型事物(或经验)进行观察,从掌握典型事物的典型特点、典型关系、典型规律入手,进而分析研究事物之间的因果关系,并从中找出事物变化发展的一般规律,这种从典型到一般的研究方法称"归纳法"(也称为"实证研究")。由于管理过程十分复杂,影响管理活动的相关因素极多,并且相互交叉,因此,人们所能观察到的往往只是综合结果,很难把各个因素的影响程度分解出来,所以大量的管理问题都只能用归纳法进行实证。

(二)演绎法

对于复杂的管理问题,可以从某种理论概念出发,或从某种统计规律出发,也可以在实证研究的基础上,用归纳法找到一般的规律性,并加以简化,建立起能反映某种逻辑关系的经济模型(或模式)。这种模型与被观察的事物并不完全一致,它反映的是简化了的事实,但它是完全合乎逻辑的推理,这种方法称为"演绎法"。

(三)试验法

人为地为某一试验创造一定条件,观察其实际试验结果,再与未给予这些条件的对比试验的实际结果进行比较分析,寻找外加条件与试验结果之间的因果关系。如果通过多次试验,而且总是得到相同结果,那就可以得出结论,这里存在某种普遍适用的规律性,这种方法称"试验法"。管理中的许多问题,特别在微观组织内部,比如工作程序、操作方法、现场管理等许多问题都可以采用试验法进行研究。著名的霍桑试验就是采用试验法研究管理中人际关系的成功例子。

除了上述方法外,还有比较研究法、数学分析法等其他的管理学研究方法。

本章小结

管理就是管理者在一定的环境条件下,运用管理职能进行有效的协调,以实现预期组织目标、个人发展和社会责任的过程。管理具有自然属性和社会属性,同时,管理又具有科学性和艺术性。只要有人类社会存在,就会有管理的存在,凡有人群的地方都需要管理。

管理者是指那些在组织中履行管理职能、指挥或协调他人完成具体任务的人。依据不同的标准，管理者可以有多种分类。根据明茨伯格研究，管理者扮演着人际角色、信息角色和决策角色。管理者的基本技能包括技术技能、人际技能、概念技能。

管理的职能应该包括：决策（计划）、组织、领导、控制、创新。它们是相互联系、相互影响、互为条件、共同发生作用的。

管理环境一般可以分为内部环境和外部环境。组织的内部条件、外部环境和管理工作这三者共同决定了一个组织的总体绩效水平，决定了这个组织生存和发展能力。作为管理者，必须加强对环境的分析，使组织的目标、内部条件与外部环境动态平衡。

管理学是系统研究管理活动的基本规律、原理和方法的科学；是研究在一定条件下，如何通过合理的组织和配置资源，提高工作效率和效果的科学。管理学具有实践性、发展性、一般性和综合性等基本特点。管理学研究的基本方法主要有：归纳法、试验法和演绎法等。

本章习题

1. 什么是管理？如何准确理解管理的基本含义？
2. 简述管理的基本职能和性质。
3. 管理者应具备哪些技能？
4. 为什么说管理是一门艺术？
5. 管理学的特点、内容和分类是什么？

案例研讨

升任公司总裁后的思考

郭宁最近被一家生产机电产品的公司聘为总裁。在他就任此职位的前一天晚上，他回忆起自己在该公司工作 20 多年的情况。

郭宁在大学里学的是工业管理专业，大学毕业后就到该公司工作，最初担任液压装配部门的助理监督。刚开始时他每天手忙脚乱，经过自己的努力学习和监督长的帮助，最后胜任了此项工作。经过半年多的努力，他已有能力担任液压装配部的监督长工作。可是，当时公司没有提升他为监督长，而是直接提升他为装配部经理，负责包括液压装配在内的 4 个装配单位的领导工作。

在担任助理监督时，他主要关心的是每天的作业管理，技术性很强。他担任装配部经理后，要求自己不仅要关心当天装配工作状况，还要做出此后数周乃至数月的规划；同时他还要完成许多报告并参加很多会议，因而没有时间去从事技术工作。在他担任装配部经理后不久，就发现原有的装配工作手册已经过时，于是他花了整整一年时间去修订工作手册。由于该公司的生产工艺频繁发生变化，工作手册也不得不经常修订。几年后，他将工作手册交给助手，自己挤出更多的时间用于规划工作和帮助他的下属，并花费更多的时间去参加会议、批阅报告和完成自己向上级的工作汇报。

在他担任装配部经理6年之后，公司负责规划工作的副总裁辞职，郭宁便主动申请担任这一职务。在与另外5名竞争者较量之后，郭宁被正式提升为规划工作副总裁。他自信拥有担任这一职务的能力，但由于此职务工作的复杂性，刚到任的他仍旧迎来了不少麻烦。经过努力，他逐渐适应了新职位，并获取了很好的成绩。之后，他又被提升为负责生产工作的副总裁，这一职位通常是由该公司资历最深、辈分最高的副总裁担任的。现在，郭宁又被提升为公司的总裁。他知道，一个当上公司最高主管的人应该相信自己有处理可能出现任何情况的才能，但他也明白自己尚未达到这样的水平。想到自己明天就要上任了，今后数月的情况会是怎么样？他不免为此而担忧。

（资料来源：钱钶、刘春斌、梅艺华：《管理学基础》，北京：北京理工大学出版社，2010。）

案例思考题：

1. 你认为郭宁当上公司总裁后，他的管理责任与过去相比有了哪些变化？他应当如何去适应这些变化？

2. 你认为郭宁想要成功地胜任公司总裁的工作，哪些管理技能是最重要的？你觉得他具有这些技能吗？

3. 如果你是郭宁，你认为当上公司总裁后自己应该弥补哪些不足，才能使公司取得更好的绩效？

应用训练

调查访问

1. 实训目标

（1）使学生结合实际，加深对管理活动的感性认识和理解。

（2）不同层次的管理者对管理技能的要求有哪些方面的不同？

2. 实训内容

（1）不同的小组调查不同层次的管理者，了解其职位、工作职责、该职位需要的技能等。

（2）各小组进行沟通交流，比较不同层次的管理者对管理技能的要求的差异。

第二章 管理思想的演变

学习目标

- ▶掌握古典理论与人际关系论的主要思想
- ▶掌握现代管理理论的主要思想及最新管理趋势
- ▶了解我国古代管理思想,理解我国现代管理思想的演变
- ▶初步具备应用现代理念和管理理论分析与处理实际管理问题的能力
- ▶能够从管理思想的高度认识与分析我国的经济改革

案例导引

狼的十大处世哲学

一、卧薪尝胆:狼不会为了所谓的尊严在自己弱小时攻击比自己强大的东西。

二、众狼一心:狼如果不得不面对比自己强大的东西,必群而攻之。

三、自知之明:狼也很想当兽王,但狼知道自己是狼而不是老虎。

四、顺水行舟:狼知道如何用最小的代价,换取最大的回报。

五、共进共退:狼虽然通常独自活动,但狼却是最团结的动物,狼在同伴受伤时不会独自逃走。

六、表里如一:狼很想当一个善良的动物,但狼也知道自己的胃只能消化肉,所以狼唯一能做的只有干干净净地吃掉每次猎物。

七、知己知彼:狼尊重每个对手,狼在每次攻击前都会去了解对手,而不会轻视它,所以狼一生的攻击很少失误。

八、狼亦钟情:公狼会在母狼怀孕后,一直保护母狼,直到小狼有独立能力。

九、授狼以渔:狼会在小狼有独立能力的时候坚决离开它,因为狼知道,如果当不成狼,就只能当羊了。

十、自由可贵:狼不会为了嗟来之食而不顾尊严地向主人摇头晃尾。因为狼知

道，绝不可有傲气，但不可无傲骨，所以狼有时也会独自哼哼自由歌。

(资料来源：小刚：《狼的十大处世哲学》，北京：中国物资出版社，2009。)

以史为鉴，可以明智。历史是前人智慧的结晶和反复实践的经验总结。我们只有从学习管理思想发展的历史开始，站在巨人的肩上，才能超越前人，看清管理学发展的方向，推动管理学不断向前发展。

东西方管理思想的演变，可以划分为传统和现代管理思想的发展。传统管理思想主要反映的是工业革命以后和第二次世界大战以前的管理思想；现代管理思想主要反映的是 20 世纪 80 年代以前的管理思想；现代管理思想的新视野主要反映的是 20 世纪 80 年代以后的管理思想。

第一节 中国管理思想的发展

中国是世界四大文明古国之一，有着上下五千年的灿烂文明，尤其是进入封建社会以后，在人类历史发展的长河中，中华民族悠久的历史积累了丰富的管理实践经验和许多影响深远的管理思想，这些理论和实践对推动人类社会的文明进步和管理的发展具有重要意义。

一、中国管理思想形成的背景

管理思想实质上是文化思想的重要组成部分。在研究管理思想的时候，首先要研究管理思想产生的文化背景。五千年的文化以及根深蒂固的各家思想，都是中国的文化背景。

(一)文化文化结构

1. 文化的概念

关于“文化”的概念，众说纷纭。“文化”是极其复杂的综合体，且自古至今在不同的民族与社会共同体中又表现出不同的结构、模式与形态。因此，人类文化学也流派纷呈。学者们从各自角度对“文化”下的定义，至今已达 170 多种，但没有任何一种定义被认为是完美无缺的。这里仅引用我国学者庞朴的一家之言，来理解文化的概念。他认为：文化，从最广泛的意义上说，可以包括人的一切生活方式和为满足这些方式所创造的事物，以及基于这些方式所形成的心理和行为。它包含着物的部分、心物结合的部分和心的部分。总之，文化是一个多层次而又内在贯通的综合结构体，它由内到外包括心理——精神、制度——理论、物质——科技三个层次。

2. 文化结构

从庞朴给出的文化定义，可以看出文化是有结构的，包括三个层面：心理——精神，文化心理：如价值观念、伦理道德、宗教信仰、审美理想、思维方式等。表现形态为宗教、哲学、伦理、艺术；理论——制度，社会意识形态：如政治理论、法权观念、教育理念等。表现形态为政治和经济体制、法律制度、教育制度、行为模式（管理模式、生活方式、风俗习惯等）；科技——物质，如科学技术、工艺与工具、社会物质产品等。

文化结构的三个层面相互联系、相互作用，构成文化整体。表现为：

（1）作为精神层面的文化最为稳固，是某种特定文化的内核或灵魂。它作为某种文化的抽象形式，派生出制度文化和物态文化的诸多具体形态。一种文化的消亡，首先表现在精神层面的消亡。

（2）制度文化表现为具体社会意识形态指导下的各项社会制度及行为准则，它本身受精神文化的制约，同时也是一种文化由抽象向具体形态过渡与转换层面。

（3）物态文化是制度文化制约下的最外在形态，它也是最活跃的部分，对上述两种文化层面有着巨大的反作用。三者又是互渗关系。

（4）贯穿三者的为以民族语言为核心的各种交流符号，民族语言是特定文化的主要载体和主要特征之一。

（二）中国文化的主要特征

从文化结构的视角看，我们可以把中国传统文化的主要特征概括为以下几个方面：

1. 从外在形态看（物质层），主要包括：

（1）统一性。中国文化在其历史发展的长河中，逐渐形成一个以华夏文化为中心，同时汇集国内各民族文化的有机统一体。这个统一体发挥了强有力的凝聚与同化作用，从未分裂和瓦解过，即使在内忧外患、国家分裂的情况下，仍保持完整和统一，这在世界各民族文化中是罕见的。

（2）延续性。延续性与统一性往往是一个问题的两个方面。中国文化在五千年的历史中环环相扣，连续发展，没有中断过，形成一脉相承的文化传统。

（3）世俗性。世俗性表明中国文化的人文精神和入世精神。世俗性并非指中国没有宗教，而是指中国文化中宗教色彩淡薄，宗教因素在人们的社会生活中不起支配作用。西方人对神是无条件、单向的崇敬，中国人对神灵的态度是实用的、功利的，是为世俗利益服务的。

（4）伦理性。伦理性又叫"泛道德性"。中国以礼乐教化为核心的道德理性，是中国文化早熟的一个标志。这种道德理性的觉醒不仅代替了宗教的地位，且渗透到中国文化的各个层面。这一特点来自以血缘关系为核心的宗法制度。道德成为一个人生存价值的唯一准绳。

（5）政治性。中国世俗社会生活以政治为核心，宗教、伦理、艺术、历史、科技等文化要素皆依从于政治。就个人而言，人生价值在于读书做官。中国传统文化重政治、重仕途，轻商贾、轻科技。

2. 从思维方式看(制度层)，主要包括：

(1)整体综合的直观思维。中国人的思维从整体出发，个体局部只有在整体、全局中才有意义；不善于分析，即不善于逻辑推论。具体表现为：以直觉思维为主，形成一种体验、领悟型思维形态；对世界只求总体把握；表达思想往往只有结论，没有论证过程；多为格言、箴言、语录式表述；思维路向由大到小、由整体到局部、由综合到个体。

(2)对立统一的辩证思维。《易经》和老子的辩证法思想对形成中华民族的辩证思维模式产生了重大影响，它形成了中国人"居安思危"的优良传统。西方的逻辑思维是线形的、单向的、开放的；中国的"物极必反"的辩证思维模式是互动的、圆形的、封闭的。

(3)类比推理的联想思维。中国人也运用演绎推理，但是不自觉的，最常用的是类比推理。所谓"类比推理"，是指从两个对象间某些方面的相似而推出其他方面的相似，其基础是有关事物之间普遍存在的相似性质。类比推理体现了中国人整体直观、生动形象的思维特征。这种类比常表现为理论思考与日常生活现象之间的转换。

(4) 观物取象的象征手法。象征思维属类比思维的范畴，只是它更加含蓄、直观。更重要的是，和类比思维相比，它更具有超越性，即超越具体物象内涵，带有更深刻、更普遍的意义。如中国绘画即是象征艺术，山水画中的竹、松、梅、菊、山、水、鸟、云等都带有象征内涵。

3. 从基本精神看(观念层)，主要包括：

(1)天人合一。西方人认为，人与自然的关系是相互对立的，而且自然成为被改造、驾驭的对象。东方人认为自然、人类、社会是和谐统一的整体，其活动规律有着内在的一致性与对应关系。结果是"人的自然化，自然的人化"，人在宇宙自然中显出其自由的生存状态，而大自然在人的眼中充满生机与活力。

(2)柔性精神与包融精神。柔性精神，通过柔与韧的形态，不屈不挠、不达目的誓不罢休的品质，表现为以柔克刚、默默奋斗、自强不息的精神。包容精神，表现为兼容并包、有容乃大的精神。西方文化往往具有强烈的排他性，历史上多次残酷的宗教战争就是一例。中华文化的包容性来自传统的中和思想，尤其是"和而不同"的哲学观念。

(3)中庸精神。中庸、中和观念，是儒家的基本精神，也是中国文化基本精神之一。孔子的中庸之道承认事物有矛盾的"两端"，反对走向任何一个极端，认为"过犹不及"。其态度是采取折中办法对"两端"加以中和、调解，即所谓"执两用中"、"不偏不倚"。

知识链接

螃蟹文化

钓过螃蟹的人或许都知道，篓子中放了一些螃蟹，即使不盖盖子，螃蟹也爬不出去，因为只要有一只想往上爬，其他螃蟹便会纷纷攀附在它的身上，结果是把它拉下来，最后没有一只出得去。

组织中也应该留意并去除“螃蟹文化”。企业里常有一些人，不喜欢看别人的成就与杰出表现，天天想办法破坏与打压。如果不予制止，久而久之，组织里只剩下一群互相牵制、毫无生产力的螃蟹。

（资料来源：百度百科，螃蟹效应，2012。）

二、中国传统管理思想的要点

在中国传统文化传承的历史长河中，不仅形成了源远流长的具有鲜明特征的思想文化，也折射出与其传统文化一脉相承的中国传统管理思想。这些主要反映在宏观管理的治国学（财政赋税、人口管理、货币管理等）和微观管理的治生学（农副业、手工业、运输、建筑工程等）两个方面。具体表现为：

（一）顺道

中国历史上的“道”有多种含义，属于主观范畴的“道”，是指治国的理论；属于客观范畴的“道”，是指客观经济规律，又称为“则”、“常”。这里用的是后一含义，是指管理要遵循客观规律。

（二）重人

“重人”是中国传统管理的一大要素，包括两个方面：一是重人心向背，二是重人才归离。要夺取天下，治理好国家，办成事业，人是第一位的，故我国历来讲究得人之道，用人之道。

得人才是得人的核心。要得人才，先得民心，众心所归，方能群才荟萃，故《管子》把从事变革事业，注重经济建设，为人民办实事，视为聚拢优秀人才的先决条件，叫做“德以合人”、“人以德使”（《管子·五辅、枢言篇》）。我国素有“求贤若渴”一说，表示对人才的重视。能否得贤能之士，关系到国家的兴衰和事业的成败。

（三）人和

“和”就是调整人际关系，讲团结。对治国来说，和能兴邦；对治生来说，和气生财。故我国历来把天时、地利、人和当作事业成功的三要素。

孔子说：“礼之用，和为贵”（《论语·学而》）。《管子》说：“上下不和，虽安必危”（《管子·形势》），“上下和同”，“和协辑睦”（《管子·五辅》），是事业成功的关键。战国时赵国的将相和故事，妇孺皆知，是从大局出发讲团结的典范。

（四）守信

治国要守信，办企业要守信。办一切事业都要守信。信誉是人类社会人们之间建立稳定关系的基础，是国家兴旺和事业成功的保证。

我国从来有提倡“诚工”、“诚贾”的传统，商而不诚，苟取一时，终致瓦解。成功的商人多是商业信誉度高的人。明代徽商唐祁，其父曾借某人钱，对方借据丢失，唐祁照付父债，后来有人捡得借据，向唐祁讨债，他又照付。别人嘲笑他傻，他说，“前者实有是事，而后卷则真也”（《安徽通志》196卷）。

（五）利器

生产要有工具，打仗要有兵器。孔子说：“工欲善其事，必先利其器。”（《论语·卫灵公》）《吕氏春秋·任地》说，使用利器可达到“其用日半，其功可使倍”的效果。中国古代的四大发明（纸、印刷术、指南针、火药）及其推广，极大地推动了社会经济、文化的发展，并使“利器说”成为中国管理思想的重要内容。

（六）求实

实事求是、办事从实际出发，是思想方法和行为活动的准则。儒家提出“守正”原则，看问题不要偏激，办事不要过头，也不要不及，“过犹不及”，过了头超越客观形势，易犯冒进错误；不及于形势又错过时机，则流于保守。两种偏向都会坏事，应该防止。

（七）对策

我国有一句名言：“运筹策帷帐之中，决胜于千里之外。”（《史记·高祖本纪》）说明在治军、治国、治生等一切竞争和对抗的活动中，都必须统筹谋划，正确研究对策，以智取胜。研究对策有两个要点：一是预测，二是运筹。

中国古代有许多系统运筹成功的实例。宋朝丁谓奉命修复焚毁的皇宫，需从远处运土和建材，他挖开大路取土，引水成河，船运各种建材，宫室修好后又以建筑垃圾填河恢复道路。一项正确决策把取土、运料、处理垃圾结合起来，正所谓“一举而三役济，计省贯以亿万计”。在军事上通过运筹对策，以计谋取胜者更是不胜枚举。历史上的著名战役，如三国时代孙权、刘备对曹操的赤壁之战，诸葛亮的空城计，孙膑的“减灶骄敌”，都是运用战略对策以弱胜强的典型案例。

（八）节俭

我国理财和治生，历来提倡开源节流，崇俭抽奢，勤俭建国，勤俭持家。纵观历史，凡国用有度，为政清廉，不伤财害民，则会国泰民安；反之，凡国用无度，荒淫奢费，横征暴敛，必滋生贪官污吏，戕害民生，招致天下大乱。

在治生方面，节俭则是企业家致富的要素。司马迁说：“薄饮食，忍嗜欲，节衣服”，“纤啬筋力，治生之正道也”（《史记·货殖列传》）。

（九）法治

我国的法治思想起源于先秦法家和《管子》，后逐渐演变成一套法治体系：人治、德（仁）治、法治。法治的三要素有：明法（公开性 要宣传，要求人人知晓）；一法（法令统一、政出一家、一视同仁）；常法（强调法的稳定性，取信于民，强化法的权威性）。

中国传统管理思想的产生不仅源于中国传统文化背景，更是源于中华民族在创造伟大历史的实践中，给我们留下的闪耀中国传统思想光辉的宝贵遗产。比如：万里长城——我国古代劳动人民创造的世界奇迹，横跨 7 省，长达 6700 公里，动用人力数十万，历时 100 年。《周礼》是一部论述国家政权职能的专著，是对封建国家管理体制的理想化设计。它的内容包括政治、经济、财政、教育、军事、司法和工程等方面，其中关于封建国家国民经济管理的设计，在许多方面达到了相当高的水平，更可贵的是它诞生于 2200 多年前的战国时期，至今仍然是我们学习管理的教科书。

三、中国现代管理思想的脉络

按照管理思想史专家许康教授的观点，中国现代管理思想的发展脉络大致可以划分为四个阶段。

（一）中国管理思想近代化的“前史 ”时期（ 16～19 世纪前期）

主要表现是资本主义萌芽形式的经营管理、军事管理和科技管理。

（二）中国近代管理思想的“前科学化 ”时期（1840～1911 年）

主要表现是传统管理形式、封建管理体制的没落和资产阶级早期经营管理（资本主义工商业）的出现。

（三）引进和吸收科学化管理时期（1912～1977 年）

在此时期，西方科学管理理论及其他理论开始形成并逐渐引进我国。此时期以 1949 年为界可以划分为前、后两个阶段。

（四）全面推进“管理现代化 ”时期（1978 年至今）

主要表现是市场经济得到发展、企业自主性增强以及管理科学自主创新成分增大。

中国现代管理思想具体可以划分为：建国前中国的管理思想，包括鸦片战争以前的管理思想；官僚资本和民族资本企业的管理思想；我国革命根据地公营企业的管理思想。建国后中国的管理思想 ，包括全面学习苏联模式形成的管理思想；探索中国现在发展模式形成的管理思想；改革开放，全面推进“管理现代化”时期的管理思想。限于篇幅，这里不展开论述。

在过去的100多年里，中国管理思想经历了从幼稚到成熟、从片面到系统、从粗放到科学的发展历程。特别是中国进行的经济体制改革，极大地促进了现代管理思想的发展，而对外开放政策的实施，又为学习借鉴国外的先进管理经验提供了机会。中国现代管理思想发生了极为深刻的变化。

改革开放30多年以来，中国现代管理实践发生了深刻的变化，折射出中国管理思想发展的趋势。主要体现在：

1. 由国内管理向国际化管理转化

21世纪的管理环境已发生了根本性的变化。随着中国加入WTO，改革开放步伐迅速加快，经济全球化已经势不可挡地席卷整个神州大地。世界500强企业中绝大部分不仅已进军中国，而且把他们的研发、加工、销售中心转移到中国。其他许多大大小小的外国企业、外国大学、外国的社会组织也都以各种形式纷纷抢滩中国。中国的企业如家电、电子、信息、钢铁、纺织、服装、玩具、农业等，也都将目光转向世界，甚至迈出国门投资办厂。最近几年，中国进出口贸易总额以两位数增长的事实，足以说明中国经济正在走向国际化。

2. 由科学管理向信息化管理转变

科学管理的任务在中国一些企业、组织和事业中尚未完成，但信息化管理对许多企业来讲已迫在眉睫。这就是中国现阶段管理的特色。中国利用后发优势，在信息产业和产业信息化方面正在实现跳跃式发展。因特网和现代通讯工具已十分普及，用现代信息技术改造原有产业的工作正在顺利和快速进行中。电子政务、电子商务、远程教育、全国通存通兑、联网购票、联网订房等形形色色的网上交易正在迅速改变着中国各行各业的管理面貌。ERP已在许多企业中推广，并取得了良好效果。以现代信息技术为基础的物流管理正引起各方面的关注，许多大规模的物流中心已经或正在形成。

3. 由首长管理向人性化管理转变

中国是一个有着几千年封建专制制度传统的国家，官本位思想已渗透到每个人的血液中，成为重要的“遗传基因”之一。随着时代的进步，对管理的人本原理有了更高的要求。尤其是随着知识经济的发展，创新知识已成为经济发展的最重要的资源。作为创新知识载体的人，已不再是机器或资本的附庸，也不再是一种简单的生产要素，而已成为企业创新的源泉，是企业或事业持续发展的决定性因素。

4. 由政府管理向民营化管理转变

90年代以后，我国强调在市场化的基础上进行民营化管理。民营化是市场化的客观要求和必然结果。“民营化”并非是“私有化”的同义词。民营化管理的正确含义是指一切经营单位均应按现代企业制度要求，建立法人治理结构，由法人代表及其聘用的专业人员负责经营决策和管理，政府首长及政府有关职能部门不能干预企业的经营管理（包括主要领导干部的任用）。

5. 由封闭式实体管理向开放式虚拟管理转变

在市场经济不发达、不成熟的条件下，企业和社会组织为了节约交易费用而尽量把市场内部化，因而出现了“大而全”、“小而全”的现象。当市场愈来愈发达、愈来愈成熟、愈来愈完善，市场交易费用愈来愈低时，情况就会发生逆转。如果企业或组织从市场取得某种产品或服务比内部为此设立某个专门部门所花的费用更低、时间更短、质量更有保证时，企业或组织当然会愈来愈走向专业化。企业或组织唯一的理性选择就是把一切可以外包的业务，统统外包给专业的组织去做。无论从宏观或微观而言，效率会更高，成本会更低，资源会得到更有效的利用。企业或组织可能会愈来愈专业化，核心竞争力会愈来愈强，它所能提供的相关产品和服务可能愈来愈多，组织能够供应或服务的顾客范围愈来愈广，以至超出了地域和国界的限制。同样，组织为了完成自己众多的产品和服务，也必然从全球范围内进行采购和订制。这样发展的结果，必然引发一场管理革命。

管理聚焦

从“蜡烛”到“蓄电池”

和每一个企业的成长历史相类似，“联想”集团也经历了初创、成长到成熟三个阶段。在企业成长过程中，随着企业规模的扩大，企业领导层越来越认识到人的作用。1995 年，集团“人事部”改名为“人力资源部”，这种改变不仅是名称的变化，更是一种观念的更新。

蒋北麒经理说：“过去的人才管理把人视作‘蜡烛’，不停地燃烧直至告别社会舞台。而现在，把人才看作‘资源’，人好比蓄电池，可以不断地充电、放电。现在的管理强调人和岗位适配，强调人才的二次开发。对人才的管理不仅是让他为企业创造财富，同时也要让他寻找到最适合的岗位，最大限度地发挥自身潜能，体现个人价值，有利于自我成长。”

中关村是人才争夺“重地”，贝尔实验室、微软研究院、IBM 研究中心等外资研发机构纷纷在此安营扎寨。在这场人才抢夺战中，“联想”并不是被动挨打，而是主动迎战。他们认为，这些跨国公司的进入，刺激了中国的人才市场，同时也给国内企业提供了一个更新人才观念、改变管理机制的学习机会。为此，“联想”提出了自己的崭新理论——项链理论。即人才竞争不在于把最大最好的珠子买回，而是要先理好自己的一条线，形成完善的管理机制，把一颗颗珍珠串起来，串成一条精美的项链。而没有这条线，珠子再大再多还是一盘散沙。没有好的管理形成强有力的企业凝聚力，仅仅依赖高薪也难留住人才。

（资料来源：《联想：从“蜡烛”到“蓄电池”》，中国人才热线，2007。）

第二节 西方传统管理思想

西方传统管理思想主要是指西方国家二战之前的管理思想(包括早期的管理思想和科学管理理论)。西方国家管理实践活动的历史源远流长,特别是欧、美等工业发达国家,经历了资本主义商品经济萌芽到发达的全过程,积累了比较丰富的管理实践经验和比较成熟的管理思想。

一、西方早期管理思想

管理思想来源于人类社会的管理实践,它是随着生产力的发展而发展起来的。原始社会的生产力水平非常低下,其管理水平与之相适应,也比较低。随着人类社会的进步,管理思想也有很大的发展。特别是 18 世纪 60 年代的工业革命时期是西方管理实践和管理思想产生革命性的发展时期。

世界上一些文明古国,特别是在古希腊和古罗马帝国时代,人们在创建政治、商业和军事等管理活动中,留下了许多宝贵的思想财富,对早期的管理思想做出了贡献。

在公元前 5000 年左右,古埃及人建造了世界七大奇迹之一的金字塔。一个大金字塔要耗用 230 多万块(每块 2.5 吨)的石块,动用 10 万多人力,费时 20 年才能建成。完成这样巨大的工程,不仅需要技术方面的知识,更需要开展大量的组织管理工作。

在公元前 2000 年左右,古巴比伦国王汉谟拉比颁布了世界上现存的古代第一部比较完备的成文法典即《汉谟拉比法典》,全文 280 多条。其中对人的活动做了许多规定,如个人财产要受到保护,百姓应遵守一定的规范,货物贸易应该如何进行,臣民之间的隶属关系,家庭纠纷与犯罪的处理等等,涉及许多管理思想。

古希腊也留下了许多宝贵的管理思想,在公元前 370 年,希腊学者色诺芬对制鞋过程中分工的描述与后来泰罗的思想非常接近,尽管他们所处的时代相差 2200 多年。

公元 284 年古罗马建立了层次分明的中央帝国,古罗马帝国在权力等级、职能分工和严格的纪律方面都表现出了相当高的管理水平。

在 15 世纪的意大利,有一位著名的思想家和历史学家马基雅维利,他阐述了许多管理思想,其中影响最大的是他提出的四项领导原理:领导者必须得到群众的拥护;领导者必须维持组织的内聚力;领导者必须具备坚强的意志;领导者必须具有崇高的品德和非凡的能力。马基雅维利对当时出色领导人活动的概括和总结,与现代领导理论中的一些原则、原理很接近。

上述部分古代管理思想对西方封建社会的管理实践起到了积极的指导作用,也对产业革命后管理思想的发展产生了重要影响。

18 世纪的工业革命为全球生产力的提高带来了深远影响。在社会思想方面,工业革命使人感觉到“人定胜天”,各种物质对人的思想冲击很大;工业革命的大工业物质化,社会矛盾对立,导致了马克思主义的产生;物质的大量富余和人民的相对贫困,使社会矛盾加剧、革命思潮汹涌;英国等国通过改革实行“民主”,促成了近代国家体制的真正产生。

从管理思想的角度出发,人们逐渐意识到以机械的力量代替人力,生产力增加,使管理变得重要;工厂兴起,员工的招募、增选、派工、出勤管理、薪资计算、食物供应以至住宿的分配都需要有专人管理;财务规划与资金的调度等问题,也需要有正式的管理理论与技巧来支持。

下面主要介绍的代表人物有苏格兰的亚当·斯密、英国的查理·巴贝奇和英国的罗伯特·欧文。

1. 亚当·斯密(苏格兰)

亚当·斯密(1723～1790)是经济学的主要创立者,其代表作是《国富论》。他不但对经济和政治理论的发展有着突出贡献,而且对管理思想的发展也有重要贡献。

他在分析“劳动生产力”的因素时,将工作分解成一些单一和重要性的作业,以提高工人技巧和熟练程度,特别强调了“分工”的作用。他在《国富论》中以制针业为例,说明了劳动分工给制造业带来的变化。他把制针程序分为若干项目,则每一项目就会变成一门特殊的工作。第一个人担任抽线工作,第二个人专门拉直,第三个人负责剪断,第四个人进行磨尖,第五个人在另一头打孔并磨角。这样一来,平均一个人,每天可以生产4800枚针,生产效率得到惊人的提高。

亚当·斯密认为,劳动分工之所以能大大提高生产效率,有三个原因:

(1)增加了每个工人的熟练程度。

(2)节省了从一种工作转换为另一种工作所需要的时间。

(3)发明了许多便于工作又节省劳动时间的机器。

2. 查尔斯·巴贝奇(英国)

查尔斯·巴贝奇(1792～1871)是科学管理的先驱者,他发展了亚当·斯密的观点,通过时间研究和成本分析,进一步分析了劳动分工使生产率提高的原因:

(1)节省了学习所需要的时间。

(2)节省了学习期间所消耗的材料。

(3)节省了从一道工序转移到下一道工序所需要的转换时间。

(4)经常从事某一工作,肌肉能够得到锻炼,不易引起疲劳。

(5)节省了改变工具、调整工具所需要的时间。

(6)重复同一操作,技术熟练,工作速度较快。

(7)注意力集中于单一作业,便于改进工具和机器。

巴贝奇还提出了一种工资加利润的分享制度。工人除了拿工资外,还应该按工厂所创利润的百分比,额外地得到一部分报酬。这一制度调动了劳动者的工作积极性。工资加利润的分享制度有以下好处：

(1)工人的利益同工厂的发展及其所创利润的多少直接有关。

(2)每个工人都会关心浪费和管理不善等问题。

(3)能促使每个部门改进工作。

(4)有助于激励工人提高技术水平和品德。

(5)工人同雇主利益一致，可以消除隔阂，促进企业发展。

巴贝奇的第三个贡献是对经理人员提出了许多建设性意见。

(1)分析制造程序及成本。

(2)应用时间研究技术。

(3)收集资料时应使用印好的标准表格。

(4)分析企业机构的实际工作时，宜采用比较分析法。

(5)应研究各种不同颜色的纸张与油墨效果，以确定何种颜色不易使眼睛疲劳。

(6)提问题时，要研究如何发问才能获得最佳效果。

(7)应根据以所得为基础的统计资料，来确定所需。

(8)生产程序的管理应该集权化。

(9)应重视研究发展工作。

(10)应考虑厂址是否临近原材料供应地，以确定厂址位置。

(11)应建立一套人人都有利的建议制度。

3. 罗伯特·欧文(英国)

罗伯特·欧文(1771～1858)，英国空想社会主义者，同时，他也是一位企业家、慈善家。

欧文的管理思想基于“人是环境的产物”这一法国唯物主义学者的观点，他在新拉纳克所进行的一切实验都是为了证明：“用优良的环境代替不良的环境，是否可以使人由此洗心革面，清除邪恶，变成明智的、有理性的、善良的人；从出生到死亡，始终苦难重重，是否能够使其一生仅为善良和优良的环境所包围，从而把苦难变成幸福的优越生活。”正是基于这样一个充满希望和想象的伟大理念，才形成了他超越当时现实生活的管理思想。

欧文的管理思想，都是为了他的最高目标——建立新的和谐社会而做准备的。他在新拉纳克取得的巨大成就，赢得了当时许多国家上层人士的关注和尊重，每年都会有成千上万的人来参观欧文的工厂和他的“性格陶冶馆”。就连当时的俄国沙皇尼古拉大公也专程来参观欧文的工厂。他的四篇《论性格的形成》的文章和《新社会观》一书在社会上广为流传，同时也得到了一些社会名流的支持。

欧文在经过一系列试验的基础上，提出了“在工厂生产中重视人的因素” 这一管理思想。因此，人们称欧文是“人事管理的创始人”。

二、科学管理理论的诞生

科学管理（Scientific Management），是以美国弗雷德里克·温斯洛·泰罗为代表所提出的管理阶段的所有管理理论和制度的统称。其形成的管理理论又称"新古典管理理论"。20世纪初产生，在西方一直延续到20世纪40年代。

（一）"泰罗"的科学管理理论

弗雷德里克·温斯洛·泰罗（Frederick Winslow Taylor，1856～1915），美国人，曾任学徒、组长、工长、车间管理员、技师、设计室主任和总工程师。他通过持续研究操作方法（动作研究）和动作时间（时间研究）形成了科学管理理论体系，其代表作《科学管理原理》，详细阐述了科学管理思想。泰罗在当时提出了"磨洋工理论"，进行了诸如搬运生铁块试验、铁锹实验和金属切削试验等经典试验，引起社会舆论的广泛关注，美国国会在1912年曾就泰罗的科学管理举行了听证会。《科学管理原理》的出版标志着系统化管理理论正式形成，管理至此正式成为一门科学。泰罗因此被称为"科学管理之父"。

所谓"时间研究"就是研究人们在工作期间各种活动的时间构成，它包括工作日写实与测时。所谓"动作研究"就是研究工人干活时动作的合理性，即研究工人在干活时，其身体各部位的动作，经过比较、分析之后，去掉多余的动作，改善必要的动作，从而减少人的疲劳，提高劳动生产率。

1. 主要内容

在其代表作《科学管理原理》中，泰罗提出了以下观点：

（1）科学管理的根本目的——谋求最高工作效率。

（2）达到最高效率的重要手段——用科学的管理方法代替旧的经验方法。

（3）实施科学管理的核心问题——要求管理人员和工人双方在精神上和思想上做彻底的改变。

同时，泰罗建议企业应设立以下管理制度：

（1）对工人提出科学的操作方法，以便合理利用工时，提高效率。

（2）在工资制度上实行差别计件制。

（3）对工人进行科学的选择，培训工人使用标准的操作方法，提高工人的素质。

（4）制定科学的工艺规程，并用文件形式固定下来以利推广。

（5）使管理和劳动分离，把管理工作称为"计划职能"，工人的劳动称为"执行职能"等等。

与泰罗同时代的亨利·甘特曾是泰罗的同事，后来独立创业，从事企业管理技术咨询工作。其代表作是1916年出版的《工业的领导》和1919年出版的《工作组织》。甘特提出了"计件奖励工资制"，即除了支付日工资外，超额完成定额部分，再计件给以奖金；完不成定额的，只能拿到日工资。这种制度比泰罗的"差别计件制"好，可使工人感到收入有保证,从而激发劳动积极性。

亨利·甘特的重要贡献之一是设计了一种用线条表示的计划图表,这种图表被称为"甘特图"。现在常用于编制进度计划。如图 2—1 所示。

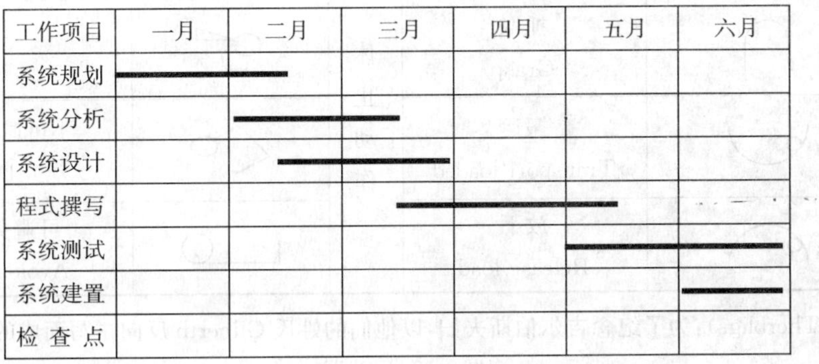

图 2-1 甘特图

与泰罗同时代的还有机械师杰布雷斯和他的妻子、心理学者莉莲·杰布雷斯,他们开始是在建筑行业分析研究用哪种姿势砌砖省力、舒适、效率高。经过实验,他们制定出了一套砌砖的标准作业方法,可使每人每日砌砖量增加 2 倍。他们还在其他行业进行过动作研究,并把工人劳动时手和臂的活动分解成了 17 项基本动作。其代表作《动作研究》详细阐述了他们的理论观点。杰布雷斯夫妇两人以进行"动作研究"而著称,其设计的"动素图"反映实际问题更为细致,应用更为广泛。如图 2—2 所示。

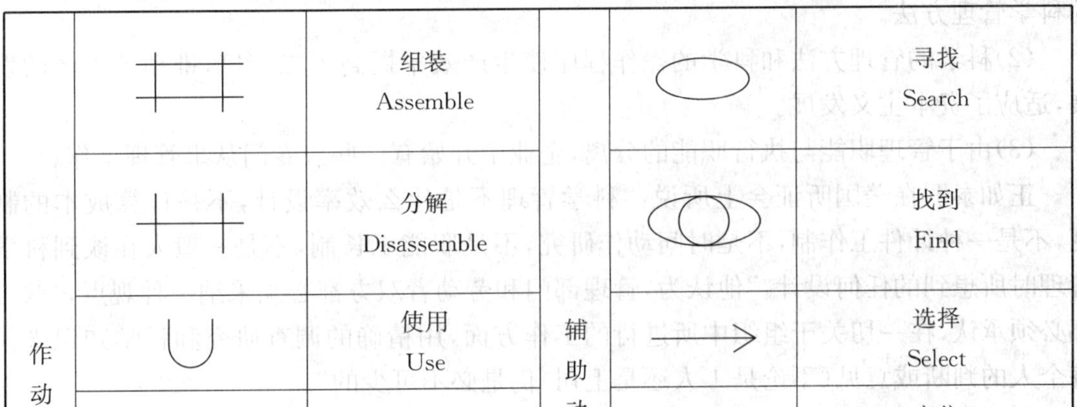

续表

搬运动作		空转 Transport	休止动作		休息 Rest
		抓取 Grasp		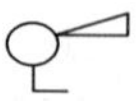	计划 Plan
		搬运 Transport loaded		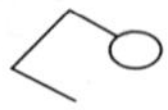	不可避免的延迟 Delay
		放下 Release load		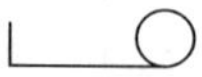	可避免的延迟 Avoidable delay

注：动素(Therbligs)：为了纪念吉尔伯斯夫妇，以他们的姓氏 Gilberth 反向拼写而成的创新字。

图 2－2　动素图

泰罗及其同期先行者的理论和实践构成了“泰罗制”。“泰罗制”着重解决的问题是用科学的方法提高生产现场的生产效率问题。

2. 评价

“泰罗制”应用在生产现场管理中效果显著，但其推广却很不顺利，遭到了资本家和工人的反对。“泰罗制”当时之所以遭到反对，一方面是因为社会上传统意识的影响，另一方面是由于它本身也存在着缺陷，我们应当用历史的观点客观地对其加以评价。

(1)它冲破了传统的落后的经验管理办法，将科学引进了管理领域，创立了一套具体的科学管理方法。

(2)科学的管理方法和科学的操作程序使生产效率提高了二三倍，推动了生产的发展，适应了资本主义发展。

(3)由于管理职能与执行职能的分离，企业中开始有一些人专门从事管理工作。

正如泰罗在美国听证会上所说：“科学管理不是什么效率设计，不是计算成本的制度，不是一种计件工作制，不是时间动作研究，不是职能工长制，不是一般人在谈到科学管理时所想到的任何设计。”他认为，管理部门和劳动者双方都必须采纳一种观点，“双方都必须承认，在一切关于组织中所进行的工作方面，用精确的调查研究和科学知识来代替个人的判断或意见(不论是工人还是上司)仍是必不可少的”。

然而，“泰罗制”毕竟是适应历史发展需要而产生的，其也必将受到历史条件和个人经历的限制。它的科学管理所涉及的问题比较小，管理的内容比较窄，企业的财务、销售、人事等方面的活动都没有涉及。泰罗把人看成会说话的机器，要求工人只能按照管理人员的决定、指示、命令执行劳动，工人在体力技能上受到很大的压榨，这些都是“泰罗制”的缺陷。

(二)法约尔(法国)的“组织管理理论”

泰罗的科学管理开创了西方古典管理理论的先河。在其正被传播之时，欧洲也出现了一批古典管理的代表人物及理论，其中影响最大的首属法约尔及其一般管理理论。

亨利·法约尔是直到20世纪上半叶为止，欧洲管理运动中最杰出的大师，被后人尊称为“经营管理之父”。他最主要的贡献在三个方面：提出管理活动的五大职能、14条管理原则和管理的技巧和能力问题。这三个方面也是其一般管理理论的核心。

1. 主要内容

（1）五大职能。法约尔将管理活动分为计划、组织、指挥、协调和控制这五大管理职能，并进行了相应的分析和讨论。管理的五大职能并不是企业管理者个人的责任，它同企业经营的其他五大活动一样，是一种分配于领导人与整个组织成员之间的工作。

（2）管理的14项原则。法约尔提出了一般管理的14项原则：分工、权威、纪律、事权统一、方向统一、个人利益小于团体利益、报酬合理、集权化程度、单一指挥链、秩序、公平、稳定的人事、主动、团队精神。

（3）管理的技巧和能力。

首先，法约尔认为管理人员应该具有身体、智力、精神、全面教育、特别知识和经验等方面的能力和品质。

其次，法约尔用图表说明各种人员在管理的等级中所处地位不同，其必须具备能力的相对重要性也不同。

再次，法约尔强调，管理的知识是可以通过教育来获得的。

最后，法约尔认为，管理人员需要懂得的不仅是如何计划、组织、指挥、协调和控制，还必须对他管理的企业活动（技术的、商业的等等）有所了解。

2. 评价

法约尔的贡献在于，对组织进行了系统、独到的分析，特别是对管理五大职能的分析为管理科学提供了一套科学的理论构架。他的分析来源于具有长期实践经验的管理原则，给实际管理人员带来了巨大的帮助，其中某些原则甚至以“公理”的形式被人们所接受和使用。因此，继泰罗的科学管理之后，法约尔的一般管理也被誉为“管理史上的第二座丰碑”。

（三）马克斯·韦伯的科层组织

马克斯·韦伯是德国的政治经济学家和社会学家，他被公认为现代社会学和公共行政学最重要的创始人之一。他的重要贡献是开创科层组织和权力理论。他认为办公组织架构应完全按照等级制度来建立，这就意味着每一位管理人员都会受到上级的监督和控制。他试图通过小心翼翼地构筑晋级和划分职务权限，使得整个系统更加科学合理。

1. 主要内容

科层组织理论的主要观点是整个组织就像一部机器一样运行，每一个官僚单元就像齿轮中的齿牙，相互充分咬合，履行着界定明确的职责。一个合理的科层组织应该具有以下特点：

（1）分工（劳动分工）。

（2）权威结构（权威等级）。

(3)正式甄选。

(4)正式的法律规范。

(5)不徇私(非个人的关系)。

(6)事业观点(职业生涯导向)。

韦伯认为,任何组织都必须以某种形式的权力为基础,没有某种形式的权力,任何组织都不可能达到自己的目标。人类社会存在的三种权力:

(1)传统权力:由传统惯例或世袭得来。

(2)超凡权力:来源于别人的崇拜与追随。

(3)法定权力:(理性的)法律规定的权力。

对于传统权力,韦伯认为:人们对其服从是因为领袖人物占据着传统所支持的权力地位,同时,领袖人物也受着传统的制约。但是,人们对传统权力的服从并不是以与个人无关的秩序为依据的,而是在习惯义务领域内的个人忠诚。领导人的作用似乎只是为了维护传统,因而效率较低,不宜作为行政组织体系的基础。

超凡权力的合法性,完全依靠人们对于领袖人物的信仰,是非理性的。领袖人物必须以不断的奇迹和英雄之举才能赢得追随者。超凡权力过于带有感情色彩,不是依据规章制度,而是依据神秘的启示。所以,超凡的权力形式也不宜作为行政组织体系的基础。

只有法定权力才能作为行政组织体系的基础,其最根本的特征在于为法定权力提供了慎重的公正。原因在于:

(1)管理的连续性要求管理活动有秩序进行。

(2)为以“能”为本择人方式提供了理性基础。

(3)领导者的权力并非无限,应受到约束。

2. 评价

韦伯科层制组织理论对西方政治学影响深远。他的关于“合理性”、“合法化”等范畴几乎已经成为现代政治学的公理。韦伯建立了对科层制全新的学理分析模式。他综合运用哲学、历史学、社会学、政治学,全方位地、动态地讨论这一问题,同时注意把它放在整个社会历史与现实的大背景下考察,这也同时部分地暗暗契合了后来人们从系统论和政治生态学的角度追究科层主义的风气。

除此之外,林德尔·厄威克等学者和专家也为西方传统管理思想作出了贡献。林德尔·厄威克的贡献就是把法约尔和泰罗的思想加以归纳并有机结合,形成了比较完整系统的管理理论。

小案例

总裁的公文夹

现代经济已进入高速发展的时期,而经济发展主要依靠管理和技术这两个轮子。在国外,经济学家认为西方工业现代化是“三分靠技术,七分靠管理”。众多的企业通过改进管理、创新求实，成为世界知名企业。

美国汽车公司总裁莫端要求秘书把呈递给他的文件放在不同颜色的公文夹中。红色的代表特急；绿色的要立即批阅；橘色的代表这是今天必须注意的文件；黄色的则表示是必须在一周内批阅的文件；白色的表示周末时须批阅；黑色的则表示是必须他签名的文件。

把你的工作分出轻重缓急，使其条理分明，你才能在有限的时间内，创造出更大的价值，从而使得你的工作游刃有余，事半功倍。

（资料来源：《总裁的公文夹》，MBA 智库，2011。）

第三节 西方现代管理思想

第二次世界大战以后，随着现代自然科学和技术日新月异，生产和组织规模急剧扩大，生产力迅速发展，生产社会化程度不断提高，管理理论引起了人们的普遍重视。许多学者和一些富有实际经验的管理人员在前人的理论和实践的基础上，结合自己的专业知识和实践背景，开始研究现代管理问题。由于研究背景、条件、角度以及方法等方面的不同，必然会形成多种管理学派，也就是我们通常所说的"学派丛林"现象。例如，经验（案例）学派、人际关系学派、群体行为学派、社会协作系统学派、社会技术系统学派、决策理论学派、系统学派、数学（或管理科学）学派、权变理论学派、经理角色学派和经营管理学派等。

一、行为科学学派

广义的"行为科学"是指包括类似运用自然科学的实验和观察方法，研究在自然和社会环境中人的行为规律的科学。狭义的"行为科学"是指研究有关对工作环境中个人和群体的行为规律的一门综合性学科。

（一）"行为科学"的早期理论——人群关系论

行为科学学派是在梅奥开创的人际关系学说的基础上发展起来的，该学派已成为现代西方管理理论发展中的一个重要学派。

泰罗制的"科学管理"理论把人看成"经济人"，而行为科学则把人看成"社会人"，即：影响工人生产效率的因素除了物质条件外，还有工人的工作情绪。

梅奥的人群关系论是在著名的霍桑（美国西方电气公司下属的位于芝加哥附近的工厂名）实验基础上形成的。包括照明实验、继电器装配工人小组实验、大规模访问交谈和对接线板接线工作室的研究等。

霍桑试验的目的是找出工作条件对生产效率的影响程度，以寻求提高劳动生产率的途径。

实验首先从变化工作现场的照明强度着手。研究人员将工人分成两组，一组为试验组，一组为控制组。控制组一直在平常的照明强度下工作，而试验组则给予不同的照明强度。当试验组的照明强度逐渐增大时，试验组的生产增长比例与控制组大致相同，当试验组的照明强度逐渐降低时，试验组的产量明显下降。

试验表明，照明度的一般改变不是影响生产率的决定因素。除了照明实验，后来又相继进行了继电器装配工人小组实验、大规模访问交谈和对接线板接线工作室的研究。这四个阶段的实验，花费了8年时间，取得了大量的第一手资料，为人际关系理论的形成以及后来行为科学的发展打下了基础。

梅奥人群关系论的主要观点：

一是企业的职工是社会人。

二是满足工人欲望，提高工人的士气是提高生产效率的关键。

三是企业中实际存在一种"非正式组织"——企业职工在共同工作和共同生产中必然产生相互之间的人群关系，产生共同的感情，自然形成一种行为准则和惯例，要求个人服从集体。

四是企业应采用新型的领导方法。

人际关系理论是"行为科学"管理学派的早期思想，它只强调要重视人的行为；而行为科学还要求进一步研究人的行为规律，找出产生不同行为的影响因素，探讨如何控制人的行为以达到预定目标。

（二）"行为科学"学派的主要理论

"行为科学"学派的主要理论包括需求层次论、双因素理论、X、Y理论、超Y理论和Z理论等。需求层次理论和双因素理论我们将在第十章里详细介绍。

1. X、Y理论与超Y理论

道格拉斯·麦格雷戈是美国著名的行为科学家，人性假设理论创始人，管理理论的奠基人之一，X、Y理论管理大师，也是人际关系学派最具有影响力的思想家之一。

X理论是麦格雷戈在他1960年所著《企业中人的方面》一书中提出来的，该理论是把人的工作动机视为获得经济报酬的"实利人"的人性假设理论。主要观点是：人类本性懒惰，厌恶工作，对工作尽可能逃避；绝大多数人没有雄心壮志，怕负责任，宁可被领导；多数人必须用强制办法乃至惩罚、威胁，才能使他们为达到组织目标而努力；激励只在生理和安全需要层次上起作用；绝大多数人只有极少的创造力。因此企业管理的唯一激励办法，就是以经济报酬来激励生产，只要增加金钱奖励，便能取得更高的产量。所以这种理论特别重视满足职工生理及安全方面的需要，同时也很重视惩罚，认为惩罚是最有效的管理工具。

麦格雷戈是以批评的态度对待X理论的，他指出：传统的管理理论是脱离现代化的政治、社会与经济来看人的，是极为片面的。这种软硬兼施的管理办法，其后果是导致职工的敌视与反抗。他针对X理论的错误假设，提出了相反的Y理论。

Y理论的主要观点是：一般人的本性不是厌恶工作，如果给予适当机会，人们会喜欢工作，并渴望发挥其才能；多数人愿意对工作负责，寻求发挥能力的机会；能力的限制和惩罚不是使人去为实现组织目标而努力的唯一办法；激励在需要的各个层次上都起作用；想象力和创造力是人类广泛具有的。因此，人是“自动人”。激励的办法是：扩大工作范围；尽可能把职工工作安排得富有意义，并具挑战性；工作之后引起自豪，满足其自尊和自我实现的需要；使职工达到自我激励。只要启发内因，实行自我控制和自我指导，在条件适合的情况下就能实现组织目标与个人需要统一起来的最理想状态。

X理论把人的行为视为机器，需要外力作用才能产生。Y理论把人视为一个有机的系统，其行为不但受外力影响，而且也受内力影响。这是两种截然不同的世界观、价值观。

超Y理论。美国的乔伊·洛尔斯和约翰·莫尔斯在麦格雷戈的理论基础上，通过对比实验(表2—1)，提出了超Y理论。主要观点是：管理方式要由工作性质、成员素质等来决定，不同的人对管理方式的要求不同。有人希望公司有正规化的组织与规章条例来要求自己的工作，而不愿参与问题的决策去承担责任，这种人可以以X理论来指导工作；有的人则需要更多的自治责任和发挥个人创造性的机会，这种人则用Y理论来指导工作。

表2—1 超Y理论实验表

管理思想	任务容易测定的工厂	任务不易测定的研究所
管理思想	任务容易测定的工厂	任务不易测定的研究所
Y理论	效率低(哈特福工厂)	效率高(史托克顿研究所)

2. Z理论

Z理论是由美国日裔学者威廉·大内在1981年出版的《Z理论》一书中提出来的，其研究的内容为人与企业、人与工作的关系。

在Z理论的研究过程中，大内选择了日、美两国的一些典型企业进行研究。这些企业都在本国及对方国家中设有子公司或工厂，采取不同类型的管理方式。大内的研究表明，日本的经营管理方式一般较美国的效率更高，作者因此提出，美国的企业应该结合本国的特点，向日本企业管理方式学习，形成自己的管理方式。他把这种管理方式归结为Z理论型管理方式，并对这种方式进行了理论上的概括，称为“Z理论”。

Z理论认为，一切企业的成功都离不开信任、敏感与亲密，因此主张以坦白、开放、沟通作为基本原则来实行“民主管理”。大内把由领导者个人决策、员工处于被动服从地位的企业称为“A型组织”，他认为当时研究的大部分美国机构都是A型组织。A型组织的特点为：

(1)短期雇用。

(2)迅速的评价和升级，即绩效考核期短，员工得到回报的速度快。

(3)专业化的经历道路，造成员工过分局限于自己的专业，但对整个企业并不很是了解。

(4)明确的控制。

(5)个人决策过程不利于诱发员工的聪明才智和创造精神。

(6)个人负责,任何事情都有明确的负责人。

(7)局部关系。

相反,他认为日本企业具有与美国企业不同的特点:

(1)实行长期或终身雇佣制度,使员工与企业同甘共苦。

(2)对员工实行长期考核和逐步提升制度。

(3)非专业化的经历道路,培养适合各种工作环境的多专多能人才。

(4)管理过程既要运用统计报表、数字信息等清晰鲜明的控制手段,又要注重对人的经验和潜能进行细致而积极的启发诱导。

(5)采取集体研究的决策过程。

(6)对一件工作集体负责。

(7)引导人们树立牢固的公平观念,员工之间平等相待,每个人对事物均可作出判断,并能独立工作,以自我指挥代替等级指挥。

他把这种组织称为"J型组织"。

大内不仅指出了A型组织和J型组织的各种特点,而且还分析了美国和日本各自不同的文化传统,明确了日本的管理经验不能简单地照搬到美国去。为此,他提出了"Z型组织"的观念,认为美国公司借鉴日本经验就要向Z型组织转化,Z型组织符合美国文化,又学习日本管理方式的长处,比如"在Z型公司里,决策可能是集体做出来的,但是最终要由一个人对这个决定负责"。而这与典型的日本公司(即J型组织)做法是不同的,"在日本没有一个单独的个人对某种特殊事情担负责任,而是一组雇员对一组任务负有共同责任"。他认为,"与市场和官僚机构相比,Z型组织与氏族更为相似",并详细剖析了Z型组织的特点。

考虑到由A型组织到Z型组织转化的困难,大内给出了明确的13个步骤,认为这个变革过程一般应如此进行:

(1)参与变革的人员学习领会Z理论原理,挖掘每个人正直的品质,发挥每个人良好的作用。

(2)分析企业原有的管理指导思想和经营方针,关注企业宗旨。

(3)企业的领导者和各级管理人员共同研讨制定新的管理战略,明确大家所期望的管理宗旨。

(4)通过创立高效合作、协调的组织结构和激励措施,来贯彻宗旨。

(5)培养管理人员掌握弹性的人际关系技巧。

(6)检查每个人对将要执行的Z型管理思想是否完全理解。

(7)把工会包含在计划之内,取得工会的参与和支持。

(8)确立稳定的雇用制度。

(9)制定一种合理的长期考核和提升制度。

(10)经常轮换工作,以培养人的多种才能,拓宽雇员的职业发展道路。

(11)认真做好基层一线雇员的发动工作,使变革在基层顺利进行。

(12)找出可以让基层雇员参与的领域,实行参与管理。

(13)建立员工个人和组织的全面整体关系。

大内认为这个过程要经常重复,而且需要相当长的时间,比如10~15年。

二、"管理科学"学派

"管理科学"学派,也称"计量管理学派"、"数量学派"。也有人把"计量管理学派"与"运筹学派"看成是统一语,这是因为该学派正式成立始于1939年由美国曼彻斯特大学教授布莱克特领导的运筹学小组。

(一)管理科学学派的基本思想

1. 主导思想

使用先进的数理方法及管理手段,使生产力得到最合理的组织以获得最佳的经济效益,而较少考虑人的行为因素。

2. 典型思路

(1)提出问题。

(2)建立数学模型。

(3)得出解决方案。

(4)对方案进行验证。

(5)建立对解决方案的控制。

(6)把解决方案付诸实施。

3. 主要内容

(1)组织是由"经济人"组成的追求经济利益的系统,也是物质技术和决策网络组成的系统。

(2)强调管理程序中的计划与控制职能。

(3)减少管理活动中的经验、直觉、主观判断或个人艺术成分。

(4)应用先进的计算工具。

(5)管理科学学派是科学管理学派的继续与发展。

(6)侧重于管理中的定量技术与方法。

(7)提倡用逻辑步骤构造问题、收集信息、建立数学问题的解决方法并应用于实践。

(8)要求管理者具备数学、统计学、工程学、经济学和一般商业技能。

(9)主要方法:运筹学、排队论、计划评审术、博弈论和计算机模拟(仿真)。

(二)数学模型与"管理科学"

"管理科学"的重要特点是将数学模型广泛应用于经营管理。

数学模型是参照某种事物系统的特征或数量依存关系,采用数学语言,概括地或近似地表述出的一种数学结构,这种数学结构是借助于数学符号刻画出来的某种系统的纯关系结构。从广义理解,数学模型包括数学中的各种概念、公式和理论。因为它们都是由现实世界的原型抽象出来的,从这个意义上讲,整个数学也可以说是一门关于数学模型的科学。从狭义理解,数学模型只指那些反映了特定问题或特定的具体事物系统的数学关系结构,从这个意义上,数学模型也可理解为联系一个系统中各变量间内在关系的数学表达。

数学模型所表达的内容可以是定量的,也可以是定性的,但必须以定量的方式表现出来。

数学模型的作用有四点:解决对客观现象进行试验的困难;比较容易操作;模型试验能够比较节约;可以揭示客观对象本质。

数学模型根据模型的作用可分为以下两类:

1. 描述性模型

说明一个系统怎样进行工作,用它可以清楚表明问题的现状,并可以指明应怎样改变这种现状,但不能选出最优方案。

2. 规范性模型

包含早已确定了的某些准则及事物的变化规律,能从可以采用的所有解决方案中找出最优的解决办法。

根据模型的变量种类分为:

1. 确定性模型

在一个确定性模型中,所有的假设条件都是常数。

2. 随机性模型

即一个模型中存在着随机变量,可以以统计分析规律为基础来确定。

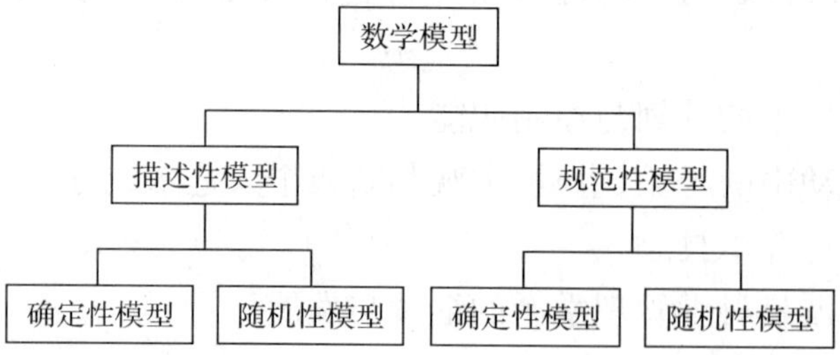

图 2-5　数学模型分类图

(三)系统论与"管理科学"

"管理科学"应用系统理论,把管理对象看作一个整体,是一个有机联系的系统。研究管理的任何个别事物，都要从系统的整体出发，既要研究出此事物与系统内各组成部分之间的关系，又要研究此事物同系统外部环境的相互关系。系统论的核心思想是系统的整体观念。基本思想方法是把所研究和处理的对象，当作一个系统，分析系统的结构和功能，研究系统、要素、环境三者的相互关系和变动的规律性。世界上任何事物都可以看成是一个系统，系统是普遍存在的。大至渺茫的宇宙，小至微观的原子，一粒种子、一群蜜蜂、一台机器、一个工厂、一个学会团体等都是系统，整个世界就是系统的集合。系统管理思想认为，组织作为一个转换系统，是由相互依存的众多要素所组成的，局部最优不等于整体最优。组织是一个开放系统，要重视环境因素等。

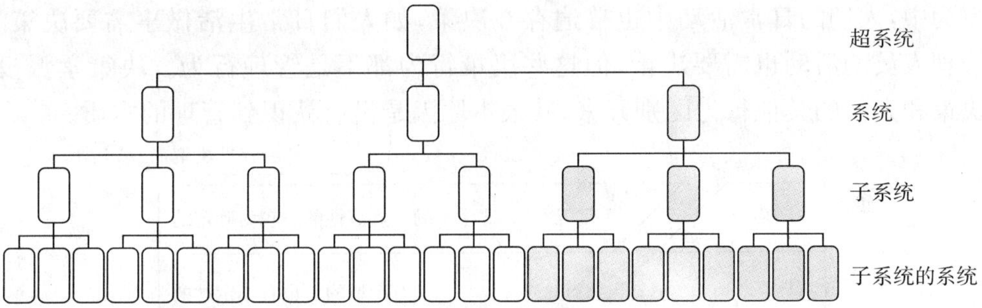

图 2-6 系统框架图

三、“决策理论”学派

第二次世界大战后，随着现代生产和科学技术的高度分化与高度综合，企业的规模越来越大，这些大企业的经营活动范围超越了国界，面临着更加动荡不安和难以预料的政治、经济、文化和社会环境。在这种情况下，对企业整体的活动进行统一管理就显得更加重要了。

“决策理论”学派是以统计学和行为科学作为其理论基础的。其主要观点是：

其一，管理就是决策。

其二，决策分为程序性决策和非程序性决策：程序性决策是按既定的程序所进行的决策，往往可制定一个例行程序；非程序性决策是新发生的、非结构性的，问题极为重要、复杂、没有例行程序可循的决策。

决策理论提出了一项新的管理职能。针对管理过程理论的管理职能，西蒙提出决策是管理的职能，决策贯穿于组织活动全部过程，进而提出了“管理的核心是决策”的命题，而传统的管理学派是把决策职能纳入到计划职能当中。决策理论不仅适用于企业组织，而且适用于其他各种组织的管理，具有普遍的适用意义。因此，“决策是管理的职能”现在已得到管理学家普遍的承认。

决策理论首次强调了管理行为执行前分析的必要性和重要性。西蒙把管理行为分为“决策制定过程”和“决策执行过程”，并把对管理研究的重点集中在“决策制定过程”的分析中。正如西蒙所指出的那样：所有这类讨论，却都没有充分注意任何行动开始之前的抉择——关于要干什么事情的决定，而不是决定的执行。任何实践活动，无不包含着“决策制定过程”和“决策执行过程”。

决策理论尽管具有许多其他理论所不具备的优点，但也存在以下缺陷：

其一，管理是一种复杂的社会现象，仅靠决策也无法给管理者有效的指导，实用性不大。哈罗德·孔茨就这样说：尽管决策制定对管理是重要的，但在建立管理学全面理论上是一个太狭隘的重点，而如果把它的含义加以扩展的话，则它又是一个太宽广的重点。因为决策理论既可以应用于鲁滨孙所碰到的问题，也可以应用于美国钢铁公司的问题上。

其二，决策学派没有把管理决策和人们的其他决策行为区别开来。决策并非只存在管理行为中，人们的日常活动中也普遍存在决策，如人们日常生活做事需要决策，组织中非管理人员的活动也需要决策，但这些决策行为都不是管理行为。决策学派没有把管理决策和人们的其他行为区别开来，其根本原因是没有认识到管理的本质。

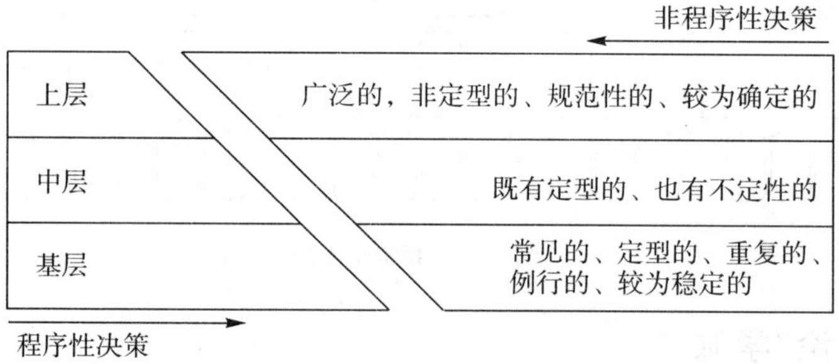

图 2-7 决策问题的类型与组织关系图

四、“权变管理”学派

权变管理理论是本世纪 70 年代在美国形成的一种管理理论。“没有绝对最好的东西，一切随条件而定”，这句格言是权变管理理论的核心思想。权变管理认为，并不存在一种适用于各种情况的普遍的管理原则和方法，管理只能依据各种具体的情况行事。管理人员的任务就是研究组织外部的经营环境和内部的各种因素，弄清这些因素之间的关系及其发展趋势，从而决定采用哪些适宜的管理模式和方法。

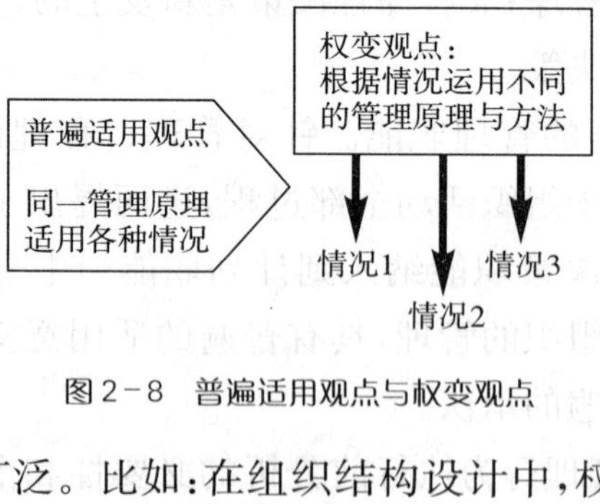

图 2-8 普遍适用观点与权变观点

权变管理的应用非常广泛。比如：在组织结构设计中，权变管理认为企业的组织结构要与外部经营环境的稳定性、企业产品品种的多寡以及所使用的工艺技术相适应，各种组织结构并无高低优劣之分。在领导方式中，权变管理认为没有什么固定的最优领导方式,应当根据领导者的个性、工作任务的性质、领导者拥有的职位权力、组织内的人际关系等具体情况,采用不同的领导方式。

第四节 西方现代管理思想的新视野

近30年来,信息网络化、经济全球化、知识资源化和管理人本化的时代特征日趋明显。随着管理环境的迅速变化,管理实践也在发生着深刻变革,许多管理思想成为当今主流的管理思想并日趋完善,这包括企业文化理论、学习型组织理论、企业再造理论和知识管理理论等。

一、企业文化理论

20世纪70年代以后,由于企业经营风险增大,竞争激烈,管理变得日趋复杂,管理学者们开始寻求新的管理思想与方式,提出应恢复符合常理的"非理性主义"。他们认为,传统的管理过于强调硬性因素,忽视了软性因素的作用。因此,主张发挥企业文化、作风等软性因素的作用,提倡管理中的软化成分。

20世纪80年代以来,在西方,主要是美国管理理论的研究中,关于企业文化的论著很多,形成了一种热潮。西方"企业文化热"的兴起,有其深刻的经济和政治原因。从国际角度而言,西方面对着来自东方国家日本的强力竞争。管理学家在比较研究后认为,东、西方管理上存在的差异主要表现在文化上。为了更好地吸收外国的管理经验,提高本国管理水平,必须重视对企业文化的研究。从企业内部而言,随着科学技术的发展,企业中劳动的性质和劳动力的构成也发生了巨大变化,如20世纪50年代末,美国白领工人的数量就超过了蓝领工人,70年代在新增的就业人员中90%以上集中在信息、服务业等第三产业(被称为"灰领工人"),到了80年代,这种情况在西方发达国家已较普遍。由于这种变化,原来的一些管理理论和管理制度逐渐变得不再适应。企业中的种种矛盾逐渐加剧,这就要求管理者不得不以一种更好的管理方式来使企业产生精神凝聚力。

关于企业文化的内涵、外延及构成要素的论述。管理者认为,企业文化主要是由企业的最高目标或宗旨、共同价值观、作风和传统习惯、行为规范以及规章制度等构成。它是一种以价值观为核心的对全体职工进行企业意识教育的微观文化体系。

关于企业文化形成与发展的论述。企业文化的研究者和提倡者认为,企业文化不是少数企业家主观想象出来的,而是随着企业的建立和发展,通过全体职工的实践形成的。影响企业文化形成的因素主要有企业任务、外部环境、民族习惯和历史传统等。

关于企业文化建设重要性的论述。企业文化的研究者和提倡者普遍认为,企业文化是现代企业生存和发展、成功与失败的关键。这种说法虽然有些夸大,但也在一定程度上反映了当代企业管理的客观要求和发展趋势。

关于企业文化建设的原则、内容、方式等。企业文化的研究者和提倡者认为重点是要构筑企业精神和企业形象。

二、学习型组织理论

学习型组织理论兴起于20世纪80年代末、90年代初的美国。随着信息革命、知识经济时代的来临,企业面临着前所未有的竞争环境的变化,传统的组织模式和管理理念已越来越不适应新的环境。因此,研究企业组织如何适应新的知识经济环境,增强自身的竞争能力,延长组织寿命已势在必行。在这样的大背景下,以美国麻省理工学院教授彼得·圣吉为代表的西方学者,吸收东西方管理文化的精髓,对系统动力学与组织学、创造原理等多种理论进行融合,从而发展成"学习型组织"理论。彼得·圣吉于1990年出版了《第五项修炼——学习型组织的艺术与实务》一书,提出了以"五项修炼"为基础的学习型组织理论,要求通过不断学习来提高组织的生存和发展能力。

圣吉的学习型组织理论认为,在新的经济背景下,现代企业要持续发展,必须要提高企业的整体能力与整体素质。现代企业所欠缺的是系统思考的能力,也就是一种整体动态的搭配能力,许多组织因为缺乏它而无法有效地学习。之所以如此,是因为现代组织分工负责的方式将组织进行了切割。当人们不需要为自己行动的结果负责时,人们就不会去修正其行为,也就无法有效地学习。未来真正出色的组织,应当刺激人们为个人和组织做出卓越贡献,并有能力不断学习。

所谓"学习型组织",就是存在一种有计划的、全组织规模的、不断地改变组织成员思考方式和相互作用方式的有组织学习,并能不断认识环境,适应环境,进而能动地作用于环境的有效组织。"善于不断学习"是学习型组织的本质特征。它强调要终身学习、全员学习、全过程学习和保持性学习。同时,通过学习能够真正领略工作的意义,追求心灵的满足与自我实现,并与周围的世界产生一体感。

面对复杂多变的竞争环境,组织领导者最大的使命是将传统的"控制"型组织改造为"学习"型组织。彼得·圣吉提出了塑造学习型组织的五种方法,即超越自我、改善心智模式、建立共同前景、团队学习和系统思考。

(一)超越自我

首先要剖析自我,把握优势与劣势,找出目标与现实的差距,然后从组织的长期、整体利益出发,兼顾个人的发展,实现组织和个人的超越和双赢。

(二)改善心智模式

心智模式是指由过去的经历、习惯、知识素养、价值观等形成的基本固定的思维认识方式和行为习惯。心智模式一旦形成,将使个人自觉或不自觉地从某个固定的角度去认识和思考所发生的问题,并用习惯的方式予以解决。任何人都有自己特殊的心智模式，可能正确，也可能错误。改善心智模式的办法是：一要反思自己的心智模式；二要探寻他人的心智模式，从自己与他人的心智模式比较中完善自己的心智模式。

（三）建立共同前景

共同创造的前景是对每个人利益的融合，是全体成员共同认可的目标，也为个人的发展留下了选择空间。群体实现前景的共同力量比任何单个人的力量都更有力。

（四）团队学习

团队学习是指发展员工与团体的合作关系。有效的团队学习包括无偏见地倾听他人的意见，从建设性的意见中挖掘新思想。

（五）系统思考

组织是由一系列相互联系和相互影响的子系统构成的开放的复杂系统。如果进行系统思考，就要从三方面思考问题：一是要整体地思考问题，二是要动态地思考问题，三是要从本质上思考问题。系统思考与自我超越结合在一起就会促进个人更好地学习。第一，将个人的灵性与理性结合起来；第二，将自己与周围的世界视为一体；第三，发展对别人的同情心；第四，形成对整体利益的使命感。

这五种塑造学习型组织的方法的每一种都呈现出三个层次，即演练、原理和精髓。其中，演练是指具体的练习；原理是指导练习活动的基本理论；而精髓则是指修炼纯熟的个人或团体所自然地达到的一种特殊境界，这种境界往往只可意会，不可言传。

在这五种塑造方法中，改善心智模式和团队学习是基础，超越自我和建立共同前景是张力，系统思考是核心。

三、企业再造理论

20 世纪 90 年代以来，信息技术革命使企业的经营环境和运行方式发生了很大变化，而西方国家经济的长期低增长又使得市场竞争日益激烈，企业面临着严峻挑战。美国企业受日本等企业的冲击，一些美国学者将日本的“改良式”成功经验移植过来，但没有给美国企业带来明显的效果。在这种情况下，许多美国学者认识到，必须对现有的组织管理观念、组织原则和工作方法进行彻底的重组再造，帮助美国企业再生并重新回到世界领先的地位。在这种背景下，1993 年美国麻省理工学院教授迈克·哈默与詹姆斯·钱皮提出了企业再造的观点。

所谓“企业再造”，简单地说就是以工作流程为中心，对企业的运营模式和工作方法进行彻底改革，重新设计企业的经营、管理及运营方式，使之合理化。企业流程再造的目的是提高企业竞争力，从业务流程上保证企业能以最小的成本、高质量的产品和优质的服务参与市场竞争。

企业再造以先进的信息系统和信息技术为手段，以顾客的中长期需要为目标，通过最大限度地减少对产品增值无实质作用的环节和过程，建立起科学的组织结构和业务流程，使产品的质量和规模发生质的变化。

企业再造通过对企业原来生产经营过程的各个方面、各个环节进行全面的调查研究和细致分析，对其中不合理、不必要的环节进行彻底的变革。

（一）对原有流程功能和效率进行全面的分析并发现其存在的问题

根据企业现行的作业程序，深入现场，具体观测、分析现存作业流程的功能、制约因素以及表现出来的关键问题，从功能障碍、重要性、可行性三方面分析现行作业流程中存在的问题。

（二）设计新的流程改进方案并进行评估

为了设计更加科学、合理的作业流程，必须群策群力、集思广益、鼓励创新。在设计新的流程改进方案时，重点考虑的问题包括：第一，将现在的数项业务或工作组合，合并为一；第二，工作流程的各个步骤的进行要顺其自然；第三，给予职工参与决策的权利；第四，为同一种工作流程设置若干种运行方式；第五，工作应当超越组织的界限，在最适当的场所进行；第六，尽量减少检查、控制、调整等管理工作；第七，设置项目负责人。

（三）制定改进规划并形成系统的企业再造方案

企业业务流程的实施，是以相应组织结构、人力资源配置方式、业务规范、沟通渠道以及企业文化作为保证的，只有以流程改进为核心形成系统的企业再造方案，才能达到预期的目的。

（四）组织实施与持续改善

实施企业再造方案，必然会触及原有的利益格局。因此，必须精心组织，谨慎推进。既要态度明确，克服阻力，又要积极宣传，达成共识，以保证企业再造得以顺利进行。

企业再造方案的实施并不意味着企业再造的终结。在社会发展日益加快的时代，企业总是不断面临新的挑战，这就需要对企业再造方案不断地进行改进，以适应新形势发展的需要。

四、知识管理

20世纪60年代初，美国管理理论家彼得·德鲁克首先提出了“知识工作者”和“知识管理”的概念。20世纪80年代初，经济发展开始以知识和信息的生产、分配和使用为特征，并成为社会最基本的生产要素。

彼得·德鲁克陆续发表了大量相关论文，提出“未来的典型组织以知识为基础，由各种各样的专家组成，这些专家根据来自同事、客户和上级的大量信息，自主决策和自我管理”。20 世纪 90 年代中后期，美国波士顿大学托马斯·H·达文波特教授提出了知识管理的两阶段论和知识管理模型，该理论成为指导知识管理实践的主要理论。21 世纪初，瑞典组织学家卡尔·爱立克·斯威比博士强调隐含知识的重要作用，并提出了个人知识的不可替代性。

知识管理理论强调组织管理应以知识为核心并充分发挥知识的特殊作用。知识管理理论的基础内容是价值论；知识管理理论的核心是创新论；知识管理理论的方法是运作论。

知识管理理论改变着知识型组织的管理实践。主要体现在：

(一)管理的直接化

直接式管理的信息高度透明，直接面向顾客，为顾客服务，通过组织业务流程的重组与再造发挥人的智能，减少常规性工作，使员工专注于更加个性化和技巧性的工作。

(二)组织的虚拟化

虚拟化组织可以获得诸如设计、生产、营销等具体的功能，但这不一定与实体组织功能相对应，它克服了金字塔式组织结构的弊端，使组织资源运筹从组织内部伸展到外部。

(三)员工的知识化

员工是知识收集、利用和创新的主体，组织的知识管理实践离不开员工的参与。

总结西方传统管理思想和现代管理思想，可以看出：每一种管理思想都是针对同样的对象，区别仅在于研究者的背景和兴趣不同。一个形象的比喻是“盲人摸象”的经典故事，每个人都宣称大象是他感觉到的那部分的样子。第一人摸到象的躯干，认为象似堵墙；第二人摸到象的鼻子认为象似条蛇；第三人摸到象的长牙认为象似梭镖；第四人摸到象的尾巴认为象似绳子。每一个人都接触到同样的象，但对大象的理解取决于他们所处的角度。

类似地，每种管理思想都是正确的，也都对理解管理作出了贡献，但都有它们各自的局限性。每种管理思想的诞生，都与时代背景紧密相关，如表 2－2 所示。

整合西方传统和现代管理思想，要求管理者在人类社会管理活动过程中，应该努力树立三个基本的管理观念。

(一)系统观念

系统是由一群相关的元素所组成的。任何系统必然有一个目标的存在，为了达到这个目标，各子系统之间必然有互动的关系，以完成整体的运作；系统的程序包含投入、处理和产出。

(二)程序观念

程序观念是以管理程序为核心发展起来的观念；管理程序包含了规划、组织、领导与控制，且各功能需要不同的学派来支持。

（三）权变观念

没有一种管理方式适用于所有情况，一切都要视情形而定；管理者应该了解自身所处的情境，并找出有效的管理方式，以追求组织目标的达成；何种情境下何种管理方式较为有效，需要进一步研究。

表2—2　管理思想与理论的演化与时代背景

时间	时代	时代特征	主要管理理论	代表人物和著作
19世纪60年代至19世纪末	工业化初期	电报、电话、信件、单据 铁路、马车、轮船 蒸汽机、机械 殖民地统治（英国成为日不落帝国）	工厂代替作坊 劳动分工能够提高生产率	亚当·斯密《国富论》（1776） 查里巴贝奇《论机器和制造业的经济》（1832）
20世纪初至1950年代	工业化中期	电报、电话、信件、单据 铁路、马车、轮船、飞机 电气化、机械化、流水线生产 殖民地纷纷独立，殖民体系瓦解（经历两次世界大战）	科学管理 一般行政管理 行为管理 定量管理	泰勒《科学管理理论》（1911） 法约尔《工业管理与一般管理》（1916） 梅奥《工业文明中人的问题》（1933） 麦格雷戈《企业的人性面》（1960） 统计学、运筹学等
1960年代至1980年代	工业化后期	计算机网络、传真、电话、电视 飞机、高速公路、高速铁路、轮船 电子化、自动化 冷战时期（美苏两大阵营对峙）	过程管理 系统管理 权变管理 精细管理 全面质量管理 大规模定制	哈罗德·孔茨《管理中丛林》（1965） 系统管理学会《经营系统》（1975） 弗雷德·菲德勒的权变理论 大田耐一《丰田的生产系统》（1978） 威廉·大内《Z理论》（1980）
1990年代后	后工业化时期	高速大型飞机、高速公路、高速铁路 信息网络化 经济全球化 知识资本化 管理人性化	流程再造 ERP 虚拟组织 核心能力理论 学习型组织 世界供应链 业务外包	迈克尔·哈默《公司再造》（1990） 威廉·戴维陶，麦克·马隆《虚拟企业》（1992） 普瑞斯·戈德曼，内格尔《敏捷竞争者与虚拟组织》（1995） 彼得·圣吉《第五项修炼》（1994） 托马斯·弗里德曼《世界是平的》（2005）

（资料来源：周三多：《管理学——原理与方法》，上海：复旦大学出版社，2009。）

本章小结

本章重点介绍了管理思想的演变，包括中国管理思想的发展脉络，西方传统管理思想、现代管理思想及其发展。西方传统管理思想主要反映的是工业革命以前和第二次世界大战以前两个阶段的管理思想；现代管理思想主要反映的是20世纪80年代以前的管理思想；现代管理思想的新视野主要反映的是20世纪80年代以后的管理思想。限于篇幅，只能从管理思想的产生背景、主要观点、简要评价等方面简要勾画管理思想的演变过程。本章的主要目的是为了使读者更好地理解和掌握管理职能，树立程序、系统和权变的管理观念。

本章习题

1. 举例说明中国古代传统的管理思想对现代企业管理的贡献表现在哪些方面。
2. 西方管理理论与管理思想的发展大体上经过了哪些阶段？每阶段各有哪些代表性的理论？
3. 简述泰勒的科学管理理论的要点。
4. 简述法约尔的一般管理理论的要点。
5. 简述X、Y理论和超Y理论的要点。
6. 简述现代管理丛林中，六大学派的基本主张、观点与代表人物。

案例研讨

管理理论是否可以解决实际问题？

海伦、汉克、乔、萨利四个人都是美国西南金属制品公司的管理人员。海伦和乔负责产品销售，汉克和萨利负责生产。他们刚参加过在某大学举办的为期两天的管理培训班学习。在培训班里主要学习了权变理论、社会系统理论和一些有关职工激励方面的内容。他们对所学的理论有不同的看法，现正展开激烈的争论。

乔首先说："我认为社会系统理论对于像我们这样的公司是很有用的。例如，生产工人偷工减料、做手脚或者原材料价格上涨的话，就会影响到我们的产品销售。系统理论中讲的环境影响与我们公司的情况很相似。我的意思是，在目前这种经济环境中，一个公司会受到环境的极大影响。在油价暴涨时期，我们当时还能控制自己的公司。但是现在呢？我们要想在销售方面前进一步，都要经过艰苦的战斗。这方面的艰苦，你们大概都深有体会吧？"

萨利插话说："你的意思我已经知道了。我们的确有过艰苦的时期，但是我不认为这与社会系统理论之间有什么必然的内在联系。我们曾在这种经济系统中受到过伤害。当然，你可以认为这与系统理论是一致的。但是，我并不认为我们就有采用社会系统理论的必要。我的意思是，如果每个东西都是一个系统的话，而所有的系统都能对某一个系统产生影响的话，我们又怎么能预见到这些影响所带来的后果呢？所以，我认为权变理论更适用于我们。如果你说事物都是相互依存的话，系统理论又能帮我们什么忙呢？”

海伦对他们这样的讨论表示有不同的看法。她说：“对社会系统理论我还没有很好的考虑。但是，我认为权变理论对我们是很有用的。虽然我们以前亦经常采用权变理论，但是我却没有认识到自己是在运用权变理论。例如，我有一些家庭主妇顾客，听到她们经常讨论关于孩子如何度过周末之类的问题，从她们的谈话中我就知道她们要采购什么东西了。顾客也不希望我们‘逼’他们去买他们不需要的东西。我认为，如果我们花上一两个小时与他们进行自由交谈的话，那肯定会增加我们的销售量。但是，我也碰到一些截然不同的顾客，他们一定要我向他们推荐产品，要我替他们在购货中做主。这些人也经常到我这里来走走，但不是闲谈，而是做生意。因此，你们可以看到，我每天都在运用权变理论来对付不同的顾客呢。为了适应形势，我经常都在改变销售方式和风格，许多销售人员都是这样做的。”

汉克显得有些激动地插话说：“我不懂这些被大肆宣传的理论是什么东西。但是，关于社会系统理论和权变理论问题，我同意萨利的观点。教授们都把自己的理论吹得天花乱坠，他们的理论听起来很好，但是他们的理论却无助于我们的管理实际。对于培训班上讲的激励要素问题我也不同意。我认为泰罗在很久以前就对激励问题有了正确的论述。要激励工人，就是要根据他们所做的工作付给他们相应的报酬。如果工人什么也没有做，则用不着付任何报酬。你们和我一样清楚，人们只是为钱工作，钱就是最好的激励。”

（资料来源：王凤彬：《管理学教学案例精选》，修订版，上海：复旦大学出版社，2009。）

案例思考题：

1. 你同意哪一个人的意见？他们的观点有什么不同？
2. 如果你是乔，你如何使萨利信服系统理论？
3. 你认为汉克关于激励问题的看法怎样？他的观点是属于哪一种管理理论？

第三章 管理的基本原理和方法

学习目标

- ▶理解管理原理的主要特征
- ▶掌握管理原理的主要内容
- ▶懂得管理基本原理之间的内在关系
- ▶熟悉五种管理方法的概念及方法的正确运用

案例导引

埃及阿斯旺水坝竣工于20世纪70年代初。表面上看,它给埃及人民带来了廉价的电力,控制了水旱灾害,灌溉了农田。然而,实际上该水坝破坏了尼罗河流域的生态平衡,造成了一系列灾难:由于泥沙和有机质生态平衡沉积到水库底部,尼罗河两岸的绿洲失去肥源——几亿吨淤泥,土壤日益盐渍化;由于河口供沙不足,河口三角洲平原向内陆收缩,使工厂、港口、国防工事有跌入地中海的危险;由于缺乏来自陆地的盐分和有机物,致使沙丁鱼的年获量减少1.8万吨;由于大坝阻隔,使下游的活水变成相对静止的"湖泊",为血吸虫和疟蚊的繁殖提供了条件,致使水库区一带血吸虫病流行。埃及造此大坝所带来的灾难性后果,使人们深深地感叹。造成阿斯旺水坝决策失误的原因是什么?这又给了我们什么启示?

(资料来源:http://doc.mbalib.com/)

管理原理和方法是对管理活动最基本的、普遍性的运动规律的科学表述。掌握管理原理和方法有助于提高管理工作的科学性、避免盲目性,有助于掌握管理的基本规律,迅速找到解决管理问题的途径和手段。

第一节　管理的基本原理

原理是指某种客观事物的实质及运动的基本规律。管理原理是对管理工作的实质内容进行科学分析并总结而形成的基本真理，它是从现实管理现象中抽象出来的，是对各项管理制度和管理方法的高度综合与概括，因而对一切管理活动具有普遍的指导意义。

管理的基本原理具有以下特征：

第一，客观性。原理是对管理工作客观必然性的刻画，原理之"原"即"源"，原本、根本的意思；原理之"理"即道理、基准、规律。违背了原理必然会遭到客观规律的惩罚，要承受严重的后果，但在群体组织上不一定有某种强制反应。在日常的管理工作中，我们要注意原理与原则的区别，在确定每项管理原则时，要以客观真理为依据，尽量使之符合相应的原理，同时，又要以指令或法令的形式来强化原则的约束作用，加强管理原理的指导作用，从而获得满意的管理效果。

第二，概括性。管理原理所反映的事物很广泛，涉及自然界与社会的许多领域，包括人与物的关系、物与物的关系以及人与人的关系等。但它不是现象的罗列，不反映管理的多样性。例如，经济包括许多门类，每个门类又分成许多部门，每个部门又分为许多行业，各自有其自身的特点。即使同一类型企业，相互之间也不可能完全一样，因而，企业管理活动呈现出多样性。但是，管理原理对这些不同的组织都是适用的，具有普遍的指导意义。因此，管理原理是对包含了各种复杂因素和复杂关系的管理活动客观规律的描述；或者说，是在总结大量管理活动经验的基础上，舍弃了各组织之间的差别，经过高度综合和概括而得出的具有普遍性、规律性的结论。

第三，稳定性。管理原理不是一成不变的僵死教条，它会随着社会经济和科学技术的发展而不断发展。但是，它也不是变化多端和摇摆不定的，它具有相对稳定性。管理原理和其他一切科学原理一样，都是确定的、巩固的，具有"公理的性质"。不管事物的运动、变化和发展的速度多么快，这个确定性是相对稳定的。因此，管理原理能够被人们正确认识和利用，从而指导管理实践活动取得成效。

第四，系统性。管理原理中的系统原理、效益原理、人本原理、责任原理以及伦理原理，组成了一个有机体系，它不是各种繁琐的概念和原则的简单堆砌，也不是各种互不相关的论据和论点的机械组合，而是根据管理现象本身的有机联系，形成一个相互联系、相互转化的完整的统一体。管理的实质，简言之，就是在系统内部，以人为本，通过确定责任，达到一定的效益。

一、系统原理

任何社会组织都是由人、物、信息组成的系统，任何管理都是对系统的管理，没有系统，也就没有管理。系统原理不仅为认识管理的本质和方法提供了新的视角，而且它所提供的观点和方法广泛渗透到人本原理、责任原理、效益原理和伦理原理之中，从某种程度上说，在管理原理的有机体系中起着统率的作用。

（一）系统的概念

系统是指由若干相互联系、相互作用的部分组成，在一定环境中具有特定功能的有机整体。就其本质来说，系统是"过程的复合体"。

系统从组成要素的性质看，可划分为自然系统和人造系统。自然系统，如生态系统、气象系统等，是由自然物组成的系统。人造系统是人们为达到某种目的而建立的系统，如生产系统、交通系统、管理系统等。

（二）系统的特征

1. 集合性

这是系统最基本的特征。一个系统至少由两个或两个以上的子系统构成。构成系统的子系统称为"要素"，也就是说，系统是由各个要素结合而成的，这就是系统的集合性。如一个典型的大中型工业企业系统通常由研究开发子系统、生产子系统、销售子系统、生产及生活服务子系统、管理子系统组成。

2. 层次性

系统的结构是有层次的，构成一个系统的子系统和子子系统分别处于不同的地位。系统从总体上看，都有宏观和微观之分，而微观上，还有各种层次。由于系统层次的普遍性，因而"系统"概念本身也就具有层次性，有系统、子系统、子子系统等等。例如，工厂的车间，相对于工厂系统来说是子系统，而相对于班组子系统来看，又是个系统。系统与子系统是相对而言的，但层次是客观存在的。

3. 相关性

系统内各要素之间具有相互依存、相互制约的关系，这就是系统的相关性。它一方面表现为子系统同系统之间的关系，系统的存在和发展，是子系统存在和发展的前提，因而各子系统本身的发展，就要受到系统的制约。例如，国民经济系统中的工业、农业、商业等子系统的发展，受到国民经济这一系统的制约。另一方面，表现为系统内部子系统或要素之间的关系。某要素的变化会影响另一些要素的变化，而各个要素之间关系的状态，对子系统和整个系统的发展，都可能产生重要的影响。

（三）系统原理要点

1. 整体性原理

整体性原理指系统要素之间的相互关系及要素与系统之间的关系以整体为主进行协调，局部服从整体，使整体效果达到最优。实际上就是从整体着眼，从部分着手，统筹考虑，各方协调，达到整体的最优化。

从系统目的的整体性来说，局部与整体存在着复杂的联系和交叉效应。在大多数情况下，局部与整体是一致的。但也有相矛盾的时候，有时局部认为是有利的事，从整体上来看并不一定就是有利的，甚至是有害的。甚至局部的利越大，整体的弊反而越多。因此，当局部和整体发生矛盾时，局部利益必须服从整体利益。

从系统功能的整体性来说，系统的功能不等于各要素功能的简单相加，而是往往要大于各个部分功能的总和。这里的“大于”，不仅指数量上大，而且指在各部分组成一个系统后，产生了总体的功能，即系统的功能。这种总体功能的产生是一种质变，它的功能大大超过了各个部分功能的总和。因此，系统要素的功能必须服从系统整体的功能，否则，就会削弱整体功能。

在现实情形中，经常可以看到一个系统中，重局部，轻全局，特别是局部之间不协调，互相扯皮，从而损害了全局利益的现象。在这种情况下，子系统的功能虽好，但不利于达到整体的目的，效果当然不会好；相反，有时候子系统的效益虽然低一些，但有利于实现系统的功能，有利于达到整体的目的，其效果自然是好的。

2. 动态性原理

系统作为一个运动着的有机体，其稳定状态是相对的，运动状态则是绝对的。系统不仅作为一个功能实体而存在，而且作为一种运动而存在。系统内部的联系就是一种运动，系统与环境的相互作用也是一种运动。例如，企业是社会经济系统中的子系统，它为了适应外部社会经济系统的需要，必须不断地完善和改变自己的功能，而企业内部各子系统的功能及相互关系也必须随之相应地发展变化。企业系统就是在这种不断变化的动态过程中得以生存和发展的，因此，企业的产品结构、工艺过程、生产组织、管理机构、规章制度、经营方针、管理方法等都具有很强的时限性。

掌握系统动态原理，研究系统的动态规律，可以使我们预见系统的发展趋势，树立起超前观念，减少偏差，掌握主动，使系统向期望的目标顺利发展。

3. 开放性原理

封闭系统因受热力学第二定律作用，其熵将逐渐增大，活力将逐步减少。严格来说，完全封闭系统是不存在的。任何有机系统都是耗散结构系统，系统与外界不断进行物质、能量和信息交流，才能维持其生命。并且只有当系统从外部获得的能量大于系统内部消耗散失的能量时，系统才能克服熵而不断发展壮大。所以，对外开放是系统的生命。在管理工作中，任何试图把本系统封闭起来与外界隔绝的做法，都只会导致失败。明智的管理者应当从开放性原理出发，充分估计到外部环境对本系统的影响，努力在开放中使本系统从外部吸入物质、能量和信息。

4. 环境适应性原理

系统不是孤立存在的，它要与周围的事物发生各种联系。这些与系统发生联系的周围事物的全体，就是系统的环境，环境也是一个更高级的大系统。如果系统与环境进行物质、能量和信息的交流,能够保持最佳适应状态,则说明这是一个有活力的理想系统。相反,一个不能适应环境的系统则是无生命力的。

系统对环境的适应并不都是被动的,而是能动的,也就是改善环境。环境可以施加作用和影响于系统,系统也可反作用于环境。如构成社会系统的人类具有改造环境的能力,没有条件可以创造条件,没有良好的环境可以改造环境。

5. 综合性原理

系统的综合性原理包括两方面的含义:一是系统目标的多样性与综合性;二是系统实施方案选择的多样性与综合性。管理者既要学会把许多普普通通的东西综合为新的构思、新的产品,创造出新的系统,又要善于把复杂的系统分解为最简单的单元去解决。

管理聚焦

美国有个著名的植物园,每天都有大批游客前来观赏,时有花卉不翼而飞的事发生。为此,管理人员在植物园门上方竖起了一块告示牌:"凡检举偷窃花卉者奖金200美元"。打这以后,植物园再未出现过丢失花卉的现象。有好奇的游客问管理人员,为何不写成"凡偷窃花卉者罚款200美元"。管理人员若有所思地答道,如果那样写的话,只能靠我们有限的几个人去看管,而这样,就可能充分调动游客的检举积极性,使几百几千甚至更多的人参与我们的管理。

启示:变罚为奖,变"管住人人"的被动局面为"人人参与管理"的主动局面,这着实让人拍案叫绝。事实上,这只是源于管理人员转换了思维角度,巧妙地改动了一下管理的支点。

(资料来源:http://www.renhe.cn)

二、人本原理

人本原理就是以人为中心的管理思想。人本原理主要包括职工是组织的主体;职工参与是有效管理的关键;使人性得到最完美的发展是现代管理的核心;服务于人是管理的根本目的等主要观点。

(一)职工是企业的主体

劳动是组织的基本要素之一。人们对提供劳动服务的劳动者在组织中的作用是逐步认识的。早期研究者基本上把劳动者视为生产过程中一种不可缺少的要素,把人视作机器的附属物。二战后,有一部分管理学家和心理学家,开始认识到劳动者的行为决定了组织的效率、质量和成本。所以他们强调,管理者要从多方面去激励劳动者的劳动热情,引导他们的行为。1970年以来,通过对日本成功企业的经验剖析,人们逐渐形成了以人为中心的管理思想。蒋一苇先生在1980年末发表了“职工主体论”，明确提出“职工是社会主义企业的主体”的观点。根据这种观点，企业经营不是单纯生产商品，而是为包括职工在内的人的社会发展而服务的。

（二）有效管理的关键是职工参与

实现有效管理有两条完全不同的途径。

其一，高度集权、从严治理，依靠严格的管理和铁的纪律，重奖重罚，使得组织目标达到统一，行动完全一致，从而实现较高的工作效率。

其二，适度分权、民主治理，依靠科学管理和职工参与，使个人利益与组织利益紧密结合，使组织职工为了共同的目标而自觉地努力奋斗，从而实现较高的工作效率。

两条途径的根本不同之处在于，前者把组织职工视作管理的客体，后者把组织职工视作管理的主体。当组织职工受到饥饿和失业的威胁时，或受到政治与社会的压力时，前一种管理方法可能是有效的；而当职工经济上已比较富裕，基本生活已得到保证，就业和流动比较容易，政治和社会环境比较宽松时，后一种方法就变得更为合理有效。

影响组织发展的因素固然很多，但归纳起来无非是天时、地利、人和。其中“人和”最为宝贵。“人和”的物质基础是经济利益的一致。真正“人和”的组织应当成为全体职工的命运共同体。要特别重视非专职管理的职工（普通工人、职员和技术人员）参与组织管理的问题。具体的途径和形式是多种多样的，但有三种形式应当是最基本的。

其一，通过职工代表大会选举代表参加组织的最高决策机构——管理委员会或董事会。职工代表在管委会和董事会中应占有一定比例，并享有与其他代表同等的权利和履行同等的义务。

其二，由职工代表大会选举代表参加组织的最高监督机构——监事会。职工代表在监事会中应占有较多名额，并与其他监事一样，享有监督组织活动的职权。

其三，广泛参加组织的日常管理活动（如质量管理、设备管理、成本管理、现场管理等）。由于劳动者最了解自己直接参与的那部分活动的实际情况，因此在参与日常组织管理活动时更有发言权，并且一定能取得更好的效果。

（三）现代管理的核心是使人性得到最完美的发展

按照马克思的设想，在社会主义社会，物质财富极大丰富，人们的思想觉悟极大提高，人们之间将形成完全平等的友爱关系。毫不利己专门利人的品格将成为人性的主流。但是实际上由于社会生产力尚不发达，人们的物质生活尚不富裕，传统的思想意识尚有较大影响，因此管理所面临的人性状况极为复杂。这也就是中国管理界所面临的挑战。

任何管理者都会在管理过程中影响下属人性的发展。同时，管理行为本身又是管理者人性的反映。社会主义精神文明建设实质上是新时代人性的塑造，在实施每一项管理措施、制度和办法时，不仅要看到实施所取得的经济效果，同时要考虑对人的精神状态的影响，要分析它们是促使职工的精神状态更加健康，人性更加完美，还是起相反的作用。

（四）管理是为人服务的

我们说管理是以人为中心的，是为人服务的，是为了实现人的发展，这个"人"当然不仅包括组织内部参与组织活动的人（虽然在大多数情况下，这类人是管理学研究的主要对象），而且包括存在于组织外部的服务对象。

比如，在市场经济条件下，企业为用户服务，满足用户的需要，其实质是企业实现其社会存在的基本条件。

其一，企业要在这种思想的指导下，研究市场需求的特点及发展趋势，据此来确定组织的经营和产品发展方向。由于人的社会发展通常需要借助物质产品的消费来实现，因此企业经营及管理，不仅要研究作为社会成员的消费者已经表现出的需求特点，更应重视那些尚未被消费者认识的新产品的开发，以帮助消费者挖掘他们的潜在需求。

其二，企业要从用户的角度出发，努力提高设备和材料的使用效率，加速资金周转，以减少资金占用和材料消耗，降低生产成本，从而降低产品的销售价格，以使消费者能够充分利用有限的货币购买力，获取更多的物质产品，满足更多的需要。

其三，企业还要在这种思想的指导下，研究消费者使用本企业产品要求得到满足的实现条件。消费者购买某种产品不是为了得到这种产品的物质本身，而是为了获得这种产品所具有的使用价值。为了保证产品的使用价值能充分实现，消费者不仅要求企业提供符合需要的产品，而且要求企业提供与其使用有关的各种服务。

因此，为用户服务，还要求企业在提供的产品品种对路、功能完善、质量优异、价格合理的前提下，提供使用方法培训和指导、使用过程中的维护和修理等售后服务。

综上所述，尊重人、依靠人、发展人、为了人是人本原理的基本内容和特点。

三、责任原理

管理过程是追求效率和效果的过程。在这个过程中，要挖掘人的潜能，就必须在合理分工的基础上明确规定各部门和每个人必须完成的工作任务和承担的责任。

责任原理就是在合理分工的基础上，明确各部门和每个人必须完成的工作任务和承担的与之相应的责任。责、权、利三者关系可以用责权利三角定理表示，如图 3—1 所示。

图 3－1　责权利三角定理

具体来说，责任原理主要包括以下三个方面内容：

（一）挖掘人的潜能的最好办法是明确每个人的职责

分工，是生产力发展的必然要求。在合理分工的基础上确定每个人的职位，明确规定各职位应担负的任务，这就是职责。所以，职责是整体赋予个体的任务，也是维护整体正常秩序的一种约束力。它是以行政性规定来体现客观规律的要求，绝不是随心所欲的产物。

“职责”不是抽象的概念，而是在数量、质量、时间和效益等方面有严格规定的行为规范。表达职责的形式主要有各种规程、条例、范围、目标、计划等。

一般来说，分工明确，职责也会明确。但是实际上两者的对应关系并不这样简单。这是因为分工一般只是对工作范围作了形式上的划分，至于工作的数量、质量、完成时间、效益等要求，分工本身还不能完全体现出来。所以，必须在分工的基础上，通过适当的方式对每个人的职责做出明确规定。

其一，职责界限要清楚。在实际工作中，工作职位离实体成果越近，职责越容易明确；工作职位离实体成果越远，职责越容易模糊。应按照与实体成果联系的密切程度，划分出直接责任与间接责任，实时责任和事后责任。例如，首先，在生产第一线的，应负直接责任和实时责任，而在后方部门和管理部门的，主要负间接责任和事后责任。其次，职责内容要具体，并要做出明文规定。只有这样，才便于执行与检查、考核。

其二，职责中要包括横向联系的内容。在规定某个岗位工作职责的同时，必须规定该岗位同其他单位、个人协同配合的要求，只有这样，才能提高组织整体的功效。

其三，职责一定要落实到每个人，只有这样，才能做到事事有人负责。没有分工的共同负责，实际上是职责不清、无人负责，其结果必然导致管理上的混乱和效率的低下。

（二）职位设计和权限委授要合理

管理的基本原则是一定的人对所管的一定的工作完全负责。问题是，怎样才能做到完全负责？一定的人对所管的一定的工作能否做到完全负责，基本上取决于以下三个因素。

1. 权限

明确了职责，就要授予相应的权力。任何管理都要借助于一定的权力。如果没有一定的人权、物权、财权，任何人都不可能对任何工作实行真正的管理。职责和权限虽然很难从数量上画等号，但有责无权，责大权小，许多事情都得请示上级，由上级决策、批准，当上级过多地对下级分内的工作发指示、作批示的时候，实际上等于宣告此事下级不必完全负责。所以，明智的上级必须克制自己的权欲，要把下级完成职责所必需的权限全部委授给下级，由他去独立决策，自己只在必要时给予适当的帮助和支持。

2. 利益

权限的合理委授，只是完全负责所需的必要条件之一。完全负责意味着责任者要承担全部风险。而任何管理者在承担风险时，都会自觉或不自觉地对风险与收益进行权衡，然后才决定是否值得去承担这种风险。为什么有时上级放权，下级反而不要？原因就是在于风险与收益不对称，没有足够的利益可图。当然，这种利益，不仅仅是物质利益，也包括精神上的满足感。

3. 能力

这是完全负责的关键因素。管理是一门科学，也是一门艺术。管理者既要有生产、技术、经济、社会、管理、心理等各方面的科学知识，又需要有处理人际关系的组织才能，还要有一定的实践经验。科学知识、组织才能和实践经验这三者构成了完整的管理能力。在一定时期，每个人的时间和精力是有限的，管理能力也是有限的，并且每个人的能力各不相同。因此，每个人所能承担的职责也是不一样的。

职责和权限、利益、能力之间的关系遵守等边三角形定理，如能力不可过小，以免形成“挑不起”职责的后果。

（三）奖惩要分明、公正而及时

对每个人的工作表现及绩效给予公正而及时的奖惩，有助于提高人的工作积极性，挖掘每个人的潜力，从而不断提高管理成效，及时引导每个人的行为朝向符合组织需要的方向发展。

对每个人进行公正的奖惩，要求以准确的考核为前提。若考核不细致或不准确，奖惩就难以做到恰如其分。因此，首先要明确工作绩效的考核标准。

有成绩、有贡献的人员，要及时予以肯定和奖励，使他们的积极行为维持下去。奖励有物质奖励和精神奖励，两者都是必需的。如果长期埋没人们的工作成果，就会挫伤其积极性。过时的奖赏会失去其本身的作用和意义。

及时、公正的惩罚也是必不可缺的，惩罚是利用令人不喜欢的东西或取消某些为人所喜爱的东西，从而改变人们的工作行为。惩罚可能引致挫折感，从而可能在一定程度上影响人的工作热情，但惩罚的真正意义在于通过惩罚少数人来教育多数人，从而强化管理的权威，也可以及时制止这些人的不良行为，以免给企业造成更大损失。

为了做到严格奖惩，要建立健全组织的奖惩制度。使奖惩工作尽可能地规范化、制度化，这是实现奖惩公正而及时的可靠保证。

小案例

七人分粥

有七个人每天共喝一桶粥，粥每天都不够。一开始，他们抓阄决定谁来分粥，每天轮一个。于是每周下来，他们只有一天是饱的，就是自己分粥的那一天。后来他们开始推选出一个道德高尚的人出来分粥。强权就会产生腐败，大家开始挖空心思去讨好他，贿赂他，搞得整个小团体乌烟瘴气。然后大家开始组成三人的分粥委员会及四人的评选委员会,等互相攻击扯皮下来,粥吃到嘴里全是凉的。最后想出来一个方法:轮流分粥,但分粥的人要等其他人都挑完后拿剩下的最后一碗。为了不让自己吃到最少的,每人都尽量分得平均,就算不平,也只能认了。

(资料来源:中国质量新闻网,2009。)

启示:管理的真谛在“理”而不在“管”。管理者的主要职责就是建立一个合理的“游戏”规则,让每个员工按照游戏规则进行自我管理。游戏规则既要兼顾公司利益和个人利益,又要让个人利益与公司整体利益统一起来,实现责、权和利三者的完美结合。缺乏责任,公司就会产生腐败,进而衰退;缺乏权利,管理者的执行就变成废纸;缺乏利益,员工积极性就会下降,消极怠工。因此企业在实施 ERP 的过程中,也应该首先建立起一个“责、权、利”完美结合的平台,形成一个相对公平合理的人力资源管理机制。

四、效益原理

效益是管理的永恒主题,任何组织的管理都是为了获得某种效益,效益的高低直接影响着组织的生存和发展。

(一)效益的概念

“效益”是与“效果”和“效率”既相互联系、又相互区别的概念。

效果,是指由投入经过转换而产出的成果,其中有的投入是有效益的,有的投入是无效益的。例如,有的企业生产的产品虽然质量合格,但它不符合社会需要,在市场上卖不出去,积压在仓库里,最后甚至会变成废弃物资,这些产品是不具有效益的。所以,只有那些为社会所接受的效果,才是有效益的。

效率是指单位时间内所取得的效果的数量,它反映了劳动时间的利用状况,与效益有一定的联系。但在实践中,效益与效率并不一定是一致的。例如,企业花费巨额投资增添技术设备来提高生产率,如果实际结果使单位产品生产的物化劳动消耗的增量超过了活劳动的减量,从而导致生产成本增加,就会出现效率提高而效益降低的现象。

效益是有效产出与投入之间的一种比例关系,可从社会和经济这两个不同角度去考察,即社会效益和经济效益。两者既有联系,又有区别。经济效益是社会效益的基础,而社会效益又是促进经济效益提高的重要条件。两者的区别主要表现在,经济效益较社会效益直接、明显;经济效益可以运用若干个经济指标来计算和考核,而社会效益则难以计量,必须借助于其他形式来进行间接考核。管理应把讲求经济效益和社会效益有机结合起来。

(二)效益的评价

效益的评价,可由不同主体(如首长、群众、专家、市场等),从不同角度去进行,因此,没有一个绝对的标准。不同的评价标准和方法，得出的结论也会不同，有时甚至相反。有效的管理首先要求对效益的评价尽可能公正和客观，因为评价的结果直接影响组织对效益的追求和获得，结果越是公正和客观，组织对效益追求的积极性就越高，动力也越大，客观上产生的效益也就越多。一般来说，首长评价有一定的权威性，全局性掌握得较好，其结果对组织的影响也较大，但可能不够细致和具体；群众评价，一般比较公正和客观，但可能要花费较多的时间和费用，才能获得最后的评价结果；专家评价，一般比较细致，技术性强，但可能只注重直接效益而忽视间接效益；市场评价，其结果与市场发育程度有很大的关系，越是成熟、规范的市场，其评价结果就越客观公正，越是发育不成熟或行为扭曲的市场，其评价结果就越不客观、不公正，甚至具有很大的欺骗性，市场评价主要体现在经济效益方面。显然，不同的评价都有它自身的长处和不足，应配合运用，以求获得客观公正的评价结果。

（三）效益的追求

效益是管理的根本目的，管理就是对效益的不断追求。这种追求是有规律可循的。

1. 管理效益的直接形态是通过经济效益的获得表现出来的

这是因为由于管理系统是一个人造系统，它基本是通过管理主体的劳动所形成的按一定顺序排列的多方面、多层次的有机系统。尽管其中有纷繁复杂的因素相交织，但每一种因素均通过管理主体的劳动而活化，并对整个管理运动产生影响。综合评价管理效益，当然必须首先从管理主体的劳动效益及其所创造的价值来考虑。

2. 主体管理思想正确与否是影响管理效益的重要因素

在现代化管理中，采用先进的科学方法和手段，建立合理的管理机构和规章制度无疑是必要的，但更重要的是一个管理系统高级主管所采取的战略。这是更加带有全局性的问题。实际上，管理只解决如何“正确地做事”，战略才告诉我们怎样“做正确的事”。企业如果经营战略错了，产品不适销对路，局部的东西质量再好、价格再低，也毫无意义。实际上，管理效益总是与管理主体的战略联系在一起的。

3. 追求局部效益必须与追求全局效益协调一致

全局效益是一个比局部效益更为重要的问题。如果全局效益很差，局部效益的提高就难以持久。当然，局部效益也是全局效益的基础，没有局部效益的提高，全局效益的提高也是难以实现的。局部效益与全局效益是统一的，有时又是矛盾的。因此，当局部效益与整体效益发生冲突时，管理工作必须把全局效益放在首位，做到局部服从整体。

4. 管理应追求长期稳定的高效益

企业每时每刻都处于激烈的竞争中。如果企业只满足于眼前的经济效益水平，而不以新品种、高质量、低成本迎接新的挑战，就会随时有落伍甚至被淘汰的危险。只有不断增强企业发展的后劲，积极进行技术改造、技术创新、产品升级和人才开发，才能保证企业有长期稳定的较高经济效益。

5. 确立管理活动的效益观

管理活动要以提高效益为核心。追求效益的不断提高，应该成为管理活动的中心和一切管理工作的出发点。要克服传统体制下“以生产为中心”的管理思想，因为这种管理思想必然导致片面追求产值、盲目增加产量的倾向，从而可能造成产品大量积压、效益普遍低下的状况。

追求效益要学会自觉地运用客观规律。例如，必须学会运用价值规律，随时掌握市场情况，制定灵活的经营方针，灵敏地适应复杂多变的竞争环境，满足社会需求。

第二节　管理的基本方法

管理方法是在管理活动中为实现管理目标，保证管理活动顺利进行所采取的工作方式、方法和手段的总称。管理方法是管理理论、原理的自然延伸和具体化、实际化，是从管理原理到管理活动的必要中介和桥梁。在管理实践中，管理目标的实现，必须借助于一定的管理方法和手段，它的作用是一切管理理论、原理本身所无法替代的。管理方法一般分为法律、行政、经济、教育和技术方法，它们构成一个完整的管理方法体系。

一、管理的法律方法

法律方法是指国家根据广大人民群众的根本利益，通过制定各种法律、法令、条例和开展司法、仲裁工作，调整社会经济的总体活动和各企业、单位在微观活动中所发生的各种关系，以保证和促进社会经济发展的管理方法。法律方法具有严肃性、规范性和强制性的特点。

（一）法律方法的内容与实质

由于社会关系的复杂性和多样性，法律规范的形式与内容也极为丰富，法学上根据法律所调整的社会关系的不同，将其分为各个不同的法律，并形成相互联系相互协调的统一的法律体系。在管理的法律方法中，既包括国家正式颁布的法律，也包括各级政府机构和各个管理系统所制定的具有法律效力的各种社会规范。法律、法规一般是由一系列单项的法律、法规所组成的，比如国家经济管理总体方面的，有计划法、工业法、农业法、财政法等；在流通领域的管理方法，有商标法、价格管理法、外汇管理法、证券交易法等；随着改革开放的继续和深入，还有中外合资经营企业法、外资企业法、对外贸易法、涉外税法、涉外金融法、涉外经济合同法等。建立健全各种法律、法规，最根本的一点是要遵循事物自身的客观规律。

法律方法的内容，不仅包括建立和健全各种法规，而且包括相应的司法工作和仲裁工作。这两个环节是相辅相成、缺一不可的。如果只有法规而缺乏司法和仲裁，就会使法规流于形式，无法发挥其效力；如果法规不健全，司法和仲裁工作则无所依从，这样就会造成混乱。

法律方法的实质是实现人民的意志，并维护他们的根本利益，代表他们对社会经济、政治、文化活动实行强制性的统一管理。法律方法既要反映广大人民的利益，又要反映事物的客观规律，调动各个企业、单位和群众的积极性和创造性。

(二)法律方法的正确运用

法律方法从本质上讲是通过上层建筑的力量来影响和改变社会活动的方法。这里有双重作用问题，既可以起促进作用，也可以起阻碍作用。如果各项法律和法规的制定和颁布符合客观规律的要求，就会促进社会、经济的发展；反之，就可能成为社会、经济发展的严重阻碍。

在管理活动中，各种法规要综合运用、相互配合，因为任何组织的关系都是复杂的、多方面的。企业成为法人，一方面其权利受到法律保护；另一方面其义务和责任也更严格化了。企业的最高领导人是企业法人代表，企业的职工是享有公民权的自然人。有关法律对企业法人及公民的权利和义务都有明确规定。法律是企业管理的基础和前提，企业应根据国家的有关法律、法规制定自己的管理规范，保证必要的管理秩序，有效地调节各种管理因素之间的关系，使宏观法规在本单位得以顺利地贯彻执行，避免与法律、法规有悖而造成不必要的损失。

当然，不能期望法律方法解决所有的问题，它只是在有限的范围之内发挥作用。而法律范围之外，还有各种大量的经济关系、社会关系需要用其他方法来管理和调整。所以，法律方法应该和管理的其他方法综合使用，才能达到最有效的管理目标。

二、管理的行政方法

行政方法是依靠行政组织的权威，通过行政组织中的职务和职位，运用各种行政手段进行管理的一种方法。

(一)行政方法的内容与实质

行政方法主要运用命令、规定、指示、条例等行政手段，按照行政系统和层次，以权威和服从为前提，直接指挥下属工作。行政方法具有权威性、强制性、垂直性、具体性和无偿性的特点。

行政方法的实质是通过行政组织中的职务和职位来进行管理。它特别强调职责、职权、职位，而并非个人的能力或特权。任何部门、单位总要建立起若干行政机构进行管理，它们都有着严格的职责和权限范围。由于在任何行政管理系统中，各个层次所掌握的信息是不对称的，所以，才有了行政的权威。上级指挥下级，完全是由于高一级的职位所决定的；下级服从上级，则是对上级所拥有的管理权限的服从。

（二）行政方法的正确运用

行政方法是实现管理功能的一个重要方法，但只有正确运用，不断克服其局限性，才能发挥它应有的作用。

1. 管理者必须充分认识行政方法的本质是服务

服务是行政的根本目的，这是由管理的实质、生产的社会化以及市场经济的基本特征决定的。行政不以服务为目的，必然导致官僚主义、以权谋私、玩忽职守等行为；而没有行政方法的管理，同样达不到服务的目的。服务，就企业管理的行政方法来说，是为基层、生产和科研第一线和职工服务。

2. 行政方法的管理效果受领导者水平的制约

因为行政方法更多的是人治，而不是法治。管理效果，基本上取决于领导者的指挥艺术和心理素质，取决于领导者和执行者的知识和能力。

3. 信息在运用行政方法过程中至关重要

一方面，领导者驾驭全局、统一指挥，必须及时获取组织内外有用的信息，才能做出正确决策，避免指挥失误；另一方面，上级要把行政命令、规定或指示迅速而准确地下达，还要把收集到的各种反馈信息和预测信息发送给下级执行层，供下级执行时使用。总之，行政方法要求有一个灵敏、有效的信息管理系统。

4. 不可单纯依靠行政方法

行政方法的运用由于借助了职位的权力，因此，对行政下属来说有较强的约束力，较少会遇到下属的抵制，这种特点可能使得上级在使用行政方法时忽视下属的正确意见和合理的要求，容易助长官僚主义作风，不利于充分调动各方面的积极性。所以，不能单纯依靠行政方法，要在客观规律的基础上，把行政方法和其他管理方法有机地结合起来。

三、管理的经济方法

经济方法是根据客观经济规律，运用各种经济手段，调节各种不同经济主体之间的关系，以获取较高的经济效益与社会效益的管理方法。

（一）经济方法的内容与实质

经济方法运用各种经济手段，主要包括价格、税收、信贷、工资、利润、奖金、罚款以及经济合同等。不同的经济手段在不同的领域中，可发挥各自不同的作用。

1. 价格

在存在着商品货币关系的社会里，价格是计量和评价劳动的社会标准。价格的高、低、涨、落会直接影响生产企业和消费者的经济利益，从而影响他们的生产和消费行为。合理的价格体系，是社会的经济活动能实现良性运转的一个重要条件。国家运用价格杠杆来调节生产与供求，调整一部分国民收入的分配。就企业和外部的关系而言，企业要在价格政策规定的范围内，根据市场供需情况正确地制定本企业产品的价格，运用好浮动价格和季节差价等经济杠杆，增强企业竞争能力，改善企业经营地位，争取获得最大的经济效益。

2. 税收

税收是国家取得经济收入的重要来源，也是国家管理社会生活的重要手段之一。国家根据宏观控制的需要，合理制定不同的税种和税率来调节生产和流通，调节一部分企业的利润水平，控制消费的过快增长，使社会经济的内部结构、发展趋势、活动规模等趋于合理。

3. 信贷

"信贷"是银行存款、贷款等信用活动的总称。信贷是最为灵活、有效的经济杠杆。银行信用活动以吸收存款和储蓄形式，集中社会闲散资金；同时，按照社会经济发展的需要，以贷款形式发放给生产经营单位，满足其资金需要，从而达到管理协调社会经济活动的目的。其具体手段主要有：贷与不贷、多贷与少贷及差别利率和贷款期限等。

4. 利润

在市场经济条件下，利润是反映经济组织经济效益的综合指标。为了加强对下属单位经济效益的控制，不论在实行事业部制的企业里，还是在不实行事业部制的企业里，都会给各生产单位下达利润指标。在这两种情况下，都要根据利润指标的完成情况决定各个单位的奖金和生产发展基金总额。所以，利润把企业经济效益与职工的经济利益挂起钩来，促使企业从关心个人利益的角度出发，更多地关心企业的经营及其成果。

5. 工资

工资是实行按劳分配原则的一种劳动报酬支付形式。这一经济手段直接涉及企业和劳动者个人的物质利益，正确使用它，对于调动企业的经营积极性和职工个人的劳动积极性，有着重要的作用。根据按劳分配原则，应当按照职工每个时期实际劳动的数量和质量，联系企业的经济效益来支付职工的工资。因为现实中的许多弊病都是由报酬分配不合理造成的，所以管理工作中必须用工资这个杠杆，充分调动人的积极性。

6. 奖金与罚款

奖金是根据职工对企业所作额外贡献的大小，用货币形式付给职工的奖赏。奖金的名目和条件应能表达企业领导者对职工行为的期望，对职工的行动方向和努力目标具有引导作用。罚款是对职工违反规章制度给企业群体造成危害的行为进行的经济惩罚，它可以制约或收敛某些人的不轨行为，迫使人们努力完成劳动或工作定额。

7. 经济合同

管理的经济方法的实质是围绕着物质利益，运用各种经济手段正确处理好国家、集体与劳动者个人三者之间的经济关系，最大限度地调动各方面的积极性、主动性、创造性和责任心。

(二)经济方法的正确应用

经济方法与其他方法一样,必须正确运用才能充分发挥其价值。

1. 注意将经济方法和教育等方法有机结合起来

人们除了物质需要以外,还有精神和社会方面的需要。在现代生产力迅速发展的条件下,物质利益的刺激作用将逐步减弱,人们更需要接受教育,以提高知识水平和思想修养。再者,如果单纯运用经济方法,易导致讨价还价、"一切向钱看"的不良倾向,助长本位主义、个人主义思想。所以,经济方法必须结合教育方法,努力促进精神文明建设。

2. 注意经济方法的综合运用和不断完善

既要发挥经济杠杆各自的作用,更要重视整体上的协调配合。如果忽视综合运用,孤立地运用单一杠杆,往往不能取得预期的效果。例如,价格杠杆对生产和消费同时是有方向相反的调节作用,提高价格可以促进生产,但却抑制消费。但在经济生活中有些产品具有特殊的性质。因而,仅凭单一的价格杠杆难以奏效,必须综合运用一组杠杆。

四、管理的教育方法

教育是按照一定的目的、要求,对受教育者从德、智、体诸方面施加影响的一种有计划的活动。

(一)教育方法的实质和任务

管理的人本原理认为,管理活动中人的因素是第一位的,管理最重要的任务是提高人的素质,充分调动人的积极性、创造性。而人的素质是在社会实践和教育中逐步发展、成熟起来的。通过教育,不断提高人的政治思想素质、文化知识素质、专业水平素质,是管理工作的主要任务。现代社会科学技术的迅猛发展导致了人的知识更新速度的加快。因此全面提高人的素质,对组织成员不断进行培养教育,就必然成为管理者开展管理活动的一项重要内容。

(二)教育的主要内容

教育的目的是提高人的素质,教育的内容也就涉及与人的素质完善有关的各方面。

1. 人生观及道德教育

要教育职工树立为人类全面发展和社会进步奋斗的远大理想,大公无私、全心全意为人民服务的精神,自觉抵制损公肥私、金钱至上、以权谋私等腐朽思想的侵蚀。要教育职工遵守社会公德及职业道德,钻研业务、忠于职守。

2. 爱国主义和集体主义教育

要对职工进行爱国主义教育,引导人们正确认识我们国家的历史和现状,了解中华民族近百年来的苦难史和革命斗争史，从而更加热爱和珍惜社会主义的今天。集体主义是共产主义道德的基本原则，它要求人们置集体利益于个人利益之上。进行集体主义教育，要着重引导干部群众正确处理国家、集体、个人之间的利益关系。

3. 民主、法制、纪律教育

要对职工进行正确行使民主权利的教育。民主体现在职工有权对企业的经营活动进行监督，有权维护自己的合法权益，有权对企业管理工作提出批评建议，也有权参与企业管理。但应当实事求是地承认，由于信息和能力的限制，职工参与的程度和方式是有限度和有条件的。切不可自以为是"主人"就存有不切实际的"乌托邦式"的空想。

企业在扩大民主的同时，还应大力加强社会主义法制教育，严格工作纪律，规范和约束人们的行为，制裁和打击各种不法行为和违纪行为，并同种种压制和破坏民主的行为作斗争，这样才能保证企业经营活动的正常进行，才能使职工的根本利益得到保障。

4. 科学文化教育

在当今的新技术革命浪潮中，科学技术越来越成为推动企业生产发展，提高企业竞争能力的重要力量。当前我国企业职工的科学文化素质还不高，在掌握现代科学技术和现代化的生产技术方面还存在不少困难。这对企业的产品质量和劳动生产率的提高影响重大。应当从战略的高度加大智力投资，有计划、有组织地开展科学文化教育，对各类人员逐步进行培训，提高职工队伍的业务素质。

5. 组织文化建设

组织文化是组织在长期的实践活动中逐步形成的，并为组织成员普遍认可和遵循的价值观、团体意识、行为规范和思维模式的总和。组织文化具有指导、约束、凝聚、激励、辐射等功能。在组织文化建设的指导思想上，必须突出管理的人本原理，坚持"以人为本"的指导原则。组织文化的主体是组织员工，组织员工是物质财富和精神财富的创造者，坚持把人作为第一因素，把尊重人、关心人、理解人、培养人、合理使用人、全方位地提高组织员工的素质，作为组织文化建设的主要内容。

(三)教育的方式

我国企业在长期进行的思想政治工作中积累了丰富的经验，近年来行为科学在我国企业中的应用和发展，又给教育方法增添了新的经验，即适当减少讲授方式，而较多地采用有目的、有指导的小组讨论、现场实习和体验学习等方法，让受教育者按他们自己创造的学习方法去学习。诸如案例分析法、业务演习法、事件过程分析法和拓展训练法等，都有较好的效果，可供各企业选择采用。

五、管理的技术方法

技术方法是组织中各个层次的管理者(包括高层管理者、中层管理者和基层管理者)，根据管理活动的需要，自觉运用自己或他人所掌握的各类技术进行有效管理的一种方法。

(一)技术方法的内容与实质

技术方法主要包括信息技术、决策技术、计划技术、组织技术和控制技术等。有的技术和管理的前提与本质有关,我们称之为“信息技术”和“决策技术”。另外一些技术与管理过程的每个阶段有关,根据阶段的不同,我们把这样的技术划分为计划技术、组织技术和控制技术。最后,作为管理轴心的创新包括了技术创新,这要求管理者必须了解或掌握一些基本的技术,以便正确地指导组织中的技术创新,而且管理者所了解或掌握的技术也需要创新,应随着时代的进步、外部环境和内部条件的变化而不断更新。通过上面的分析,我们可以得出这样的结论:无论是管理的前提与本质,还是管理的各项职能(除了领导),都需要技术,技术在管理中的作用是举足轻重的。

管理的技术方法的实质是把技术融进管理中,利用技术来辅助管理。善于使用技术方法的管理者通常能把技术与管理很好地结合起来。具体体现在两个方面:

其一,根据不同的管理问题,选用不同的技术。

其二,在了解每种技术的适用范围的前提下,尽可能地把所掌握的技术用到实处,发挥技术的积极作用。

技术与管理的有机结合是技术渗透到社会生活各个领域的必然结果。可以这样说,不注重技术方法的管理者必定是落伍者,终将被淘汰。

(二)技术方法的正确运用

管理者要想正确运用技术方法,必须注意以下几点:

其一,技术并不是万能的,并不能解决一切问题。这就是说,技术是有一定局限性的,或技术是有一定适用范围的。管理者既不能否定技术的重要性,也不能盲目迷信技术。

其二,既然技术不是万能的,管理者在解决管理问题时,就不能仅仅依靠技术方法,而应该把各种管理方法结合起来使用,“多管齐下”,争取收到较好的效果。

其三,管理者本人必须或多或少地掌握一些技术,知道技术的价值所在和局限所在,并在可能的情况下,让组织内外的技术专家参与进来,弥补自身某些方面的不足。

本章小结

原理是指某种客观事物的实质及运动的基本规律。管理原理是对管理工作的实质内容进行科学分析总结而形成的基本原理,是对各项管理制度和管理方法的高度综合与概括,它把现实中的管理现象抽象化,因而对一切管理活动具有普遍的指导意义。管理的基本原理主要包括系统原理、人本原理、责任原理、效益原理和伦理原理。

管理方法是在管理活动中为实现管理目标、保证管理活动顺利进行所采取的工作方式。管理原理必须通过管理方法才能在管理实践中发挥作用。管理方法是管理理论、原理的自然延伸和具体化、实际化，是管理原理指导管理活动的必要中介和桥梁，是实现管理目标的途径和手段。管理方法主要有法律方法、行政方法、经济方法、教育方法和技术方法。

本章习题

1. 什么是系统？系统有哪些基本特征？管理者可从系统原理中得到哪些启示？

2. 如何理解责任原理？责任原理的本质是什么？管理者可从责任原理中得到哪些启示？

3. 何谓“以人为中心的管理”？如何实现“以人为中心的管理”？

4. 何谓效果、效率和效益？人类一切活动为何要遵循效益原理？

5. 系统原理、人本原理和效益原理这三者之间有无联系？为什么？

案例研讨

广西玉柴“人为本、争第一、零起点”

广西玉柴机器集团公司，是国内最大的内燃机制造基地，它的前身是广西玉林柴油机厂。

1984 年，玉柴拥有员工 2000 人，柴油机产量为 1000 台，实现年利税额为 960000 元，创下了玉柴的“历史最高水平”。当时，玉柴在国内同行中排名第 173 位。

1985 年，玉柴出炉了玉柴人称之为“灵魂”的玉柴精神：“顽强进取、刻意求实、竭诚服务、致力文明”，年实现了 3010 台的生产计划，完成了玉柴历史上的一次大跳跃。当年年底，玉柴“跳”过了“在国内拿第一”的目标，直接提出要“跻身国际内燃机强手之林”的目标。伴随着目标追求过程，玉柴诞生了危机哲学：零起点！

1994 年，公司在纽约上市，美国的投资银行、律师事务所在撰写募股说明书时，问及玉柴的管理哲学，董事长王建明回答了 9 个字：“人为本、争第一、零起点。”

1985 年，玉柴突破 3000 台大关时，告诫自己“零起点”；10 年后，玉柴在中国内燃机行业的主要经济技术指标排名终于跃居第一位时，仍然提“零起点”；进入新世纪，2002 年玉柴已经月生产 20000 台发动机，还是告诫自己“零起点”。当视质量为生命的玉柴实现了柴油机可靠性运行目标达到 30000 公里不出故障时，是“零起点”；达到 10000 公里不出故障时，是“零起点”；达到国际标准 300000 公里不出故障时，还是“零起点”，玉柴将这称之为“三级跳”。于是，2002 年玉柴正式提出：5 年内，玉柴要打入国际前 4 强，闯进半决赛！要想争第一，就永远是“零起点”！

永远零起点的玉柴需要不寻常的人才发挥。玉柴的育人方针是：为每一个岗位的发展创造机会，为每一个层级的攀登创造条件。玉柴的用人方针是：尊重、爱护、发挥、发展。

尊重员工的主体利益，玉柴的人本思想体现为："人本方针"，侧重的是育人、用人；"人本保障"，侧重的是对责任的公正分配。具体落实在：

干部"十字"要求（民主、开朗、顽强、竭诚、约束）和干部的"六项基本功"。

其中，干部"六项基本功"表现为：

（1）要对职工说清楚要求——目标机制。

（2）要使绝大多数职工愿意达到要求——民主机制。

（3）要使每一个岗位的职工懂得如何达到要求——教育机制。

（4）使每一个岗位的职工能够达到要求——投入机制。

（5）使每一个岗位的职工必须达到要求——责任分配机制。

（6）集思广益、反复检讨、周而复始、完善要求——反馈机制。

今天玉柴已成为中国最大的内燃机生产基地，其生产能力世界排名第二。

（资料来源：奥鹏教育网，2011。）

案例思考题：

1. 玉柴的管理活动中体现出哪些管理原理？

2. 结合案例谈谈你对人本原理和责任原理的理解。

第四章
管理道德与社会责任

学习目标

▶了解管理道德和社会责任的含义
▶知晓管理道德和社会责任的演变
▶培养基本的管理伦理和管理道德
▶能辨析复杂背景下组织应承担的对应社会责任

案例导引

让公司道德起来

强生公司虽然在2001年和2002年多次陷入了公众声誉危机，但它仍然是美国声誉最佳的公司之一。这得益于强生公司一直都很注重道德问题，偶尔出现的不当行为，不会持续损害它的声誉。

怎样改善企业道德呢？管理顾问兰佩萨德提出了如下措施。

1.在个人和公共的愿景中融入道德因素，让管理人员和员工明白这些价值观和道德标准要贯彻在所有公司行为和个人行为中。

2.鼓励组织的所有成员在工作和生活当中都不违反良知。

3.致力于道德行为。高级管理人员公开致力于道德行为，并且必须领导对组织价值观的确定和修改。制定道德规范或企业行为规范。

4.将道德纳入企业沟通的各个方面。开展侧重于个人和企业道德的沟通计划，向员工、客户、供应商、股东和公众告知公司的道德计划，并动员他们参与。

5.确定和修改公司的核心价值观。当员工认为一项道德计划是“价值观驱动”，而不仅仅是为了满足外部法规的要求时，这个道德计划就能够有效减少不道德行为、加强员工忠诚度。

6.建立道德委员会和企业社会责任委员会。道德部门的基本职能有：确定和修改公司价值观、制定道德规范以及培训和为各层次的员工提供咨询和指导。

7.开设“热线”，接受对不符合道德要求的行为的评论和投诉。

8. 对不道德的行为进行惩罚，认同并奖励道德行为。

9. 加大透明度。定期公布关于公司履行职责情况的详细报告，包括具体的道德动议。同时管理者要以身作则。

10. 让有培养前途的管理人员轮流进入道德部门。

（资料来源：世界经理人网站）

伦理道德是人类社会发展和人类文明程度的象征。和人类其他社会活动一样，管理活动也需要伦理道德，不只是因为组织面临诸多伦理困境和道德风险，最根本的是，伦理道德在组织的核心价值结构中，具有不可替代的管理要义。

第一节 伦理道德与管理

伦理道德作为一种社会价值形态用来评价人类行为的善恶，其具体表现为社会生活中一定的行为规范和准则。稳定社会秩序需要法律的约束，同时更加需要道德规范的维系。任何组织的管理行为都在文化层次上深刻体现它所秉持的道德观，形成独特的管理道德，且随着社会经济的发展而不断进步。

一、伦理道德与管理道德

人们在日常用语中通常把“伦理”和“道德”连在一起使用，但在学术话语中，二者并不完全相同，因而对企业管理也具有不同的意义。

回眸人类文明的历史，“伦理”与“道德”是历时甚至共时地存在着的两个概念。在古希腊，伦理的最初意义指灵长类生物的持久居留地。人作为万物之灵，在本性中存在一种悖论：既是群居的动物，又有个人自由意志。如何协调群体性与自由意志之间的关系，使人的行为既合理而又可以预期，从而保证持久地居留，这样便产生了伦理。于是，伦理的原始形态或自然形态就是风俗习惯。所谓“道德”，就是在一定的风俗习惯下所形成的个人的品质和气质。伦理与道德的关系是什么？用德国古典哲学家黑格尔的话说，“德是一种伦理上的造诣”。

在中国传统文化中，伦理就是人与人以及人与自然的关系和处理这些关系的规则。如：“天地君亲师”为五天伦；又如：君臣、父子、兄弟、夫妻、朋友为五人伦。忠、孝、悌、忍、信为处理人伦的规则。从学术角度来看，人们往往把伦理看作是对道德标准的寻求。“伦”为人与人以及人与自然的关系。“天伦”即家庭血缘的共体，“人伦”即社会关系的共体。“伦，辈也”。“伦”既是相互关系所构成的共同体，也是个人在关系共同体中所处的地位，所谓“辈分”，顾名思义，“伦理”就是关于“伦”的理性和原理。简单来说，伦理就是

"人理";道德就是"得道"。伦理,是人之所以为人,即单个的人成为一个具有共同体本质的人,用管理学的话语说,就是单个的人成为"组织人"的理性与原理。这些理性与原理,当走出思维与意识,而具有意志与行为的意识时,便是所谓"道"。"德者,得也"。"得"什么?就是"得道"。于是,得到了"道",便具有了"伦理上的造诣",也就有了"德"。由此,伦理与道德便相接相通。

伦理的真义是"本性上普遍的东西",这种"本性上普遍的东西"被称为"伦理性的实体",即伦理性的共同体。在社会体系中,家庭、民族、社会,是伦理实体的三大基本形态,企业则是社会中伦理实体的一种具体存在方式。所以,企业不仅是一个经济实体,而且更重要的是一个伦理实体。伦理关系是个人与共同体的关系。伦理行为的本质是个人作为共同体的成员而行动,并以共同体为行为目的和内容,即所谓家庭成员与民族公民。最能诠释和表现伦理本性的就是人的"姓名","姓名"之中,"姓"是家族血缘关系的实体,"名"是个体性及其在家族共同体中的地位;"姓"是既定的(first name),"名"是给定的(given name);"姓名"就是人的个体性与家族血缘关系的实体性的统一。在企业管理中,伦理的要义就是个人作为"组织人"或作为企业的成员而行动。伦理的真谛是个人的单一性与共同体的普遍性的统一,但它不是借助外在强制(如法律规范)的形式统一,而是通过精神所达到的统一。因而精神是伦理的文化内核,即所谓"伦理精神"、"企业精神"、"企业伦理精神"。而所谓的"德"就是个体将共同体的普遍性、普遍品质或普遍要求加以内化,"内得于己"并"外施于人",形成个体内在的伦理普遍性,获得"伦理上的造诣",造就精神同一性,从而使共同体成员或企业员工达到"同心同德"。

中国的传统文化把伦理道德表现为"伦—理—道—德—得"五个要素、四个过程的精神运动。"伦"是个体处于其中并与之相同的共同体或伦理性的实体,其基本形态如家庭、民族、市民社会;"理"是关于伦理的理性或原理,是意识形态的"伦"或在思维中存在的"伦",其典型形态是伦理范型,如中国传统文化中"五伦";"道"是冲动形态或在意志存在的"伦",其表现形态就是各种道德规范及其体系,如中国传统伦理中仁、义、礼、智、信的"五常";"德"便是个体透过"理"与"道"对"伦"的内植和内化,是个体内在的实体性或伦理普遍性,有了"德",人便由个体上升为主体;而"得"则是个体以"德"处理世俗生活中的诸利益关系所达到的义利合一、德得相通的状态和境界,所谓"取之有道,得之有理"。

伦理道德以"善"调节共同体以及共同体中个人的行为。善,是具体事物的运动、行为和存在,对社会和绝大多数人的生存发展具有正面意义和正价值,是具体事物具有的有利于社会和绝大多数人生存发展的特殊性质和能力。在组织管理中,个体与共同体统一的善的价值追求,表现为两大基本结构,即组织内部的个体与组织的关系;以及组织与它所处的更大的共同体,即组织与社会的关系。两大结构分别形成组织的内部伦理与外部伦理,由此形成管理道德的两个基本课题,即个体与组织、个体与个人之间的内部伦理关系,以及组织与社会之间的外部伦理关系。

二、伦理道德与经济运行

伦理道德到底具有怎样的经济意义与管理意义？20 世纪西方学术界的主要研究成果为我们提供了如下四种不断递进的解释和实践模式。

(一)理想类型论

19 世纪 20 年代,德国著名社会学家马克斯·韦伯在研究中发现,在欧美资本主义国家的企业管理中,取得杰出成就的企业家大多是新教徒,由此演绎出一个在世界范围内产生重大影响的结论:现代资本主义成功的最大秘密在于其独特的伦理——新教伦理。它从三个方面影响着现代企业尤其是企业家。一是"天职"的观念与独特劳动价值观;二是"蒙恩"的观念与独特的财富观;三是"节俭"的观念与独特的消费观。按照新教伦理的观念,企业家经营和工人劳动的根本目的,不是利润和工资,而是向上帝尽天职,以便得到上帝的终极关怀,从而造就了一批感情炽热、前赴后继的经营者和劳动者,培育出企业家的经营精神与生产者的劳动精神。在经营和劳动中,财富不是经营和劳动的结果,而是上帝恩宠的标志,因而,只有符合道德的财富才具有"蒙恩"的意义,才可以得到上帝的拯救,由此赋予人的行为以道德的合理性与合法性。新教伦理一方面以"天职"和"蒙恩"的观念最大限度地释放了人们的谋利冲动,另一方面又以"节俭"的观念束缚着消费尤其是奢侈品的消费,它要求人们过一种节俭乃至禁欲的生活。而当创造财富的冲动与对消费的遏制尤其是对奢侈品消费的遏制结合为一体时,便是财富的增加和经济的增长之时。

(二)文化矛盾论

19 世纪 70 年代,美国哈佛大学教授丹尼尔·贝尔发现,经过半个多世纪的发展,西方资本主义已经陷入困境,这个困境本质是一种"文化矛盾"。文化矛盾的核心是经济冲动力与宗教冲动力或道德冲动力的分离与背离。在资本主义初期,企业和企业家的经济冲动与道德冲动结合在一起,但随着市场经济的发展,二者发生了分离,资本主义冲动只剩下一个,那就是经济冲动,新的金融信贷等制度的建立将人们的经济冲动释放到极致,而新教伦理所造就的道德冲动则耗尽了能量。由此,资本主义的复兴,西方资本主义企业发展的前途,在于解决经济冲动和道德冲动之间的矛盾,重构经济冲动力与道德冲动力之间预定的和谐。

(三)动力矛盾论

20 世纪末期,德国著名经济伦理学家彼得·科斯洛夫斯基提出动力矛盾论。这种观点认为,无论在社会、企业,还是个人身上,都存在着两种动力,一种是谋利或经济活动的"最强的动力",一种是道德的"最好的动力"。这两种动力往往处于矛盾之中:最强的动力往往不是最好的。企业管理与社会管理的目的和境界,在于将这两种动力有机结合,形成“最强的动力——最好的动力”的合理冲动体系。他提出一种见解,道德是对“市场失灵”的补偿措施,宗教是对“道德失灵”的补偿措施。

(四)竞争力论

19世纪90年代,英国跨文化管理学家查尔斯·汉普登·特纳等几位学者通过对当今世界7个老牌资本主义国家,即美国、英国、法国、德国、意大利、荷兰、日本等100多个企业的调查,努力探寻企业竞争力的根源,他们的结论是:国家竞争力——创造财富的价值体系。研究以全球化的视角指出,一个国家在全球市场获取财富的能力的7个方面直接影响其国内企业的竞争力。政治经济学家法兰西斯·福山等学者通过研究世界范围内的华人企业,得出反证,认为华人企业之所以容易走入困境,根本原因在其伦理的局限,尤其是它的家族伦理传统。狭隘的家族伦理传统不仅难以建立现代企业制度,而且导致了“马鞍形企业”,即“国营与家族企业两头大,民营企业中间小”的经济模式,更重要的是,它使华人企业难以摆脱“富不过三代”的宿命。

综上所述,企业伦理和管理道德,这二者在企业经济运行和企业家管理活动中占有举足轻重的地位,都不是起着装饰作用的“附庸”。管理品质是管理素质的重要组成部分,具有十分重要的管理学意义。

三、几种相关的道德观

道德观的种类可谓繁多,东西方在不同的历史时期道德观的标准也不尽相同。现将影响深远的5种道德观介绍如下。

(一)功利主义道德观

功利主义,即效益主义,提倡追求“最大幸福”。杰里米·边沁的功利主义最为著名。边沁的伦理价值判断是基于一种唯乐主义的功利原则及这种道德观点是否能立足于实践。而他的功利原则就是:“善”就是最大地增加了幸福的总量,并且引起了最少的痛楚;“恶”则反之。而这种快乐和痛楚,边沁将他们同时定义为在肉体上和精神上的。边沁认为,自然将人置于乐和苦两大主宰之下,由此决定我们应当做什么,将会做什么。这种影响体现在两方面:一方面是是非准则,而另一方面则是人类行为的因果关系链。

功利主义存在以下不可回避的问题。

其一,功利主义对效率和生产率有促进作用,符合利润最大化原则。但可能采取不公平、不道德甚至损害他人或社会利益的手段。

其二,只是规定了对大多数人有利,而没有规定所得利益如何分配,所以可能会造成资源配置的扭曲,产生利益分配不公,形成两极分化的现象。

在古典的功利主义理论中,以下两点特别重要。

其一，功利主义的所谓“最大利益”是“最大福利”，如果将利益理解为财富，那么，它便不是一般的物质财富，而是能带来幸福的财富。因此，那些可能会导致财富指数和幸福指数矛盾甚至相悖的利益，不是“功利”的目标和内容。

其二，功利主义的核心是“有用性”。“有用性”不只是指对象对主体或者财富对个人或社会的有用性，同时还指个人对组织和社会的有用性。在功利主义价值观中，个人在有用性中发现自己的价值，将自己与社会相统一，个人主义与功利主义无关，甚至可以说，功利主义是反对个人主义。只有在这两个意义上功利主义才能成为现代企业管理的伦理道德资源。

密尔后来发展了这个观点，他以人性为起点，为功利主义道德标准的确立提供了前提，认为人既有欲望又有理性和意志，而理性和意志可以时常约束人的感性欲望，将利己的行为控制在社会和他人允许的范围内，将社会的共同利益作为道德标准确立的基础，以最大多数人的最大幸福作为道德的终极目标，通过肯定个人的主体地位，将个人的自由和自我发展作为其道德观的核心组成部分。

（二）权利至上的道德观

权利至上的道德观认为，决策要在尊重和保护个人基本权利（如隐私权、言论自由和人格独立、言论自由权、受教育权、医疗保障权和工作权等）的前提下做出。这些权利不是某个权威赐予的而是人与生俱来的，政府法律和各级管理者都应当尊重和保护人权。

依这种观点来看，员工受到的种种不平、危险等现象都是恶的管理行为所造成的。尊重人权当然是人类社会进步的思想，但保障的程度必然受到社会经济发展程度的制约，过高的保障期望也会给社会经济发展带来负面效应。我国目前还是发展中国家，人均可支配收入还很低，在人权保障方面需要一个逐步完善的过程。

理解权力至上的道德观同样有两个重要方面。

其一，权利应当符合道德和法律，应当是“正确”和“正当”的权利。

其二，权利是相互的，仅仅以个人或单个组织权利行使与否做价值判断是有失公允的。因为两个个体或组织在行使自己合理、合法的权利时，也可能造成摩擦，所以尊重和理解（即同理心）变得重要。这两个方面结合起来，才构成“权利”的基本内涵，否则权利会演化为自私自利和任性放任。

（三）公平公正的道德观

公平公正的道德观认为，管理者不能因种族、性别、个性、个人爱好、国籍、户籍等因素对员工实施歧视，应该按照公平公正的标准和同工同酬的原则向员工支付薪酬。

所谓“公平公正”，主要是指支付薪酬的依据应当是员工的技能、经验、绩效或职责等因素，而不是其他各种似是而非的因素。这种道德观在理论上是完全正确的，但在实践中由于企业管理现状和地方政府的政策而变得异常复杂。现实社会中,同工不同酬,种族、性别、国籍歧视等问题,都不是短期内能解决的。需要指出的是,“经济公正”与“政治公正”是两个联系紧密但又截然不同的概念。政治公正是以社会长远发展的角度看待公正,带有趋向性。经济公正是以现实企业运营为需求,具有现实性。要求政治公正取代经济公正,会导致政治上权力关系的公正与经济上义务关系的不公正的悖论,甚至可能使企业经济运行陷入困境。如果把经济公正等同于简单平等或者是绝对公正,会导致事实上的不公正,历史上的“大锅饭”就是这样一种“形而上学”的公正。

(四)社会契约道德观

这种观点起源于社会契约论,社会契约论通过把社会和国家看作人们之间订立契约的结果,来说明政治权威、政治权利和政治义务的来源、范围和条件等问题。这种观点认为,如果员工和企业之间签订了所在政府法律承认的合同(契约),据此进行的管理行为就是合乎伦理道德的。例如美国公司在中国的雇员,与美国本土的同等技能、绩效或职责的员工相比,工资待遇差别可能有5～10倍之多,并且中国员工在失业、医疗、休假等方面的保障往往更少。但这些行为通常并不被人们认为不道德,而视为正常或至少是可以理解和接受的。这种道德观有时候与功利主义道德观异曲同工,不但有失公平公正原则,而且损害了个人的所谓至上权利,但却能给跨国或是跨地区行业投资的行业大幅度降低企业人力资源的成本,增加企业的利润。

契约论的道德观有其深刻的局限性。因为契约具有很强的情境特征,在很多场合是利益博弈的结果,与合理性无关,而且契约的对象必须进行严格限制。哲学家已经多次指出,许多东西,比如人格、道德、婚姻和家庭是绝对不可以契约化的。契约主义的泛滥,会导致严重的经济与社会后果。

(五)推己及人道德观

推己及人的道德观是对中国儒家道德观的高度概括。儒家道德观核心是“仁”,“仁者,人也”。“仁”的核心是什么?“子曰:爱人”。实施“仁”的基本原则是什么?子曰:“己所不欲,勿施于人。”

这便是孔子所谓的“一以贯之”之“道”所谓的“忠恕之道”,具体内容是:“忠者诚以待人恕者推己及人”。这样就可以达到“在邦无怨在家无怨”的结果。可见推己及人道德观所追求的结果不是经济利益而是“无怨”的“和为贵”,也就是我们今天所讲的“合作”、“和谐”、“双赢”的结果。在儒家传统中“仁”是全德之名。那么,什么样的行为才算“仁”呢?子曰:“恭、宽、信、敏、惠。恭则不悔,宽则得众,信则人任焉,敏则有功,惠则足以使人”。后来的思想家又把儒家的道德观归纳为“五常”即“仁,义,礼,智,信”,并以此作为人们行为的最高道德规范。

中国儒家的道德观作为中国传统文化的一部分,流传了几千年。在中国知识分子和普通人民大众中影响极其深远。"己所不欲,勿施于人"成为人人皆知的做人道理和绝大部分人自觉遵守的行为规则。同时对中国现代的管理道德也具有重大的影响。许多成功的管理者在决定管理行为时都学会了"换位思考"、"将心比心"、"设身处地"地考虑问题。他们十分重视对上级的"忠诚"、对下属的"仁爱"、对朋友的"义气"和"诚信"以及各方面关系的"和谐"。

以上关于道德观的划分只是理论上的分类。在具体实践中,无论组织或个人都是因时制宜、因地制宜综合运用的,盲目地依照理论按图索骥是不可取的。在实际操作中,管理者能让员工和社会清楚地感觉到企业是把道德作为基本前提的,无论企业推行何种道德观,都应该让员工清楚地认识到制定的道德规则。

第二节　管理道德的影响因素及其培育

管理主客体的特殊性,表现为管理者与被管理者之间以及管理者之间的特殊的职业联系,它不同于一般的社会关系。因此,学者们认为合乎伦理的管理应该具有七个特征:

其一,把遵守道德规范作为获取组织利益的一种手段,更把其视为组织的一项责任。

其二,不仅从组织自身的角度出发,而且从社会整体角度出发。

其三,尊重所有者以外的利益相关者的利益,善于处理组织与利益相关者的关系。

其四,不仅把人看作手段,更要以人为本地将其看作目的。

其五,超越了法律的要求,能让企业取得卓越的成就。

其六,具有自律的特征,如社会舆论、内心信念、良知、羞耻感、内疚感等。

其七,合乎伦理的管理组织总是以正向的价值观为行为导向。

基于管理道德所具有的这些特殊性,那么研究管理道德的影响因素以及培育管理道德的有效途径就变得更有意义。

一、影响管理道德的因素

综合中西方管理学理论,管理道德一般受六种因素影响最大。

(一)道德发展阶段的因素

国外学者的研究表明,道德发展要经历三个层次,每个层次又分为两个阶段。随着阶段的上升,个人的道德判断越来越不受外部因素的影响。道德发展所经历的三个层次和六个阶段如表4—1所示。

表 4—1 道德发展经历的三个层次和六个阶段

层 次	阶 段
前惯例层次：只受个人利益的影响。决策的依据是个人利益，这种利益是由不同行为方式带来的奖赏和惩罚决定的	1. 遵守规则以避免受到物质惩罚 2. 只在符合你的直接利益时才遵守规则
惯例层次：受他人期望的影响。包括对法律的遵守，对重要人物期望的反应，以及对他人期望的一般感觉	3. 做你周围的人所期望的事 4. 通过履行你应诺的义务来维持平常秩序
原则层次：个人用来辨别是否受道德准则的影响，这些准则可以与社会的规则或法律一致，也可以与社会的规则或法律不一致	5. 尊重他人的权利，置多数人的意见于不顾、支持不相干的价值观和权利 6. 遵守自己选择的道德标准，即使这些准则违背了法律

道德发展的最低层次是前惯例层次，在这一层次中，个人只有在其利益受到影响的情况下才会做出道德判断。道德发展的中间层次是惯例层次，在这一层次中，道德判断的标准是个人是否维持平常的秩序并满足他人的愿望。道德发展的最高层次是原则层次，在这一层次中，个人试图在组织或社会的权威之外建立道德准则。

有关道德发展阶段的研究表明：

其一，人们一步一步地依次通过这六个阶段，而不能跨越。

其二，道德发展可能中断，可能停留在任何一个阶段上，也可能倒退和堕落。

其三，多数成年人的道德发展处在第四阶段上。中国企业家史玉柱在巨人集团破产后东山再起时，坚持要还清法律规定可以不还的欠债。这一行为表明其道德当时已发展到第六阶段。

（二）个人特征的因素

管理关系中管理者处于关键地位，因此，管理者的个人特性直接影响或者说是决定了组织的管理道德的类型。个人特性主要包括管理者的个人价值观、自信心和自控力。

人们的价值观是受家庭教育、学校教育、生活阅历、身体心理等诸多因素影响而逐渐形成的。每个人的情况千差万别，即使上述因素完全相同的人之间在价值观方面仍有巨大差别。因而判断是非善恶的标准就不可能完全相同，对待金钱、权力、爱情、家庭、责任、义务等的态度也各有不同。所以在管理道德问题面前，每个管理者做出的决策不可能完全相同，甚至可能完全相反。正如《论语·子路》中孔子所说：“其身正，不令而行；其身不正，虽令不从。”

管理者个人的自信心和自控力与管理道德也密切相关。自信心和自控力强的人，一般都会深信自己的判断是正确的，因而通常都能坚持去做自己认为是正确的事。即使他们去听取别人的意见，自己确定的方向和底线也不会轻易改变。自信心和自控力弱的人涉及较大争议或者受到压力时，很容易屈服于外力，摇摆不定和困惑不解，难以坚持自己的主张。

（三）组织结构（变量）的因素

组织结构对管理道德影响巨大。

1. 组织内部有无比较完善的内外制衡监督机制

组织内部结构和职责分工有没有必要的权力制衡、监察、检查、审计结构，有没有外部群众和舆论监督。如果有比较完善的内外制衡监督机制，就可大大预防和制止不道德的管理行为的产生。

2. 组织内部有无明确的规章制度

清晰地说明各级管理职务的实施细则和应遵守的道德准则，可以有效预防不道德管理行为的产生。

3. 上级管理行为的示范作用

下级必然会十分关注上级的管理行为，从中弄清哪些管理行为是上级可以接受和真正期待的，上行下效，而完全不管规章制度有什么规定。绩效评估考核体系会起到指挥棒的作用。如果评估考核奖惩偏重于成果，并且所定的指标又偏高，各级管理者就可能迫于强大的压力而不择手段去追求成果指标，从而引发许多不道德的管理行为。

（四）组织文化的因素

企业文化是由企业环境、价值（观）、英雄人物、习俗和仪式以及文化网络五个因素所组成的，这五个因素各自的作用是不同的。能否通过这五个方面建立起诚实守信、勤于学习、勇于创新、善于包容的组织文化，是企业有无核心竞争力的一种表现。例如医药销售公司中有人因为贿赂医生赢得市场份额，是否应得到奖励？科技公司的员工在积极创新进取时遭受挫折或失败，是否应受到组织的惩罚？反之亦然。在管理中，诚信做事、包容失败的组织文化必将减少不道德的管理行为。没有诚信、包容的组织文化必将助长不道德管理行为的滋生与扩散。

（五）问题强度的因素

道德问题强度会直接影响管理者的决策。问题强度是指该问题如果采取不道德的处理行为可能产生的严重后果。例如：有多少人会受到伤害？有多少舆伦会谴责这种行为？这种行为造成危害的概率有多大？人们是否能直接感觉到？潜在受害者与这种不道德行为距离有多近？这种行为的危害是否可能集中爆发？如果这些问题的答案是肯定的，那么管理者很可能采取道德的管理行为。

但是当问题的本身对组织具有特别重大的影响时，管理者为了保护组织的利益也可能冒着被揭露的风险而采取不道德的管理行为。例如美国安然公司造假事件就是一个典型的例子。还有就是管理者习惯于因为平时一些强度小的问题而疏于道德操守，往往会聚少成多，由量变而引起质变，酿成丑闻。如台湾塑化剂风波。

（六）来自组织内部和外部的因素

外部因素的影响主要包括早期教育因素、企业的管理体制及制度因素、企业文化因素和社会大环境因素等。

1. 早期教育因素的影响

个人早期的教育、生活环境，尤其是在幼年、童年时期所处的环境、所受教育的程度对其今后的观念的形成起到至关重要的影响，通过这时期感知、认知事物，其个人的道德观初步形成。“孔融让梨”就是早期教育对其道德影响的表现。

2. 企业的管理体制及制度因素的影响

企业的管理体制是否有利于企业发展，企业领导者是否为管理者创造了一个发展的平台，企业是否做到组织结构科学合理、规章制度健全完善、人才培训培养机制激励有效等，都对管理道德的形成产生较大影响。

3. 企业文化因素的影响

一个企业有较强的、积极向上的企业文化就可以抵御外来风险，化解内部冲突。许多企业注重实施企业文化建设，形成具有企业自身特色的文化。

4. 社会大环境因素的影响

一定时期社会上大多数人的世界观和价值观也会受外部影响，甚至改变个人的管理道德观。尤其是在社会转型期，多种因素综合导致了一些人的道德观危机。

内在因素的影响主要包括管理者自身的意志、能力、信念和自身责任感等因素。

1. 个人意志、能力和信念因素的影响

意志坚强、能力较强、信念坚定的管理者对事物的判断会比较准确，无论身处顺境还是逆境，无论外部诱惑如何，其大多数会在道德准则判断与道德行为之间保持较强的一致性，不会因一时之事、一念之差而作出不正确的选择；反之，则会在道德准则判断与道德行为之间作出不正确的选择。

2. 个人责任感因素的影响

责任感是每个人对工作、企业、社会等所作出行为的负责态度。一般来说，有较强责任感的人，通常是一个能自觉承担社会责任、积极履行职责和正确行使职权的管理者，敢于、勇于对自己行为负责，很少出现违背道德准则的情况；反之，缺乏责任感的人，对自己行为的后果不愿承担责任，甚至认为“事不关己”、推卸责任，缺乏最基本的道德素质。

管理聚焦

我国管理道德失衡的成因

1. 经济体制不完善

在我国，由于市场经济体制还不完善，容易造成竞争无序，使企业管理道德缺乏约束，甚至出现经营活动缺乏公平竞争制度，经营“游戏”规则混乱的局面。在此局面中，由于国家政策控制的原因，造成地区、行业、单位的竞争起点不同，从源头上造成了竞争无序；加上市场体系不完善，未能形成众多统一开放的全国大市场，使得地方保护主义泛滥，一些官员从当地经济发展和自己政绩、利益需要出发，不仅没有取缔无序竞争，反而搞地区封锁和部门分割，鼓励、纵容和包庇无序竞争、违法经营。

2. 信息不对称

信息传递的滞后和扭曲，使企业管理失衡成为可能。经营活动中出现一些欺骗、失信现象的最直接原因就是信息不对称。拥有信息多的一方就可能欺骗另一方，加上媒体广告片面宣传的推波助澜，为不法企业欺诈行为开了方便之门。只要有利可图，或者欺诈带来的收益大于为进行欺诈所付出的成本投入，欺骗、失信就会不知疲倦地继续下去。这就会造成企业管理道德的失衡。

3. 企业价值取向的偏颇

建立社会主义市场经济的目的是为了满足人民群众日益增加的物质文化需要。然而，在经济转型的特殊环境条件下，部分企业价值取向出现了偏颇，过分强调企业利润最大化，功利主义的趋向严重，忽视甚至侵害他人的利益。这些企业为了私利，不择手段、违法经营企业、丧失道德、逃避责任，造成企业管理道德的失衡。

4. 消费者自我保护意识差

相对经营者而言，消费者处于弱势地位。为此国家颁布了一整套法律制度，目的是为了维护公平交易和保护消费者的切身利益。然而由于消费者法制观念落后，自我保护意识薄弱，许多消费者面对迅速形成的立法内容无从掌握和运用。越来越多的法律规定难以起到维护消费者权益的作用，而成为一纸空文。这样的消费者行为往往姑息了一些企业不道德的经营行为。

（资料来源：MBA 智库）

二、管理道德的培育

管理道德培育的有效途径就是通过各种手段对组织和个人进行培训教育。培育的具体途径大致从以下四个方面入手。

(一)抓好管理道德教育

一是提高管理道德认识,包括管理者对管理地位、性质、作用、服务对象和服务手段等方面的认识。对管理道德价值的认识是培育管理者管理道德的前提,要认识管理道德的实质、内涵,充分认识到管理道德对个人、企业乃至社会的重要性。只有提高对管理道德的认识,才能在思想上重视、在行动中实施、在发展中提升。

二是培养管理道德情感,就是管理者在处理自己和职业的关系及评价管理行为过程中形成的荣辱好恶等情绪和态度。主要包括对所从事管理工作的荣誉感、责任感,对服务对象的亲切感,热爱本职工作,敬业乐业等。管理道德情感一经形成,就会成为一种稳定而强大的力量,积极影响人们管理道德行为的形成和发展。

三是锻炼管理道德意志,就是人们在履行管理义务的过程中所表现出来的自觉地克服一切困难和障碍,作出抉择的坚持精神。是否具有坚毅果敢的管理道德意志,是衡量每个管理者管理道德素质高低的重要标志。

四是坚定管理道德信念,就是管理者对所从事管理工作应具备的道德观念、道德准则和道德理想发自内心的真诚信仰。管理者一旦牢固地确定了管理道德信念,就能自觉地履行自己的义务,并能据此来鉴别自己或他人的行为。培养和确立忠贞不渝的管理道德信念,是每个管理者管理道德修养的中心环节。

(二)提炼、规范管理道德准则

管理道德建设的过程,就是管理者管理道德素质形成和不断完善的过程。这需要管理者把管理道德认识、管理道德情感、管理道德意志和管理道德信念等与所从事的管理工作、企业的实际情况等结合起来,注重吸收西方道德观中合理的成分,广泛继承中华民族传统道德观的精华,提炼出体现管理特色的管理道德准则,了解、明确管理道德规范,认清管理道德的标准和行为准则。

通过提炼管理道德标准,实行管理道德的规范化管理,使管理者自觉地对照管理道德准则时刻检查自己、规范自己行为,将管理道德准则内化成管理道德认识,从而培养良好的管理道德行为习惯,这既有利于管理者自身的建设与发展,又有利于企业管理水平的提高与发展。

(三)树立典型,加强引导

在管理道德建设过程中,典型引导是激励人们自觉规范道德行为的有效途径。

一是注重发挥企业领导者管理道德的表率作用。企业领导者是企业的精英,是高层管理者,其模范、表率行为对其他管理者管理道德的形成具有直接的效果。对企业领导者来说,管理价值、道德价值高于物质利益,企业领导人应把国家、员工赋予的职位看成为国家和企业做贡献、为员工提供服务的机会,“先天下之忧而忧,后天下之乐而乐”,

勇于负责，不计得失，树立领导者良好的管理道德，这对推动整个企业层面管理道德的形成起着举足轻重的作用。

二是树立典型人物，做好舆论导向，发挥引导作用。像牛玉儒等现实生活中涌现出来的典型人物，他们的感人事迹、表现出来的道德品质是人们所景仰的，在这些典型人物身上也充分体现出了优秀的管理道德。因此，大力宣传典型，把道德规范人格化，有利于管理者以典型人物为榜样，学习典型人物的人格，激发自身去追求典型人物所拥有的优秀的理想人格，并且以这种理想人格为标准来塑造自己，促进管理者管理道德水平的形成和提高。

(四)管理道德行为列入岗位考核内容

管理者是否具有管理道德，不是看其是否会背诵管理道德的规范条款，而要看他是否能理解管理道德，把管理道德要求与自己的工作相结合，落实到具体工作中，形成稳定的职业行为。管理道德规范化、制度化，就会成为管理者的习惯行为，就会在管理工作中发挥巨大作用，也必将在企业内形成良好的道德风尚，使企业步人良性的发展轨道。因此，企业应将管理道德建设纳入管理者岗位考核范畴，加强检查、考核、奖惩，使每一个管理者不断地自我对照准则进行检查，不断地修正自己的行为方向，最终养成良好的管理道德。

管理者是管理道德的主体，管理道德是对管理者行为的规范和制约。一个合格的管理者必然是一个有道德的管理者，做有道德的管理者，应该是每一个管理者的职业准则。在当今时代，管理者和企业应注重开展和加强管理道德培育，提高管理者的管理道德，使管理者有所为、有所不为，养成良好的管理道德行为习惯。

第三节　企业的社会责任

今天，关于社会责任的讨论已经引起了管理者们高度的重视。在管理实践中经常会碰到与社会责任有关的决策，例如是否为慈善事业出一份力、如何确定产品的价格、怎样处理好与员工的关系、是否以及怎样保护自然环境，以及如何保证产品的质量和安全等。

一、企业社会责任

“企业社会责任”的概念最早由西方发达国家提出，近些年来这一思想广为流行，连《财富》和《福布斯》这样的商业杂志在企业排名评比时都加上了“社会责任”这一标准，可见西方社会对企业社会责任的重视。

联合国在推动企业发挥社会责任的方面起到了至关重要的作用。1999 年 1 月，在

瑞士达沃斯世界经济论坛上提出了“全球协议”,该协议号召公司遵守在人权、劳工标准和环境方面的9项基本原则,其内容是:

其一,企业应支持并尊重国际公认的各项人权。

其二,绝不参与任何漠视和践踏人权的行为。

其三,企业应支持结社自由,承认劳资双方就工资等问题谈判的权力。

其四,消除各种形式的强制性劳动。

其五,有效禁止童工。

其六,杜绝任何在用工和行业方面的歧视行为。

其七,企业应对环境挑战未雨绸缪。

其八,主动增加对环保所承担的责任。

其九,鼓励无害环境科技的发展与推广。

分析这9项原则,从企业内部看,就是要保障员工的尊严和福利待遇;从外部看,就是要发挥企业在社会环境建设与保护中的良好作用。

因此,我们可以这样理解企业社会责任:如果企业在承担法律上和经济上的义务(法律上的义务是指企业要遵守有关法律,经济上的义务是指企业要追求经济利益)的前提下,还承担追求对社会有利的长期目标的义务,那么,我们就说该企业有社会责任(受道德力量的驱动)。即企业社会责任(英文:Corporate Social Responsibility,简称CSR),是指企业在其商业运作里对其利害关系人应负的责任。“企业社会责任”的概念是在商业运作必须符合可持续发展的想法上形成的,企业除了考虑自身的财务和经营状况外,也要加入其对社会和自然环境所造成的影响的考量。利害关系人是指所有可以影响或会被企业的决策和行动所影响的个体或群体,包括:员工、顾客、供应商、社区团体、母公司或附属公司、合作伙伴、投资者和股东等。

知识链接

戴维斯模型

美国学者戴维斯就企业为什么以及如何承担社会责任提出了自己的看法,这种看法被称为“戴维斯模型”,其具体内容如下:

1. 企业的社会责任来源于它的社会权力。由于企业对诸如少数民族平等就业和环境保护等重大社会问题的解决有重大的影响力,因此社会就必然要求企业运用这种影响力来解决这些社会问题。

2. 企业应该是一个双向开放的系统,即开放地接受社会的信息,也要让社会公开地了解它的经营。为了保证整个社会的稳定和进步,企业和社会之间必须保持连续、诚实和公开的信息沟通。

3. 企业的每项活动、产品和服务,都必须在考虑经济效益的同时,考虑社会成本和效益。也就是说,企业的经营决策不能只建立在技术可行性和经济收益之上,还要考虑决策对社会的长期或短期的影响。

4. 与每一项活动、产品和服务相联系的社会成本应该最终转移到消费者身上。社会不会希望企业完全用自己的资金、人力去从事那些只对社会有利的事情。

5. 企业作为法人，应该和其他自然人一样参与解决一些超出自己正常范围之外的社会问题。因为整个社会条件的改善和进步，最终会给社会每一位成员(包括作为法人的企业)带来好处。

(资料来源：MBA 智库百科)

二、企业社会责任的内容

企业活动究竟应该对谁负责，负什么责呢？我们必须看到，市场经济下的企业与社会有着千丝万缕的联系。企业的生存发展与内外环境有着密切的关系，没有一个好的社会环境，企业就难以生存。

关于企业社会责任应该包括哪些内容？学者们进行了深入探讨和研究，认为企业与社会关系的一个重要表现就是企业要通过纳税等形式来履行应尽的社会保障责任，而不是千方百计逃避这一责任。除此之外，在道德层面上，还应该至少包括如下内容：

其一，对股东：证券价格的上升；股息的分配。

其二，对职工或工会：相当的收入水平；工作的稳定性；良好的工作环境；提升的机会。

其三，对政府：对政府号召和政策的支持；遵守法律和规定。

其四，对供应者：保证付款的时间。

其五，对债权人：对合同条款的遵守；保持值得信赖的信誉程度。

其六，对消费者或代理商：保证商品的价值(产品价格与质量、性能和服务的关系)；产品或服务的方便程度。

其七，对所处的社区：对环境保护的贡献；对社会发展的贡献(税收、捐献、直接参加)；对解决社会问题的贡献。

其八，对贸易和行业协会：参加活动的次数；对各种活动的支持(经济上的)。

其九，对竞争者：公平的竞争；增长速度；在产品、技术和服务上的创新。

其十，对特殊利益集团：提供平等的就业机会；对城市建设的支持；对残疾人、儿童和妇女组织的贡献等等。

三、企业社会责任划分标准和类型

(一)企业社会责任划分的标准

依据不同的标准，可对企业社会责任的内容进行不同的划分。目前，企业社会责任的划分有5大类：

1. 以表现形式为准

企业社会责任可以分为程序意义上的企业社会责任和实质意义上的企业社会责任。前者是就企业决策的程序和过程而言的，要求企业决策程序考虑和反映社会利益与社会权；而后者是就企业决策的结果而言的，要求企业决策的结果能够对社会利益与社会权负责。

2. 以与企业所从事的经营活动之间的关系为准

企业社会责任可以分为相关的社会责任与不相关的社会责任。前者是指企业为了增进那些受企业经营活动影响的利害关系人的福利而付出的努力；后者是指超出企业经营活动的范围，纯粹为解决某一方面的社会问题、增进那些与企业经营活动没有直接利害关系的社会集团的福利而实施的行为。

3. 以受激励与约束的行为规范为准

企业社会责任可以分为道德意义上的责任和法律意义上的责任。前者是指企业的社会行为要合乎道德伦理的价值要求；后者是指有法律规定的可由法律予以强制执行的责任。

4. 以企业行为导致的结果为准

企业社会责任可以分为牺牲营利的社会责任与促进营利的社会责任。

5. 以企业行为背后的动机为准

企业社会责任可以分为价值主义态度的社会责任与工具主义态度的社会责任。

（二）企业社会责任划分的类型

企业社会责任可以分为反应型企业社会责任和战略型企业社会责任两类。

反应型企业社会责任有两种形式：一是做一个良好的企业公民，关心各利益相关者所关注的社会问题的变化；二是减少企业经营活动已经产生的或可能会产生的负面影响。

履行战略型企业社会责任不只是做一个良好的企业公民以减轻价值链活动所造成的不利社会影响，而且还要推出一些能产生显著社会效益和企业效益的重大举措。战略型企业社会责任既包括由内及外的维度，也包括由外及内的维度，两者相辅相成——创造共享价值的机会恰恰蕴藏在这里。战略型企业社会责任还包括投资于竞争环境中某些能提高企业竞争力的社会因素，发挥出企业与社会的共享价值，并由此建立起企业与社会的共生关系：企业越成功，社会就越繁荣；反之，社会越繁荣，企业就越成功。通常而言，某个社会问题与企业的业务关系越紧密，利用企业的资源和能力造福社会的机会就越大。

四、提升企业社会责任的有效途径

企业应该从经济责任、法律责任、伦理责任和自愿性慈善四个方面，选择承担社会责任的途径和方法。

(一)追求利润的经济责任途径

追求合理利润是企业承担社会责任的必要条件,企业若不追求合理利润,它所应承担的一切社会责任将难以持续。企业承担经济责任的途径和方法主要如下:

1. 提供多元化的产品和服务

企业承担经济责任的具体途径和方法是:扩大生产或服务能力,最大限度满足消费者的物质和精神需要;提供多层次产品和服务,满足不同社会阶层的需求;开发新产品或提高服务水平,推动人们生活水平的提高,促进社会的进步。

2. 提供更多的就业机会

在经营效率基础上,最大限度地扩大就业规模;积极提供就业知识技能培训、鼓励并帮助失业人员独立自主地从事经济活动,对企业职工进行培训,帮助和提高企业职工的工作技能,创造条件为企业职工提供晋升机会;积极参与社会和政府的就业规划和政策制定工作,及时提出有利于扩大就业的建议和思路。

3. 提高社会资源的利用效率

在企业内部,制定节约资源的管理制度,严格资源使用的奖惩制度和使用效率的责任追究制度,并依次进行生产控制和管理;做好宣传和培训工作,加强资源节约型技术的研发和推广应用;在企业外部方面,推动和促使社会建立能够反应资源稀缺程度和环境治理成本的价格形成机制,在产品价格中体现污染治理的成本,使污染治理成本内部化:推动社会实行环境质量公告制度,定期公布企业的有关环境保护指标等。

4. 促进企业利润和社会财富的共同增长

通过创新管理制度,提高企业的盈利水平;通过扩大经营,提高产品或服务的总量;通过提高生产效率和服务水平,降低运营成本。

(二)追求规范的法律责任途径

法律责任是企业必须承担的社会义务,也是企业应承担的基本的社会责任。这种社会责任要求企业依法经营、按章纳税和承担政府规定的其他义务,并接受政府的监管。企业承担法律责任也是其履行其他社会责任的前提条件,具体途径和方法包括如下几个方面:

1. 遵守国际公约,执行国际通用标准

一切经营管理行为都必须遵守国际公约,把与自身企业关联的所有国际公约作为企业管理制度制定的基础和前提条件,并向企业的所有员工和社会各界宣传和推广国际公约,以国际化准则完善企业自身的管理制度和管理理念。以国际通用标准作为经营管理的基本准则,并将其融入日常的管理工作之中。及时跟踪和把握国际通用标准的变化,向企业职工普及国际通用标准知识,向相关的合作伙伴推荐国际通用标准的要求。

2. 遵守国家法规

国家的法律、法规作为企业一切经营行为的基本准则，贯穿于日常的经营管理模式之中，积极地向全体员工和社会各界普及相关的法律知识，经常开展遵纪守法自查自纠活动，积极配合政府执法部门的执法行为。

3. 执行行业法规、行业标准和行业的道德准则

严格执行行业法规、行业标准和行业的道德准则的具体要求；严格执行各类经济合同的约定，恪守合同的要求，保持企业良好的信用与商誉；积极配合行业学会、商会、同行公会等行业组织的行业性统一行动；积极参与行业规范、行业标准和行业道德准则的制定、修改和推广工作等。

（三）追求和谐的伦理责任途径

伦理责任是基于伦理道德规范的责任，是企业社会责任的核心内容。企业承担伦理道德责任的具体途径和方法如下：

1. 维护股东权益

维护法律所规定的股东合法权益，承担对股东的资金安全和收益的社会责任，及时向股东提供真实的投资经营和管理的全面信息；维护股东参与企业管理或监督的有效机制等。

2. 维护消费者权益

为消费者提供有安全保证的产品和服务，保证消费者在消费时的人身健康安全；为消费者提供质量可靠的产品和高水平的服务；尊重消费者的知情权和自由选择权，及时为消费者提供信息真实、性能详细的产品广告、宣传材料和产品说明书；建立产品回收制度和责任赔偿制度等。

3. 维护员工的权益

为员工提供安全、健康的工作环境，采取适当的措施，最大限度地降低工作环境中的危险隐患，消除可能危害员工健康与安全的潜在威胁，保障员工的身体健康和生命安全；提供公平的就业机会、升迁机遇和接受教育的机会，为员工提供民主的参与企业管理的权利，培育职工工作的热情和积极性等。

4. 积极参与社区建设

为企业所在社区的居民提供实习、培训和就业的机会，协调好企业的发展与社区资源的合理利用；利用自身的产品优势、信息优势、人才优势、技术优势和资金优势，扶持社区的文化教育事业，积极参与并资助社区公益事业等。

5. 维护社区环境的可持续发展

履行保护资源和环境的社会责任，减少经营活动对环境的污染程度，倡导绿色经营和绿色消费理念，承担企业外部不经济的责任，承担由企业所造成的资源浪费和治理环

境污染的相关费用。

(四)追求积极的慈善事业

企业善举是企业充当“社会好公民”角色的一个重要组成部分，社会期望企业多行善，慈善成为企业与社会之间契约关系中的一个不可忽视的组成部分。企业通过树立“社会好公民”形象，提高企业在社会中的知名度和公众心目中的地位，把承担自愿性慈善社会责任与提高企业竞争力的管理战略结合起来。其具体的途径和方法包括：通过直接设立慈善基金或以向社会慈善机构和福利机构捐款、捐物方式来资助社会慈善事业，以示对社会的责任心；以企业名义直接出资承担其他公益事业的义务，如城市绿化、修路建桥、保护动植物、资助知识竞赛和群众性娱乐活动及体育运动等，向突发性灾难直接资助或提供相关的帮助。

本章小结

本章在阐述伦理道德内涵的基础上，揭示了伦理道德与管理道德以及管理道德与经济运行的关系，介绍了几种相关的道德观。同时，讨论了管理道德的发展阶段、主要内容、特征及其影响因素，提出了管理道德的培育途径，阐述了社会责任的含义，指出了管理道德和社会责任在组织中产生的作用和影响。此外，本书还讨论了企业社会责任的主要内容、划分标准和分类，并着重论述了提升企业社会责任的有效途径。

本章习题

1. 管理道德和伦理道德的区别是什么？
2. 合乎道德的管理有哪些特征？
3. 管理者可以采取哪些方法来改善组织及其成员的道德行为？
4. 企业社会责任内容的划分有什么标准？
5. 要求企业承担更多的社会责任有哪些途径？

案例研讨

竞争优势与企业社会责任的联系

通用电气公司(GE)捐助公立中学的举动堪称典范。该公司在其几个大工厂附近选择了一些办学质量较差的学校，在5年内向它们各捐款25万美元到100万美元不等，另外还有实物捐赠。除此之外，通用电气的管理者和员工还积极与学校管理者合作，按照学校的办学需求，对学生进行各类辅导。某第三方机构对该捐赠计划所覆盖的10所中学做了一项独立研究，结果表明，在1989年～1999年，几乎所有学校的办学质量都有了显著提升，而办学质量最差的5所学校中有4所的学生毕业率翻了一番，从30%提高到了60%。

减轻企业价值链活动给社会造成的损害，这是反应型企业社会责任的第二种形式，但对企业运营来说不啻为一个挑战。由于每个业务单元的价值链都可能带来诸多社会影响，许多企业干脆将可能的社会和环境风险罗列了一张标准化清单，据此来一一查找企业需承担的社会责任。如今，全球报告倡议组织（Global Reporting Initiative）的规范正日益成为全球企业编制社会责任报告的标准，该组织列举了141项社会责任，针对不同行业还设有补充条例。

企业在产品生产和价值链运营中有许多引领创新的机会，这既能为社会谋福利，又能提高自身的竞争力。"丰田"解决汽车尾气排放问题的举措就是一个范例。"丰田"的油电混合动力车普锐斯（Prius）是丰田一系列创新车型的第一款，这种车型既为"丰田"赢得了竞争优势，也为环保做出了贡献。混合动力车所排放的有害气体仅仅是常规汽车的10%，而油耗也只有一半。被《汽车动向》杂志（Motor Trend）评为2004年度最佳车型的普锐斯，给"丰田"带来了巨大的领先优势，其他公司也开始向它购买专利技术。显然，"丰田"已经在顾客当中建立了独特的地位，而且正在积极争取把这项技术确立为世界标准。

微软公司（Microsoft）和美国社区学院协会（American Association of Community Colleges）建立的合作伙伴关系，就是投资竞争环境以创造共享价值的一个范例。IT技术人员短缺是限制"微软"增长的一个重要因素，而目前仅美国IT业就有超过45万个岗位缺口。美国社区学院的在册学生人数多达1160万，占美国大学生总数的45%。帮助这些学校培养IT技术人员将是解决上述问题的重要途径。但是，微软发现这些学校面临一些特殊的困难：IT课程没有标准化，课堂传授的技术大多已经过时，没有系统的职业发展计划帮助教师更新他们的知识。

于是，"微软"针对这三个问题发起了一个为期5年的援助计划，总共投入资金5000万美元。除了捐助资金和产品之外，微软还派出一些员工义务为学校评估各种需求，协助学校开发课程和建立教师培训机构。值得注意的是，这远不只是一项通常意义上的志愿者行动，因为微软的这些志愿者和派出的员工都在用他们的核心专业技能满足社会的需要。"微软"该项计划不仅使众多社区从中得益，对其自身业务也产生了直接影响，而且可能是举足轻重的影响。

（资料来源：《战略与社会：竞争优势与企业社会责任的联系》，载《商业评论》，2007年11月号）

案例思考题：

1. 结合案例谈谈你对企业道德和企业社会责任的认识。
2. 请谈谈承担社会责任和企业发展之间的关系。

第五章 决　策

学习目标

▶理解并能解释决策的概念及过程

▶理解并指出决策的类型

▶掌握专家论证决策方法

▶掌握经营单位组合分析法的基本原理及其简要应用

▶理解并能应用定量决策的方法来进行决策

案例导引

有一个农夫,他养了10头牛。

10头牛长年累月辛勤耕作,却吃得很差,除了草还是草。如果到了冬天,还得吃枯草。而农夫呢?长期都是白米饭加大鱼大肉。

为此,10头牛很不服气,它们推举了领头的牛来和农夫谈判。“你凭什么凌驾于我们之上,并且比我们生活得更好呢?”领头的牛问农夫。

“因为我懂得管理,我可以让你们10个按照既定的目标工作,而你们中任何一个都不懂。”农夫说。

“你所说的管理,就是拿着鞭子驱赶我们嘛,这一点我也会。”领头牛说。

“你的理解完全错了。管理最重要的是动脑筋进行决策,先思考你们10个该做什么,决定下来后再要求你们怎么做。而你们呢?只会埋头苦干,根本就不会思考,哪里谈得上决策呢?”农夫说。

(资料来源:百度文库)

管理活动中时时处处存在着决策,管理者在管理过程中的很大一部分时间内都是在做决策。一项好的决策可能使组织起死回生,而一项错误的决策则可能会导致组织破产。那么,如何才能提高决策的质量?怎样才能制定出科学合理的决策?我们将从决策的概念、原则，决策的过程和类型，定性和定量决策方法等方面展开讨论。

第一节 概 述

决策是管理的重要职能之一，是管理的核心。可以说，决策贯穿在整个管理活动过程之中。决策是实施其他管理职能的前提和基础，管理的各项职能都离不开决策。

一、决策的概念

在我国及世界其他国家的历史上，都出现过许多杰出的政治家、思想家和军事家等，他们有着许多著名的决策范例，并且也留下了一些经典著作。如孙膑献计于田忌赢得与齐王的赛马、诸葛亮借东风打败曹操而至三分天下等决策事例，至今仍为人们所传颂。而《孙子兵法》、《资治通鉴》、《史记》以及古希腊许多哲学家的著作都记载了人类在政治、经济、军事等领域的各种决策活动，其决策思想和决策方法至今对人们的决策活动仍有一定的指导和借鉴意义。

在近代，由于世界政治、经济、军事和科学技术等领域发生了巨大变化，科学技术和生产的突飞猛进及社会的日益复杂、竞争的日趋激烈迫切要求决策向科学化的方向发展，正是这种客观的需求吸引了大批的管理学者和其他学科的科学家去探索决策活动的规律性，研究科学决策的理论和方法，使决策问题得到了充分重视和深入研究，促进了决策分析理论的形成与发展。其中较为突出的就是 20 世纪 60 年代美国著名的经济与管理学家西蒙(H. A. Simon)提出的现代决策理论，他指出“管理就是决策”，这一论断突出了决策在现代管理中占有的核心地位。

在现代管理科学中，有广义的“决策”和狭义的“决策”两种解释。狭义的解释是把“决策”仅仅看作从几种方案中选定一个最好的方案。广义的解释是把“决策”理解为一个过程，既包括在若干行动方案中选定最佳方案的一系列活动，又包括做出最终选择之前的一系列活动，如为做出决策而进行的收集信息、确定决策目标、拟定行动方案等活动。

因此，我们认为：决策是管理者识别并解决问题以及利用机会的过程。决策内容主要包括：决策的主体是管理者；决策的本质是一个过程，这一过程由多个步骤组成；决策的目的是识别并解决问题或利用机会。

二、决策的准则

无论如何表述决策的定义，在进行决策的过程中都必须遵守一些基本的原则，即决策准则。一般来说，决策准则包括系统原则、满意原则、层次原则、集体与个人相结合原则和整体效用原则。

（一）系统原则（环境）

任何组织都是在一定的环境中生存和发展的。决策的制定和实施也存在于某一个特定的决策环境中。不论是什么样的决策环境，它们都是有作为一个系统的特性，也就是系统中的各种因素相互影响和相互作用的特性，同时系统中的各种因素的变化发展都应该是协调的、平衡的。因此，决策的制定必然要遵守系统的原则。也就是说，决策的制定应该以追求和实现系统价值最大化为目标。

（二）满意原则（目标）

决策遵循的是满意原则，而不是最优原则。因为，要使决策达到最优，必须：容易获得与决策有关的全部信息；真实了解全部信息的价值所在，据此制定所有可能的方案；准确预期每个方案在未来的执行结果。但是，现实中上述条件往往得不到满足，只能尽力达到满意程度。满意原则要求能实现目标就行；能充分利用机会和条件，不要浪费就行；尽量减低和规避风险就行。

（三）层次原则（方式）

一个组织需要进行决策的问题很多，不可能全部由高层管理者承担。因此，决策在组织内部分层次进行是符合客观要求的。分层次决策是分权管理的核心，是建立组织的领导制度和层次管理机构的基础。

（四）集体与个人相结合的原则（途径）

决策要求的是准确，同时，决策后执行的结果如何，在很大程度上取决于执行者能否正确理解决策者的意图；另一方面，决策要求把握和利用机会，需要有人敢于冒险，能够当机立断，不延误时机。因此，需要执行者参与决策，即集体与个人相结合。

（五）整体效用原则（评价）

局部利益要服从整体利益。美国学者弗鲁姆在“管理决策新探”中对此提出了四个标准：

其一，决策的质量或合理性在多大程度上实现目标。

其二，决策的可接受性在多大程度上被下属接受并付诸实施。

其三，决策的时效性即决策所花费的时间是否合理。

其四，决策的经济性即决策所需投入是否合理。

三、决策的过程和类型

(一)决策的过程

决策工作是一项动态的完整过程,一般包括确定目标、设计方案、选择方案和执行方案四个阶段。其基本程序如图 5-1 所示。

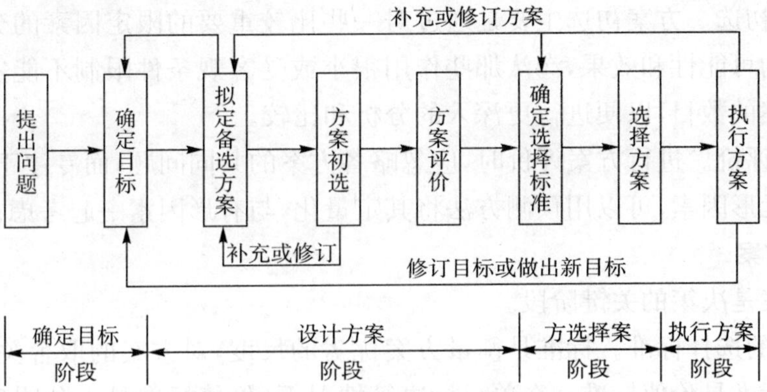

图 5-1 决策的基本程序

1. 确定目标

确定目标是决策程序的第一阶段,主要包括提出问题和确定目标两个环节。这一阶段的工作成效直接关系到整个决策的成败。

(1)提出问题。决策是为了解决管理中出现的问题。在管理实践中经常存在着管理者要么对问题不能做出正确判断,要么浮于表面,甚至触及不了问题的实质。要解决这个问题,第一步应确定组织是否存在需要解决的问题,这是管理者敏锐的洞察力和高度的预见性的综合体现。第二步是确定问题究竟出在什么地方,透过现象发现问题的本质,找出原因,只有在找出原因的基础上才能找出解决问题的有效办法。

(2)确定目标。所谓"目标"是指在一定的内外部环境条件下,通过努力,所希望达到的结果。目标确定十分重要,由于目标不同,即使是同样的问题采用的决策方案也是不同的。决策目标可分为两类:一是必须达到的。对必须达到的目标,在资源使用上要明确最高限度,在此范围内尽可能放开。二是希望达到的。在取得成果上设立一个最低限度(边界条件)。

在确定决策目标时,要注意以下几个问题:①目标应建立在需要与可能的基础上。即该目标是否是组织真正需要的,组织是否具备达到目标的条件。②目标应明确具体,并尽可能数量化。这主要是为了更好地衡量决策的实施效果。③约束条件要明确。对与实现目标相关的各种条件进行详细的分析。④把握主要目标。在日常管理中,目标是多元的,而且相互之间存在矛盾。确定决策目标时,应取消没有条件实现的目标,放弃相互矛盾的目标,合并相似的次要目标,分清主次,让次要目标服从主要目标,以保证主要目标的实现。

2. 设计方案

(1)拟定备选方案。备选方案是指可供进一步选择的可能方案,其数量和质量对于最后做出合理的选择有重大影响。组织应根据内外条件,拟定出众多的具备实施条件的可行方案。对于一些新问题,没有任何经验和案例可循,决策者必须充分发挥想象力和创造力,并发挥集体智慧,集思广益,才能取得最佳效果。

(2)方案初选。方案初选主要是通过对一些比较重要的限定因素的分析,比较各备选方案实现的可能性和效果,淘汰那些作用很小或受客观条件限制不能实施的方案,减少可行性方案的数目,以便进行更深入的分析和比较。

(3)方案评价。进行方案评价时,应忽略各方案的共同问题,而专注于不同因素的分析。对一些无形因素,可以用预测方法将其定量化,与有形因素一起考虑。

3. 选择方案

选择方案是决策的关键阶段。

(1)方案的选择标准。标准是衡量方案优劣的尺度,对方案的取舍关系极大。一个具有共性的标准是价值标准。在单目标决策情况下,价值标准是十分明确的,而对于多目标决策的情况,价值标准只有当各个目标的重要性明确后才能确定。

(2)方案的选择。方案的选择是在方案评价的基础上,按选择标准进行执行方案的选择。进行方案选择时主要依据满意准则,即选择在目前情况下比较满意的适宜可行的方案。方案选定后,必须注意决策带来的影响,采取一些预防性措施或制定应变计划,以保证决策方案能按计划组织实施。

知识链接

毛驴选草

法国哲学家布里丹养了一头小毛驴,每天向附近的农民买一堆草料来喂养。

一天,送草的农民出于对哲学家的景仰,额外多送了一堆草料,放在旁边。这下子,毛驴站在两堆数量、质量和与它的距离完全相等的干草之间,极其为难。它虽然享有充分的选择自由,但由于两堆干草价值相等,客观上无法分辨优劣。于是它左看看,右瞅瞅,始终无法决定究竟选择哪一堆好。

于是,这头可怜的毛驴就这样站在原地,一会儿考虑数量,一会儿考虑质量,一会儿分析颜色,一会儿分析新鲜度,犹犹豫豫,来来回回,在无所适从中活活地饿死了。

在我们每一个人的生活中也会经常面临着种种抉择,如何选择对人生的成败得失关系极大。因为人们都希望得到最佳的抉择,所以常常在抉择之前反复权衡利弊,再三仔细斟酌,甚至犹豫不决,举棋不定。但是,在很多情况下,机会稍纵即逝,并没有留下足够的时间让我们去反复思考,这就要求我们当机立断,迅速决策。

如果我们犹豫不决，就会两手空空，一无所获。

（资料来源：佚名：《布里丹毛驴效应》，现代青年，细节版，2009。）

4. 执行方案

一旦做出决策，就要实施决策方案。如向下属宣布决策方案、解释决策的原因、分配资源和层层落实任务等，使组织决策真正成为全体员工的共识。执行已选择的决策方案，是将决策变为现实的关键。决策的好坏要由实施的结果来判别。控制、监督和反馈对决策成败起决定性的作用。此外，在执行中还会发现新问题，从而需要做出新的决策后再付诸实施，这就开始了一个新的决策过程。

（二）决策的类型

为了便于研究和掌握决策的特点和规律性，有助于人们正确地选择决策方法，做到决策的科学化，就应当从不同的角度对决策进行分类。

1. 群体决策与个人决策

根据决策的主体划分，可把决策分为群体决策与个人决策。

（1）群体决策。群体决策是指多个人一起做出的决策。组织中的许多决策，尤其是那些对组织有重大影响的决策往往是由集体来做出的。如股东大会、董事会、薪酬委员会等做出的决策就是群体决策。

（2）个人决策。个人决策则是指单个人做出的决策。如总经理签署一项权限内的销售合同，就是个人决策。

2. 战略决策和战术决策

根据决策所要解决问题的重要程度，可将决策划分为战略决策和战术决策。

（1）战略决策。战略决策是有关组织全局利益和长远利益的决策。这类决策对组织的生存与发展将产生决定性影响，并作用于一个较长的时期。例如，企业经营方向与目标的确定、产品结构的调整、新产品的开发、新市场的开拓等。

（2）战术决策。战术决策是有关实现战略目标的方式、途径和措施等的决策。它比战略性决策更为具体、作用范围比较小，影响的时间也要短一些。例如，企业原材料采购数量的确定、产品库存量的控制等。

3. 程序化决策和非程序化决策

根据问题出现的重复性及决策程序的规范性，可以将决策划分为程序化决策和非程序化决策。

（1）程序化决策。程序化决策，是指经常重复发生，应对结构良好的问题（指那些直观的、熟悉的和易于解决的问题），能按原已规定的程序、处理方法和标准进行的决策。这类决策是有关常规的、反复发生问题的决策。

(2)非程序化决策。非程序化决策应对结构不良问题(指新颖的、不经常发生的、信息模糊的和不完整的问题),是指偶然发生的或首次出现而又较为重要的非重复性决策。这类决策具有极大的偶然性和随机性,又无先例可循且有大量不确定性的决策活动,其方法和步骤也是难以程序化、标准化的。这类决策通常是不能重复使用的。

4. 确定型决策与非确定型决策

根据环境因素的可控程度,可将决策分为确定型决策与非确定型决策。

(1)确定型决策。确定型决策是在可控条件下进行的决策。在决策中,每个方案只有一个确定的结果,最终选择哪一个方案取决于对方案结果的直接比较。例如某企业想把库存材料生产成尽可能多的产品,那么只要计算一下现有的材料数及每件产品所需要的材料数,就可以确定能生产的数量。

(2)非确定型决策。非确定型决策包括风险型决策(随机决策)和不确定型决策。风险型决策(随机决策):在这种决策中,决策的结果有多种,决策者不知道会发生哪一种结果,但每种结果发生的概率已知。在这类问题的决策中,决策者可以根据概率进行计算并做出决策,但无论采用何种方案都存在风险问题。不确定型决策:在不稳定条件下进行的决策。在不确定型决策中,决策者不知道会出现多少种结果,也不知道每种结果发生的概率如何。所以这种决策主要取决于决策者个人的喜好及其价值取向,如新技术研发、估计新产品的市场需求等。

5. 单目标决策和多目标决策

按决策所要求达到的目标数量,可以将决策划分为单目标决策和多目标决策。

(1)单目标决策。单目标决策是指所要求达到的目标只有一个的决策。这种决策目标单一,制定和实施较为容易,但多数带有片面性。如企业单纯地追求自身经济利益的最大化,或者家长单纯地追求学生成绩好,其他方面都不顾及。这些现象通常并不是社会所提倡的。

(2)多目标决策。多目标决策是指所欲达到的目标是多个的决策。一般来说,这些目标之间具有相互联系与相互制约的关系。如消费者总是希望其购买的商品既"物美"又"价廉",企业总是希望以较少的投入获得较多的产出,这些都是多目标决策问题。从中可以看出这些决策所要求实现的目标大多是相互矛盾、相互制约的。在这种情况下,就需要决策者全面考虑各个目标之间的综合平衡,以求做出总体最优决策。

6. 定性决策和定量决策

按决策问题的量化程度,可以将决策分为定性决策和定量决策。

(1)定性决策。定性决策是指决策问题的诸因素不能用确切的数量表示,只能进行定性分析的决策。如组织机构的设置与调整、产品质量的测定、环境污染对人体健康的影响等属于定性决策。由于这类问题不能量化成数学模型,通常只能进行定性分析,所以解决这类问题主要依靠决策者自身的素质(如逻辑思维能力和判断推理能力等)。

(2)定量决策。定量决策是指决策问题能量化成数学模型并可进行定量分析的决策。如计划年产量、成本预算、资源配置等均属于这种决策。由于能进行定量分析，所以这种决策比较容易找出最优方案。

一般的决策分析都介于两者之间，即定性中有定量，定量中有定性，两者在决策分析中所占的比重会随着决策问题量化程度的不同而不同。

第二节 定性决策方法

定性决策方法主要用于决定一些难以完全进行定量分析的问题，注重于决策者个人的主观判断能力。具体来讲，定性决策方法是一种在决策过程中充分发挥人们的主观能动性的方法，即通过各种有效的组织形式、方法、步骤和环境气氛，充分依靠决策者的知识、经验和能力，来探索所决策事物的规律性，从而做出科学、合理的决策。

定性决策方法具体分为集体决策方法、经营单位组合分析法和政策指导矩阵法等。

一、集体决策方法

集体决策方法主要包括专家论证决策法和经验判断决策法，本节重点介绍专家论证决策法。

(一)专家论证决策法

专家论证决策法是指组织有关专家针对决策问题提出决策目标和备选方案，进行可行性讨论，然后根据专家的意见做出决策的一种方法。这种方法能够利用专家的专长，对组织面临的一些关系重大、影响因素众多以及需要进行严密的论证、发挥创造性思维的决策问题，做出正确评价和判断，以提高决策的科学性。目前常用的专家论证决策法主要有：

1. 头脑风暴法

头脑风暴法也叫“思维共振法”，即通过有关专家之间的信息交流，引起思维共振，产生组合效应，从而导致创造性思维。该方法在实施过程中通常是将对解决某一问题有兴趣的人集合在一起，在完全不受约束的条件下，敞开思路、畅所欲言。使用该法进行决策必须遵守以下原则：

(1)严格限制决策对象范围，明确具体要求。

(2)不能对别人的意见提出怀疑和批评，要认真研究任何一种设想，而不管其表面看来多么不可行。

(3)鼓励专家对已提出的方案进行补充、修正或综合。

(4)解除与会者顾虑，营造自由发表意见而不受约束的气氛。

(5)提倡简短精练的发言，尽量减少详述。

(6)与会专家不能宣读事先准备好的发言稿。

(7)与会专家人数一般为10～25人,会议时间一般为20～60分钟。

头脑风暴法一般分为三个阶段:第一阶段是对已提出的每一种设想进行质疑,并在质疑中产生新设想,同时着重研究有碍于实现设想的问题;第二阶段是对每一种设想编制一个评价意见一览表和可行性设想一览表;第三个阶段是对质疑过程中所提意见进行总结,以便形成一组对解决所论及问题的最终设想。

实践证明,通过头脑风暴法可以排除折中方案,经客观分析可最终找到一组切实可行的方案。

2. 名义群体法

如果对问题的性质不能完全理解且分歧严重,则用名义群体法。本方法即召集一些有知识的人,把要解决的问题的关键内容告诉他们,并请他们独立思考,要求每个人把自己的备选方案和意见写下来,然后按顺序陈述意见,再对所有方案进行投票。管理者最后仍有权决定是接受还是拒绝这一方案。

具体采取以下几个步骤:

(1)成员集合成一个群体,但在进行任何讨论之前,每个成员要独立地写下自己对问题的看法。

(2)经过一段沉默后,每个成员将自己的想法提交给群体,然后一个接一个地向大家说明自己的想法,直到每个人的想法都表达完并记录下来为止(通常记在一张活动挂图或黑板上)。所有的想法都记录下来之前不进行讨论。

(3)群体开始讨论,以便把每个想法弄清楚,并做出评价。

(4)每一个群体成员独立地把各种想法排出次序,最后的决策是综合排序最高的想法。

这种方法的主要优点在于,使群体成员正式参会但不限制每个人的独立思考能力,而传统的会议方式往往做不到这一点。

3. 德尔菲法

德尔菲法是20世纪60年代初美国兰德公司的专家们为避免集体讨论存在的屈从于权威或盲目服从多数的缺陷提出的一种有效的群体决策的方法。

为消除成员间的相互影响,参加的专家可以互不了解,它运用匿名方式反复多次征询意见和进行背靠背的交流,以充分发挥专家们的智慧、知识和经验,最后汇总得出一个比较能反映群体意志的预测结果。

德尔菲法的一般程序如下:

(1)确定调查目的,拟订调查提纲。首先必须确定目标,拟订出要求专家回答问题的详细提纲,并同时向专家提供有关背景材料,包括预测目的、期限、调查表填写方法及其他希望满足的要求等。

(2)选择一批熟悉本问题的专家,一般为20人左右,包括理论和实践等各方面的专家。

(3)以通信方式向各位选定专家发出调查表,征询他们的意见。

(4)对返回的意见进行归纳综合、定量统计分析后再寄给有关专家,每个成员收到一本问卷结果的复印件。

(5)看过结果后,再次请各位成员提出他们的方案。第一轮的结果常常是激发出新的方案或改变某些人的原有观点。

(6)重复4、5两步,直到取得大体上一致的意见。

该种方法的优点主要是简便易行,可以避免会议讨论时产生的害怕权威随声附和或固执己见,或因顾虑情面不愿与他人意见冲突等弊病;同时也可使大家发表的意见较快收敛,参加者也易接受结论,具有一定程度的综合意见的客观性。缺点是由于专家一般时间紧,回答时往往比较草率,同时由于决策主要依靠专家,因此归根到底仍属专家们的集体主观判断。此外,在选择合适的专家方面也较困难,征询意见的时间较长,对于快速决策难以适用。尽管如此,本方法因简便可靠,仍不失为一种人们常用的有效的群体决策方法。

4. 电子会议法

电子会议法(Electronic Meeting)是将名义群体法与尖端计算机技术相结合的一种最新的群体决策方法。

目前电子会议法所需要的技术已经比较成熟,操作也比较简单。它要求众多的人(可多达50人)围坐在一张马蹄形的桌子旁。这张桌子上除了一系列的计算机终端外别无他物。主办者将问题显示给决策参与者,决策参与者把自己的回答打在计算机屏幕上。个人评论和票数统计都会投影在会议室内的屏幕上。

电子会议法的主要优点是匿名、诚实和快速,而且能够超越空间的限制。决策参与者能不透露姓名地打出自己所要表达的任何信息。它使人们充分地表达他们的想法而不会受到惩罚。它避免了闲聊和讨论偏题,多数参与者可以同时进行"谈话"而且不必担心打断别人的讲话。然而与所有其他形式的群体活动一样,电子会议也存在一些缺点。对于那些善于口头表达,而运用计算机的技能却相对较差的专家来说,电子会议会影响他们的决策思维。不过,由于此项技术尚处于起步阶段,未来的群体决策很可能会广泛地使用电子会议技术。

电子会议的一种延伸形式是多媒体会议。这种会议将处于不同地方的人员"连接"起来,即使在数千里之外,与会人员也能面对面地接触。这种方式提高了成员的反馈程度,节约了大量商务旅行的时间,并最终为像"雀巢"和"罗技"这样的公司节约了数十万美元的费用开支。因此,这种会议方式更为有效,并且提高了决策的效率。

(二)经验判断决策法

经验判断决策法是指企业管理层凭借自己的知识、经验和才智,对决策目标和备选方案做出评价、判断和优选的一种决策方法。这种决策方法有利于集中高层管理者的智慧和经验,利用他们在知识素质、实践经验和判断能力等方面的优势,相互启发,比较评议，抓住实际，做出决策。目前，经验判断决策法是企业较为常用的一种决策方法。

经验判断决策法主要有如下优点：第一，便于抓住时机，果断决策，灵活性强。第二，由于参与决策的人普遍拥有较高的素质和丰富的决策经验，成功的概率相对较大。这种方法的主要缺点是有一定的主观性和片面性，容易受到领导者个人素质和能力的影响。

管理聚焦

独裁决策机制最不行——巨人集团衰落教训之一

1996年底，巨人集团在经历了辉煌的创业与发展阶段之后，面临着严重的生存危机。

究其原因，还要从史玉柱本人的个性及其管理思想方法上说起：其一，不善交际是他的性格特征之一。他后来反思时说："不善于处理人际关系，一直是我的弱点，我所拥有的真正的朋友不多。像政界、金融界、新闻界等，都没有走得很近的朋友。当我遇到一个坎儿时，才发现肝胆相照的朋友太少。"这种封闭的性格，造就了他封闭的思维模式，造成了巨人集团封闭的发展道路，所以一旦出现危机，就使自己处于孤立无援的境地；不善交际还表现在他留不住人才上，虽然他给予了员工们较优厚的待遇，但人才还是像走马灯一样地走了。其二，工作作风不扎实，一味地追求创新而忽视巩固成果。他善于创业，而不善于守业。比如他开创的一种减肥新产品，打开市场一般需要3年，而他只用了3个月，在巩固市场后，他却再没有兴趣干下去了。正如他自己反思时所说的："如同狗熊掰棒子，掰一个丢一个。"其三，实行"个人说了算"的独裁决策机制。巨人集团虽然也设有董事会，但那不过是个空架子，实际上还是他个人说了算。因为在巨人集团的股份中，他个人占了90%以上，所以在进行决策时，别人很少能坚持自己的意见，也无法干扰他的决策，否则，后来导致他失败的错误决策也难以通过并实施。

导致巨人集团财务危机和发展困境的直接原因主要是以下两项：

一是"巨人大厦"的狂热上马。史玉柱承认，兴建巨人大厦是自己头脑发热的结果，并非经济因素所致。基本情况是这样：1992年原计划盖18层，作为集团公司办公楼；1993年看到地理位置很好，准备再盖高一些，由自用转为开发地产，便决定改为54层；为了超过当时广州准备兴建的63层全国最高建筑，设计又改为64层；1994年初又有人认为64层有点犯忌，便又将64层改为70层。楼层长上去了，随之而来的便是预算要增加到12亿，工期延长到6年。由于在大厦施工过程中，碰到了地震断裂带并遭两次水淹，又不得不追加预算和推迟工期，从而导致国内债主们上门讨债，企业内部资金萎缩，法院冻结资产，新闻聚焦报道，一下子就把史玉柱这位响当当的现代企业家置于难以摆脱的绝境。

二是生物工程的管理不善。生物工程对史玉柱来说是一个陌生的领域，只因在1994～1996年异军突起，红火一时，便成了巨人集团的第二大支柱产业。这本身就可能潜伏着某种程度的危机。巨人集团下属的主营生物工程项目的子公司康元公司，出现了严重的管理问题，财务混乱，导致全面亏损，债权债务相抵净亏5000万元。史玉柱当初对这两项工程的设想是：在兴建大厦的过程中，当卖楼花的钱用完后，就从生物工程方面抽调资金，此子公司怎能承担兴建大厦的负荷！结果因抽资过度，伤害了生物工程项目造血功能的元气，终于导致了这个第二产业的逐渐萎缩，使整个集团的流动资金因此而枯竭，最后的失败自然是落山的夕阳。

（资料来源：世界经理人网，2008。）

二、经营单位组合分析法

经营单位组合分析法即波士顿矩阵，它是专门用于确定企业有关活动方向的一种决策方法。现代大型企业都有两个以上的经营单位，企业要为不同的经营单位确定不同的活动方向。而每一经营单位的相对竞争地位和业务增长率，是反映其经营状况的两个基本参数。因此确定方向时要综合考虑企业或该经营单位在市场上的相对竞争地位和业务增长情况。下面介绍波士顿矩阵法及其方法应用。

（一）波士顿矩阵模型分析

波士顿矩阵模型是波士顿咨询公司（BCG）于1970年提出的一种规划企业产品组合的方法，因其评估的有效性，逐渐被引入情报分析领域，扩大了评估对象的范围。波士顿矩阵法的原理可以用图5－2的模型加以说明。

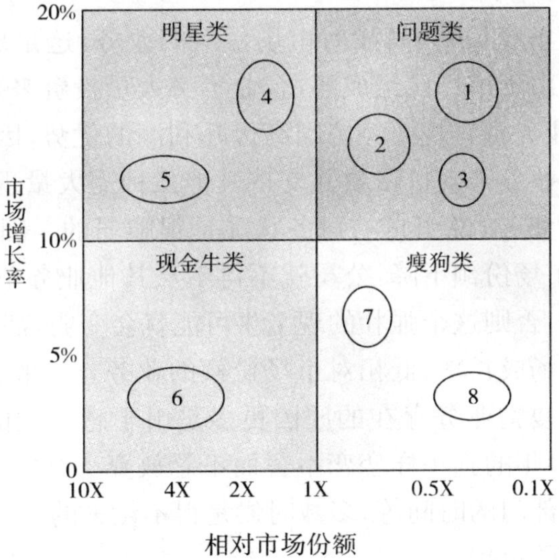

图5－2 波士顿矩阵模型

上图中，纵坐标市场增长率表示该业务的销售量或销售额的年增长率，用数字0～20%表示，并认为市场增长率超过10%就是高速增长。横坐标相对市场份额表示该业务相对于最大竞争对手的市场份额，用于衡量企业在相关市场上的实力，用数字 0.1（该企业销售量是最大竞争对手销售量的 10%）－10（该企业销售量是最大竞争对手销售量的 10 倍）表示，并以相对市场份额为 1.0 为分界线。需要注意的是，这些数字范围在运用中可以根据实际情况的不同而进行修改。

8 个圆圈代表公司的 8 个业务单位，它们的位置表示这个业务单位的市场成长和相对市场份额的高低；面积的大小表示各业务单位的销售额大小。

波士顿矩阵模型将一个公司的业务分成了问题、明星、现金牛和瘦狗 4 种类型。

问题业务是指高市场成长率、低相对市场份额的业务。这往往是一个公司的新业务。为发展问题业务，公司必须建立工厂，增加设备和人员，以便跟上迅速发展的市场，并超过竞争对手，这些意味着大量的资金投入。问题非常贴切地描述了公司对待这类业务的态度，因为这时公司必须慎重回答“是否继续投资发展该业务”的问题。只有那些符合企业发展长远目标、企业具有资源优势、能够增强企业核心竞争能力的业务才能得到肯定的回答。图中所示的公司有 3 项问题业务，不可能全部投资发展，只能选择其中的一项或两项，集中投资发展。

明星业务是指高市场成长率、高相对市场份额的业务，这是由问题业务继续投资发展起来的，可以视为高速成长市场中的领导者，它将成为公司未来的现金牛业务。但这并不意味着明星业务一定可以给企业带来滚滚财源，因为市场还在高速成长，企业必须继续投资，以保持与市场同步增长，并击退竞争对手。企业没有明星业务，就失去了希望，但群星闪烁也可能会耀花了企业高层管理者的眼睛，导致其做出错误的决策。这时企业高层管理者必须具备识别行星和恒星的能力，将企业有限的资源投入在能够发展成为现金牛的恒星上。

现金牛业务指低市场成长率、高相对市场份额的业务，这是成熟市场中的领导者，它是企业现金的来源。由于市场已经成熟，企业不必大量投资来扩展市场规模，同时作为市场中的领导者，该业务享有规模经济和高边际利润的优势，因而给企业带来大量财源。企业往往用现金牛业务来支付账款并支持其他三种需大量现金的业务。图中所示的公司只有一个现金牛业务，说明它的财务状况是很脆弱的。因为如果市场环境一旦变化，导致这项业务的市场份额下降，公司就不得不从其他业务单位中抽回现金来维持现金牛业务的领导地位，否则这个强壮的现金牛可能就会变弱，甚至成为瘦狗。

瘦狗业务是指低市场成长率、低相对市场份额的业务。一般情况下，这类业务常常是微利甚至是亏损的。瘦狗业务存在的原因更多是由于感情上的因素，虽然一直微利经营，但会像人对养了多年的狗一样恋恋不舍而不忍放弃。其实，瘦狗业务通常要占用很多资源，如资金、管理部门的时间等，多数时候是得不偿失的。图中的公司有两项瘦狗业务，可以说，这是沉重的负担。

（二）波士顿模型的方法应用

在明确了各项业务单位在公司中的不同地位后，就需要进一步明确其战略目标。

通常有 4 种战略目标分别适用于不同的业务。

1. 发展

继续大量投资，目的是扩大战略业务单位的市场份额。主要针对有发展前途的问题业务和明星中的恒星业务。

2. 维持

投资维持现状，目标是保持业务单位现有的市场份额。主要针对强大稳定的现金牛业务。

3. 收获

实质上是一种榨取，目标是在短期内尽可能地得到最大限度的现金收入。主要针对处境不佳的现金牛业务及没有发展前途的问题业务和瘦狗业务。

4. 放弃

放弃的目标在于出售和清理某些业务，将资源转移到更有利的领域。这种战略适用于无利可图的瘦狗和问题业务。

（三）波士顿矩阵模型的局限性

波士顿矩阵法的应用产生了许多收益，它提高了管理人员的分析和战略决策能力，帮助他们以前瞻性的眼光看问题，更深刻地理解公司各项业务活动之间的联系，加强了业务单位和企业管理人员之间的沟通，及时调整了公司的业务投资组合，收获或放弃萎缩业务，加强在更有发展前景的业务中的投资。

同时，也应该看到这种方法的局限性。首先，由于评分等级过于宽泛，可能会造成两项或多项不同的业务位于一个象限中；其次，由于评分等级带有折中性，使很多业务位于矩阵的中间区域，难以确定使用何种战略；最后，这种方法也难以同时顾及到两项或多项业务的平衡。因此在使用这种方法时要尽量占有更多资料，审慎分析，避免因方法的缺陷造成决策的失误。

三、政策指导矩阵法

荷兰皇家壳牌公司（Royal Dutchshell）是一家国际知名的集团公司，为了确定其经营发展战略，公司有关人员创立了政策指导矩阵，主要是根据市场前景和竞争能力用矩阵来定出各经营单位的位置，如图 5－3 所示。

经营单位的竞争能力 \ 行业前景	弱	中	强
弱	不再投资	分期撤退	加速发展或放弃
中	分期撤退	密切关注	不断进化
强	资金源泉	发展领先地位	领先地位

图 5－3 政策指导矩阵

(一)方法介绍

政策指导矩阵根据市场前景和竞争能力定出各经营单位的位置。市场前景分为吸引力强、吸引力中等、无吸引力三类,并用赢利能力、市场增长率、市场质量和法规形势等因素加以定量化。竞争能力分为强、中、弱三类,由市场地位、生产能力、产品研究和开发等因素决定。据此制定相应的发展战略。

(二)方法解析

由矩阵可以看出,对落入不同区域的产品,用不同的关键词指明其应采用的战略类型。必须指出,由那些矩形组成的区域并未精确地加以限制。该公司的经验是:

其一,各区域的形态是不规则的。

其二,区域的边界不固定,可以相互转化。

其三,在某些情况下,区域之间允许重叠。

处于矩阵中不同位置的经营战略可供各事业单位选择,其含义概括如下:

其一,领先地位。应优先保证该区域产品需要的一切资源,以维持其有利的市场地位。

其二,不断强化。应通过分配更多的资源,努力使该区域产品向下一区域(领先地区)移动。

其三,加速发展或撤退。该区域产品应成为公司未来的高速飞船。不过,只应选出其中最有前途的少数产品加速发展,余者放弃。

其四,发展。这个区域中的产品一般会遇到 2～4 个强有力的竞争对手,因此,没有一个公司能处于领先地位。可行的战略是分配足够的资源,使之能随着市场而发展。

其五,密切关注。该区域产品通常都有为数众多的竞争者。可行战略是使其能带来最大限度的现金收入,停止进一步投资。

其六,分期撤退。这些区域应采取的战略是缓慢地退出,以收回尽可能多的资金,投入盈利更大的经营部门。

其七,资金源泉。可行战略是只花极少的投资用于其未来的扩展,而将它作为其他快速发展的经营部门的资金来源。

其八,不再投资。所应采取的战略是尽快清算,将其资金转移到更有利的经营部门。

第三节　定量决策方法

定量决策方法,又称"数量计算方法",按照第一节所讲的决策问题所面临的自然状态,定量决策方法可以划分为确定型决策方法、风险型决策方法和不确定型决策方法。

本节主要讲述这三种决策方法。

一、确定型决策方法

确定型决策的方法很多，如盈亏平衡分析法、线性规划法、目标评分法和效益费用法等。这里我们主要介绍盈亏平衡分析法。

(一)确定型决策条件

确定型决策是指存在于一种完全确定的自然状态下的决策。构成一个确定型决策问题必须具备四个条件：

其一，存在一个明确的决策目标。

其二，存在一个明确的自然状态。

其三，存在可供决策者选择的多个行动方案。

其四，可求得各方案在确定状态下的损益值。

由于确定型决策的自然状态只有一种，决策环境完全确定，问题的未来发展只有一种确定的结果，决策者只要通过分析、比较各个方案的结果，就能选出最优方案。例如，企业经过市场调查发现其生产的产品供不应求，并且预计在今后5年内需求量会持续上升。则企业在这种确定的自然状态下，只要拟定多个可行的生产方案，然后通过分析、评价，从中选出生产量最大的那个决策方案并投产即可。

(二)盈亏平衡分析法

1. 盈亏平衡分析法基本原理

盈亏平衡分析法也称"量本利分析法"。它是指根据产品销售量、成本、利润的关系，通过数学模型，来分析和选择决策方案的方法。量本利分析法是一种简便有效、使用范围较广的定量决策方法，它广泛应用于生产方案的选择、目标成本预测、利润预测和价格制定等决策问题上。其核心是盈亏平衡点的分析，也就是通过盈亏平衡点的分析，可以预先判定产量或者销售量达到什么水平才能保证企业不亏损。如图5－4所示。

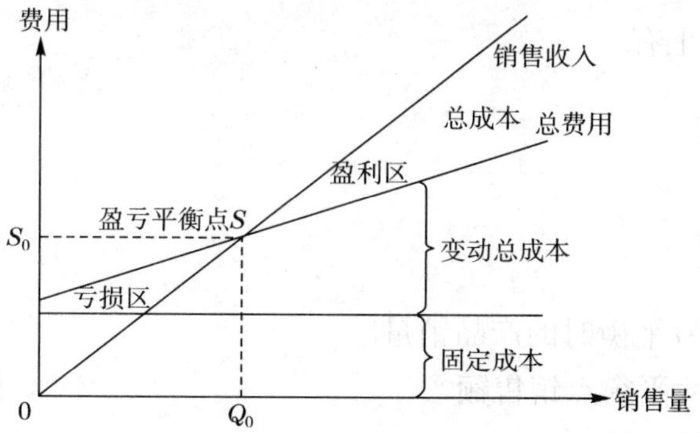

图5－4 盈亏平衡图

从图中可以得知，当销售收入与总成本相等时，这一点所对应的产量（销量）就称为“盈亏平衡点(S)”。在盈亏平衡点上，企业既不盈利也不亏损，因此盈亏平衡点又称为“保本点”或“盈亏临界点”。企业的产量若低于平衡点的产量，则会发生亏损，而高于平衡点的产量，则会获得盈利。这一基本原理在企业的经营决策活动中运用相当广泛。企业的经营决策，几乎都与产量、成本、利润有关。许多问题都可以通过量本利分析法加以解决。例如：企业是否应购置新设备，是否应进行技术改造，某种产品生产多少才能盈利，企业产品的定价水平是否合适等等。

2. 盈亏平衡分析法的应用条件

盈亏平衡分析方法比较简单，具有较大的实用性，但其应用要满足一定的前提条件：

其一，只研究单一产品。

其二，产品销售量等于产量。

其三，生产产品的成本分为固定成本和变动成本两部分。

其四，产品的售价不变。

3. 盈亏平衡点的确定

企业经营销售产品的利润可表示为：

$$Z = S - C = S - V - F = (P - v)Q - F$$

式中：Z—— 企业利润

S—— 销售额

C—— 产品生产总成本

F—— 产品固定成本总额

V—— 产品变动成本

P—— 单位产品销售价格

v—— 单位产品变动成本

Q—— 产品销量

根据盈亏平衡的定义，在项目盈亏平衡时，总利润 $Z=0$，即

$$PQ - vQ - F = 0$$

则在盈亏平衡点上有

$$Q_0 = \frac{F}{P - v}$$

$$S_0 = \frac{F}{1 - \frac{v}{P}}$$

式中：Q_0 ——盈亏平衡时的产品销量

S_0 ——盈亏平衡点销售额

4. 盈亏平衡分析的应用

(1)确定企业的目标成本。

【例 5—1】 某企业机床每台售价 10 万元，单位变动成本 6 万元，年固定成本 400 万元。当目标利润确定为 400 万元时，目标成本应控制在什么水平？

$$解：S_i = \frac{400+400}{1-\frac{6}{10}} = 2000(万元)$$

$$\begin{aligned}目标成本 &= 销售额 - 目标利润\\ &= 2000-400\\ &= 1600(万元)\end{aligned}$$

在保证实现 400 万元年目标利润的情况下，目标成本应控制在 1600 万元的水平。

(2)预测一定销售量下的利润水平。

【例 5—2】 某企业销售一种商品，单位变动成本 85 元，固定成本 100000 元，销售单价为 100 元。据市场预测，年度销售量为 8000 件，企业可获利润多少？

$$解：8000 = \frac{100000+Z}{100-85}$$

$$Z = 20000(元)$$

经过计算，企业预计可获利润 20000 元。

(3)判断企业经营状况。

企业经营状况的好坏可以通过经营安全率加以判定。经营安全率(L)是指实际或预计产量(或销售额)超过盈亏平衡点产量(或)的销售额差异数与实际或预计销售量(或销售额)的比值。计算公式如下：

$$L = \frac{S_i - S_0}{S_i} \times 100\% \text{ 或 } L = \frac{Q_i - Q_0}{Q_i} \times 100\%$$

上式中 $S_i - S_0$ 为安全余额，即实际销售额减去盈亏平衡点的销售额。安全余额越大，说明企业的盈利水平越高。

经营安全率是反映企业经营状况的一个重要指标，一般根据以下数值来判断企业经营状况。如表 5—1 所示。

表 5—1 经营安全率

经营安全率(%)	30 以上	25～30	15～25	10～15	10 以下
经营安全状况	安全	较安全	不太好	要警惕	危险

【例 5—3】 某公司销售空调机，单价为 6000 元/台，该公司的年度固定成本为 1000000 元，进货单价为 5000 元/台，预测年度销售量为 1500 台，试分析该公司的安全状况。

$$\begin{aligned}解：Q_0 &= \frac{1000000}{6000-5000}\\ &= 1000 台\end{aligned}$$

$$L = \frac{1500-1000}{1000}$$

$=50\%$

对比表5—1,可知该公司经营状况非常安全。

二、风险型决策方法

风险型决策方法主要有最大可能法、期望值法、约当系数法、正态分布法和决策树法。其中,决策树法应用最为广泛,在这里我们仅介绍决策树法。

(一)风险型决策条件

风险型决策是在状态概率已知的条件下进行的,一旦各自然状态的概率经过预测或估算被确定下来,在此基础上的决策所得到的最满意方案就具有一定的稳定性。只要状态概率的测算切合实际,风险型决策就是一种比较可靠的决策方法。

风险型决策一般包括以下条件:

其一,存在决策者希望达到的目标(利益最大或损失最小)。

其二,存在两个或两个以上的行动方案可供决策者选择。

其三,存在两个或两个以上的不以决策者的主观意志为转移的自然状态。

其四,不同的行动方案在不同自然状态下的相应益损值(利益或损失)可以计算出来。

其五,决策者预先估计或计算出各自然状态的概率。

(二)决策树法

决策树法是一种直观的图解决策方法,是在已知各种情况发生的概率的前提下,通过构造决策树,求取净现值的期望值来评价项目风险并判断其可行性的决策分析方法。它使用的图形符号通常有:

一是决策点(用方框表示)。由决策点向右方引出若干直线,每条直线代表一个方案,亦称"方案枝",如图5—5所示。

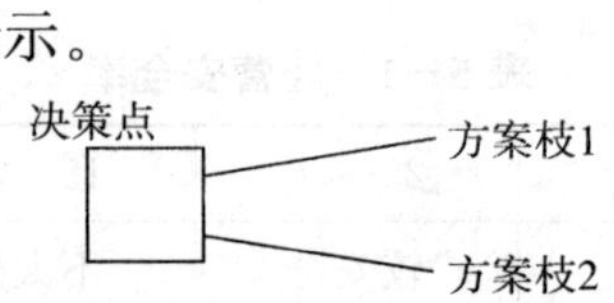

图5-5 决策树图中的决策点与方案枝

二是状态节点(用圆圈表示)。状态节点左方与某一方案枝联结,右方引出若干条直线,每一条直线代表一个自然状态及其可能发生的概率,亦称"概率枝"。概率枝的末端列出该自然状态下的损益值,相应的概率标在概率枝旁边,如图5—6所示。图中第一个自然状态概率为0.6,损益值为2000万元;第二个自然状态概率为0.4,损益值为—400万元(即亏损)。

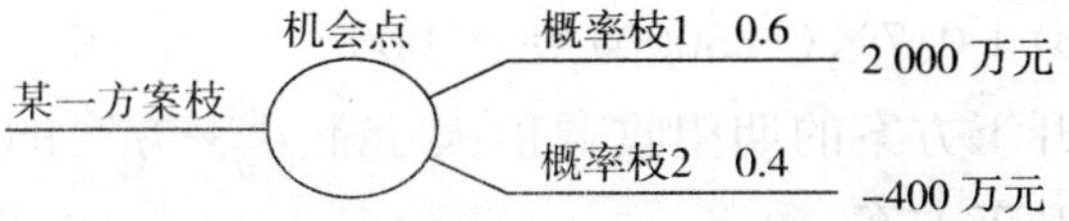

图5-6 决策树图中的机会点、概率枝和方案枝

决策的过程是由右向左，首先根据右端的损益值和概率计算出方案在各自然状态下的期望值（把它标在机会点处），然后根据不同方案的计算结果，按期望值最大（或损失值最小）原则选择最优方案。

整个图解过程画出来像一棵树，如图5—7所示，"决策树"因此得名。有时在决策后把舍弃的方案在方案枝上画上"//"符号，称为"修枝"。

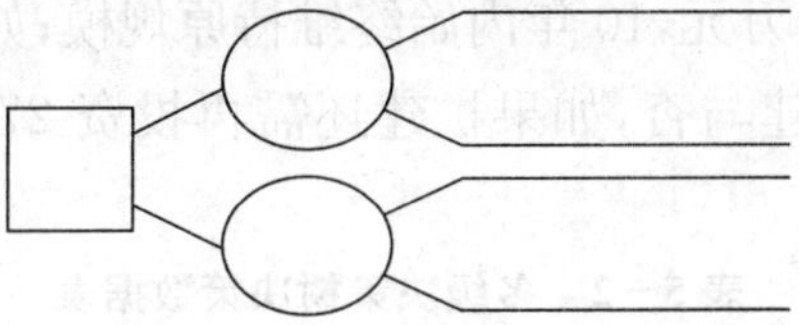

图5-7 决策树示意图

利用决策树进行决策，有单级决策和多级决策之分。只需要一次决策活动便可决出最优方案的称为"单级决策"；需要经过两次以上的决策活动才能决出最优方案的称为"多级决策"。下面分别通过单级决策和多级决策的例子来介绍决策树的运用。

1. 单级决策实例

【例5—4】 某建筑公司的管理人员要决定工程下月是否开工。如果开工后天气好，能按期完工，可得利润50000元；如果开工后天气坏，将拖延工期，造成损失20000元；假如不开工，则不论天气好坏，都要付出窝工损失5000元。根据以往的统计资料，预计下月天气好的概率为0.3，而天气坏的概率为0.7，试进行决策。

显然，这是一个面对两种自然状态（天气好、天气坏），又有两种行动方案（开工、不开工）可供选择的风险型决策问题。采用决策树法进行决策的过程如图5—8所示。

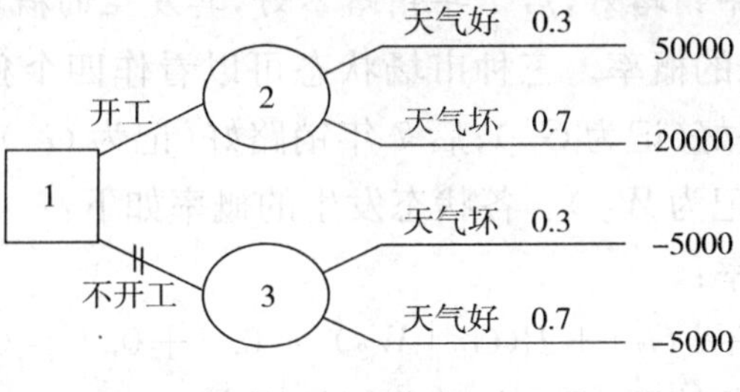

图5-8 某工程开工决策树

首先求出两个方案的期望收益值。

开工方案期望收益值为：

$$0.3\times50000+0.7\times(-20000)=1000$$

不开工方案的期望收益值为：

$0.3\times(-5000)+0.7\times(-5000)=-5000$

由计算结果可知，开工方案的期望收益值大于不开工方案的期望收益值。因此，应选择开工方案，舍弃不开工方案。

2. 多级决策实例

【例 5—5】 某企业准备生产一种新产品，根据技术和市场预测，该产品的寿命期为10年，产品有三种可能的市场前景：

θ_1—— 表示10年内销路一直都好，其发生的概率 $P(\theta_1)=0.5$；

θ_2—— 表示10年内销路一直都不好，其发生的概率 $P(\theta_2)=0.3$；

θ_3—— 表示前3年销路好，后7年销路不好，其发生的概率 $P(\theta_3)=0.3$。

如果建大厂，需投资380万元，10年内始终维持原规模；如果建小厂，需投资140万元，3年后根据市场情况决定扩建与否，如果扩建还需再投资270万元。各种情况下的年净收益如表5—2所示。

表 5—2 多级决策树决策数据表

单位：万元

方案＼收益＼年份＼状态		θ_1		θ_2		θ_3	
		1—3	4—10	1—3	4—10	1—3	4—10
建大厂		90	90	40	40	90	40
建小厂	扩建	20	70	—	—	20	40
	不扩建	20	20	18	18	20	18

问：目前应决策建大厂，还是建小厂。（$i_c=10\%$）

解：已知：10年内销路一直都好的概率 $P(\theta_1)=0.5$；

10年内销路一直都不好的概率 $P(\theta_2)=0.3$；

前3年销路好，后7年销路不好，其发生的概率 $P(\theta_3)=0.2$。

(1)计算各市场状态的概率。三种市场状态可以看作四个独立事件的组合，这四个独立事件是：前3年销路好（记为 G_1）；后7年销路好（记为 G_2）；前3年销路不好（记为 W_1）；后7年销路不好（记为 W_2）。各状态发生的概率如下：

前3年销路好的概率：

$$P(G_1)=P(G_1\mid G_2)+P(G_1\mid W_2)=0.5+0.2=0.7$$

在前3年销路好的条件下，后7年销路好的概率：

$$P(G_2\mid G_1)=\frac{P(G_1\mid G_2)}{P(G_1)}=\frac{0.5}{0.7}=0.71$$

在前3年销路好的条件下，后7年销路不好的概率：

$$P(W_2\mid G_1)=\frac{P(G_1\mid W_2)}{P(G_1)}=\frac{0.2}{0.7}=0.29$$

根据各市场状态的概率及表5－1中的数据画出决策树如图5－9所示。

(2)计算各点的期望损益值。

点5：$E(NPV)_5=70(P/A,10\%,7)\times0.71+40(P/A,10\%,7)\times0.29-270$

$=70\times4.868\times71+40\times4.868\times0.29-270$

$=28.4$(万元)

点6：$E(NPV)_6=20(P/A,10\%,7)\times0.71+18(P/A,10\%,7)\times0.29$

$=20\times4.868\times0.71+18\times4.868\times0.29$

$=94.5$(万元)

由于$E(NPV)_6>E(NPV)_5$，故选择不扩建的方案。对扩建方案进行"修枝"，将点6上的期望损益值移到点4上，此为第一级决策。接下来进行第二级决策。

计算第2、第3点的期望损益值。

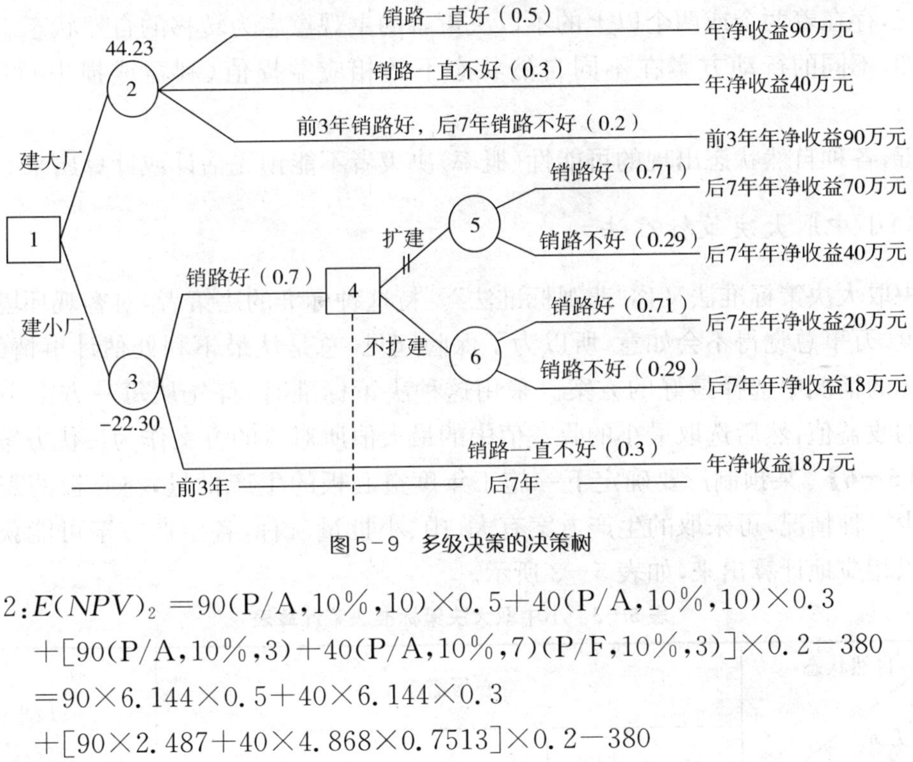

图5－9 多级决策的决策树

点2：$E(NPV)_2=90(P/A,10\%,10)\times0.5+40(P/A,10\%,10)\times0.3$

$+[90(P/A,10\%,3)+40(P/A,10\%,7)(P/F,10\%,3)]\times0.2-380$

$=90\times6.144\times0.5+40\times6.144\times0.3$

$+[90\times2.487+40\times4.868\times0.7513]\times0.2-380$

$=44.23$(万元)

点3：$E(NPV)_3=[20(P/A,10\%,3)+94.5(P/F,10\%,3)]\times0.7$

$+18(P/A,10\%,10)+\times0.3-140$

$=[20\times2.487+94.5\times1.331]\times0.7+18\times6.144\times0.3-140$

$=-22.30$(万元)

由于$E(NPV)_2>0$，$E(NPV)_3<0$，因此该企业应当选择建大厂的方案。这就是第二级决策，也是最终决策。至此，企业决策完毕。

三、不确定型决策方法

概率不确定性决策的分析方法主要包括小中取大标准法、大中取大标准法、折中标准法、后悔值标准法和等概率标准法等方法。

(一)不确定型决策条件

不确定型决策是指在已知可能出现的各种自然状态,但又无法确定各种自然状态发生的概率的情况下所进行的决策。

不确定型决策应满足以下五个条件:

其一,存在着一个明确的决策目标。

其二,存在着两个或两个以上的行动方案可供决策者选择。

其三,存在着两个或两个以上的不以决策者的主观意志为转移的自然状态。

其四,不同的行动方案在不同自然状态下的相应益损值(利益或损失)可以计算出来。

其五,各种自然状态出现的可能性(概率)决策者不能预先估计或计算出来。

(二)小中取大决策标准法

小中取大决策标准法又称"悲观标准法"。持这种标准的决策者,对客观环境总是抱悲观态度,万事总觉得不会如意,所以为了保险起见,总是从最不利处估计事情的结果,而从最坏的情况中选择最好的方案。采用这种决策标准时,首先从每一方案中选择一个最小的收益值,然后选取最小的收益值中的最大值所对应的方案作为最优方案。

【例 5—6】 某预制厂要确定下一施工年度空心板的生产批量,空心板的需求量有多、中、少三种情况,可采取的生产方案有大、中、小批量三种,各生产方案可能获得的收益值可以相应地计算出来,如表 5—3 所示。

表 5—3　小中取大决策标准决策计算表

自然状态 / 收益值(万元) / 方案	空心板需求量			最小收益值
	多	中	少	
大批量生产	20	12	8	8
中批量生产	16	16	10	10
小批量生产	12	12	12	12
各方案的最小收益值中的最大值				12
最优方案				小批量生产

(三)大中取大决策标准法

大中取大决策标准法又称“乐观标准法”,持这种标准的决策者,对客观环境总是抱乐观态度,不放弃任何一个获得最好结果的机会。决策时,首先把每一方案在各种自然状态下的最大收益值求出来,再选取最大收益值中的最大值所对应的方案作为最优方案。

例如,采用大中取大决策标准法,对如上问题进行决策,其计算过程如表 5－4 所示。

表 5－4 大中取大决策标准决策计算表

自然状态 / 收益值(万元) / 方案	空心板需求量			最大收益值
	多	中	少	
大批量生产	20	12	8	20
中批量生产	16	16	10	16
小批量生产	12	12	12	12
各方案的最大收益值中的最大值				20
最优方案				大批量生产

(四)折中标准法

折中标准法,是对“小中取大决策标准法”和“大中取大决策标准法”进行折中的一种决策方法。决策时先确定介于 0 和 1 之间的乐观系数 α,再找到每个方案在各种自然状态下的最大收益值和最小收益值,则各个方案的折中收益值为:

$$折中收益值 = \alpha \times 最大收益值 + (1-\alpha) \times 最小收益值$$

最后比较各个方案的折中收益值的大小,则最优方案为折中收益值最大的方案。

例如,采用折中标准法,令乐观系数 $\alpha = 0.7$,对如上问题进行决策,其计算过程如表5－5所示。

表 5－5 折中标准决策计算表

自然状态 / 收益值(万元) / 方案	空心板需求量			最大收益值	最小收益值	折中收益值
	多	中	少			
大批量生产	20	12	8	20	8	0.7×20＋0.3×8＝16.4
中批量生产	16	16	10	16	10	0.7×16＋0.3×10＝14.2
小批量生产	12	12	12	12	12	0.7×12＋0.3×12＝12
各方案的折中收益值中的最大值						16.4
最优方案						大批量生产

显然，乐观标准与悲观标准均是折中标准的特例。取 $a=1$ 是乐观的情况，而取 $a=0$ 则是悲观的情况。a 的值应根据具体情况取定，取值不同，可能会得到不同的决策结果。

（五）“后悔值”标准法

“后悔值”是指在某种自然状态下可能获得的最大收益与采用某一方案实际获得的收益的差值。即应当得到，但由于失去机会未能得到的那一部分收益。采用这种决策标准，需先找出每个方案的最大后悔值，再选取与最大后悔值中的最小值相对应的方案作为最优方案。

例如，采用“后悔值”标准法，对如上问题进行决策，其计算过程如表 5－6 所示。

表 5－6 “后悔值”标准决策计算表

自然状态 / 后悔值（万元） / 方案	空心板需求量			最大的后悔值
	多	中	少	
大批量生产	20－20＝0	16－12＝4	12－8＝4	4
中批量生产	20－16＝4	16－16＝0	12－10＝2	4
小批量生产	20－12＝8	16－12＝4	12－12＝0	8
各方案的最大后悔值中的最小值				4
最优方案				大批量生产 中批量生产

（六）等概率标准法

悲观准则实际上就是对每个行动来说，出现最坏状态的概率是 1，其他状态的概率是 0；乐观准则对每个行动来说，出现最好状态的概率是 1，其他状态的概率是 0；折中标准法虽然克服了上述两种极端思想，引进了系数，调整了对最好状态和最坏状态的概率估计，但是不难看出，折中标准法认为最好状态发生的概率为 a，最坏状态发生的概率是 $1-a$，而其他中间状态发生的概率则是 0。因此折中标准法没有充分利用所提供的全部信息。为了克服这一缺点，等概率标准法产生了。其基本思想是假定未来各种自然状态发生的概率相同，然后，求各行动方案的平均收益值，具有最大平均收益值的方案，即是等概率标准法下的最优方案。

例如，采用等概率标准法，对如上问题进行决策，其计算过程如表 5－7 所示。

表 5—7 等概率标准决策计算表

方案＼后悔值（万元）＼自然状态	空心板需求量			平均收益值
	多	中	少	
大批量生产	20	12	8	(20+12+8)/3=13.33
中批量生产	16	16	10	(16+16+10)/3=14
小批量生产	12	12	12	(12+12+12)/3=12
各方案的最大后悔值中的最小值				4
各方案的平均收益值的最大值				14
最优方案				中批量生产

本章小结

决策是一个过程，即人们为了实现某一特定目标，在拥有一定信息和经验的基础上，根据主客观条件的可能性，提出各种可行方案，采用一定的科学方法和手段，进行比较、分析和评价，按照决策准则，从中选出最满意的方案，并根据方案实施的反馈情况对方案进行修整和控制，直至目标实现的整个系统过程。

决策准则是决策者在决策全过程中应该遵循的原则。最优化的原则，即人们总是希望通过对各种可行方案进行比较，进而从中选择一个最好的方案作为可行的方案。满意的原则，就是寻找能使决策者感到满意的决策方案的原则。

决策工作是一项动态的完整的过程，一般包括确定决策目标、设计方案、选择方案和执行方案四个阶段。

决策方法有定性决策法和定量决策法。常见的定性决策法有：头脑风暴法；名义群体法；德尔菲法；电子会议法等。

盈亏平衡分析是在一定的市场和生产能力的条件下，研究拟建项目成本与收益的平衡关系的分析方法。

决策树法是一种直观的图解决策分析方法，是在已知各种情况发生的概率的前提下，通过构造决策树，求取净现值的期望值来评价项目风险并判断其可行性的决策分析方法。

不确定性决策的分析方法主要包括小中取大标准法、大中取大标准法、折中标准法、后悔值标准法和等概率标准法等。

本章习题

1. 什么是决策？你能给决策下个定义吗？
2. 举例说明决策的基本程序。

3. 在班级的管理中，你认为是采取集体决策好，还是个人决策好呢？

4. 某产品生产线设计能力为 80000 件，固定成本为 35000000 元，单位产品售价为 2500元，单位产品变动成本为 1800 元，总变动成本、总销售收入均与产品产量呈正比关系。不考虑税金，求以产量、生产能力利用率和销售价格表示的盈亏平衡点。

5. 某部门生产某产品需要进行投资决策。有两个方案可供选择：一是新建一个大厂，需投资 3000000 元；如果销路好(概率为 0.7)，则年净收益为 1000000 元，如果销路不好(概率为 0.3)，则年净收益为－200000 元。另一个方案是先建小厂，需投资 1400000 元，如果产品销路好(概率为 0.7)，年净收益为 400000 元，3 年后如进行扩建，扩建所需投资为 2000000 元，后 7 年销路好(概率为 0.4)，年净收益为 950000 万元；后 7 年销路不好，年净收益为 500000 元；如不扩建，则销路好，年净收益 800000 元；销路差，年净收益为 400000 元。如果销路不好(概率为 0.3)，则小厂共维持生产 10 年。无论建大厂还是小厂，两方案的使用期均为 10 年，试进行决策(基准收益率为 10%)。

案例研讨

有一个探险者在沙漠里行走，水越来越少，他必须有计划地使用这些水。他抬头望天，烈日高照，四周都是滚烫的沙子，他舔了舔因缺水而干裂的嘴唇，一丝绝望油然而生。他只剩下一壶水了，而这壶水仅能维持他三天的生命，他必须尽快找到水源。当他筋疲力尽的时候，终于在一排残破的石墙边，发现一口压力水井。他高兴至极，奔过去压水，却一无所获，他失望透顶。正要离开，却发现断墙上写着一行字：先倒一壶水进去，才能打上水来。他恍然大悟，压力水井是先倒入水才能抽上水来的。可是他只剩下这一壶水了，倒进去了如果打不上来什么办？他实在不愿意拿生命作为赌注，犹豫再三，他还是照着做了，把仅剩下的一点水倒进水井里，开始吃力地压，一会儿，果然压出了汩汩的流水。

(资料来源：《最后一壶水》，价值中国网，2012。)

案例思考题：

1. 请问案例中该探险者所做的决策是属于什么类型的决策？说明理由。
2. 你从本案例中能得到哪些启示？

应用训练

德尔菲决策技术

1. 实训

集体参与

2. 时间

45 分钟

3. 道具

一罐玻璃弹珠

4. 场地

教室

5. 目标

演示"在决策(预测)过程中,德尔菲技术在综合统一各方意见时的价值"。

6. 内容

(1)德尔菲技术包括了一组信息专家的选择。小组中每一位专家都非常热衷于解决各自手头的问题。

(2)这些问题包括了对某些未知事件的预测(如:5 年后公司的销售情况)。

(3)要求每位小组成员匿名对这些事件进行最佳预测。

(4)每组提供预测结果,包括平均值、方差。

(5)重复 3、4 过程若干次后,往往会出现较为集中的且较为精确的答案。

7. 举例

(1)出示一个装满玻璃弹珠的罐子(当然要清楚罐子中弹珠的数量)。

(2)让每一位组员看过后推测其中所装弹珠的数量。

(3)收集结果,并计算小组平均数、中位数和方差等,并将其出示给小组成员(有时会同时出示每位小组成员推测的具体理由)。

(4)重复推测过程三次,或直到推测结果保持相对稳定为止。

(5)揭示正确答案,并让组员比较他们最初的个人推测结果与最后小组结果的正确程度。

8. 实训

(1)是个人推测结果更精确,还是团队决策更准确?

(2)为什么团队决策会更精确?

(3)团队的预测为什么会集中到一点上?

(4)如何将德尔菲技术运用到你的实际工作中?

9. 总结

(1)显然,团队决策比个人推测结果更准确。

(2)团队决策因为发挥了集体的智慧,考虑问题更全面;经过讨论,摒弃了一些不正确的观点。

(3)团队预测的目的就是为了达成一个结果,组员的认同更趋于一致,因此最终结果会集中到一点上来。

(4)德尔菲技术是一个非常重要的技术,我们每一个人都要学会在学习和工作中灵活运用它。

第六章 计　划

学习目标

▶掌握计划的含义和作用及其工作原理
▶熟悉计划工作中的程序计划编制的方法
▶掌握目标管理的基本内容
▶熟悉战略管理过程
▶了解企业资源计划的形成过程和 ERP 的经营理念

案例导引

个体户小赵得知近来某高档啤酒销售的差价利润丰厚，就托关系以预付 30% 款项的方式从厂家批发 5000 箱。同时招一批临时工以每瓶 2 角回扣的报酬组织促销队伍，并安排饮食店和宾馆代销。但因促销不力，2000 箱啤酒积压在库房。小赵的爱人骂他做事没有计划，小赵感到很委屈。你认为小赵有计划吗？从管理学上来说，如何界定“计划”呢？

（资料来源：《企业管理学原理与方法》，2009～2011 年全国高等教育精品教案）

计划是管理的一个独立职能。古典管理理论的杰出代表人物、管理过程学派的创始人亨利·法约尔（Henri·Fayol）认为：“缺乏计划或制定出一个不好的计划是领导人员没有能力的标志。”如何制定和实施计划？我们将从计划的内涵、作用和类型，计划工作的影响因素与程序，计划的实施等方面展开讨论。

第一节 概 述

在管理学中,"计划"具有广义和狭义两种理解。计划工作是根据对组织外部环境与内部条件的分析,提出在未来一定时期内要达到的组织目标以及实现目标的方案途径。计划对整个组织目标的实现具有非常重要的意义。

一、计划的内涵

(一)计划的定义

计划是管理者确定并选择恰当的组织目标和行动方案的过程。经过计划过程最终形成的组织计划,详细说明了组织的目标以及管理者为实现这些目标所要采取的行动。

"计划"有狭义和广义之分。广义的"计划"包括制定计划、执行计划和检查计划的执行情况。检查计划的执行情况实际上又属于管理的控制职能。计划为控制提供了标准,没有计划,控制就失去了依据。狭义的"计划"仅指制定计划。本书的内容中"计划"以狭义为主。

计划的主要内容常用"5W"和"1H"来表示,即:

Why:为什么要做? 即明确计划工作的原因和目的。

What:做什么? 即明确所要进行的活动的内容和要求。

Who:谁去做? 即规定由哪些部门和人员负责实施计划。

When:何时做? 即规定计划中各项工作的起始时间和完成时间。

Where:何地做? 即规定计划的实施地点。

How:怎么做? 即制定实现计划的手段和措施。

(二)计划的基本特征

根据计划的定义,总结计划的基本特征,具体体现在以下几个方面:

1. 目的性

计划工作是为要实现的目标服务,任何组织或个人制定计划都是为了达到一定的目标,因此,目的性是计划工作的首要特征。组织的各项计划工作都必须有助于组织目标的实现。

2. 主导性

由于计划工作的目的性,计划、组织、领导和控制等方面的活动都是为了实现组织目标,所以计划工作在管理工作中处于主导地位。

3. 普遍性

计划工作的特点和范围随着各级管理人员职权的不同而有所不同,但是它却是各级管理人员的共同职能，因此各层次和各职能部门均应制定相应的计划。

4. 效益性

在制定计划时，不但要考虑经济方面的利益和损耗，同时还要考虑非经济方面的利益和损耗。计划工作不仅要保证实现目标，而且要从众多的备选方案中选出最优的方案，以求合理利用资源和提高效率。

5. 秩序性

计划工作的秩序性随着组织性质的不同而有所不同，秩序性主要表现在计划工作的纵向层次性和横向协作性上。组织目标的实现需要多种计划工作相互补充和配合，故在横向上需要制定相互协作的计划。

6. 强制性和弹性

计划工作应严格按照已经拟定好的计划进行，不能随意更改或者违背。但这不是说计划是一成不变的，应根据实际情况的变化和发展，适时修改和更正计划，以适应不断变化的情况。

（三）计划的工作原理

在管理实践中，各种不同性质的组织总是根据组织所面临的内外环境确定目标，并选择适合本组织管理实际需要的计划方法。但不管采取何种计划方法，都必须遵循计划工作的基本规律和原则，即灵活性原理、改变航道原理、限定因素原理和许诺原理。

1. 灵活性原理

灵活性原理要求计划执行中如出现意外情况应有能力改变方向而不必花太大的代价，即计划中体现的灵活性越大，由于未来意外事件引起损失的危险性就越小。计划的灵活性要有一定的限制条件，即不能以推迟决策的时间来确定计划的灵活性；不能以牺牲计划的效率性为代价强调计划的灵活性；不能以局部的、派生计划的灵活性影响整个计划的实施。因此，为确保计划本身具有灵活性，在制定计划时，应量力而行，并要留有余地。

2. 改变航道原理

改变航道原理指计划的总目标不变，但实现目标的进程可以因情况的变化而随时改变。由于在计划编制过程中不可能考虑得非常全面且情况和环境在不断变化，故经常会发生“计划赶不上变化”的情况。这就要求管理者在实施计划时要根据实际情况做出必要的修订。为此，计划工作者就必须经常地检查计划，重新调整、修改计划，以达到预期的目标。

3. 限定因素原理

限定因素原理是主管人员越是能够了解对达到目标起主要限制作用的因素，就越能够有针对性地、有效地拟定各种行动方案。这好比用以盛水的木桶，其实际盛水量取决于桶壁上最短的木板条，因此，此原理又被形象地称作“木桶原理”。

4. 许诺原理

许诺原理是总结计划期限实践得出的，指任何一项计划都是对完成各项工作所做出的许诺，许诺越多，实现许诺的时间就越长，实现许诺的可能性就越小。因此，无论何种性质的计划，都必须有期限要求。

（四）计划与决策

“计划”与“决策”是两个既相互区别、又相互联系的概念。区别主要体现在计划和决策需要解决的问题不同。计划是关于组织活动方向、内容以及方式的选择问题。组织在某时期从事某项活动之前，必须首先对活动的内容以及方式进行选择。联系主要体现在决策制定过程中，不论是对组织内外部环境的分析，还是在方案选择时关于各个方案执行效果或要求的评价，实际上都已经孕育着决策的实施计划。反过来，计划的编制过程，既是决策的组织落实过程，也是决策的更为详细的检查和修订的过程。无法落实的决策，或者说决策选择中某些活动无法安排，将会导致对决策进行一定程度的调整。

二、计划的作用和类型

（一）计划的作用

计划的作用主要体现在以下几个方面：

1. 计划为实现组织的目标服务

计划的编制是将组织的目标设置在时间和空间两个维度上并进一步地展开和细化目标。在时间维度上，通过计划工作把决策所确立的组织目标及其行动方式分解为不同时间段（如短期、中期、长期等）的具体目标及其行动安排。在空间维度上，通过计划工作把决策所确立的组织目标及其行动方式分解为组织内不同层次、不同部门、不同成员的分目标及其行动安排。从而，可以把全体组织成员的行动统一到实现组织目标上来，为实现组织的目标服务。

2. 计划是管理者指挥的依据

计划制定以后，管理者要根据计划进行指挥，对任务进行分派。要根据任务确定下属的责任和权力，促使组织中的全体人员的活动方向趋于一致而形成一种有机的、高效的组织行为，以保证达到计划所设定的目标。

3. 计划是降低风险提高效益的手段和方法

计划是预期变化并设法消除这些变化对组织造成不良影响的一种有效手段。这就要求计划制定者对将来的变化进行预测，通过计划工作，提高组织的预见性和主动性，确定正确可行的目标，并制定最佳的实施方案，使高层领导变得高瞻远瞩，有计划地、科学地安排各项任务，最大限度地发挥各种资源的作用并降低成本，把风险降低到最低程度。

4. 计划是管理者进行控制的标准

控制工作的任务之一是纠正脱离计划的偏差，以保持组织活动的既定方向。计划为控制工作提供标准和依据，没有计划指导的控制是毫无意义的。另外，控制职能的有效行使往往需要根据客观条件的变化拟定新的计划或修改原定计划，而新计划或修改过的计划又继续被作为进行控制工作的基础。

(二)计划的类型

根据不同的标准，可以把计划划分为不同类型。

1. 按计划内容的表现形式分类

哈罗德·孔茨等西方管理学者把计划工作的内容分为宗旨或使命、目标、战略或策略、方针政策、规则、程序、方案或规划、预算等。从计划职能的实现过程来看，它们是一些相互关联的多层次关系，如图6—1所示。

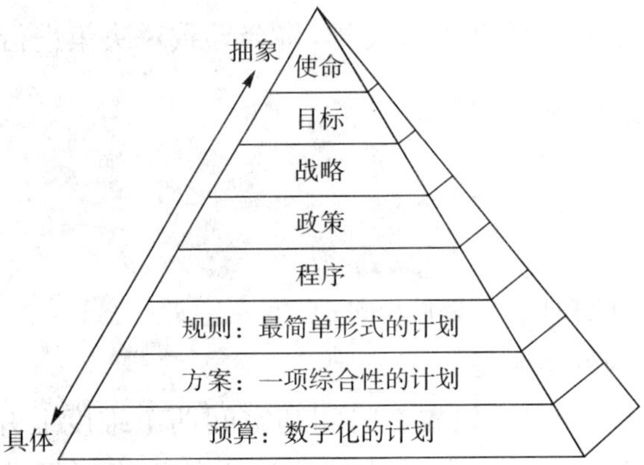

图6-1 计划的层次体系

下面对这些内容作简要说明：

(1)宗旨或使命。任何组织都应有明确的宗旨或使命。这种宗旨或使命是社会对该组织的基本要求，它回答了组织是干什么的和应该做什么的问题。

(2)目标。目标是组织开展一切活动的出发点和归宿点。组织应有自己的整体目标，组织内各部门和各成员也应有目标，由此构成组织的目标体系。

(3)战略或策略。战略或策略是为了达到组织的总目标而采取的行动和利用资源的计划，通常反映的是组织确定和调整目标以及决定组织的行为方式的活动，是事关全局的方案、谋略或韬略。

(4)方针政策。方针政策是人们进行决策时思考和行动的指南，同时，它又为管理者执行决策提供控制标准，有助于计划目标的实现。政策具有多个层次，包括了组织的主要政策和各部门的次要政策。政策必须允许执行者在一定条件下有某些自行处理的权力，但是又必须把这种自行处理的权限限制在一定的范围内。自由处理的权限大小，一方面取决于政策自身，另一方面取决于主管人员的管理艺术。

(5)程序。程序是制定处理未来活动的一种必需方法的计划。通俗地说,程序就是办事手续,是对所要进行的行动规定时间顺序,它详细列出必须完成某类活动的切实方式,并按时间顺序对必要的活动进行排列。它与战略不同,它是行动的指南,而非思想指南;它与政策不同,它没有给行动者自由处理的权力。

(6)规则。规则是指在某些具体场合和情况下,允许或者不允许采取某种行动的规定。规则没有酌情处理的余地。规则通常是最简单形式的计划。"规则"不同于"程序"。其一,规则指导行动但不说明时间顺序;其二,可以把程序看作一系列的规则,但是一条规则可能是也可能不是程序的组成部分。比如,"禁止吸烟"是一条规则,但和程序没有任何联系;而一个规定为顾客服务的程序可能表现为一些规则,如在接到顾客需要服务的信息后 30 分钟内必须给予答复。"规则"也不等于"政策"。政策的目的是指导行动,并给执行人员留有酌情处理的余地。

(7)方案或规划。方案是一个综合的计划,包括目标、政策、程序、规则、任务分配、要采取的步骤、要使用的资源,以及为完成既定行动方针所需要的其他因素。一项方案可能很大,也可能很小。通常情况下,一个主要方案(规划)可能需要很多支持计划。在主要计划进行之前,必须要把这些支持计划制定出来并付诸实施。

(8)预算。预算是用数字和金额来表示所期望的结果的陈述,可以说它是一种数字化或金额化的计划。由于它是以数字形式出现的,故可使计划或规划变得更加明确、清晰。对于任何组织而言,编制预算都是加强组织计划工作的一项重要方法。

2. 按计划的层次分类

按计划的层次可将计划分成战略计划、战术计划和作业计划。

(1)战略计划。战略计划是应用于整体组织的、为组织未来较长时期设立的总体目标,事关企业兴衰成败,带有全局性、长远性的计划。战略计划主要由组织最高层领导制定。

(2)战术计划。战术计划是一种局部性的、阶段性的计划,其制定的是组织的各部门在未来较短时期内的行动方案。战术计划主要由中层管理人员制定。

(3)作业计划。作业计划通常具有个体性、可重复性和较大刚性。作业计划往往由中、基层管理人员制定。

战略计划是战术计划和作业计划的依据,战术计划和作业计划是在战略计划指导下制定的,是战略计划的落实。

3. 按计划的期限分类

按照计划时间期限的长短可将计划分成长期计划、中期计划和短期计划。

长期计划通常指 5 年以上的计划,短期计划一般指 1 年以内的计划,中期计划介于两者之间。长期计划描述了组织在较长时期的发展方向和方针,规定了组织内的各部门在较长时期内从事某种活动应达到的目标和要求。短期计划具体规定了组织的各个部门在目前到未来的较短的时间段内,应从事何种活动,从事该活动应达到的要求。中期计划介于二者之间，起到上下衔接的作用。

4. 按计划的内容分类

按照计划的内容可以将计划分为专项计划和综合计划。

专项计划又称为“专题计划”，是指为完成某一项任务而特意制定的专门计划。综合计划是指对组织活动所做出的整体安排和全面部署。

5. 按组织管理的职能分类

按组织管理职能可将计划分成业务计划、财务计划、人事计划、生产计划、销售计划、新产品开发计划等。这些计划由组织相应的职能部门编制和执行，因此更具体、更准确、更详尽。

三、计划工作的影响因素

计划是组织为实现未来特定发展目标而对资源所做的一种安排，由于不同的组织其发展目标不同，因此组织要根据自身特点及环境状况来制定相应的计划。一般情况下，影响计划工作的主要因素有以下几个方面：

(一)组织规模的大小和管理层次的高低

对于规模较大的组织来说，通常应分层次制定不同性质的计划。基层管理者所制定的计划主要是具体的作业计划；中层管理者制定的计划内容介于高层与基层管理者制定的计划之间；高层管理者制定的是指导性的战略计划。

对于规模较小的组织来说，由于管理层次较少且不明确，因此，所有者兼管理者制定的计划可能兼有作业计划和战略计划的性质。

(二)组织所处生命周期的阶段

组织和自然界的生命体一样，都要经历形成、成长、成熟和衰退四个阶段。在组织形成期，由于各类不确定性因素很多，组织的各项活动具有很大的尝试性，组织所制定的计划应具有灵活性、指导性和期限短的特点。在成长阶段，组织内外部环境的不确定性因素在减少，计划的重点更多地放在具体的操作上，更偏向于期限短、操作性强的短期计划。当组织进入成熟期后，组织的外部环境、经营活动较为稳定，制定的计划一般是期限较长的计划。当组织转入衰退期后，组织的目标要重新考虑，资源也要重新分配，此时的计划具有期限短、灵活性大的特点。

(三)环境的变化与发展

组织制定的计划与其面临的环境密切相关。当组织面临的环境具有较大的不确定性时，环境会发生变化，其制定的计划应有期限较短且指导性较强的特点，这样可以更好地指导组织的工作。

管理聚焦

某公司是一家以铸造产品的生产及销售为主营业务的企业，公司成立以来，由于国内春节等传统节日的影响，出现了春节前后的几个月固定资产投资减少，从而导致铸造行业的订单也大幅减少。在这个时期，虽然订单量大幅减少，但每月不加班仍然完不成月初既定的生产计划，甚至还出现了部分产品供货严重延误的情况。特别是到了月底，经常出现哪个客户要得急就先生产哪个客户订购的产品的情况，这样便造成许多客户都抱怨公司没有按期供货。

通过调查发现，该公司的生产计划工作存在很多问题，生产调度只有月度的生产计划，却没有每周的、每天的作业计划，而且有的客户到了月底才提交下月计划，有的客户在月度中间追加部分订单，公司只好慌里慌张地调整其他客户产品的生产，紧急生产这些追加的订单，从而导致计划的执行率较低。由于考核是按照月初的月度计划进行考核，出现月中和月底追加的订单则无法形成良好的考核机制。从内部而言，该生产的没有生产完；从外部而言，由于没有及时地进行生产调整，无法保证某些客户订单的按期供货，造成客户不满，导致有的客户将模型抽到别家生产，给公司带来了一定的损失。

（资料来源：《计划职能》，我为你狂，2007。）

四、计划工作的程序

虽然可以用不同的标准把计划分成不同的类别，但是管理人员在编制任何计划时，实际上都要遵循相同的逻辑和步骤，具体包括以下几个方面：

（一）估量机会

判断形势、估量机会、寻找切入点，是计划工作的开端。根据自己的长处和短处，搞清楚自己所处的位置，弄清楚自己所面临的不确定性因素有哪些，并对可能取得的成果进行机会成本分析，做到知己知彼。严格地说，它不是计划编制过程的一个组成部分，但它却是计划工作的真正起点。在估量机会的基础上，确定目标的可行性。

（二）确定目标

目标是指期望的成果，即组织预期在一定的时期内达到的数量和质量指标。目标是计划的灵魂，也是组织行动的方向。组织计划中的目标制定要高低适中，同时应尽可能量化，还要具体明确。如计划中的企业目标一般包括盈利性指标、增长性指标、竞争性指标、财务类指标等。

（三）确定前提

制定计划的前提条件就是计划制定工作的假设条件，即计划实施时的预期环境。负责计划制定工作的人员对计划制定工作的前提了解越清楚、越深刻，计划制定工作就越有效。由于将来的环境是极其复杂的，要对将来环境的每个细节都做出假设是不切合实际的，因此前提条件应限于那些对计划贯彻实施影响最大的假设条件。如按照企业内外部环境可将计划制定工作的前提条件分为内部和外部前提条件；也可以按可控程度将计划制定工作前提条件分为不可控的、部分可控的和可控的三种。

（四）拟定方案

拟定可行的行动计划要求拟定尽可能多的计划方案，以便在评估和选定计划方案时有比较和鉴别，为最优方案的选定提供条件。最显眼的方案不一定是最好的方案；在过去计划方案上稍加修改和略加推演也不一定是最坏的方案。因此，拟定可行的行动计划必须通过群众参与、专家咨询、民主决策等方式尽可能多地拟定备选方案。

（五）评价方案

评价行动计划是按照前提和目标来权衡各种因素，比较各个方案的利弊，对方案进行可行性论证。评价实质上是一种价值判断，它一方面取决于评价者所采用的标准，另一方面取决于评价者对各个标准所赋予的权数。评价时一般采用总体的效益观点来衡量计划，评价方法分为定性和定量两类。

（六）选择方案

选择方案是决策的问题。应当指出的是，有时会发现两个可取的方案。在这种情况下，必须确定出首先采用哪个方案，将另一个方案进行细化和完善，并作为后备方案。

（七）拟定派生计划

派生计划就是总计划下的分计划，总计划的完成要靠派生计划来保证。比如商品流通企业在制定了某一年度的“商品流通计划”后，企业内部各业务职能部就要相应的拟定商品采购计划、商品销售计划、财务计划、人事和培训计划等分计划。

（八）编制预算

计划工作的最后一步是把计划转化为预算，使之数字化。预算实质上是资源的数量分配计划。它既是汇总各种计划的工具，又是衡量计划工作完成进度的重要标准。

第二节 计划的实施

计划的实施方法有滚动计划法、网络计划法、目标管理、环境分析法、线性规划法等。这里主要介绍目标管理、滚动计划法、网络计划法这三种方法。

一、目标管理

目标管理是由美国管理学家彼得·德鲁克于1954年提出的,它的最大特点就是方向明确,非常有利于把整个团队的理想、行动统一到同一目标、同一理想上来,是组织提高工作效率,实现快速发展的有效方法之一。

(一)目标

1.目标概述

目标是指期望的成果,是指组织在一定时期内通过努力争取达到的理想状态或期望获得的成果。

目标作为组织在一定时期内通过努力达到的理想状态或期望的成果,具有以下特点:

(1)目标的层次性。无论是赢利性组织还是非赢利性组织,从纵向结构来看,组织目标都可以分为环境层目标、组织层目标和个人层目标。

环境层目标即社会赋予组织的目标,是客观存在的,同时也是组织存在的根本;组织层目标即组织作为一个利益共同体和一个系统整体的目标;个人层目标即组织成员的个人目标,如个人经济收入的提高、掌握某项特殊的技能以及工作上所获得的成就感等。

(2)目标的多样性。从横向看,组织目标是多样性的,有大目标和小目标,有主要目标和次要目标,有定性和定量目标等。从一定意义上看,凡是与组织生产发展有关的活动,都要通过目标来组织实施和监控。因此,多样性的目标,有助于管理者正确地确定目标和充分发挥目标的引导作用,同时也给管理者如何在各种各样的目标中选择最能发挥员工积极性的目标提出了挑战。

(3)网络性。组织是各部门、各层级的人组成的有机整体,组织的各种活动之间是相互联系、相互促进和相互制约的,因此,组织必然会形成一个相互联系、相互促进和相互制约的上下沟通、左右衔接的目标系统网络。组织的管理人员要充分地探究目标之间的关系,使各种目标相互衔接、彼此协调,从而使组织活动保持高效率和高收益。

(4)时间性。目标是组织在一定时期内所要达到的预期效果,任何目标都具有时间性。如果在时间上没有约束,目标就失去了存在的价值。从时间角度来讲,组织目标包括长期目标和短期目标,通常长期目标是组织行为的纲领。

(5)适应性。组织的目标不是固定的,而是随着组织所面临的内部条件、外部环境的变化而变化的。

(6)可考核性。目标是组织在一定时期内所期望达到的标准,同时也是评价组织活动效果的标尺。

(7)目标的可接受性和挑战性。目标对其接受者来说必须是在其能力范围之内的,这样才会产生激励作用,目标才可以完成。如果目标超过其能力所及的范围,那么该目标对其是没有激励作用的,也是无法完成的。从挑战性的角度讲,如果目标过于容易实现,那么接受者也没动力去完成这项工作,所以在实际工作中要将目标的可接受性和挑战性统一起来。

2. 目标的分类

按照不同的标准,组织可以把目标分成不同的类别。

(1)按目标的内容来划分,目标可分为总目标、中间目标和具体目标。总目标是组织一切活动的立足点和出发点,决定组织长期的发展方向、规模和速度。总目标可划分为若干个中间目标,中间目标是实现总目标的措施和手段,为实现总目标服务。中间目标又可进一步分为若干个具体目标,具体目标是实现中间目标的手段,是为实现中间目标服务的。

(2)按组织目标的时间跨度来划分,可分为短期目标、中期目标和长期目标。短期目标是指期限不到1年的目标,是根据现有条件制定并组织实施的目标。中期目标是指期限从1年到5年的目标,它根据计划中改进后的资源条件来确定并组织实施。长期目标是指期限为5年以上的目标,它是引导组织全体成员努力争取的理想目标。

3. 确定目标的原则

(1)现实性原则。既要保证目标的科学性又要保证其可行性。

(2)关键性原则。确定目标应考虑组织发展的主要方面,面面俱到的目标会使组织无所适从。

(3)定量化原则。目标要实现由上至下的逐级量化,使其具有可度量性。通过量化目标可以保证组织总目标的实现,同时有利于激发员工的积极性。

(4)协调性原则。各层次目标之间、同一层次目标之间要协调,在保证分目标实现的同时,可以实现组织的总目标。

(5)权变原则。目标并不是一成不变的,应根据外部环境的变化进行及时的调整与修正,使其更好地实现组织的宗旨。比较而言,组织的长期目标应保持一定的稳定性,短期目标则要保持一定的灵活性。

4. 目标的作用

目标的作用主要体现在以下三个方面:

(1)导向作用。目标是组织一定时期内通过努力可达到的理想状态或期望的成果,组织管理为了达到一定的目标而协同作战,就是通过目标对组织成员的活动进行有效的管理，目标为组织的管理工作指明了方向。

(2)激励作用。目标对组织成员具有激励作用，一方面，目标不仅能激发组织成员的潜力，而且能使组织的成员产生成就感；另一方面，目标通常需要组织通过一定的努力才能达到。对于组织及成员来说，具有挑战性的目标可以激发组织成员努力向上的热情。

(3)凝聚作用。由于组织目标是一个相互交织的系统网络，组织的最终目标是与组织的各部门、各成员之间的目标紧密相连的，因而，组织的目标有利于发挥组织成员的协同作战精神，并为最终目标的实现而共同努力。

(二)目标管理

1. 目标管理的定义

美国管理学家彼得·德鲁克(Peter Drucker)在1954年的著作《管理实践》一书中，首先提出了目标管理(Management by Objectives, MBO)思想，并使目标管理成为计划体系中的一个重要内容。目标管理提供了一种将组织的整体目标转换为组织部门和每个成员目标的有效方式。由于这种管理制度在美国应用得非常广泛，而且特别适用于对主管人员的管理，故被称之为“管理中的管理”。

目标管理是以目标为导向，以人为中心，以成果为标准，而使组织和个人取得最佳业绩的现代管理方法。目标管理亦称“成果管理”，俗称“责任制”，是指在企业个体职工的积极参与下，自上而下地确定工作目标，并在工作中实行“自我控制”，保证目标实现的一种管理办法。

目标管理的理论基础是科学管理理论和行为科学理论的有机统一。科学管理理论重视工作的效率，而忽视人的主观能动性。行为科学偏重于对员工思想和行为的研究。

目标管理的基本特点是通过目标体系的建立与对员工的充分授权来保证一个组织拥有自我管理的工作环境。它通过激励员工去发现工作的兴趣和价值，在工作中自我发展、自我控制，在享受个人成就感的同时，保证组织活动的高效率，或者说，是高效率地实现个人目标和组织目标。

2. 目标管理的过程

目标管理的实施一般可分为目标设立、目标分解、目标控制、目标评定与考核四个阶段。不同的组织、不同的应用领域，目标管理的实施步骤也不尽相同。具体来说，目标管理包括如下的典型步骤：

第一步：制定组织的整体目标和战略。

第二步：在各经营单位和各部门之间分配主要的目标。

第三步：各单位的管理者和他们的上级一起设定本部门的具体目标。

第四步：各部门的所有成员参与设定自己的具体目标。

第五步：管理者与下级共同商定实现目标的行动计划。

第六步：实施行动计划。

第七步：定期检查目标的进展情况，并向有关单位和个人反馈。

第八步：基于绩效的奖励，促进目标的成功实现。

下面就目标管理的四个主要阶段进行阐述。

(1)目标设立。在目标设立过程中，要注意以下问题：

①目标要具有一定的挑战性，保证组织经过一定努力能够实现。

②目标要保证质与量的有机结合，尽可能量化组织目标，确保目标考核的准确性。

③目标期限要适中。

④目标数量要适中。

(2)目标分解。在目标分解中要注意以下几点：

①目标体系要逻辑严密，纵横成网络，体现出目标由上到下越来越具体的特点。

②目标要突出重点，与组织总目标无关的其他工作不必列入各级分目标。

③鼓励员工积极参与目标分解，尽可能地把目标分解中的"要我做"变成"我要做"。

④目标一旦分解完毕，就要进行严格的审批。明确责任，并承诺将达到目标。

(3)目标控制。目标控制管理中应注意以下几点：

①充分发挥员工的自我控制能力，必须将领导的信任与完善的自检制度相结合，保证组织具有进行自我监控的积极性与制度保障。

②建立目标控制中心。

③保证信息反馈渠道的畅通，以便及时的发现问题，对目标做出必要的修正。

④创造良好的工作环境，形成团结互助的工作氛围。

(4)目标评定与考核。目标评定要注意以下几点：

①首先要进行自我评定。

②上级评定要全面、公正。

③目标评定应与人事管理相结合。

④及时反馈信息是提高目标管理水平的重要保证。

3. 目标管理的评价

(1)目标管理的优点。目标管理是应用极为广泛的一种管理方法，主要有以下优点：

①能有效地提高管理的效率。

②有助于组织机构的改革。

③能有效地激励员工完成组织目标。

④有利于进行有效的控制，减少无效劳动。

目标管理中的自我控制与上级控制相结合的目标控制体系，能够确保目标执行过程中及时发现并矫正各种偏差，保证组织活动的有效性。

(2)目标管理的局限性。目标管理在应用中也有一定的局限性，主要表现在以下几个方面：

①目标管理较为困难。目标管理的有效实施要以目标的准确制定为前提。过高的目标会给下级造成过大的压力，甚至这种压力还会诱发下级使用不合乎道德规范的手段去实现目标；过低的目标又会使下级失去奋发向上的动力，从而失去目标管理的意义。因此，使目标既具有挑战性又具有现实性是一项非常困难的工作。

②员工参与费时、费力的目标制定与分解。目标管理的思想基础是员工要有全局观、长远观。在目标商定过程中要进行双向沟通，对下属部门提出的目标要进行分析、修正，去除出于本位主义而提出的不利于完成组织目标的部门目标，并说服下属将个人目标与组织目标相结合。如果协调不好，将直接影响员工进行目标自我控制的积极性。

③目标成果的考核与奖惩难以完全一致。由于目标设定过程中对不同部门的目标完成难度很难做出精确判断，在评价、考核、制定奖惩方案时，上级领导会根据实际情况对方案进行调节，或为了回避矛盾不将目标成果与奖惩制度相结合。

④员工素质差异影响目标管理方法的实施。由于目标管理的哲学假设是组织可以形成自觉、自愿、愉快的工作环境，员工乐于发挥潜力、承担责任、实现自我管理，而且认为工作中所获得的成就感比金钱更重要，然而由于员工素质的差异在实践中却并不完全如此。

总之，目标管理的应用要求组织员工具有一定的思想基础与业务水平，同时也要求组织长期坚持做好与目标管理相关的基础工作，如搞好员工培训、健全各种责任制等。由于各种条件的限制，目标管理只能逐渐推行。首先在特定领域实行，条件成熟后再把它作为系统管理的主体制度。目标管理需要长期坚持，不断发展完善，才能逐渐挖掘出它的效益。

二、滚动计划法

滚动计划法是一种定期修订未来计划的方法。

滚动计划法是编制计划最常用的方法，根据计划的执行情况和环境变化情况定期修订未来的计划，使组织在适应市场需求的同时，保持生产的稳定和均衡。在每次制定和修改计划时，均要将计划期按时间顺序向未来推进一个计划期，即向未来滚动一次，而不是等全部计划执行完以后再重新编制下一期的计划，故将其称之为“滚动计划法”。

滚动计划法虽然使得计划编制和实施工作的任务量加大了，但在计算机普及的今天，其优点却十分明显。可以使计划更加切合实际，尤其是使战略性计划的实施更加切合实际。由于人们无法对未来的环境变化做出准确的估计和判断，所以计划针对的时期越长，不确定性就越大，其实施难度也越大。滚动计划法相对缩短了每一个计划期，增加了计划的准确性和可操作性，从而是编制计划实施的有效方法。

滚动计划法使长期计划、中期计划与短期计划相互衔接，短期计划内的各阶段也相互衔接。这就保证了即使由于环境变化出现某些不平衡时，也能及时地进行调节，使各期计划基本保持一致。其程序如图 6—2 所示。

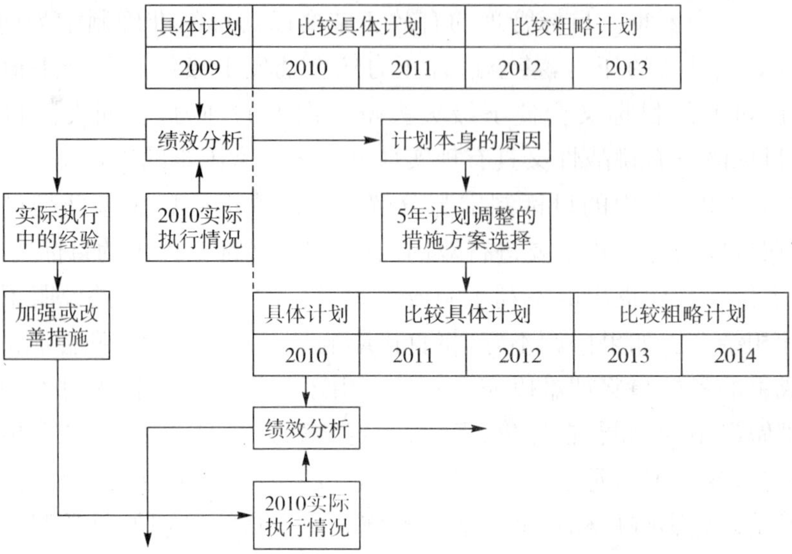

图6-2　5年期的滚动计划

三、网络计划法

网络计划法又称“计划评审技术法”(简称PERT,或PERT网络分析法),是20世纪50年代后期在美国产生和发展起来的。这种方法包括各种以网络为基础制定计划的方法,如关键路径法、计划评审技术、组合网络法等。

(一)网络计划法的基本步骤

网络计划法的原理是把一项工作或项目分成各种作业,然后根据作业顺序排列,通过网络图对整个工作或项目进行统筹规划和控制,以便使用最少的人力、物力和财力资源,并用最快的速度完成工作。可以将这些工作分解为五个步骤,具体情况如下:

其一,确定完成项目必须进行的每一项活动,完成每项活动都产生事件或结果。

其二,确定活动完成的先后次序。

其三,绘制活动流程从起点到终点的图形,明确表示出每项活动及其他活动的关系,用圆圈表示事件,用箭线表示活动,得到一幅箭线流程图,称之为“PERT网络”。

其四,估计和计算每项活动的完成时间。

其五,借助包含活动时间估计的网络图,管理者能够制定出包括每项活动开始和结束日期的全部项目的日程计划。在关键路线上没有松弛时间,沿关键路线的任何延迟都直接推迟整个项目的完成期限。

(二)网络图

网络图是网络分析法的基础。任何一项任务都可以分解成许多步骤的工作,根据这些工作在时间上的衔接关系,用箭线表示它们的先后顺序,画出一个由各项工作相互联系、并注明所需时间的箭线图，即网络图。图 6—3 便是一个简单的网络图。

分析图 6—3 可以发现，网络图主要由以下部分构成：

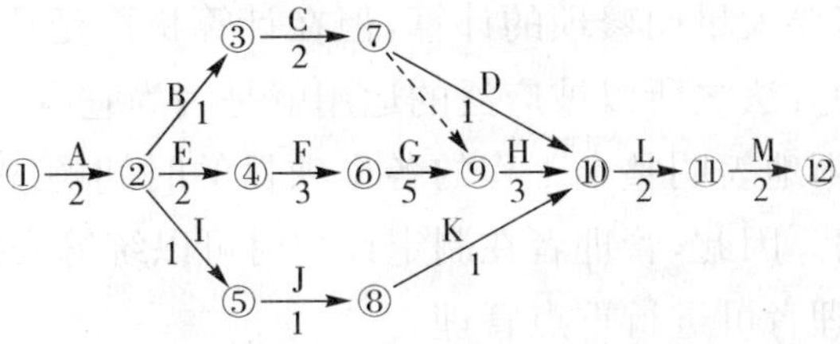

图 6-3　网络图

1. 工序(或活动)

工序是一项工作的过程，有人力、物力参加，经过一段时间才能完成，即消耗一定的时间和资源的活动。常用"→"表示。

图 6—3 中箭线下的数字便是完成该项活动所需的时间。此外，还有一些既不占用时间，也不消耗资源，是虚设的工序，叫"虚工序"，在图中用虚箭线"┈┈→"表示。网络图中应用虚工序的目的是为了避免工序之间关系的含混不清，以正确表明工序之间先后衔接的逻辑关系。

2. 节点(或事项、事件)

节点是两个工序间的连接点。节点既不消耗资源，也不占用时间，只表示前道工序结束、后道工序开始的瞬间，用"○"表示。一个网络图中只有一个始点事项，一个终点事项。

3. 路线

路线是网络图中由始点事项出发，连续不断地沿箭线方向前进，直至到达终点事项为止的一条通道。一个网络图中往往存在多条路线，例如，图 6—3 中从始点 1 连续不断地走到终点 12 的路线有 4 条，即：

①：①→②→③→⑦→⑩→⑪→⑫

②：①→②→③→⑦→⑨→⑩→⑪→⑫

③：①→②→④→⑥→⑨→⑩→⑪→⑫

④：①→②→⑤→⑧→⑩→⑪→⑫

比较各路线的长短，可以找出一条或几条最长的路线。这种路线被称为"关键路线"。关键路线上的工序称为"关键工序"。关键路线的路长决定了完成整个计划任务所需的时间。关键路线上各工序完工时间的提前或推迟都直接影响整个活动能否按时完工。确定关键路线，据此合理地安排各种资源，对各工序活动进行进度控制，是利用网络分析法的主要目的。

掌握和控制关键线路是网络分析法的核心问题。关键线路决定着一项计划的工期。在网络图中寻找关键线路的方法有最长线路法、时差法和破圈法三种。

（三）网络计划法的评价

网络计划法虽然需要大量而繁琐的计算，但在计算机广泛应用的时代，这些计算大都已经程序化了。这种方法之所以被广泛的运用就是因为它有一系列的优点。

第一，该方法能清晰地表明整个工程的各个项目的时间顺序和相互关系，并指出了完成任务的关键和线路。因此，管理者在制定计划时可以统筹安排，全面考虑，又不失重点。在实施过程中，管理者可进行重点管理。

第二，可对工程的时间进度与资源利用实施优化，在计划试验过程中，管理者调动非关键路线上的人力、物力和财力从事关键路线上的作业，进行综合平衡。这既可节省资源又能加快计划实施的进度。

第三，可事先评价达到目标的可能性。该技术指出了计划实施过程中可能发生的困难点，以及这些困难点将对整个任务产生的影响，准备好应急措施。从而减少计划实施的风险。

第四，便于组织与控制。管理者可以将工程特别是复杂的大项目，分成许多支持系统来分别组织实施与控制，这种化整为零又聚零为整的管理方法，可以达到局部与整体的协调一致。

第五，易于操作，并具有广泛的应用范围，适用于各行各业及各种任务。

第三节　企业资源计划

传统的生产管理问题很多，其中突出的是库存控制问题。企业为了保证生产活动不间断地进行，往往把原材料等的库存量定得很高，这就使得库存成本增加，生产成本上升。信息技术的发展及其在企业计划中的应用，为解决企业管理中的问题提供了很好的途径。

一、企业资源计划的形成过程

企业资源计划的形成主要经历了四个阶段。

（一）开环的物料需求计划（MRP）阶段

为了解决生产中库存量高的问题，提高资金利用率，人们逐渐把注意力转向企业生产的物料需求上来，希望物料能在需要时才运送过来，而不是过早地存放在仓库中。1965 年，美国的 Joseph A. Orlicky 博士与 Oliver W. Wight 等管理专家一起深入调查研究美国企业的管理情况，针对制造业物料需求随机性大的特点，提出了物料需求计划（MRP）这一新的管理思想，即根据产品的需求情况和产品结构来确定原材料和零部件的需求数量及订货时间,在满足生产需要的前提下,有效降低库存。随着计算机技术的发展,MRP 管理思想借助这一工具,发展成为一种有效的管理方法。如图 6—4 所示。

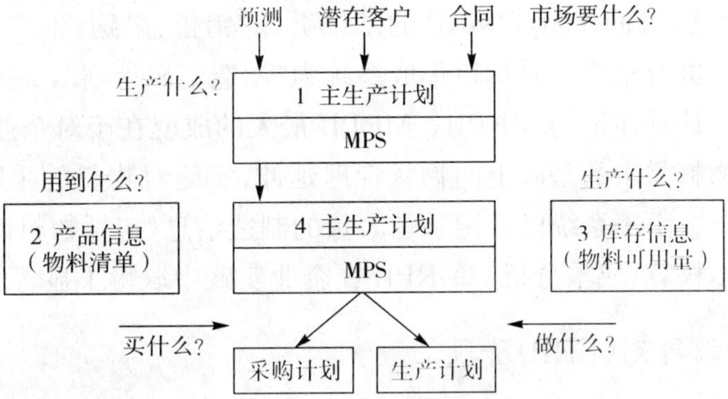

图 6-4 MRP 逻辑流程图

(二)闭环的物料需求计划(MRP)阶段

MRP 系统建立在两个假设的基础上,一是生产计划是可行的,即假设有足够的设备、人员、资金来保证生产计划的实施;二是假设物料采购计划是可行的,即有足够的供货能力和运输能力来保证完成物料的供应。但是在实际生产中,能力资源和物料资源总是有限的,因此往往会出现生产计划无法完成的情况。因而,为了保证生产计划符合实际,必须把资源与计划统一起来,以保证计划的可行。后来的研究者在 MRP 的基础上增加了能力需求计划,这样,基本 MRP 系统得到进一步发展,把能力需求计划和执行及控制计划的功能也包括进来,形成了闭环的 MRP。闭环 MRP 系统除了物料需求计划外,还将生产能力需求计划、车间作业计划和采购作业计划纳入 MRP,形成一个封闭的系统。闭环 MRP 逻辑流程图如下:

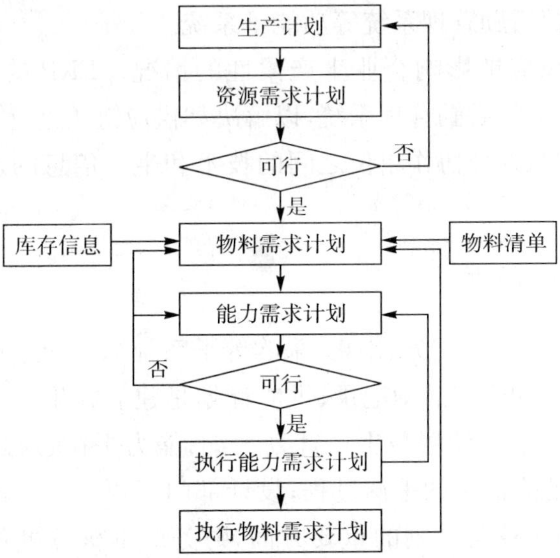

图 6-5 闭环 MRP 逻辑流程图

（三）制造资源计划（MRP）阶段

20 世纪 80 年代，人们在闭环 MRP 的基础上，对销售、采购、生产、财务、工程技术、信息等各个子系统进行集成。并称该集成系统为“制造资源计划”，英文缩写还是 MRP，为了区别物料需求计划而记为 MRPII。MRPII 最大的成就在于对企业经营的主要信息进行集成。如在物料需求的基础上向物料管理延伸，实施对物料的采购管理（包括采购计划、进货计划等）。由于系统已经记录了大量的制造信息（包括物料消耗等），在此基础上扩展到产品成本核算、成本分析。MRPII 在企业实践中取得了显著的效果。

（四）企业资源计划（ERP）阶段

MRPII 系统已比较完善，应用也相当普及，但其“资源”的概念始终局限于企业内部，在决策支持上主要集中在结构化问题上。20 世纪 90 年代以来，统一的国际市场逐渐形成，面对国际化的市场环境，企业供应链管理成为企业生产经营管理的重要组成部分，MRPII 系统已经无法满足企业对资源进行全面管理的要求。MRPII 逐渐发展成为新一代的企业资源计划系统（ERP）。ERP 是由美国 Gartner Group 咨询公司在 1993 年首先提出的，作为当今国际上一种最先进的企业管理模式，它在体现当今世界最先进的企业管理理论的同时，也提供了企业信息化集成的最佳解决方案。它把企业的物流、人流、资金流、信息流统一起来进行管理，以求最大限度地利用企业现有资源，实现企业经济效益的最大化。

ERP 在 MRPII 的基础上向内、向外两个方向延伸，向内主张以精益生产方式改造企业生产管理系统，向外则增加战略决策功能和供应链管理功能。ERP 管理系统除了具有 MRPII 的计划和控制功能以外，还包括支持企业整体发展战略的战略经营系统、全面成本管理系统和敏捷后勤管理系统等功能子系统。

很多企业存在着供应链影响企业生产柔性的情况。ERP 的一个重要目标就是在 MRP 的基础上建立敏捷的后勤管理系统，以解决如供应链柔性、生产准备周期长等制约企业生产的瓶颈，增加与外部协作单位之间的技术和生产信息的及时交互，缩短关键物料的供应周期。

二、MRPII 的工作原理

MRPII 是将企业的生产、财务、销售、采购等子系统综合起来形成的一体化系统，成本核算要利用库存记录和生产活动记录；供应计划是建立在生产计划上的按需供应；生产计划的制定要依赖于销售计划与生产计划大纲；能力平衡过程是各工作中心的可用能力与生产计划中的能力需求的平衡过程；设计部门不再是孤立的，而是与各项生产活动相联系；产品结构构成控制计划的重要方面，财务成本核算可及时进行，而不再是事后算账。

MRPII 的核心在于各级计划系统。计划是为实现一定的目标而制定的行动方案；控制是为保证计划的完成而采取的措施。在 MRPII 中，计划从粗到细、从长期到短期、从一般到具体分为五个层次：企业的经营计划、生产计划大纲、主生产计划、物料需求计划、车间作业计划。编制过程如图 6－7 所示。

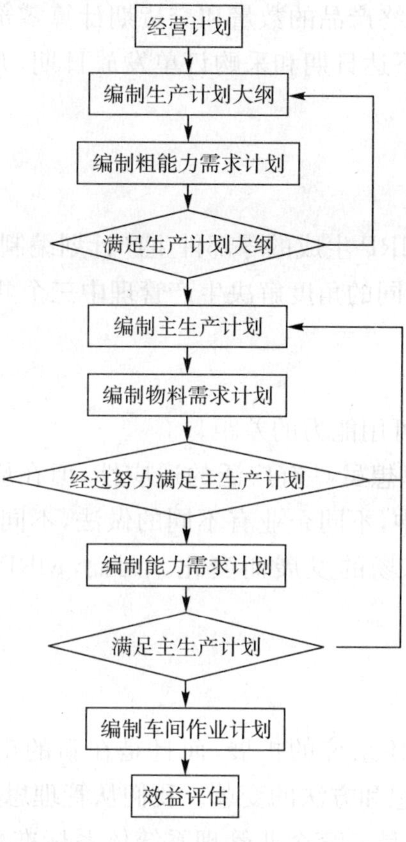

图 6－7 MRPII 的编制过程

(一)企业的经营计划

企业的经营计划是计划的最高层次，是企业总目标的具体体现。在这个计划中，企业的最高决策层根据市场调查和需求分析、国家政策、企业资源能力和历史状况、竞争对手情况等有关信息，制定企业的中长期发展规划。

(二)生产计划大纲

生产计划大纲的任务是根据经营计划，确定未来 1～3 年内，每年、每月生产多少产品，需要哪些资源。

(三)主生产计划

主生产计划(Master Production Schedule，简称 MPS)以生产计划大纲为依据，把最终产品的数量和交货期分布在每一时间段上，并在生产计划与可用能力之间做出平衡。

以上三层统称为“主计划”。

(四)物料需求计划

物料需求计划是根据最终产品的数量和交货期计算零部件及材料的需求数量及时间，确定自制件的制造订单下达日期和采购订单发放日期，并对可用资源与资源需求作进一步的平衡。

(五)车间作业计划

车间作业计划则根据MRP生成的零部件生产计划编制工序排序计划。

以上五个层次都是从不同的角度解决生产管理中三个共同的问题：

第一，确定制造的目标。

第二，确定制造的资源。

第三，协调能力需求与可用能力的差距。

MRPII作为一种管理思想虽具有广泛的适应性，但在应用上则不可能采用千篇一律的模式。在MRPII应用中，不同企业有不同的做法，不同的应用阶段也各有其重点；同时，企业的生产需随着市场的发展而变化。因而，MRPII系统结构也不是一成不变的。

三、ERP的经营理念

ERP系统不仅是MRPII系统的扩展，而且是在新的市场环境下的全新的经营理念，它体现了一系列管理思想和方法的变革。我们从管理思想、软件产品、管理系统三个层次理解ERP。第一，ERP是一套企业管理系统体系标准，其实质是在MRPⅡ的基础上，进一步发展成面向供应链的管理思想。第二，ERP是综合应用了客户机、关系数据库、结构图形、用户界面、第四代语言，以管理企业整体资源为灵魂的软件产品。第三，ERP是整合了企业管理理念、业务流程、基础数据、人力物力于一体的企业资源管理系统。

(一)ERP与企业资源

在企业发展中，人员、基础设施、工作环境、信息、自然资源以及财务资源等相互作用，构成了企业的资源系统。ERP系统的管理对象就是上述的各种资源及生产要素。通过ERP的使用，使企业的生产过程能及时、高质地完成客户的订单，最大限度地发挥资源的作用。

(二)ERP 与 MRP、MRPⅡ的区别

1. 在资源管理范围上的差别

MRPII 主要侧重对企业内部人、财、物等资源的管理。ERP 系统在 MRPII 的基础上扩展了范围。

2. 在生产方式管理方面的差别

ERP 能很好地支持和管理混合型制造环境下的工作,满足企业多角化经营需求。

3. 在管理功能方面的差别

ERP 除了 MRPII 的功能外,还增加了支持整个供应链上物料流通体系中的供、产、需各个环节之间的运输和仓库管理。

4. 在事务处理控制方面的差别

MRPII 的时效性很差,ERP 系统支持在线处理系统和售后服务。

5. 在跨国经营事务处理方面的差别

ERP 系统应用完整的组织架构,可以支持跨国地区的应用需求。

6. 在计算机信息处理技术方面的差别

随着 IT 技术的飞速发展,网络通讯技术的应用,使得 ERP 系统得以实现对整个供应链信息进行集成管理。

目前,ERP 的内容仍在发展。有些独立软件如 SCM(Supply Chain Management,供应链管理)、CRM(Custom Relation Management,客户关系管理)等都是面向决策的,在电子商务环境中,为了利用 ERP 提高交易处理效率和改进决策制定过程,就必然要求改变业务运作模式,实现 ERP 与 SCM、CRM 的功能整合。如 SAP 的 ERP 软件和 Manugistics 的制造软件集成,可以实现整个供应链的优化。有的开发商也提供专门用于这类集成的软件,如日立计算机公司向美国公司提供的 Trade link 软件包含了目录管理、批量订制、订单管理并涉及数据库系统和 ERP 的链接。Tibco 公司为企业提供了连接内部和外部业务伙伴的能力。另一种功能整合的方法是在 ERP 中增加商业智能、决策支持、数据挖掘和电子商务等功能。

第四节 战略管理

战略管理是基于战略性计划而言的。由战略性计划的特性可知,对组织进行战略管理能够从整体上、全局上、本质上进行长远的统筹安排,为组织的其他计划工作提供指导和借鉴。

一、战略概述

战略的特征是发现智谋的纲领。在西方,“strategy”一词源于希腊语“strategos”,意

为军事将领、地方行政长官。后来演变成军事术语，指军事将领指挥军队作战的谋略。在中国，“战略”一词历史久远，“战”指战争，“略”指谋略。春秋时期孙武的《孙子兵法》被认为是中国最早对战略进行全局谋划的著作。

（一）战略的定义

“战略”一词引入到企业管理中来也只有几十年的时间。在企业管理范畴中，目前关于“战略”尚无一个统一的定义。西方经济学界一些学者认为，战略是设立企业长远目标，制定经营方针及资源分配等的经营决策；另一些学者认为，战略是对企业长远目标、经营方针、资源分配的规划；还有的学者认为，战略是针对产品与市场的有效结合，实现经营环境、战略方向、管理组织相协调的策略。

在管理学领域，“战略”通常定义为：组织为适应外部环境的变化，谋求长期的生存和发展，有效地运用组织的内部资源，对组织全局性的目标、方针进行运筹的规划。

亨利·明茨伯格对于“战略”的含义有其独特的见解，他认为，人们在不同的场合可以用不同的战略内涵，并提出企业战略是由五种规范的定义阐述的，即：计划（Plan）、计谋（Ploy）、模式（Pattern）、定位（Position）和观念（Perspective），这构成了企业战略的“5P”。具体情况如表6－1所示。这种定义强调战略具有相同的含义与内涵，即所有的战略都是一种抽象的含义，它存在于需要战略的人们的头脑之中，体现了战略家们对客观世界固有的认识方式。

表6－1　亨利·明茨伯格对战略的五种定义

战略定义	核心要点
计划型战略	强调企业管理人员要有意识地进行领导，凡事谋划在前，行事在后
计谋型战略	强调战略重在行动，否则只是空想，战略也可以自发地产生
模式型战略	强调战略是威胁或击败竞争对手的一种手段，重在达到预期竞争目的
定位型战略	强调企业应适应外部环境，创造条件，更好地进行经营上的竞争与合作
观念型战略	强调战略过程的集体意识，要求企业成员共享战略观念，形成一致行动

从战略在经济管理活动中的地位和作用的本质特点来考虑，可以将“企业战略”定义为根据市场状况，结合自身资源，通过分析、判断、预测，设立远景目标，并对实现目标的发展轨迹进行总体性和指导性的谋划。企业战略界定了企业诞生的使命、经营范围、远景目标、发展方向、经营方式等，明确了企业的经营方针和行动指南。

（二）战略的特征

1. 全局性

战略反映了组织在一定时期内发展的全局性指导思想。战略的制定要求通观全局，掌握总体的平衡发展，而不应从微观的角度限于某一局部或某一部门的发展。

2. 长远性

战略并不是为某一特殊的事情或短期的目标而制定的,而应反映一个较长历史时期内相对稳定的指导思想。战略的着眼点不在现在,而在将来。

3. 系统性

制定战略本身就是一个系统工程。制定的战略不仅应包括经营环境分析、未来发展预测、远景目标设定和战略策略制定等诸多因素,而且还应包括实现战略的行动计划和战略措施。

4. 风险性

战略是面向未来的计划,是确定企业未来发展方向的行动方案,而组织的内部和外部环境都是不断变化的,环境的变化可能会在一定程度上使得原来制定的战略不再合理,进而可能会给组织带来损失。因而,战略带有很大的风险性。

5. 持久性

战略不是随机应变的对策,而是长期发展的方针。战略规定了组织的整体行动,是各项计划制定的依据。除非外部环境发生了较大变化,战略的主要内容应当在较长时期内保持不变。战略的持久性能坚定组织成员执行战略的决心和信心。

6. 层次性

有不同层次的组织系统,就应该存在与之相对应的不同层次的战略。这种层次性的存在使得全局和局部的划分也是相对的,对于不同层次而言,全局和局部有时是可以相互转化的。

(三)战略制定的方法

战略具有明显的层次性特征,对不同层次战略的制定应该采取不同的方法。下面首先来分析一下可供企业选择的战略类型,如表6—2所示。之后,再从不同层次上阐述应该采取的制定战略的方法。

表6—2 企业可供选择的战略类型

分类	战略	定义
基本战略	成本领先	指企业全部成本低于对手的甚至是行业中最低的
	特色优势	针对顾客广泛重视的一些方面,在产业内独树一帜,选择许多客户重视的一种或多种特质,并赋予其独特的定位以满足顾客的需要
	目标聚集	选择产业内一种或一组细分市场,量体裁衣,为选定的特定群体服务,而不为其他细分市场服务

续表

成长型战略Ⅰ：核心能力企业内扩张	一体化战略	前向一体化	获得分销商或零售商的所有权或加强对它们的控制
		后向一体化	企业通过收购或兼并若干原材料供应商，拥有和控制其供应系统，实行供产一体化
		横向一体化	企业获得生产同类产品的竞争对手的所有权或加强对他们的控制
	多元化战略	同心多元化	增加新的，但与原有的业务相关的产品或服务
		横向多元化	向顾客提供新的但与原有业务不相关的产品或服务
		混合多元化	增加新的，与原有的业务不相关的产品或服务
	加强型战略	市场渗透	通过加强市场营销，扩大现有产品或服务在现有市场上的份额
		市场开发	将现有产品或服务打入新的区域市场
		产品开发	通过改进或改变产品或服务提高销售
成长型战略Ⅱ：核心能力企业外扩张	战略联盟	企业与其他企业在研究开发、生产运作、市场销售等方面进行合作，相互利用对方的资源	
	虚拟运作	企业通过合同、参少量股权、信贷帮助、技术支持等方式与其他企业建立较为稳定的关系，从而将企业价值活动集中于自己优势方面，而非其专长方面会外包出去	
	出售核心产品	企业将价值活动集中在自己的少数优势方面，生产产品或提供服务，并将产品或服务通过市场交易出售给其他生产者进行进一步生产加工	
防御型战略	收缩战略	通过减少成本和资产对企业进行重组，以加强企业基本和独特的竞争力	
	剥离战略	企业出售分部、分公司或任意部分，以使企业摆脱那些不盈利、需要太多资金或与公司其他活动不相适应的业务	
	清算战略	企业为实现其有形资产价值而将公司资产全部或分块售出	

从上表可以看出，可供企业选择的战略类型有很多。然而，不同层次战略的制定，往往需要采取不同的方法。按照经营层次的不同，战略可以分为公司层战略、事业层战略和职能层战略。这里主要介绍前两个层次战略的制定。

1. 公司层战略的制定

制定公司层战略，需要对企业内外部环境进行深入而详细的分析，进而根据分析的结果决定应该采取何种战略。SWOT 分析法和波士顿矩阵方法是两种应用十分广泛的制定公司层战略的方法。

(1)SWOT 分析法。SWOT 分析法又称为“态势分析法”，它是由旧金山大学的管理学教授于20世纪80年代初提出来的，是一种能够较客观而准确地分析和研究一个组织现实情况的方法。SWOT分析法是四个英文字母的缩写：优势（Strength）、劣势（Weakness）、机会（Opportunity）、威胁（Threat）。从整体上看，SWOT可以分为两部分：第一部分为SW，主要用来分析内部条件；第二部分为OT，主要用来分析外部条件。

在采用SWOT分析法对公司层战略进行分析时，首先应对企业所处的内外部环境进行全面而深入的分析；然后，将各种因素根据轻重缓急或影响程度等排列方式构建SWOT矩阵；最后，根据构建好的SWOT矩阵（如表6－3所示）和“发挥优势、克服劣势、利用机会、化解威胁”的原则制定相应的行动方案。

表6－3 SWOT矩阵分析

内部因素 / 外部因素	内部优势(S)	内部劣势(W)
外部机会(O)	SO战略：运用优势去利用机会	WO战略：利用机会弥补劣势
外部威胁(T)	ST战略：运用优势克服或回避威胁	WT战略：将劣势和威胁减到最小

对于每一种外部环境和内部条件的组合，企业都应采取相应的对策：①SO组合：这是一种最理想的组合，任何企业都希望凭借企业的长处，依托资源优势，最大限度地利用外部环境所提供的多种发展机会。②ST组合：应巧妙地利用自身的优势来克服外部环境中的威胁。合适的策略应该是慎重而有限度地利用外部环境中的机会。如不采取任何行动，就会把机会让给竞争对手。③WT组合：最大限度地降低外部威胁和内部劣势产生的影响，此时可以选择合并或缩减生产规模的战略，以期能克服劣势后使威胁随时间的推移而消失。④WO组合：企业有大量的外部机会，但却受制于内部的劣势，企业应采取扭转型战略，充分利用外部环境带来的机会，设法清除内部的劣势。

（2）波士顿矩阵方法。波士顿矩阵方法也称“经营单位矩阵法”，是定性决策的一种重要方法。它也被广泛应用于公司层战略的制定。这部分内容在“决策”中已经详细介绍，此处不再赘述。

2.事业层战略的制定

在制定事业层战略时，通常采用的方法有适应性战略和竞争性战略两种。

（1）适应性战略。适应性战略是雷蒙特·迈尔斯和查尔斯·斯诺在1978年出版的《组织的战略、结构和程序》一书中提出的。适应性战略主要包括防御者型、探索者型、分析者型和反映者型四种战略类型。

①防御者型战略。防御者型战略是指企业寻求向整个市场中的一个狭小的细分市场稳定地提供有限的一组产品。在这个有限的细分市场里，防御者型企业拼命奋斗，以防止竞争者进入自己的地盘。这类企业倾向于采用标准化的经济行为。其作为成熟行业中的成熟企业，采用高效生产、严格控制、连续可靠的手段，努力保护自己的市场地位。

②探索者型战略。这是一种致力于发现和发掘新产品和新市场机会的战略，采用

这种战略的企业的核心技能是市场开发能力和科技研发能力，它们可以拥有较多的技术类型和较长的产品线。探索者型战略能够在难以预测的、不断变化的市场环境中谋生存、求发展，获取新的机会，并最终取得成功。这种战略适用于动态和发展的环境，要求组织必须有足够的灵活性。

③分析者型战略。这是一种在规避风险的同时又能够提供创新产品和服务的战略类型，介于防御者型战略和探索者型战略之间。这种战略是在事业外围变动的同时保证事业的稳定。采用这种战略的企业，复制探索者的思想，致力于有限的一些产品和技术，以提高质量为手段，力争超越竞争对手。

④反应者型战略。这种战略只是根据环境的变化和竞争程度的不同，相应地做出适当的反应。采取这种战略的企业，对其外部环境缺乏控制，既缺乏适应外部竞争的能力，又缺乏有效的内部控制机能，没有一个系统化的战略设计和组织规划。迈尔斯和斯诺认为，只有当企业所采取的战略与企业所处的环境、技术、结构相吻合时，这种战略才能够取得成功。

(2)竞争战略。竞争战略是由哈佛大学工商管理学院的迈克尔·波特提出来的，他将增加竞争优势的低成本和差异化两种基本形式与企业经营范围相组合，推导出三种竞争战略。

①成本领先战略。成本领先战略是指组织刻意采用高效率的生产设备，采取严格的成本控制方式，以获得比竞争者更高的生产效率和更低的生产成本，进而保证其在价格竞争中仍然有获利的机会。

②差异化战略。差异化战略，即特色优势战略，是指组织力图提供与同行业中的其他竞争者不相同的产品或服务。这些差异化主要体现在高质量的产品和服务、技术性的专长、非同凡响的商标和创新型的设计等方面。

③集中战略。集中战略即目标集聚战略，是指组织将目标集中于某个专门的细分市场或购买群体。在这个狭小的目标市场上，再实行成本领先战略或差异化战略。

二、战略管理

伊戈尔·安索夫在其1976年出版的《从战略规划到战略管理》一书中首次提出了“企业战略管理”这一概念，他认为，企业的战略管理是指将企业的日常业务决策同长期计划决策相结合而形成的一系列经营管理业务。

(一)战略管理的定义

总体上来看，“战略管理”可以定义为企业确定其使命，根据组织外部环境和内部条件设定企业的战略目标，为保证目标的正确落实和实现进行规划，并依靠企业内部力量将这种谋划和决策付诸实施以及在实施过程中进行控制的动态管理过程。

战略管理的关键在于它不是静态的、一次性的管理，而是动态的、全过程的管理，是一种崭新的管理思想和管理方式。它需要根据外部环境的变化、企业内部条件的改变、战略执行结果的反馈信息等进行新一轮的战略管理，是不间断的动态管理。同时，战略管理不仅涉及战略的制定和规划，而且也包含将制定出的战略付诸实施的管理，因此是一个全过程的管理。战略管理一般可以分成战略制定、战略实施、战略控制三个部分。战略管理的任务就在于通过战略制定、战略实施和战略控制，在保持动态平衡的条件下，实现企业的战略目标。

战略管理与明茨伯格提出的战略的五种定义是完全吻合的。从企业未来发展的角度看，战略表现为一种计划；从企业过去的发展历程的角度看，战略则表现为一种模式；从产业层次看，战略表现为一种定位；从企业层次看，战略则表现为一种观念；此外，战略也表现为企业在竞争中采用的一种计谋。

（二）战略管理的特征

战略管理强调对企业外部环境的变化进行分析，在对企业内部条件和素质进行审核的基础上，为企业的发展制定战略并主动实施战略。战略管理主要有以下特征：

1. 全局性

企业的战略管理是以企业的全局为对象的，是根据企业总体发展的需要而制定的。它所管理的是企业的总体活动，所追求的是企业的总体绩效。虽然这种管理也包括企业的局部活动，但是这些局部活动是作为总体活动的有机组成部分而在战略管理中出现的。战略管理的这种全局性制约着企业经营管理中的一切具体活动。

2. 长远性

战略管理中的战略决策是对企业在未来较长的时期（5 年以上）内就企业如何生存和发展等问题进行的统筹规划。从这一点上来说，战略管理也是面向未来的管理，战略决策要以管理者所期望或预测将要发生的情况为基础。在迅速变化和充满竞争的环境中，企业要取得成功，就必须对未来的变化采取适应性的措施，这就需要企业做出长远性的战略计划。

3. 主体是高层管理人员

虽然战略决策涉及一个企业活动的各个方面，也需要企业上下层管理者和全体员工的参与和支持，但企业的高层管理人员介入战略决策是非常重要的。这不仅是由于他们能够通观企业全局，全面地了解企业的情况，更重要的是，他们具有对战略实施所需资源进行分配的权力。

4. 涉及资源配置的问题

企业的资源包括人力资源、实体财产和资金，均需要在企业内部进行调整，或者从企业外部进行筹集。在任何一种情况下，战略决策进行的活动都需要有大量的资源作为保证。因此，为保证战略目标的实现，需要对企业的资源进行统筹规划、合理配置。

5. 需要考虑诸多外部因素

企业要使自己占据有利地位并取得竞争优势，就必须考虑与其相关的外部因素，以使企业的行为适应不断变化的外部环境，实现企业的可持续发展。这些外部影响因素不仅包括政策、经济、技术、社会等宏观因素，还包括竞争者、顾客、资金供给者等微观因素。

知识链接

诸葛亮《隆中对》

公元207年，刘备"三顾茅庐"请诸葛亮。亮当时仅27岁，为刘的诚意所感动，向刘提出了被誉为"一对足千秋"、影响一个历史朝代的《隆中对》。《隆中对》是我国历史上军事战备系统分析与决策(或对策)的典型。下面是《隆中对》全文："自董卓已来，豪杰并起，跨州连郡者不可胜数。曹操比于袁绍，则名微而众寡，然操遂能克绍，以弱为强者，非惟天时，抑亦人谋也。今操已拥百万之众，挟天子而令诸侯，此诚不可与争锋。孙权据有江东，已历三世，国险而民附，贤能为之用，此可以为援而不可图也。荆州北据汉、沔，利尽南海，东连吴、会，西通巴、蜀，此用武之国，而其主不能守，此殆天所以资将军，将军岂有意乎？益州险塞，沃野千里，天府之土，高祖因之以成帝业。刘璋暗弱，张鲁在北，民殷国富而不知存恤，智能之士思得明君。将军既帝室之胄，信义著于四海，总揽英雄，思贤若渴，若跨有荆、益，保其岩阻，西和诸戎，南抚夷越，外结好孙权，内修政理；天下有变，则命一上将将荆州之军以向宛、洛，将军身率益州之众出于秦川，百姓孰敢不箪食壶浆以迎将军者乎？诚如是，则霸业可成，汉室可兴矣。"

(资料来源：新浪博客)

(三)战略管理的过程

战略管理是一个对企业的未来发展方向制定决策和实施这些决策的动态过程。一个全面、规范的战略管理大体可以分为五个阶段。

1. 确定组织的宗旨、使命和远景

战略管理的第一步就是要制定组织的宗旨、使命和远景。只有明确了这些内容，才能从根本上保证组织目标的实现，战略管理才具有现实意义。

2. 分析组织所处的内外部环境

确定了目标之后，就要对组织所处的内外部环境进行全面、深入的分析。

外部环境不仅包括宏观的外部环境，还包括产业环境和竞争对手的基本情况；内部环境则主要是组织可以控制的自身方面的因素。对组织内外部环境的分析，主要应侧重于外部环境的机会与挑战，以及内部环境的优势与劣势。

3. 重新评价组织的宗旨和目标

在对组织的内外部环境进行全面、深入的分析之后，结合组织的优势、劣势、机会和挑战，管理者需要重新评价公司的宗旨和目标，评估其是否与事实相符，是否需要修正。如果需要改变组织的整体方向，则需要重新编制战略目标；如不需要，则应着手制定战略。

4. 战略制定及选择

战略需要在公司层、事业层和职能层分别建立，管理者应努力寻求组织的恰当定位，以便获得领先于竞争对手的相对优势。一个组织往往可能会制定达成战略目标的多种战略方案，这就需要对每种战略方案进行鉴别和评价，并在此基础上选择适合企业自身的方案。

5. 战略实施及控制

战略制定后，必须通过具体化的实际行动来实现战略及战略目标。一般来说，要从三个方面来推进战略的实施：一是制定职能策略；二是重新构建组织结构，以适应所采取的策略；三是领导者的素质及能力要与所执行的战略相匹配。在战略实施的过程中，为了实现既定目标，必须对战略的实施进行严格的控制。将反馈回来的实际成效与预定的战略目标进行比较，当二者发生偏差时，应当采取有效的措施予以纠正；当环境变化引起偏差时，就需要考虑制定新的方案，进行新一轮的战略调整。

本章小结

“计划职能”可以从广义和狭义上进行理解。计划可按多个标准进行分类，按计划的期限可分为长期、中期和短期计划；按企业职能可分为业务、财务和人事计划；按计划的重要程度可分为战略、战术和作业计划。计划的作用包括：为实现组织目标服务；管理者指挥的依据；降低风险提高效益的手段和方法；管理者进行控制的标准。

计划的编制过程：第一，确定目标；第二，确定前提条件；第三，拟定和选择可行的行动方案；第四，拟定派生计划；第五，用预算形式使计划数字化。计划常用的编制方法有环境分析法、滚动计划法、网络分析法和线性规划法四种。

目标管理是计划与控制职能相融合的综合性方法，其基本步骤是目标设立、目标分解、目标控制和评价成果四个阶段。

战略在企业中占有重要地位。战略制定的方法有波士顿矩阵和SWOT分析法两种。战略管理的过程分为五个步骤。

企业资源计划是在MRP的基础上产生的，并随着计算机技术的发展而变化。该计划在当前社会有了新的经营理念和内涵，对企业管理具有很大的帮助。

本章习题

1. 为什么说计划职能是管理职能的首要职能?
2. 怎样理解目标管理的基本思想?
3. 战略管理的重要性表现在哪些方面?
4. 战略管理的基本步骤有哪些?
5. 企业资源计划对企业管理的作用有哪些?

案例研讨

菲利普·莫里斯公司的经营战略

20世纪50年代,当医生们把香烟与癌联系在一起时,烟草公司就立即认识到,如果他们要生存下去,就必须采用新的战略。由于消费者和广告限制对企业的影响十分明显,因而不能忽视。于是绝大多数著名的烟草制造商就开始寻求多种经营方式以及进入新的市场领域的方法。

菲利普·莫里斯公司是当时规模最大、获利最多的烟草公司之一,它的主要产品——"万宝路"牌香烟风靡世界,它的强大财力,足可使它收购其他企业。

1959年,菲利普·莫里斯公司用1.3亿美元收购了米勒啤酒公司。米勒公司的经历(啤酒市场开发)是开发市场最为成功的例子之一。先前,啤酒行业都采用保守和陈旧的方法来开发市场,菲利普·莫里斯公司采用了与之不同的新方法,并附之以庞大的市场开发预算。它对原先米勒公司的产品结构进行了改造,淘汰了老式产品,而主要生产低度的高级啤酒和高度的低级啤酒,并加强了广告宣传。结果,"米勒"啤酒获得了巨大的成功,在美国的销售量仅次于"巴德维塞"牌啤酒。接着,以"米勒"啤酒为基础,又生产出迎合各种顾客需要的"莱特"牌啤酒,这样就使菲利普公司的销售量和利润都大幅上升。

1978年,菲利普公司又收购了"七喜"饮料公司,并把原来含咖啡因的饮料改为无咖啡因饮料,随后又发展了一种无咖啡因的可乐饮料,并通过广告大量宣传这两种饮料,使其销售量飞速上升。

菲利普公司在最近又收购了国际第四烟叶公司——罗思曼斯,致使菲利普公司成为全方位的国际公司,使它不但能保持原产品线和市场,而且把"万宝路"香烟推向国际市场。

(资料来源:《菲利普·莫里斯公司的经营战略》,天一企业文化网,2009)

案例思考题:

1. 菲利普·莫里斯公司对"米勒"啤酒、"七喜"饮料采取了什么样的经营战略?
2. 用波士顿矩阵分析菲利普·莫里斯公司各种产品的地位。

3.“吸烟有害健康”，当人们逐渐认识到这一点时，菲利普·莫里斯公司却收购了罗思曼斯，这种决策是否正确？它还应采取哪些措施？

应用训练

根据以下提纲编制一个具体的产品推广计划：

1. 计划的名称（活动名称、副标题）
2. 计划的目的（销售促进等）
3. 计划的主题（活动主题）
4. 对象商品
5. 计划的内容（如：赠品种类、赠品的赠送方法）
6. 计划的对象（目标顾客）
7. 计划的目标（来店客户人数、促销期间销售量等）
8. 促销场所（店内）
9. 促销时间
10. 店内装饰
11. 制品种类（广告传单、POP、卡片等）
12. 通知方法（广告等）
13. 运营计划（店内任务安排、与以往计划的区别）
14. 计划的效果（顾客数、销量以外的预期效果）

第七章 组 织

学习目标

▶了解组织的概念，熟悉组织的原则，掌握组织设计的程序

▶了解组织结构的传统类型，熟悉现代组织设计的新形式，掌握直线职能制、事业部制和矩阵制等组织结构的特点，能够根据组织设计和组织结构理论，设计特定组织的组织结构

▶掌握正式组织与非正式组织的相同点与不同点，学会区别正式组织与非正式组织

▶了解如何处理好集权与分权的关系，熟悉部门划分的原则和方法

▶了解组织变革的原因，熟悉组织变革的过程，掌握组织文化的内涵，会运用组织文化理论倡导组织文化

案例导引

"华硕"调整组织结构，划分三大事业群

"华硕"在公司成立20周年的庆祝大会上，正式宣布将事业群划分为系统、零组件、手持设备三大事业群，分别由CEO沈振来、副董事长曾锵声、董事长施崇棠三巨头领军。"华硕"表示，4月起新的组织架构已经上路，虽仍有部分人事微调之处，但大致已经定案。而为应对组织改组，"华硕"陆续精减人事，裁员幅度大约一成。据估计，"华硕"此波合计将裁员400人至500人，员工人数将从4500多人缩减至4000人左右。据了解，此波裁员影响最大的产品线首推光碟机部门，至于系统等事业群则是部分微调，精简幅度不大。

外界认为，"华硕"有可能借这次组织调整，关闭获利不佳的光碟机以及监视器产品线，业界人士认为，这两项产品将慢慢淡出，"华硕"此时不愿松口关闭生产线，是为了避免库存难以销售情况的产生。对此说法，"华硕"予以否认。"华硕"表示，光碟机以及监视器纳入零组件事业群，并未裁撤。"华硕"组织调整后，系统事业群包括笔记本电脑以及EeePC，由沈振来领军，营销方面则由原欧洲区总经理陈彦政负责；手持事业群由施崇棠督导，总经理为洪宏昌，全球行销业务则由原亚太区总

经理林宗樑负责;零组件事业群由曾锵声监督,总经理为谢明杰,营销业务则由原美国总经理许佑嘉担任。美国市场则由董事何铭森以及前捷威的渠道主管ChuckMay负责。

"华硕"新闻发言人表示,"华硕"之前的营销业务架构是以地区划分,这种划分方式造成设计开发与市场需求产生落差,以致过去华硕自豪的产品竞争力落后同行。调整后的组织更加扁平化,营销业务主管将负责单一产品,能在产品开发初期,给予更多市场方面的意见。华硕表示,人力精简成效已在4月份开始逐步彰显,之前的管理面漏洞已修补,经营已步入正轨。华硕的费用有一半来自变动成本,与营收变化关系大;一半则来自固定成本,"华硕"已通过精简人力,来达到降低固定成本的目标。

(资料来源:网易,科技频道IT业界)

组织既是一个协作系统,又是一个资源配置过程。为实现组织目标,应依据内外条件的变化,采取不同的组织结构形式。组织设计恰当与否,将直接影响组织的运行效率。如何认识组织?我们将从组织的概念、组织结构与设计、组织变革与组织文化等方面展开讨论。

第一节 概 述

"组织"的希腊文原义是指"和谐、协调"。从管理学的角度分析,"组织"有两种含义:一方面,组织是人类社会最常见、最普遍的现象,工厂、机关、学校、医院、各级政府部门等都是组织,它代表某一实体本身,又称为"实体组织";另一方面,组织又是管理的一项工作或管理的一项职能,是人与人之间或人与物之间进行资源配置的活动过程。

一、组织的定义

通常来讲,组织是指为了实现某一共同目标,由分工与合作及不同层次的权力责任制度而构成的角色集合。这个定义具有以下四层含义:

(一)组织必须有共同目标

任何组织都是为了实现特定目标而存在的,不论这种目标是明确的还是隐含的,目标是组织存在的前提和基础。

(二)组织必须有分工与协作

分工与协作关系是由组织目标限定的。企业为了达到经营目标,要有采购、生产、销售、财务和人事等许多部门,这是一种分工,每个部门都专门从事一种特定的工作。与此同时,各个部门又要相互配合,采购要按生产的需要进行,生产要以"以销定产",这就是一种合作。只有把分工和协作结合起来,才能提高效率。

(三)组织必须有权责关系

分工之后,就要赋予各部门及每个人相应的权力,以便于实现目标。但同时必须明确各部门或每个人的责任,只有权力而不负责任,可能导致滥用职权,同样会影响组织目标的实现。所以,职权和责任的有效协调是达成组织目标的必要保证。

(四)组织必须有系统结构

任何组织都有一定的结构,即系统结构。它是指管理体系内的组织机构之间的从属、并列配置关系的组织形态。组织结构是正式组织各组成要素相互联结的框架或构造,是各组成部分包括单位、部门和个人在整体的组织中怎样分工协作,有效合理配置,以形成相互关联的相对稳定的关系或联系方式。

二、组织的功能

组织主要具有以下三个方面的功能:

(一)集合功能

组织是利用集体力量帮助人类社会超越自身个体发展能力的支撑条件。组织存在的基础是生产的社会化。随着社会需求的日益复杂化、多样化,单纯依靠个人的力量已无法满足这些需求,因此,人们组成各类组织,在组织中统筹安排各种资源,以尽可能少的资源消耗取得最大的利益。

(二)约束功能

组织是实现管理目标的重要保证,组织的作用是由其运转过程实现的。要创建一个有效的组织,只集合一些人、安排他们一定职务是不够的,而应该找到必要的人并把他们放在最能发挥其作用的位置上。

(三)协调功能

以企业为例,组织是连接企业领导与职工、企业与环境的桥梁。企业实现有效领导的前提是领导与职工的信息交流、情感交流。信息交流可使每个职工明确个人的权利与责任。借助于组织内部在合理分工基础上形成的权责分配关系,使组织成员有一个正式的信息联系渠道,可以了解生产中出现的问题,及时进行信息传递,保证问题得到及时有效的解决,避免矛盾与误解。

因此，要在复杂变幻的社会中理解和发挥组织的作用，正确履行管理的组织职能。如果没有应有的组织，管理系统的组织力量和被管理系统上的主动性发挥都无从谈起。

第二节 组织结构与设计

组织结构是组织中正式确定的使工作任务得以分解、组合和协调的框架体系。具体地说，它表现为对组织内部进行的职能分工，即横向的部门联系和纵向的层次体系。组织结构通常可以用图表示，即组织结构图。它以直观的方式，表明了组织中的各种职位及其排列顺序，展示了组织的职权结构及个体的任务，反映了组织内部在职务范围、责任权利等方面所形成的关系体系。其本质是组织内部各成员的分工协作关系。

组织如果没有分工明确、权责清楚、协作配合、合理高效的组织结构，那么其内在机制的作用就不可能充分地发挥出来。一个组织如果不能根据外部环境的变化及时调整和优化自身的组织结构，就会影响管理效率的提高。因此，建立合理高效的组织结构是十分必要的。

一、组织设计的基本原则和程序

（一）组织设计的基本原则

尽管组织所处的环境、采用的技术、制定的战略、发展的规模不同，所需的职务和部门及其相互关系也不同，但是，任何组织在进行组织结构设计时，都要遵守一些共同的原则。

1. 目标统一原则

目标统一指组织结构的设计和组织形式的选择都应当有利于组织目标的实现。组织的一个鲜明特点就是共同的目的，组织中的每一个部门都应该与组织既定的目标有关系，否则就没有存在的必要性。

2. 分工协作原则

分工是按照提高管理专业化程度和工作效率的要求，把组织的目标分成各级、各部门以至每个人的目标和任务，使组织的各个层次、各个部门乃至每一个人都了解自己在实现组织目标中应承担的工作职责和职权。有分工就有协作，必须协调各部门之间以及各部门内部的各种关系。

3. 管理幅度原则

管理幅度因组织、因人而有所不同，管理幅度大小又直接影响管理层次的多少。因而一个主管人员应根据众多的影响因素来慎重地确定自己的理想管理幅度。

4. 权责一致原则

在组织工作中，既要明确规定某一管理层次和各个部门的职责范围，又要赋予完成其职责所必需的管理权限，两者必须对等。如果没有职责、没有职权或权限太小，那么承担者的积极性、主动性必然会受到束缚，实际上也不可能承担起应有的责任。相反，有职权而无任何责任，或责任程度小于职权，将会导致滥用权力。职权与职责必须相符。

5. 统一指挥原则

组织的各种机构以及个人必须服从一个上级的命令和指挥。只有这样，才能保证命令和指挥的统一，避免多头领导和多头指挥，使组织最高管理部门的决策得以贯彻执行。按照统一指挥的要求，上级指示从上到下逐级下达，不许越级指挥，下级只接受一个上级的领导，只向一个上级负责和汇报工作，上下级之间形成一条"指挥链"。这样一来，上级能及时了解下级的情况，下级也容易领会上级的意图。因此，按照这一要求去做，可做到政令畅通，提高管理工作的有效性，而那些由于"多头领导"和"政出多门"所造成的混乱就可以避免。

6. 集权与分权相结合原则

在组织工作中，掌握集权与分权的度是非常重要和关键的。该集中的权力集中起来，该下放的权力就应该授予下级，唯有如此，才能加强组织的灵活性和适应性。

7. 精干高效原则

在服从由组织目标所决定的业务活动需要的前提下，力求减少管理层次，精简管理机构和人员，充分发挥组织成员的积极性，提高管理效率，更好地实现组织目标。如果一个组织层次繁多、机构臃肿、人浮于事，就会导致人力资源的浪费、办事拖拉、效率低下。唯有机构精简、队伍精干，工作效率才会提高。

8. 稳定性与适应性相结合

组织结构形式既要有相对的稳定性，又必须随组织内外部条件的变化和组织目标的变化做出相应的调整。随着组织的不断发展，组织赖以生存的环境也在不断变化，组织的调整与变革便不可避免，否则将使组织出现结构僵化、效率低下的现象搭配。当然，如果要进行有效的实现组织目标的活动，则必须维护一种相对平稳的状态，组织越稳定，效率也就越高。

9. 均衡性原则

就同一机构、人员之间在工作量、职责、职权等方面应大致平衡，不宜偏多或偏少。苦乐不均、忙闲不均等都会影响工作效率和人员的工作积极性。

以上九条组织设计原则，是相辅相成的，在组织设计中都应该遵循。

（二）组织设计的程序

组织设计是一个动态的工作过程，它包含了众多的工作内容，既有职位、职权的确定与部门的分工，也有组织内部各机构运行规则的制定和各部门联系方式的确定，还包括对人员的配备和训练。要做好一个组织设计，一般经过以下八个环节：

1. 确定组织的目标

组织目标是指一个组织未来一段时间内要实现的目的，它是组织成员的行动指南，是组织决策、效率评价、协调和考核的基本依据。

2. 确定组织设计的基本方针和原则

根据组织的目标以及组织的环境特点，确定进行组织设计的基本思路。以企业组织为例，它包括：公司一级的管理幅度是宽一些还是窄一些，组织结构形式是采用职能制还是事业部制，是集权还是分权，等等。这些都是进行组织设计的基本依据。

3. 进行职能分解和职能设计

对企业而言，这一步骤的内容包括：确定为了实现企业的战略目标而需要设置的各项经营职能和管理职能，并明确其中的关键职能；不仅要确定企业总的管理职能及其结构，而且要分解各项具体的管理业务和工作；为提高管理效率，需要进行管理和业务流程的优化，合并相应的职能。

4. 设计组织结构的框架

设计组织结构的框架即设计承担这些管理职能和业务的各管理层次、部门、岗位及其权力和责任，这个阶段所开展的工作是组织设计的主体工作。框架设计可以有两种方法：

(1)自下而上的设计方法。自下而上的设计方法即先确定组织运行所需的各个岗位和职务，然后按一定的要求(如职能专业化或顾客、地区专门化)将某些岗位和职务组合成多个相应独立的部门，再根据部门的数量和设计的幅度要求，划分出各个管理层次。

(2)自上而下的方法。自上而下的方法即先确定管理层次，然后划分部门，最后分解成各个岗位和职务，其设计思路与前一种设计方法相反。

由于岗位—部门—层次三者是相互联系、相互制约的，因此在实践中，这两种设计方法一般结合使用，相互修正。

5. 管理规范的设计

管理规范的设计即确定各项管理业务的管理工作程序、管理工作应达到的要求(管理工作标准)和管理人员应采用的管理方法等。它形成了各层次、各部门和每位组织成员的行为规范，有利于实现组织的合法化和规范化，并起到巩固和稳定组织的作用。

6. 人员配备和训练管理

这个环节主要是明确各岗位、职务、任职人员的资质要求和数量，如担任某一职务的管理人员应具备的思想素质、身体素质、业务素质和业务技能及相关管理经验要求等，主要目的是保证管理人员拥有从事管理工作的胜任力。

7. 各类运行制度的设计

这一环节的工作主要是制定各管理部门和管理人员的绩效评价和考核制度，管理人员的激励制度等，以保证整个组织的有序运行和提高组织工作效率。

8. 反馈和修正

组织设计是一个动态的过程，因此在组织运行过程中，应该根据出现的新问题、新情况，对原有组织结构设计适时进行修正，使其不断完善。

二、管理幅度和管理层次

(一)管理幅度

管理幅度是指一名主管人员有效地管理直接下属的部门数和人数。由于管理者的时间和精力是有限的,其管理能力也因个人的知识、经验、年龄、个性等不同而有所差异,因而任何管理者的管理幅度都有一定的限度,超过一定限度,管理的效率就会随之下降。

确定管理幅度,一般应考虑以下几个因素:

1. 职务的性质

一般来说,高层职务管理幅度较小,基层职务管理幅度较大。如一个厂长领导几个车间主任或部长,而一个车间主任往往领导几十个甚至几百个工人。

2. 工作能力强弱

工作能力包括管理者的工作能力和下级的工作能力。下级工作能力强、技术水平高、经验丰富,则管理者处理上下级关系所需的时间和次数就会减少,这样就可扩大管理幅度;反之,如果委派的任务下级不能胜任,则上级指导和监督下级的活动所花的时间无疑要增加,管理幅度势必要缩小。另外,如果管理者个人的知识渊博、经验丰富、组织能力强,就可迅速地把握问题的关键,则可以加大管理幅度;反之,减小有效管理幅度。

3. 工作本身的性质

性质复杂的工作,需要管理者与其下属之间保持经常的接触和联系,一起探讨完成工作中遇到的问题,因此,应设置较窄的管理幅度;相反,完成相对简单的工作,则允许有较宽的管理幅度。

4. 标准化和授权程度

如果领导者善于同下级共同制定出若干工作标准,放手让下级按标准行事,并把一些较次要的问题授权给下级处理,自己只负责重大问题、例外事项的决策,其管理幅度自然可以加大;相反,如果领导者对下属不放心,事必躬亲,又没有一套健全的工作标准,管理幅度太大,必然精力不及、管理不周,以至贻误工作。

5. 信息反馈情况

如果信息反馈快,上下级意见能及时交流,左右关系能及时协调配合,管理幅度可适当加大;反之,管理幅度应减小。

(二)管理层次

管理层次就是在职权等级链上所设置的管理职位的级数。

1. 管理层次的产生

当组织规模较小时,一个管理者可以直接管理每一位作业人员的活动,这时组织就只存在一个管理层次。而当规模的扩大导致管理工作量超出一个人所能承受的范围时,为了保证组织的正常运转,管理者就必须委托他人来分担自己的一部分管理工作,这就会促使管理层次增加到两个层次。随着组织规模的进一步扩大,受托者又不得不进而委托其他的人来分担自己的工作,依此类推,从而形成了组织的等级制或层次性管理结构。

2. 管理层次的副作用

从一定意义上来讲,管理层次是一种不得已的产物,其存在本身带有一定的副作用。首先,层次多意味着费用也多。层次的增加势必要配备更多的管理者,管理者又需要一定的设施和设备的支持,而管理人员的增加又加大了协调和控制的工作量,所有这些都意味着费用的不断增加。其次,随着管理层次的增加,沟通的难度和复杂性也将加大。一道命令在经由层次自上而下传达时,不可避免地会产生曲解、遗漏和失真,由下往上的信息流动同样存在困难,也存在扭曲和速度慢等问题。此外,管理层次和管理人员增多后,可能影响下级人员的主动性和创造性。

知识链接

格拉丘纳斯的上下级关系理论

法国管理顾问格拉丘纳斯(V. A. Graicunas)在1933年发表的一篇论文中,分析了上下级之间可能存在的关系,并提出了一个在任何管理幅度下用来计算,可能存在人际关系数的数学模型。公式如下:

$$C = n \cdot [2^{n+1} + (n-1)]$$

式中:C:可能存在的人际关系数;

n:一个管理者直接控制的下属人数,即管理幅度。

格拉丘纳斯指出,管理幅度的算术级数增加时,主管人员和下属间可能存在的相互关系将以几何数增加。因此,上下级相互关系数量和频数的减少,就能加大管理幅度,从而减少层次过多而产生的费用和无效性。

(资料来源:百度文库)

可见,管理层次的多少与管理幅度的大小密切相关。在一个部门的人员数量一定的情况下,管理幅度同管理层次成反比关系。一个管理者直接管理的下属人数越多,该部门内的管理层次就越少,所需要的管理人员就越少;反之,所需要的管理人员越多,相应的管理层次也就越多。如图 7—1 所示。

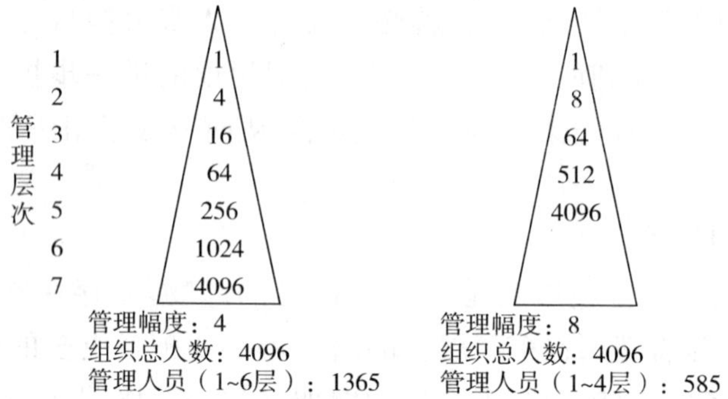

图7－1 管理幅度与管理层次关系图

(三)扁平结构和金字塔结构

按照管理幅度和管理层次的不同，形成了组织的两种基本结构形态：扁平结构和金字塔结构。

扁平结构是指管理幅度大而管理层次较少的结构。扁平结构有利于缩短上下级之间的距离，增进上下级之间的关系，信息纵向流通速度加快；由于管理幅度大，被管理者有较大的自主性和创造性，也有利于选择和培训下属人员。但由于不能严格监督下级，使上下级之间的协调较差；管理幅度的加大，也增加了同级间相互沟通联络的困难。

金字塔结构就是管理层次多而管理幅度小的结构。该结构具有管理严密、分工细致明确、上下级易于协调的特点。但层次越多，需要的管理人员也越多，协调工作急剧增加，互相扯皮的事层出不穷；由于管理精密，影响了下级人员的积极性、创造性。因此，为了达到有效管理，应尽可能地减少管理层次。

三、组织结构的基本类型

(一)组织结构的基本类型

组织结构中人和机构之间的关系有两种类型：一是纵向关系，既可分为上下级(层次)隶属与领导联系，又可分为直线关系与职能关系；二是横向关系，即同级各要素之间的分工协作关系。这两种关系，在所有组织结构中都存在。随着社会、管理理论与实践的发展，组织结构的具体形式也在变化、发展，这里重点介绍几种常用的并占主导地位的组织结构类型。

1. 直线制组织结构

直线制组织结构的特点是，组织中各种职务都按垂直系统直接排列，各级主管都按垂直系统对下级进行管理，不设专门的职能管理部门或参谋机构，如图 7—2 所示。

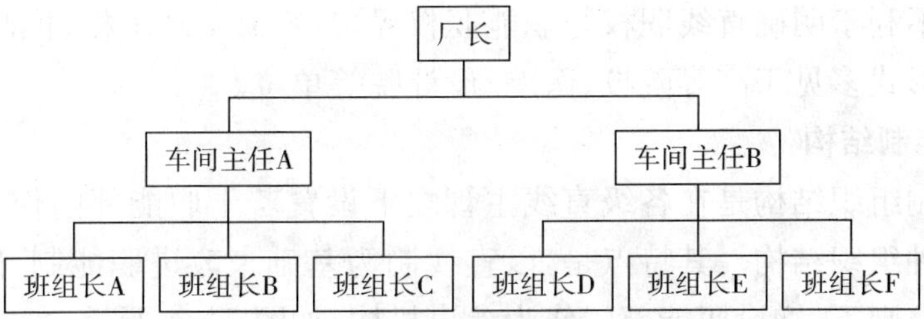

图7-2 直线制组织结构

这种组织形式的优点是:结构简单、管理费用低、职权集中、责任明确、指挥统一、沟通简捷、易于维护纪律和组织秩序、管理效率比较高。其缺点是:缺乏专业化管理分工,权力完全集中于一人,容易产生失误;管理工作比较粗放,组织内机构间、成员间横向联系少、协调差;对直接上级,尤其是最高领导者个人的依赖性太大。

这种组织形式是最古老、最简单的组织结构,一般只适用于产品单一、工艺技术和业务活动比较简单、规模较小的企业。

2. 职能制组织结构

职能制组织结构,又称"U形组织结构",它是按职能来组织部门间的分工,也就是从组织高层到基层,把承担相同职能的管理业务及其人员组合在一起,设置相应的管理部门和管理职务。在组织内部除直线主管外,各职能部门在自己的业务范围内有权向下级下达命令和指示,直接指挥下级;下级直线主管除了服从上级直线主管的指挥领导外,还要接受上级职能部门的指挥,如图7—3所示。

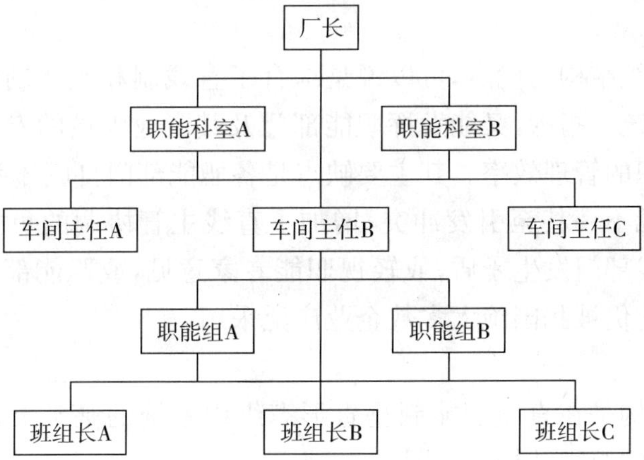

图7-3 职能制组织结构

这种组织形式的优点是:能发挥职能机构和专业人员的专业管理作用,对下级工作的指导会变得具体、细致,有利于对整个企业实行专业化管理,并且可减轻直线主管的工作负担,甚至可弥补直线主管专业管理能力的不足。其缺点是:由于下级要根据专业分工向不同职能部门汇报工作、接受指示,容易形成多头领导,削弱了组织所必要的集中领导和统一指挥的力度,容易出现命令的重复或矛盾,使下级无所适从,造成管理的混乱；同时，也不利于明确直线职权与职能职权界限，容易出现争权、推卸责任等问题。

这种组织形式多见于高等院校、医院、设计院等单位。

3. 直线职能制结构

直线职能制组织结构是在各级直线主管之下设置若干职能部门作为直线主管的参谋和助手的一种组织结构。其特点是，以直线制为基础来改进职能制，即在保持直线制组织统一指挥原则下，增设职能部门作为参谋机构，如图 7—4 所示。

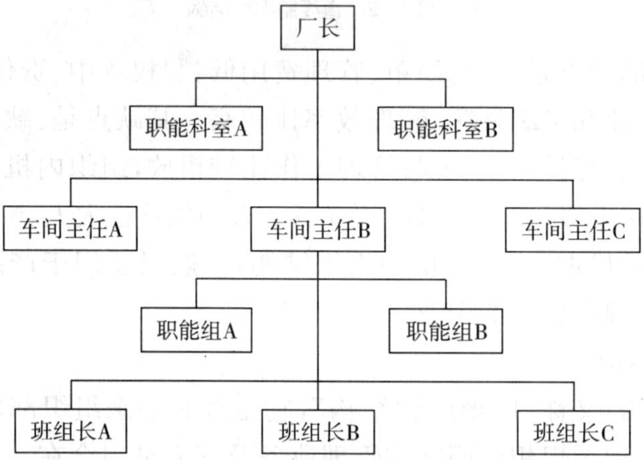

图 7－4　直线职能制组织结构

这种组织形式的职能机构不同于职能制组织形式的职能机构，因为它对下级直线主管无权发号施令，只起业务指导作用，除非直接主管授予某种权力，才能有一定程度的指挥职权。

直线职能制组织结构的优点，可以说是综合了直线制和职能制的各自优点，既保证了整体组织的集中统一指挥，又能发挥职能部门及其专业人员的专业管理作用，有利于优化决策、提高组织的管理效率。其主要缺点是各职能部门自成体系，易从本位出发，部门间缺乏沟通，意见不一甚至引发冲突，增加了直线主管协调的负担；职能职权大小难以界定，往往与直线部门发生矛盾，或轻视职能专家意见，或职能部门越权。尽管如此，这种组织机构，目前仍被我国绝大多数企业广泛采用。

4. 矩阵制结构

矩阵制组织结构是在直线职能制垂直形态组织系统的基础上，再增加一种横向的领导系统组建而成的组织结构。如图 7—5 所示。

矩阵制组织有两个部分：一是相对固定的机构，包括组织常设的职能机构和经常性的业务经营机构。这是维持和发展组织正常业务需要和组织运行所必需的机构。二是诸如项目或任务小组的临时机构，是解决组织一定时期所面临的重要问题而建立的机构，任务完成后就解散。参加项目小组的成员，一般都接受双重领导，既在行政和专业上隶属原职能部门和经营机构领导，而在执行小组任务上则归项目负责人领导。

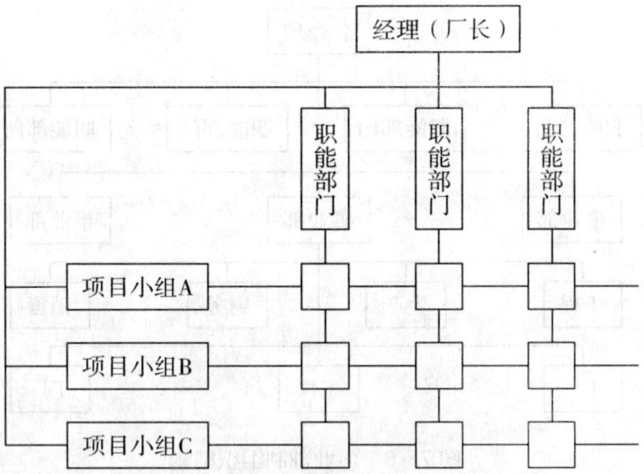

图7-5 矩阵制组织结构

这种组织结构的优点是：能将组织的横向联系和纵向联系较好地结合起来，有利于加强各职能部门、经营机构之间的协调和配合，及时沟通情况、解决问题；能在不增加机构和人员编制的前提下，将不同部门的专业人员组合起来，充分发挥已有的职能和业务专家的作用，有利于减少人员和财力资源的浪费、减缩成本开支；灵活应变的能力较强，能较好地解决组织结构相对稳定和管理任务多变之间的矛盾，使一些临时而重要的、跨部门的工作执行起来变得容易；可避免各部门的重复劳动、加速工作进度，增强整个组织的效益性。

但是，矩阵制组织结构也有它的缺点和不足，这种组织结构的组织关系复杂，项目小组与已有的职能部门、业务经营机构在人员使用和有关业务问题上不容易协调；双重领导如果出了问题，责任有时难以分清，小组成员也容易因责任心不强而产生临时观念。矩阵制组织结构适用于一些重大的攻关项目。企业可用来完成涉及面广的、临时性的、复杂的重大工程或管理改革任务。特别适用于以开发与实验为主的单位，例如科学研究，尤其是应用性研究单位等。

5. 事业部制结构

事业部制组织结构是在一个企业内对具有独立的产品和市场、独立的责任和利益的部门实行分权管理的统一组织结构，如图7—6所示。

这些部门成为事业部，需具备三个基本条件：一是拥有独立的经营中心。按企业总的政策要求，在自己经营的产品和市场范围内拥有独立经营自主权，具有足够的权力，能自主经营。二是拥有独立的责任中心。能对自己的经营活动过程和经营成果以及产品和市场负责。三是拥有利润和利益中心。具有独立的利益，实行独立核算、自负盈亏，有权分享相应的经济利益，独立进行内部利益分配。这种组织结构的最主要特点是集中政策、分散管理；集中决策、分散经营。最高管理层只保留预算、资金分配、重要人事任免和战略方针政策等重大问题的决策权，其他权力都尽可能下放给事业部（有的称“分公司”）。

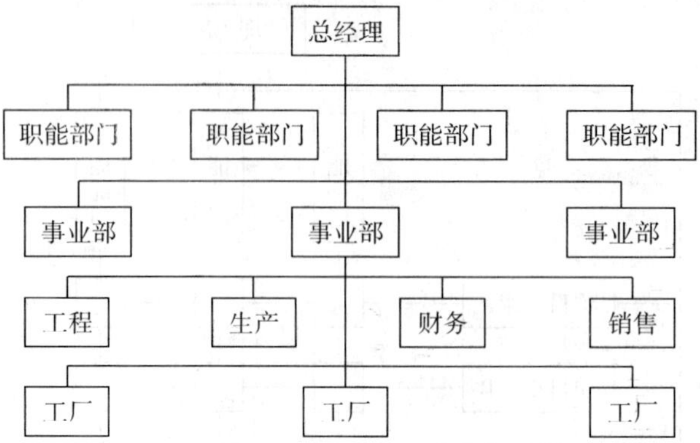

图7-6 事业部制组织结构

事业部制组织结构的优点在于，它实现政策管理集权化、业务运作分权化，正确地处理最高管理层与下级经营机构之间的集权和分权的关系，使企业最高决策层能集中力量制定公司的总目标、总方针、总计划及各项重大决策，可以摆脱大量的日常行政事务。同时，可使各事业部充分发挥经营管理的主动性、积极性。从而保证企业在复杂多变的环境中，既有较高的组织稳定性，又有较强的经营管理适应性，同时，有助于克服组织的僵化、官僚化，提高组织的活力。这种组织结构还能把统一管理、多种经营和专业分工更好地结合起来，这既有利于公司不断培养出适应公司发展需要的人才，也有利于公司获得稳定的利润。

事业部制组织结构的缺点是，各事业部利益相对独立，易产生由于本位主义而忽视整体利益的现象，且事业部之间协作能力较差，甚至发生内耗，严重的还会出现架空公司领导的现象，此外，这种组织结构会增加管理机构，出现公司内部机构重叠、管理人员比重增大、管理成本增高、符合公司要求的管理人才难寻觅等缺点。

在经济全球化和知识经济不断发展的今天，组织结构还在不断地创新和发展。从总体来看，组织结构的发展趋势将是扁平化、柔性化和网络化。我们将在“创新”章节里作进一步讨论。

四、集权与分权

组织的不同部门拥有的权力范围不同，会导致部门之间、部门与最高指挥者之间以及部门与下属单位之间的关系不同，从而造成组织结构的不同。比如，同是按产品划分设立的管理单位，既可以是单纯的生产车间，也可以是一个拥有相当自主权的分权化经营单位(事业部甚至分公司)。这就涉及组织的集权与分权问题，前者多半发生在权力相对集中的组织中，后者则是分权化组织的主要特征。

(一)集权与分权的概念

集权是指决策权在很大程度上向处于较高管理层次的职位集中；与此相对应，分权是指决策权在很大程度上分散到处于较低管理层次的职位上。“集权”与“分权”是相对的概念，不存在绝对的集权和分权。绝对的集权，意味着没有下层管理人员，就如同在一个企业内没有财务、人事、生产等部门的主管人员，仅有总经理一样。职权的绝对分散，意味着没有上级的主管人员，如同没有总经理的企业。事实上这两种组织结构一般而言都是不存在的。

（二）集权与分权的影响因素

组织选择集权还是分权，主要受到以下因素的影响：

1. 组织的历史

由较小规模发展起来的组织，倾向于集权。若组织是由联合或合并而来，则多采用分权的方式。

2. 组织的规模

规模大的组织层次多、部门多，协调、沟通和控制的难度较大，为了保证组织的各类事务得到有效处理，一般倾向于选择分权的方式。

3. 管理者的素质

各层管理者经验丰富、管理能力强，则可以较多地选择分权；反之，则趋向于集权。

4. 领导者的个性

组织中个性较强和自信的领导，往往倾向于独断专行，视集权为保证个人意志绝对被服从的先行条件，往往造成集权的状况。

5. 组织的通信和控制手段

拥有现代化的通信手段和控制手段的组织，在职权配置上经常会有两种不同方向的变动：一是重要和重大问题的决策倾向于更大程度的集权化；二是次要问题的决策则倾向于更大程度的分权化。

6. 环境的影响

组织环境有较大的不确定性，业务活动必须具有灵活性和创造性，一般倾向于分权；组织环境稳定，业务活动趋于程序化，一般倾向于集权。

7. 决策的一致性

一般来说，组织高层管理者希望保持政策执行的一致性，则组织宜采取集权方式；如高层管理者能够允许组织内部政策执行的变通性存在，则宜采取分权管理方式。

（三）集权的优缺点

组织集权有利于领导人在组织活动中进行统一指挥、统一领导、果断决策；有利于领导人对整个组织及经营活动进行全面控制；领导人能有效地拟定和贯彻企业的经营战略，可以充分利用企业的经营资源，有利于提高企业的整体效益。

一个组织，当它的规模还比较小的时候，高度集权可能是必须的，而且可以充分显示出其优越性。但随着组织规模的扩大，如果将许多决策权过度地集中在管理层，则可能出现弊端。这些弊端主要表现在以下几个方面：

1. 降低了决策的质量和信息的传播速度

大规模组织的领导者远离基层，基层发生的问题经过层层请示汇报后再做决策，则不仅导致决策迟缓，而且会影响决策的正确性。即使决策是正确的，由于多环节的传递需要耽误大量的时间，出现的问题可能已对组织造成重大危害，或者形势已经变化，问题的性质已经转化，需要进行新的决策。

2. 降低了组织的应变能力

适应环境的变化，组织才能生存和发展。随着组织规模的扩大，过度集权的组织可能使各个部门失去自我适应和自我调整的能力，从而削弱组织整体的应变能力。

3. 降低了组织成员的积极性、主动性和创造性

权力的高度集中，使组织成员只能被动地、机械地执行命令。长此以往，他们的积极性、主动性、创造性和工作热情将会丧失殆尽，同时高层管理者也难以集中精力处理大问题。

（四）分权的优缺点

分权在决策上给予管理人员更多的自由权和独立权，既可以减轻高层管理者制定决策的负担，又能提升组织成员的积极性，有利于营造组织中的竞争氛围，有利于训练部属，使其具有独当一面的工作能力。

但是，过度分权会使得实现政策的统一变得更加困难，增强了组织协调的复杂性，可能导致上层管理人员的部分权力失控。分权还受到控制技术的限制以及计划和控制制度不够完善的约束，分权需要增加大量费用用于培训管理人员。

（五）分权的重要途径——授权

分权可以通过两个途径来实现：一是改变组织设计中的权力分配，即制度分权；二是主管人员在工作中的授权。制度分权是在组织设计时，考虑到组织规模和组织活动的特征，在职务分析和部门设计的基础上，根据各管理岗位工作任务的要求，规定必要的职责和权限。

授权则是担任一定管理职务的领导者，在实际工作中，为充分利用专门人才的知识和技能，或在出现新增业务的情况下，将部分解决问题、处理新增业务的权力委任给某个或某些下属。作为分权的两种途径，制度分权与授权是互相补充的。组织设计中难以详细规定每项职权的运用方式，难以预测每个管理岗位上工作人员的能力，同时也难以预测每个管理部门可能出现的新问题，因此，需要各层次管理者在工作中的授权来补充。

授权的过程包括任务的分派、权力的授予、责任的明确、监控权的确立等基本步骤。正确的授权要注意明确授权的目的，职、权、责、利要相当，保持命令的统一性，正确选择授权者以及加强对授权者的监督和控制。

综上所述，集权和分权各有各的优势和局限性。组织的分权和集权是相对的，并非绝对的，只是程度的不同而已。组织应正确处理集权与分权的关系，使权力发挥最大的整体协调效应。少数重要决策权要高度集中，多数运行权力应实行分权。例如企业管理中，少数重要决策权（如客户、财务、人事等）应由高层集中掌控，多数运行权力（如产品开发、生产、营销等）则由下级主管自行掌控。组织对集权与分权的划分，不能一成不变，而应根据组织内外形势的变化作相应的权变。同时，不管集权与分权，都要建立规范化的制度，形成好的管理机制。要建立适合公司规模的运作体系，应通过有效的内部控制系统来保障权力行使的有效性。

第三节　组织力量的整合

要使组织机构的各个要素能协调地为组织目标的实现做出贡献，就要求组织的全体成员能协调一致地进行工作。为此，需要整合组织中的各种力量，建立高效的信息沟通网络，处理好组织内不同成员之间、直线主管与参谋之间的各种关系，使分散在不同层次、不同部门、不同岗位的组织成员朝同一方向、同一目标努力。

一、正式组织与非正式组织

通过组织设计建立起来的合理的组织机构和结构，规范了组织成员在活动中的关系，由此形成的是正式组织。这种组织有明确的目标、结构、职能以及由此而决定的成员间的责权关系，对其成员具有某种程度的强制性。但是组织中人与人之间的关系并不仅仅包括在正式组织内由责任、权力、职位所决定的关系。在组织中，同事之间、上下级之间，通过工作和业务上的联系相互了解，随着双方认识的加深，他们除了工作上的正式往来以外，还会有非工作交往，并由于各种因素的作用形成一些非正式的团体，这些团体即为非正式组织。

非正式组织是伴随着正式组织的运转而形成的。组织成员由于工作性质相近、社会地位相当，对一些具体问题的认识基本一致、观点基本相同，或者基于某种共同面对的利害关系，或者在性格、业余爱好以及感情相投的基础上，产生一些被大家所接受并共同遵守的行为规则，使松散、随机性的群体趋向稳定，从而成为非正式组织。

（一）非正式组织的正负面影响

非正式组织的存在对正式组织会产生一定的影响，非正式组织的正面影响主要表现在以下几个方面：

其一，通过非正式组织的活动，消除员工对工作的抵触情绪，从而有利于正式组织开展正常工作。

其二，通过非正式组织成员之间的感情交流，相互了解，相互信任，有利于正式组织成员间的协调与合作，增强集体凝聚力。

其三，通过非正式组织的活动，促进信息沟通。当一个非正式组织同时容纳了不同等级的员工时，上级管理人员可以通过非正式组织的活动了解员工的想法、态度、工作等情况；下级员工也可以利用非正式组织向上级传递真实的信息，从而避免了关系僵化所导致的信息不畅的情况，同时也消除了上级和下级之间的等级鸿沟。

非正式组织的存在也可能对正式组织产生负面的影响，主要表现在以下几个方面：

其一，当非正式组织的目标与正式组织的目标相冲突时，就会形成一种势力，这种势力会阻碍正式组织的发展。

其二，管理人员如果不能处理好正式组织与非正式组织的关系，将导致非正式组织成员不愿意听从指挥，甚至破坏正式组织的制度。

其三，非正式组织使人事关系复杂化，这可能给正式组织的管理带来不利影响。

(二)有效控制和利用非正式组织

有效控制和利用非正式组织是开展组织工作的一项重要任务。由于非正式组织的存在是一种客观现象，同时，非正式组织对正式组织具有正负两方面的作用，所以，管理者不能采取简单的禁止或取缔的措施，而应当对它加以妥善管理，最大限度地发挥非正式组织的积极作用并克服其消极作用。

对于组织内非正式组织的存在，管理人员不能视而不见、漠不关心。要善于发现非正式组织，掌握其形成的原因、需求倾向等，要因势利导。对正式组织发展有利的非正式组织的活动，应加以扶持与鼓励；对于那些对正式组织发展不利的非正式组织的活动，应善于引导与协调。要关注非正式组织的领导人，取得其合作与支持，通过他们去影响其他非正式组织成员的行为。通过建立和宣传正确的组织文化来影响非正式组织的行为规范，引导非正式组织做出积极的贡献。总之，管理者对非正式组织要给予充分的注意，尽可能控制非正式组织对于管理活动的影响，发挥非正式组织在管理活动中的积极作用。

二、直线与参谋

组织中的管理人员是以直线主管和参谋两类不同身份来从事管理工作的，尽管他们的作用不同，但他们对组织活动的开展和目标的实现都是必要的。

(一)直线与参谋是两类不同的职权关系

直线关系由不同的管理层次产生，是一种命令关系，在指挥链中属于正式的上下隶属关系，是上级指挥下级的关系。直线人员在组织的运作上有直线指挥权，在企业中，下至组长、主管、业务部门经理，上至副总经理、总经理都属于直线人员的范畴。随着现代化的生产方法与手段在企业中的运用，企业活动的过程越来越复杂，这就需要为组织和协调活动过程的直线管理人员设置一些助手，利用不同助手的专业知识来弥补其知识的不足，协助其工作。这些具有不同专业知识的助手通常被称为“参谋人员”。参谋人员的设置首先是为了协助直线主管的工作，减轻他们的负担。参谋人员有建议权、咨询权和职能权，但没有指挥权，其主要的职责在于提出建议与方案、提供咨询及服务，对公司目标的实现与否做出间接贡献，但不负直接责任。公司内部的经理助理、职能部门顾问及专业委员会成员等都属于参谋人员的范畴。

直线与参谋是两类不同的职权关系。直线关系是一种指挥和命令的关系，授予直线人员的是决策和行动的权力；参谋关系是一种服务和协助的关系，授予参谋人员的是思考、筹划和建议的权力。区分直线与参谋的另一个标准是分析不同管理部门和管理人员在组织目标实现中的作用。对组织目标的实现负有直接责任的部门称为“直线机构”；为实现组织目标，协助直线人员有效工作而设置的部门称为“参谋机构”。

（二）直线与参谋的矛盾

在组织内，由于直线人员和参谋人员各自的职责所在，发生冲突在所难免。正常情况下，适当的冲突是有益的，我们称之为“建设性冲突”。比如，组织为推出一个改革方案，直线人员和参谋人员举出事实和数据，对方案实施的过程和后果进行细致深入的探讨，即使发生争执，但对方案的关键因素一一澄清，最终双方达成共识。这样出台的方案，不管从推行的力度还是实现的效果，都会优于大家一团和气通过的方案。另外一类就是“破坏性冲突”，冲突双方各自抱着找茬的心态，鸡蛋里挑骨头，直到发展为人格攻击，这种冲突有百害而无一利，消耗公司整体的战斗力，如果不加以协调，当事态发展到一定程度，就会破坏整个组织的运作机制。

产生破坏性冲突的原因很多，归结起来，关键因素还是在于双方的思维模式和行为模式存在差异。以专家自居的参谋人员，认定其建议与方案是合理有效的，直线人员理当遵循，在讨论的时候端着专家的牌子，在实施过程中，参谋人员又毫不客气地指责直线人员的问题。而直线人员则认为，参谋人员是上层领导派来监督的，潜意识里会有些抗拒的心理，对于参谋人员所提的意见也就无法诚心诚意地接受，甚至对问题加以隐藏或包装。当外部困难或内部压力积累到一定程度时，破坏性冲突就发生了。

（三）如何避免直线与参谋的破坏性冲突

1. 改变思维模式，避免本位主义

首先，建立共同的使命愿景。无论是直线人员还是参谋人员，都是组织不可或缺的一部分，其存在的最终目的是通过共同的努力实现组织的目标，在这一基本点上必须达成一致。有了共识，才可能同舟共济。其次，通过一些团队建设、思维改变方面的培训，建立站在对方立场去看问题的思维模式，引导参谋人员和直线人员多站在对方立场思考问题。观念改变了，双方才能避免本位主义，真正去关注问题的本质。再次，设立讨论问题时对事不对人的游戏规则，倡导建设性的冲突，提倡以事实和数据说话，坚决反对以上压下。

2. 建立正常的沟通渠道

建立周、月例会制，使参谋人员与直线人员经常保持沟通与接触。若直线人员与参谋人员没有任何的沟通机制与渠道，各唱各的调，不知彼此心中的想法，最容易产生冲突。作为参谋人员，应充分搜集相关信息资料供直线人员参考，直线人员平时应将工作中的问题不断反馈给参谋人员，及时交换意见，讨论问题的解决办法，可减少许多冲突。

3. 改变行为模式

首先，参谋人员应认清自身的角色定位，这对参谋人员非常重要。如果参谋人员反客为主，过度膨胀自己对公司的贡献，将会直接导致直线人员的极度反感，对立与冲突因此而发生。其次，作为参谋人员，既要动口，适当的时候也要动手。直线人员经常会抱怨参谋人员只靠一张嘴，话一大堆，却拿不出具体行动。参谋人员的工作不只是提出建议及方案供直线人员参考，还应当在发现问题后，积极地想办法解决问题，排除困难，这样才能赢得直线人员的尊重。

任何一个组织中，直线人员与参谋人员之间的冲突在所难免，如何避免破坏性冲突，让正常的冲突变得更积极、更具有建设性，确实值得每位高层管理者认真思考。但是，不管在什么时候，只要发现有破坏性冲突产生的苗头，公司的高层管理者一定要立即行使最后协调人的权力，以客观公正的立场，主动介入协调，以寻求团队的和谐。如果放任破坏性冲突的发生，将极大影响组织的士气。

三、部门制与委员会制

管理者通过履行组织职能，为各个组织部门和层次建立起相互配合的关系，为组织成员提供一个相互合作和充分发挥自己才能的良好环境，从而消除工作或职责方面所引起的各种冲突，使组织成员都能在各自的岗位上为组织目标的实现做出应有贡献。在管理中，发挥组织职能可以采取不同的形式，其中最主要的有部门制和委员会制两种方式。

（一）部门制

部门制是通过把组织划分为若干个管理单位，确定组织中各项任务的分配与责任的归属，以求分工合理、职责分明，有效地达到组织的目标。由于部门制的建立是为了提高组织效率，所以部门的划分必须把组织的效率和效能放在第一位。

对于一个组织来说，以下几点是部门划分应当遵循的原则：

1. 部门力求维持最少

这是指组织结构中的部门力求量少而精简，这是以有效地实现组织目标为前提的。

2. 组织结构应具有弹性

组织中的部门应随业务的需要而增减，其增设、合并或撤销应随组织的目标任务的变化而定。通过设立临时工作部门或工作组来解决临时出现的问题也是一种弹性结构。

3. 确保组织目标的实现

组织结构是由管理层次、部门结合而成的。组织结构要求精简，部门必须力求最少，但这是以有效地实现组织目标为前提的。因此，不能为精简而精简。企业中主要的职能活动是生产、营销、财务等，这些职能必须有相应的部门。而且各部门的工作量应平衡，避免忙闲不均。

4. 检查部门与业务部门分设

考核、检查部门的人员不应隶属于受其检查的部门，以避免检查人员的"偏心"，真正发挥检查部门的作用。

划分部门的常用方法有：人数部门化、时间部门化、职能部门化、工艺部门化、产品部门化、区域部门化、顾客部门化等。

一个组织究竟采用何种方式划分部门，应视具体情况而定，而且这些划分方式往往是结合采用的。

（二）委员会制

委员会制是现代组织管理中运用比较普遍的一种组织方式，它突出了集体管理的特征。一般来说，委员会所行使的是一定组织的最高决策权，它由两个人以上的集体组成。委员会制的管理形式与个人负责制的管理形式相区别。个人负责制的形式往往是组织的最高决策权集中掌握在一个人手中，由他对整体组织负责，而委员会制则是把职权放在同一管理层次上进行分配。组织中存在多种多样的委员会，他们在综合各种知识，促进信息沟通，加强操作人员与管理人员之间以及管理人员，特别是高层管理人员之间的协调方面，发挥着重要的作用。

实行委员会制的优点有：

其一，能够集思广益，吸纳各方面的意见，考虑问题比较全面。

其二，集体承担责任，有利于协调一致地推行计划。

其三，防止由于职权过于集中可能带来的滥用职权、决策失误的风险，有利于互相监督，防止徇私舞弊。

其四，有利于从特定的角度训练、培养和考察人才，使他们有机会发挥自己处理更高一级问题的才能。

其五，委员会的设置推动了参与管理的发展，有利于动员更多的人来关心组织的发展，提高组织成员的工作积极性，增强组织的凝聚力，更充分地挖掘和发挥每个人的才干。

实行委员会制的缺点有：

其一，责任分散容易导致责任模糊，易出现争功诿过的现象。

其二，可能出现议而不决、决而不行，浪费时间的现象。

其三，委员之间的地位平等，权责相同，难以彼此协调。

在现代组织管理中应当善于运用委员会，发挥其长处，弥补其不足，主要措施有：

其一，选择合格的委员会成员。

其二，确定适当的委员会规模。

其三，发挥委员会主席的作用。

其四，考核委员会的工作绩效。

对于组织来说，权力的正确运用，必须与管理目标的实现相一致，发挥有助于管理目标实现的作用，这种作用也就是组织的职能。所以组织管理不管以部门制还是委员会制的形式出现，都是实现组织职能的前提条件，而组织中权力的分配和运作规划是实现组织职能的基础，只有这两个方面在具体的管理活动中统一起来，才能更好地行使组织的职能。

第四节　组织变革与组织文化

任何完善的组织，在运行了一段时间以后都必须进行变革，这样才能更好地适应组织内外条件变化的要求。组织变革是适应内外条件的变化而进行的以改善和提高组织效能为根本目的的一项活动。

一、组织变革的动因

（一）组织变革的原因

一般来说，引起组织变革的主要因素可以归纳为：

1. 战略

组织在发展过程中需要不断地对其战略的形式和内容做出调整。新的战略一旦形成，组织结构就应该进行调整、变革，以适应新战略实施的需要。

组织战略可以在两个层次上影响组织结构：一是不同的战略要求开展不同的业务和管理活动，由此就影响到管理职务和部门的设计；二是战略重点的转移会引起组织业务活动重心的转移和核心职能的改变，从而使各部门、各职务在组织中的相对位置发生变化，相应地就要求对各管理职务以及部门之间的关系做出调整。

2. 环境

当今组织普遍面临全球化的竞争和由竞争所带来的产品创新和顾客的高要求，这些都是环境动态性的表现。而传统的以高度复杂性、高度正规化和高度集权为特征的机械式组织，无法适应新的环境条件，对迅速变化的环境难以做出灵敏的反应。与此同时，组织作为整个社会经济大系统中的一个组成部分，与外部其他社会经济子系统之间存在着各种各样的联系。所以，外部环境的发展和变化必然会对组织结构的设计产生重要的影响。

3. 技术

组织的任何活动都需要利用一定的技术和反映一定技术水平的特殊手段来进行。技术以及技术设备的水平，不仅影响组织活动的效果和效率，而且会对组织的职务设置与部门划分、部门间的关系，以及组织结构的形式和总体特征等方面产生相当程度的影响。

4. 组织规模和成长阶段

组织的规模往往与组织的成长或发展阶段相关联。伴随着组织的发展，组织活动的内容会日趋复杂，人数会逐渐增多，活动的规模和范围会越来越大，这样，组织结构也必须随之作出相应的调整，才能适应组织成长中的新情况。组织变革伴随着企业成长的各个时期，不同成长阶段要求不同的组织模式与之相适应。

（二）组织变革的动力和阻力

1. 组织变革面临两种力量的对比

组织变革常面临动力和阻力的较量，这种较量从根本上决定组织变革的进程、代价，甚至影响到组织变革的成败。

组织变革的动力，指的就是发动、赞成和支持变革并努力去实施变革的驱动力。总的来说，组织变革的动力来源于人们对变革的必要性及变革所能带来好处的认识。组织变革中的阻力，则是指人们反对变革、阻挠变革甚至对抗变革的制约力。这种制约组织变革的力量可能来源于个体、群体，也可能来自组织本身甚至外部环境。组织变革阻力的存在，意味着组织变革不可能一帆风顺，这就给管理者提出了更严峻的变革管理任务。

成功的组织变革管理者，应该注意到所面临的变革阻力可能会对变革情况和进程所产生的消极的、不利的影响，为此要采取措施减弱和转化这种阻力；同时变革管理者还应当看到，变革的阻力并不完全都是破坏性的，要通过妥善的管理将阻力转化为积极的、建设性的动力。

2. 组织变革阻力的主要来源

（1）个体和群体方面的阻力。个体对组织变革的阻力，主要是因为固有的工作和行为习惯难以改变，就业安全需要、经济收入变化、对未知状态的恐惧，以及对变革的认知存有偏差所引起的。群体对变革的阻力，可能主要来自群体规范的束缚；群体中原有的人际关系可能因变革而受到改变和破坏；群体领导人员与组织变革发动者之间的摩擦和利益冲突以及组织利益相关群体对变革可能不符合组织或该团体自身最佳利益的担忧等。

(2)组织的阻力。来自组织层次的对组织变革的阻力，包括现行组织结构的束缚、组织运行的惯性、变革对现有责权利关系和资源分配格局所造成的破坏和威胁，以及追求稳定、安逸和确定性甚至排斥革新和变化的保守型组织文化等，这些都是可能影响和制约组织变革的因素。此外，对任何组织系统来说，其内部各部门之间以及系统与外部之间都存在着强弱程度不等的相互依赖和相互牵制的关系(这种关系是组织作为系统所固有的特征)。

(3)外部环境的阻力。组织的外部环境条件也往往是形成组织变革力量的一个不可忽视的来源。比如，充分竞争的产品市场相对会推动组织变革，缺乏竞争性的市场往往造成组织成员的安逸心态，束缚组织变革的进程；对经理人员经营业绩的考评重视不足或者考评方式不正确，会弱化组织变革驱动力；社会对变革发动者、推进者的期待和支持态度及相关舆论和行动，以及企业特定组织文化在形成和发展中所根植的整体社会或民族的文化特征，这些都是重要的影响企业组织变革成败的外部力量。

3. 对组织变革阻力的管理对策

概括地说，改变组织变革力量及其对比的策略有三类：一是增强或增加驱动力；二是减少或减弱阻力；三是同时增强动力减少阻力。实践表明，在不消除阻力的情况下增强驱动力，可能加剧组织中的紧张状态，从而无形中增强了对变革的阻力；在增加驱动力的同时采取措施消除阻力，会更有利于加快变革的进程。

二、组织变革的过程

成功而有效的组织变革，通常需要经历解冻、改革、冻结这三个有机联系的过程。

(一)解冻

由于任何一项组织变革都或多或少地会面临来自组织自身及其成员方面的一定程度的抵制力，因此，组织变革过程需要有一个解冻阶段作为实施变革的前奏。解冻阶段的主要任务是发现组织变革的动力，营造危机感，塑造出改革乃大势所趋的气氛，并在采取措施克服变革阻力的同时具体描绘组织变革的蓝图，明确组织变革的目标和方向，以形成可以实施的比较完善的组织变革方案。

(二)改革

改革阶段的任务就是按照所拟订变革方案的要求开展具体的组织变革行为或行动，以使组织从现有模式向目标模式转变。这是变革的实质性阶段，通常可以分为试验与推广两个步骤。这是因为组织变革的涉及面较为广泛，组织中的联系错综复杂，往往“牵一发而动全身”。这种状况使得组织变革方案在全面付诸实施之前一般要先进行一定范围的典型试验，以便总结经验，进一步修正变革方案，在试验取得初步成效后再进行全面实施。另外,可以使一部分对变革尚有疑虑的人们能在试验阶段便及早地看到或感觉到组织变革的潜在效益,从而有利于争取更多组织成员在思想上和行动上支持所要进行的组织变革,并踊跃投身于变革的行列,由此实现从变革观望者、反对者向变革的积极支持者和参加者转变。

(三)冻结

组织变革过程并不是在实施了变革行动后就宣告结束。从根本上说,涉及人的行为和态度的组织变革,只有在前面有个解冻阶段、后面又有个冻结阶段的条件之下,改革才有可能真正地实现。现实中经常出现组织变革行动发生了之后,个人和组织都有一种退回到原习惯的行为方式的倾向。为了避免出现这种情况,变革的管理者就必须采取措施保证新的行为方式和组织形态能够不断地得到强化和巩固。这一强化和巩固的阶段可以视为一个冻结或者重新冻结的过程。缺乏这一冻结阶段,变革的成果就有可能退化消失,并且对组织及其成员也将只有短暂的影响。

三、组织文化及其功能

组织通过培养、塑造组织文化,以影响成员的工作态度和工作中的行为方式,引导其实现组织目标。因此,根据外在环境的变化适时变革组织文化常被视为组织成功的基础。

(一)组织文化的含义

组织文化是指在一定的社会政治、经济、文化背景条件下,组织在生产与工作实践过程中所创造或逐步形成的价值观念、行为准则、作风和团体氛围的总和。具体地说:"组织文化"是组织全体成员共同接受的价值观念、行为准则、团队意识、思维方式、工作作风、心理预期和团体归属感等群体意识的总称。

组织文化与文化一样也是有结构的,在第二章的讨论中,我们把文化的结构划分为物质层、制度层和观念层。在这里我们把组织文化的结构进一步细分,划分为四个层次,即物质层、行为层、制度层和精神层(观念层),以便更好地理解组织文化的内涵。

1. 物质层

物质层是组织文化的表层部分,它是组织创造的物质文化,是一种以物质形态为主要研究对象的表层组织文化,是形成组织文化精神层和制度层的条件。优秀的组织文化是通过重视产品的开发、服务的质量、产品的信誉和组织生产环境、生活环境、文化设施等物质现象来体现的。

2. 行为层

行为层即组织行为文化,它是组织员工在生产经营、学习娱乐中产生的活动文化。包括组织经营活动、公共关系活动、人际关系活动、文娱体育活动中产生的文化现象。组织行为文化是组织经营作风、精神风貌、人际关系的动态体现，也是组织精神、核心价值观的折射。

3. 制度层

制度层是组织文化的中间层次，它把组织物质文化和精神文化有机地结合成一个整体。制度层文化主要是指对组织和成员的行为产生规范性、约束性影响的部分，是具有组织特色的各种规章制度、道德规范和员工行为准则的总和。它集中体现了组织文化的物质层和精神层对成员和组织行为的要求。

4. 精神层

精神层即组织的精神文化，它是组织在长期实践中所形成的员工群体心理定势和价值取向，是组织的道德观、价值观即组织哲学的综合体现和高度概括，反映全体员工的共同追求和共同认识。组织精神文化是组织价值观的核心，是维系组织生存发展的精神支柱。主要是指组织的领导和成员共同坚守的基本信念、价值标准、职业道德和精神家园。

（二）组织文化的功能

组织文化的功能是指组织文化发生作用的能力，也就是组织文化在引导组织进行生产、经营、管理活动中所发挥的作用。但是任何事物都有两面性，组织文化也不例外，它对于组织的功能可以分为正功能和负功能。组织文化的正功能在于提高组织承诺水平，影响组织成员，有利于提高组织效能。同时，不能忽视的是其潜在的负效应，它对于组织有时候是有害无益的，这可以看作组织文化的负功能。

1. 组织文化的正功能

具体来说有以下 6 种正功能：

（1）导向功能。组织文化的导向功能，是指组织文化能对组织整体和组织中的每个成员的价值取向及行为取向起引导作用，使之符合组织所确定的目标。组织文化只是一种软性的理智约束，通过组织的共同价值观，不断地向个人价值观渗透和内化，使组织自动生成一套自我调控机制，以一种适应性文化引导着组织的行为和活动。

（2）约束功能。组织文化的约束功能，是指组织文化对每个组织员工的思想、心理和行为具有约束和规范的作用。组织文化的约束不是制度式的硬约束，而是一种软约束。组织文化用一种无形的思想上的约束力量，形成一种软规范，制约员工的行为，以此来弥补规章制度的不足，并诱导多数员工认同和自觉遵守规章制度。

（3）凝聚功能。组织文化的凝聚功能，是指当一种价值观被该组织员工共同认可之后，它就会成为一种黏合剂，从各个方面把其成员团结起来，从而产生一种巨大的向心力和凝聚力。而这正是组织获得成功的主要原因，“人心齐，泰山移”，凝聚在一起的员工有共同的目标和愿景，推动组织不断前进和发展。

（4）激励功能。组织文化的激励功能，是指组织文化具有使组织成员从内心产生一种高昂情绪和奋发进取精神的效应，它能够最大限度地激发员工的积极性和首创精神。组织文化强调以人为中心的管理方法。它对人的激励不是一种外在的推动而是一种内在的引导，它不是被动消极地满足人们对实现自身价值的心理需求，而是通过组织文化的塑造，激励员工为实现自我价值和组织发展而勇于献身、不断进取。

(5)辐射功能。组织文化的辐射功能，是指组织文化一旦形成较为固定的模式，它不仅会在组织内发挥作用，对本组织员工产生影响，而且也会通过各种渠道对社会产生影响。组织文化向社会辐射的渠道是很多的，但主要可分为利用各种宣传手段和个人交往两大类。一方面，组织文化的传播对树立组织在公众中的形象有帮助；另一方面，组织文化对社会文化的发展有很大的影响。

(6)调适功能。组织文化的调适功能，是指组织文化可以帮助新成员尽快适应组织，使自己的价值观和组织相匹配。在组织变革的时候，组织文化也可以帮助组织成员尽快适应变革后的局面，减少因为变革带来的压力和不适应。

2. 组织文化的负功能

尽管组织文化存在上述种种正功能，但组织文化还有以下潜在的负面作用：

(1)变革的障碍。如果组织的共同价值观与进一步提高组织效率的要求不相符合，它就成了组织的束缚。这是在组织环境处于动态变化的情况下，最有可能出现的情况。当组织环境正在经历迅速的变革时，根深蒂固的组织文化可能就不合时宜了。

(2)多样化的障碍。由于种族、性别、道德观等差异的存在，新聘员工与组织中大多数成员容易产生矛盾。管理人员希望新成员能够接受组织的核心价值观，否则，这些新成员就难以适应或被组织接受。但是组织决策需要成员思维和方案的多样化，一个强势文化的组织要求成员和组织的价值观一致，这就必然导致决策的单调性，抹杀了多样化带来的优势，在这个方面组织文化会成为组织多样化、成员一致化的障碍。

(3)兼并和收购的障碍。管理人员在进行兼并或收购决策时，除了考虑产品线的协同性和融资方面的因素外，更多的则是考虑文化方面的兼容性。如果两个组织无法成功地整合，那么组织将出现大量的冲突、矛盾乃至对抗。所以，在决定兼并和收购时，很多经理人往往会分析双方文化的相容性，如果差异极大，为了降低风险，则宁可放弃兼并和收购行动。

四、组织文化的建设

(一)组织文化建设的过程

1. 研究树立阶段

研究树立阶段首先要调查研究组织的历史和现状，然后在此基础上有针对性地提出组织文化建设目标的初步设想，经各有关部门审议之后，向组织全体员工发出组织文化建设的倡议，并动员广大群众积极参加组织的文化建设活动。

2. 培育与强化阶段

培育与强化阶段是将组织文化建设的总任务分解成组织内部各部门、各业务环节明确的工作任务，使各部门根据自身特点而有意识地激励本部门员工形成特有的精神风貌和行为规范，把组织文化建设变成具体的行动。

3. 分析评价阶段

分析评价阶段首先是根据信息反馈对整个组织文化建设工作开展以来的工作成绩和存在的问题进行剖析，研讨深层次的原因，评价前阶段的成功与失误，具体内容应该看组织文化建设的目标和内容是否适合本组织实际需求，各基层机构的风气、精神面貌是否体现了组织文化建设的宗旨。

4. 确立与巩固阶段

确立与巩固阶段的工作包括处理问题与归纳成效两部分内容。前者是在评价基础组织文化中摒弃原有的违背时代精神的内容；后者是将符合时代精神的组织文化建设经验加以总结，并加工成通俗易懂的、有激励作用的文字形式，用以进一步推广。

5. 跟踪反馈阶段

随着组织运营环境的变化，组织文化的内容也要适应这种变化。这是意识形态上应变的需要。然而，已确立的组织文化是否能及时地迎合环境变化，不应该依靠组织管理者的主观判断，而应依靠来源于基层实际情况的反应，这就是反馈信息。但检验组织文化适应性的反馈信息必须是经常性和系统性的。所以，组织文化建设程序的第五阶段，或者说某一循环期的最后阶段的工作是有计划的信息跟踪。这种有意安排的跟踪，一方面能保证及时解决组织文化应变问题，同时也是组织文化建设下一轮循环的基础和起点。

（二）组织文化建设的方法

在上述五个阶段的组织文化建设过程中，还需要有适当的方法。建设组织文化的方法有多种，一般而言，有成效的方法如下：

1. 示范法

示范法即通过总结宣传先进模范人物的事迹，发挥党员、干部的模范带头作用，表扬好人好事等等。通过这种方法给广大员工提供直观性强的学习榜样。这种榜样的事迹和行为，就是组织文化中关于道德规范与行为准则的具体样板。做好这种工作，就是把组织所要建立的文化意识告诉广大员工。

2. 激励法

激励法即运用精神的或物质的激励，或者二者相结合的鼓励，包括展开竞赛活动、攻克业务技术难关活动、提口号、提目标、提要求、评先进等一切能使职工感到自己的事业进取心将有满足的机会，从而主动努力工作。与此同时，还必须从生活方面关心员工，通过不断改革分配制度去满足员工物质利益上的合理要求。

3. 感染法

感染法即运用一系列的文艺活动、体育活动和读书活动等，培养员工的自豪感和向心力，使之在潜移默化的过程中形成集体凝聚力。

4. 自我教育法

自我教育法即运用谈心活动、演讲比赛、达标活动、征文活动等形式让员工对照组织的要求找差距并进行自我教育，从而转变价值观念和行为。

5. 灌输法

灌输法即通过讲课、报告会、研讨会等宣传手段进行宣教活动，把组织想要建立的文化目标与内容直接灌输给员工。

6. 定向引导法

定向引导法即有目的地举行各种活动引导员工树立新的价值观念，并创造出新的价值观念氛围。

本章小结

组织是指为了实现某一共同目标，经由分工与合作及不同层次的权力责任制度而构成的人的集合。组织工作作为一项重要的管理职能，是指通过设计和维持组织内部的结构和相互之间的关系，使人们为实现组织的目标而有效地协调工作的过程。

组织结构是组织中正式确定的使工作任务得以分解、组合和协调的框架体系。组织设计的原则包括目标统一原则、分工协作原则、权责一致原则、统一指挥原则等。管理幅度与管理层次有着反比例关系。由于不同的管理幅度与管理层次的组合，形成了扁平结构和金字塔结构两种组织形态。组织结构的基本类型有：直线制组织结构、职能制组织结构、直线职能制结构、矩阵制结构、事业部制结构。现代组织结构的发展趋势将是扁平化、柔性化和网络化。

集权与分权反映组织中决策权限的集中与分散程度。组织在配置决策权限时不能过分集中，也不能过于分散，而应该遵循集权与分权有机结合的原则。授权是分权的重要形式。要使组织机构的各个要素能协调地为组织目标的实现做出贡献，就需要整合组织中的各种力量，有效控制和利用非正式组织、避免直线与参谋的破坏性冲突，协调好分散在不同层次、不同部门、不同岗位的组织成员朝同一方向、目标努力。

组织变革是在动力与阻力的此消彼长中逐渐推进的。管理者要采取有效措施改变这两种力量的对比，促进组织变革的顺利进行。成功的组织变革通常需要经历解冻、改革、冻结这三个步骤。

组织文化是在组织的长期生存和发展过程中形成的，为本组织所特有的，且为组织全体成员共同接受的价值观念、行为准则、团队意识、思维方式、工作作风、心理预期和团体归属感等群体意识的总称。

本章习题

1. 什么是组织，组织设计的原则有哪些？
2. 简述组织结构的常见类型及其优缺点。
3. 什么是非正式组织？它对组织有什么影响？
4. 影响集权与分权的因素有哪些？
5. 怎样理解管理幅度与管理层次之间的关系？
6. 如何克服组织变革的阻力？
7. 举例说明组织文化对组织的作用。

案例研讨

办公室里来的年轻人

小张于1998～2002年在某重点大学学习行政管理专业。在校期间品学兼优，多次获得奖学金以及“三好学生”、“优秀团员”称号，并于2001年光荣加入中国共产党。2002年，小张参加了某市公务员考试，顺利通过，被该市政府法制办录用。

进入了公务员系统，小张认为从此有了稳定的收入，而且自己的所学又能派上用场，感到很高兴，并且暗自下定决心：要好好地做出一番事业。于是，每天小张早早地来到办公室，扫地打水，上班期间更是积极主动承担各种工作任务，回家还钻研办公室业务。

法制办公室是一个有五个人的大科室，包括主任甲、副主任乙，三位年纪较长的办事员A、B、C。几位老同志听说办公室要来这么一个年轻人，顾虑重重，他们认为现在的大学生从小娇惯、自命甚高、很难相处，而且业务又不熟，还需要他们手把手地教，来了无疑是一个累赘。令他们没有想到的是，这个年轻人热情开朗、待人谦虚、很容易相处。更重要的是，小张有行政管理专业背景，再加上聪明好学，很快就熟悉了业务，成为法制办的岗位能手。而且小张很勤快，承担了办公室大量工作，让几位老同志一下子减轻了许多压力。几位老同志渐渐喜欢上了这个年轻人，主任、副主任也经常在办公室会议上表扬小张。可是聪明的小张发现，随着科长表扬次数的增多，几位老同志对自己即越来越冷淡。有一次，小张忙着赶材料，B居然冷冷地对他说：“就你积极！”小张一时间丈二和尚摸不着头脑。

一年很快就过去了，小张顺利转正。在市政府办公室年终考核时，法制办被评为“优秀科室”。并且在制定下一年度(2004年)计划时，又增加了法制办的工作量。法制办的几位老同志本来因为小张的到来轻松了许多，这下子又要忙起来。而且他们发现，虽然繁忙依旧，但是“名”却给夺走了，每次得到表扬的总是小张。小张更加被排斥了。随着2004年小张被评为法制办第一季度先进个人，A、B、C对小张的反感达到了顶点。从此，几位老同志再也不邀请小张参加任何集体活动，还在背后称小张是“工作狂”、“神经病”、“都这么大了还不谈恋爱，是不是身体有毛病”。话传到小张耳朵里，小张很伤心，“我这么拼命干不也是为办公室吗？要不是我，去年办公室能评上先进科室？我怎么还招来这么多怨恨？”他一直都不能理解。有一次，小张把自己的遭遇同另外一个部门的老王讲了。老王叹了口气，“枪打出头鸟，你还年轻，要学的还很多啊！”小张恍然大悟，正是自己的积极破坏了办公室原有的某些东西，让几位老同志倍感压力，才招来如今的境遇。

从此，小张学“乖”了，主任不布置的任务，再也不过问了；一天能干完的事情至少要拖2～3天。办公室又恢复了平静与和谐，先进个人大家开始轮流坐庄，几位老同志见到小张的时候又客气起来了，集体活动也乐意邀请他。小张觉得，这样很轻闲，与大家的关系也好多了，心理压力骤减，也重新获得了快乐。

（资料来源：百度文库）

案例思考题：

1. 小张最后学“乖”了，是什么原因所导致？

2. 如何避免这种现象的发生？

应用训练

设计组织结构

1. 实训目标

（1）通过设计组织结构，培养学生对有关知识的综合和应用能力。

（2）掌握组织结构的类型及其特点。

2. 实训内容

（1）把学生分为若干个小组，每组5～8人，要求每组创办一家模拟公司，结合所学组织结构内容，构建公司组织框架，并制定组织目标和相关行动方案。

（2）以实训报告的形式上交，教师在课内组织讨论，并评价各自优劣。

第八章 人员配备

学习目标

▶了解人员配备的概念与工作内容，熟悉人员配备的原则

▶了解工作分析的含义与程序，熟悉工作说明书的编写要求，能够为组织中各类岗位编制工作说明书

▶掌握人员招聘的渠道、培训方法及考核的内容

案例导引

"万科"50人与500人的故事

提到"万科"，人们很容易联想到另一个名词"职业经理人"。目前，"万科"已进入深圳、上海、北京、广州等20多个大中城市，这家仅有20多年历史的中国房地产企业，其建造能力已经可以与同行的世界标杆企业、拥有半个多世纪历史的美国HOMES PULT相媲美。由于房地产项目的周期非常长，一般需要5年左右，因此人才队伍很难像其他行业(如制造业)那样迅速扩张，而"万科"不仅满足了自身的人才需求，还在客观上成为同行的人才"黄埔军校"，是什么原因使得"万科"在如此高速的发展中，职业的管理者源源不断地涌现?

"万科"的秘诀或许可以用"50"和"500"两个数字来概括。

每年，在集团人力资源部的牵头下，根据员工的业绩和上级主管的推荐，人力资源部的审核，"万科"会从一线公司中挑选出一支具有上升潜质的管理后备人才队伍，这支队伍大概包括两部分，一部分是从基层有潜力上升到中基层管理者的人才队伍，大概500人；另一部分是从中层有潜力上升到高层的管理者队伍，大概50人。

对于500人，"万科"会采取问卷评估与反馈(万科人力资源部设计了一种叫GAPS的270度评估问卷)、职业发展对话等方式，对员工的能力有一定的了解，并制定针对性的发展计划，如轮岗、双向交流等。

对于50人，"万科"通过360度访谈、领导力发展中心(评价中心用于培训)以及

其他培养方式等,在对管理者能力进行了解的同时,也发展了其能力。在领导力发展中心实施期间,公司总经理、主管人力资源的副总经理等都会到现场,考察这些管理者的特点、能力所长,并指出需要改进的地方等等。

更为重要的是,在这些潜力人员晋升到更高的岗位之前,公司有较多的时间来考察他们,员工也能得到大量的实践机会,因此,公司很容易找出那些一贯业绩优异,且确有管理能力的人选,在公司用人之际,予以任命。通过"50"和"500"两个数字的持续滚动,"万科"实现了构建其管理人才梯队,促进企业持续稳定发展。

(资料来源:一大把网站)

组织设计为组织系统的运行提供了可供依托的框架。框架要能发挥作用,还需要由人来操作。因此,在设计了合理的组织机构或结构的基础上,还需要为这些机构的不同岗位选配合适的人员。如何进行人员配备?我们将从人员配备的任务、工作分析、人员招聘的渠道、培训方法及考核的内容等方面展开讨论。

第一节 概 述

传统的观点一般把人员配备作为人事部门的工作,而现代的观点则认为,人员配备不但包括选人、评人、育人,而且还包括如何使用人员,以及如何增强组织凝聚力来留住人员,这又同领导工作紧密联系起来。

一、人员配备的任务

人员配备是根据组织结构规定的职位数量与要求,对所需各类人员进行恰当有效的选择、使用、考评和培训,其目的是以合适的人员去充实组织中的各项职务,保证组织活动正常进行并实现组织的既定目标的活动。

(一)人员配备应能满足组织的需要

1. 通过人员配备使组织系统得以运转

设计合理的组织系统要能有效地运转,必须使机构中每个工作岗位都有适当的人去占据,使实现组织目标所必须进行的每项活动都有合格的人去完成,这是人员配备的基本任务。

2. 适应组织发展的需要

组织处在一个不断变化发展的社会经济环境中,组织的目标、战略需要经常根据环境的变化和组织的发展做出适当的调整,由目标和战略决定的组织结构不仅发生质的改变，而且在机构和岗位的设置数量上也会出现相应的增减。因此，在根据当前的组织结构设置配备相应人员时，也要考虑到组织结构和岗位设置将来可能发生的变化，通过建立客观的考核体系和制度化的培养体系，来适应组织未来发展的需要。

3. 维持成员对组织的忠诚

人才流动对个人来说是重要的，它可以使人才本身通过不断的尝试，找到最合适自己的工作岗位。但是对组织来说，人才流动虽然能给组织带来新鲜的血液，但过高的流动率，尤其是优秀人才的外流，往往会导致组织出现知识真空，从而影响组织的正常运转和持续发展。因此，在人员配备过程中，要注意通过轮岗、转岗或岗位的重新设计，为员工才能的充分发挥和实现个人的发展目标创造良好的条件，从而维持员工对组织的忠诚，稳定人心，留住人才。

（二）人员配备应考虑组织成员的需要

要做到人与事的最佳组合，人员配备必须能够充分发挥员工的才能，并使其自觉积极地履行好岗位职责，为实现组织目标而努力工作。为此，在人员配备过程中，要考虑到组织成员个人的才能特点、兴趣爱好和需要，做好以下两方面的工作：

1. 使每个人的知识和才能得到公正评价和运用

工作的要求与自身的能力是否相符，工作目标是否具有挑战性，工作内容是否符合兴趣爱好，是否出现“大材小用”，使员工“怀才不遇”，或“小材大用”使员工“不堪重负”，这些都会在很大程度上影响人们在工作中的积极性、主动性，进而影响工作绩效。

2. 使每个人的知识和能力得以不断提高和发展

知识与技能的提高，不仅可以满足人们较高层次的心理需要，而且往往是通向职业生涯中职务晋升的阶梯。因此，在人员配备过程中，应使每个组织成员都能看到这种机会和希望，从而稳定人心、提高工作绩效和适应组织发展需要。

二、人员配备的原则

为求得人与事的优化组合，人员配备过程中必须遵循一定的原则。

（一）因事择人原则

事是组织中各种各样的任务。组织中配备一定人员的目的在于希望其能够完成组织所分配的任务，从而为实现组织目标做出其应有的贡献。为此就要求在人员配备过程中，根据工作需要选配具备相应知识技能和能力的人员。

（二）因才施用原则

在人员配备过程中，根据一个人的特长和兴趣爱好来分配不同的工作，以最大限度地发挥其才能和调动其积极性。不同的工作需要不同的人去开展，而不同的人因为具有不同的素质与能力，能够从事不同的工作。所以，从人的角度来考虑，只有根据人的特点来安排工作，才能使人的潜能得到最充分的发挥，使人的工作热情得到最大限度的激发。

（三）人事动态平衡的原则

动态平衡原则要求组织根据组织和员工的变化，对人与事的匹配进行动态调整。补充组织发展所需要的人员，辞退多余的或难以适应组织发展需要的人员；将能力发展并得到充分证实的员工提拔到更高层次、需要承担更多责任的岗位上去；将能力平平、不符合现在岗位要求的人通过轮岗或培训使其有机会从事力所能及的工作。通过人与工作的动态平衡，使绝大多数员工能够得到合理使用，实现组织目标所需要开展的工作都有合适的人来承担。

三、人员配备的工作内容

为了达到上述目标，在人员配备过程中，一般要进行以下几项工作：

（一）确定人员需要的种类和数量

由于组织是发展的，所需要设置的岗位和各岗位编制数也会随之发生变化，需要进行规划。人力资源规划主要包括三项任务：评价现有的人力资源配备情况；根据组织发展战略预估将来所需要的人力资源；制定满足未来人力资源需要的行动方案。通过人力资源规划，可以明确为了实现组织发展目标，在什么时候需要哪些人员、需要多少人员，从而为人员的选配和培养奠定基础。

（二）招聘与甄选：选配合适人员

招聘，是指组织按照一定的程序和方法招募具备岗位上岗素质要求的求职者担任相应岗位工作的系列活动。为了招聘到合适的人员，需要依据相应的岗位要求对求职者进行素质评价和选择。甄选，是指依据既定的用人标准和岗位要求，对应聘者进行评价和选择，从而获得合格的上岗人员的活动。通过招聘与甄选，组织为相应的岗位配备合适人员。

（三）培训与考核：使人员适应组织发展需要

培训，是指组织为了实现组织自身和员工个人的发展目标，有计划地对员工进行辅导和训练，使其认同组织理念、获得相应知识和技能以适应岗位要求的活动。培训是组织开发现有的人力资源、提高员工的素质和同化外来人员的基本途径。同时，为员工提供学习机会，使其看到在组织的发展前景，是组织维持组织成员对组织忠诚的一个重要方面。

为了了解现有的员工是否仍然适应岗位要求，需要通过考核对组织现有的人力资源质量做出评估。所谓“考核”是指按照一定的方法及程序对现职人员的工作情况做出客观评价，从而为员工改进工作提供指导，为培训、奖惩和人事晋升提供客观依据。

通过不断的培训和考核，不仅为组织获得合适的人员提供了保障，而且促使员工随着组织的发展不断成长，从而始终保持人与事的动态最佳组合，最终达到组织发展和员工成长的双重目的。

知识链接

一位年轻的炮兵军官上任后，到下属部队视察操练情况，发现有几支部队操练时有一个共同的情况：在操练中，总有一个士兵自始至终站在大炮的炮筒下，纹丝不动。经过询问，得到的答案是：操练条例就是这样规定的。原来，条例遵循的是用马拉大炮时代的规则，当时站在炮筒下的士兵的任务是拉住马的缰绳，防止大炮发射后因后座力产生的距离偏差，减少再次瞄准的时间。现在大炮不再需要这一角色了。但条例没有及时调整，出现了不拉马的士兵。这位军官的发现使他受到了国防部的表彰。

（资料来源：管理学院，管理学原理精品课程）

第二节　工作分析

一个组织中会有各种各样的职能，例如生产、销售、财务、人事、研发等等，这些职能需要由各个职位上的人来承担，工作分析就是将组织中的各项职能有效地分解到各个职位上。而在每一个职位上，明确地规定这个职位所承担的职责与所需完成的任务，确定职位任职者的基本要求。工作分析是人员配备工作的基础。工作分析收集、分析和整理与工作有关的各种信息，为组织管理和变革以及人员配备提供支持和依据。

工作分析又称"职位分析"、"岗位分析"或"职务分析"，指全面了解并获取与工作有关的详细信息的过程，是对组织中某个特定职务的工作内容和职务规范（任职资格）的描述和研究过程，即制度职务的说明和职务规范的系统过程。

一、工作分析的程序

工作分析是一个全面的评价过程，这个过程可以分为准备阶段、调查阶段、分析阶段和完成阶段四个阶段，这四个阶段关系十分密切，它们相互联系、相互影响。

（一）准备阶段

准备阶段是岗位分析的第一阶段，主要任务是了解情况、确定样本、建立关系、组成工作小组。具体工作如下：

其一，明确工作分析的意义、目的、方法和步骤。

其二，向有关人员宣传、解释。

其三，与工作分析有关工作的员工建立良好的人际关系，并使他们做好充分的心理准备。

其四，组成工作小组，以精简、高效为原则。

其五，确定调查和分析对象的样本，同时考虑样本的代表性。

其六，把各项工作分解成若干工作元素和环节，确定工作的基本难度。

（二）调查阶段

调查阶段是岗位分析的第二阶段，主要任务是对整个工作过程、工作环境、工作内容和工作人员等主要方面作一个全面的调查，具体工作如下：

其一，编制各种调查问卷和提纲。

其二，灵活运用各种调查方法，如面谈法、问卷法、观察法、参与法、实验法、关键事件法等等。

其三，广泛收集有关工作的特征以及需要的各种数据。

其四，重点收集工作人员必需的特征信息。

其五，要求被调查的员工对各种工作特征和工作人员特征的重要性和发生频率等做出等级评定。

（三）分析阶段

分析阶段是岗位分析的第三阶段，主要任务是对有关工作特征和工作人员特征的调查结果进行深入全面的分析。具体工作如下：

其一，仔细审核收集到的各种信息。

其二，创造性地分析、发现有关工作和工作人员的关键特征。

其三，归纳、总结出工作分析的必需材料和要素。

（四）完成阶段

完成阶段是岗位分析的最后阶段，前三个阶段的工作都是以达到此阶段作为目标的，此阶段的任务就是根据规范和信息编制"工作描述"和"工作说明书"。

二、工作说明书的编写

（一）工作说明书的定义

工作说明书作为组织重要的文件之一，是指用书面形式对组织中各类岗位（职位）的工作性质、工作任务、责任、权限、工作内容和方法、工作环境和条件，以及本职务任职人资格条件所作的统一要求（书面记录）。通过对所收集来的信息进行整理和分析，工作分析所输出的结果就是各个职位的工作说明书。工作说明书基本上可以包括两大部分:工作(职务)描述和职位要求。

(二)工作说明书的内容

1. 工作标识

工作标识包括工作的名称、编号、工作所属部门或班组、工作地位、工作说明书的编写日期、编写人与审核人,以及文件确认时间等项目。

2. 工作综述

工作综述描述工作的总体性质,即列出主要工作的特征以及主要工作范围。应尽量避免在工作综述中出现笼统的描述,比如"执行需要完成的其他任务"。虽然这样的描述可以对主管人员分派工作提供更大的灵活度,但实际上,一项经常可以看到的工作内容而未被明确而清晰地写进工作说明书,只是用"所分配的其他任务"一类的文字,就很容易为回避责任找到一种托词,使得对工作的性质以及员工需要完成的工作的叙述出现漏洞。

3. 工作活动和程序

工作活动和程序包括所要完成的工作任务、职位责任、所使用的工具,以及机器设备、工作流程、与其他人联系、所接受的监督以及所实施的监督等。

4. 工作条件与物理环境

工作条件与物理环境包括工作地点的温度、湿度、光线、噪声程度、安全条件、地理位置等。

5. 内外软性环境

内外软性环境包括工作团队中的人数、完成工作所要求的人际交往的数量和程度、各部门之间的关系、工作现场内外的文化设施、社会习俗等。

6. 工作权限

工作权限包括工作人员决策的权限和行政人事权限、对其他人员实施监督权以及审批财务经费和预算的权限等。

7. 工作的绩效标准

工作的绩效标准工作说明书中还需包括有关绩效标准的内容,即完成某些任务或工作量所要达到的标准。这部分内容说明企业期望员工在执行工作说明书中的每一项任务时所达到的标准或要求。

8. 聘用条件

聘用条件包括工作时数、工资结构、支付工资的方法、福利待遇、该工作在组织中的正式位置、晋升的机会、工作的季节性、进修与学习的机会等。

9. 工作要求

工作要求主要说明担任此职务的人员应具备的基本资格和条件,基本分为:一般要求(包括年龄、性别、学历、工作经验);身体要求(包括健康状况、力量与体力、运动的灵活性、感觉器官的灵敏度);心理要求(包括观察能力、学习能力、解决问题的能力、语言表达能力、人际交往能力、性格特点、品格气质、兴趣爱好等)。

(三)工作说明书编写要求

工作说明书在组织管理中的地位极为重要,是人力资源部门与相关用人部门招聘人员和考核的重要决策和参考依据。一份实用性强的工作说明书应符合下列要求:

1. 清晰明白

在编写工作说明书时,对于工作的描述必须清晰透彻,让任职人员读过以后,可以准确地明白其工作内容、工作程序与工作要求等,无需再询问他人或查看其他说明材料。应避免使用原则性的评价,同时对较专业且难懂的词汇必须解释清楚,以免在理解上产生误差。

2. 具体细致

在说明工作的种类、复杂程度、任职者须具备的技能、任职者对工作各方面应负责任的程度这些问题时,尽量使用能够准确地表达自己意思的语言。避免使用笼统含糊的语言,如在一个岗位的职责描述上,使用了"处理文件"这样的文句,"处理"是什么意思呢? 在这里显然有些含混不清。因此,在具体的编写时仔细区分到底是对文件进行分类,还是进行分发。

3. 简短扼要

整个工作说明书必须简短扼要,以免过于复杂、庞大,不便于记忆。在描述一个岗位的职责时,应该选取主要的职责进行描述,一般不超过 10 项为适,对于兼顾的职责可做出必要的补充或说明。

表 8—1 工作说明书范例一

<table>
<tr><td>职位名称</td><td></td><td>部门</td><td></td></tr>
<tr><td colspan="4">工作内容:
1.
2.
3.</td></tr>
<tr><td>职位名称</td><td></td><td>部门</td><td></td></tr>
<tr><td colspan="4">任职资格:
1. 学历要求:
2. 工作经验要求:
3. 必要的知识和能力:
4. 综合素质要求:
5. 其他要求:</td></tr>
</table>

表 8－2 工作说明书范例二

<table>
<tr><td>职位编号</td><td></td><td>职位名称</td><td></td><td>所属部门</td><td></td></tr>
<tr><td>职位类型</td><td></td><td>上级职位</td><td></td><td>编写日期</td><td></td></tr>
<tr><td>职位概要</td><td colspan="5"></td></tr>
<tr><td colspan="6">履行职责及考核要点</td></tr>
<tr><td colspan="4">履行责任</td><td>占用时间</td><td>绩效标准</td></tr>
<tr><td colspan="4"></td><td></td><td></td></tr>
<tr><td colspan="4"></td><td></td><td></td></tr>
<tr><td colspan="2" rowspan="3">工作关系</td><td>直接下属人数</td><td></td><td>间接下属人数</td><td></td></tr>
<tr><td>内部主要关系</td><td colspan="3"></td></tr>
<tr><td>外部主要关系</td><td colspan="3"></td></tr>
<tr><td colspan="2" rowspan="3">工作条件</td><td>工作场所</td><td colspan="3"></td></tr>
<tr><td>工作时间</td><td colspan="3"></td></tr>
<tr><td>使用设备</td><td colspan="3"></td></tr>
<tr><td colspan="2" rowspan="5">职位关系</td><td rowspan="2">可转换的职位</td><td colspan="2">部门：</td><td>职位：</td></tr>
<tr><td colspan="2">部门：</td><td>职位：</td></tr>
<tr><td rowspan="2">可晋升的职位</td><td colspan="2">部门：</td><td>职位：</td></tr>
<tr><td colspan="2">部门：</td><td>职位：</td></tr>
<tr><td>职位关系图</td><td colspan="3"></td></tr>
<tr><td colspan="6">任职资格要求</td></tr>
<tr><td colspan="2" rowspan="4">一般条件</td><td>最佳学历</td><td></td><td>最低学历</td><td></td></tr>
<tr><td>专业要求</td><td colspan="3"></td></tr>
<tr><td>资格证书</td><td colspan="3"></td></tr>
<tr><td>年龄要求</td><td></td><td>性别要求</td><td></td></tr>
<tr><td colspan="2" rowspan="4">必要的知识
和工作经验</td><td>必要知识</td><td colspan="3"></td></tr>
<tr><td>外语要求</td><td colspan="3"></td></tr>
<tr><td>计算机要求</td><td colspan="3"></td></tr>
<tr><td>工作经验</td><td colspan="3"></td></tr>
<tr><td colspan="2">必要的业务培训</td><td colspan="4"></td></tr>
<tr><td colspan="2" rowspan="2">必要的能力和态度</td><td>能力</td><td colspan="3"></td></tr>
<tr><td>态度</td><td colspan="3"></td></tr>
<tr><td colspan="2">其他事项</td><td colspan="4"></td></tr>
</table>

第三节 人员招聘与培训

人员的招聘、甄选和培训，是人员配备中最关键的环节，因为这一工作的好坏，不仅直接影响到人员配备的其他方面，而且对整个管理过程的进行，乃至整个组织的活动，也都有着极其重要和深远的影响。“得人者昌，失人者亡”这是古今中外都公认的一条组织成功的要诀。

一、人员的招聘

（一）基本程序

员工招聘是指组织及时寻找、吸引并鼓励符合要求的人到本组织中任职和工作的过程。为了保证员工选聘工作的有效性和可行性，应当按照一定的程序并通过竞争来组织选聘工作。具体的步骤是：

1. 制定招聘计划

当组织中招聘需要填补的工作职位时，有必要根据职位的类型、数量、时间等要求确定招聘计划，同时成立相应的选聘工作委员会或小组织。选聘工作机构既可以是组织中现有的人事部门，也可以是代表所有者利益的董事会，或由各方利益代表组成的专门或临时机构。选聘工作机构要以相应的方式或通过适当的媒介，公布待聘职务的数量、类型以及对候选人的具体要求等信息，向组织内外公开“招聘”，鼓励那些符合条件的候选人积极应聘。

2. 初选应聘者

当应聘者数量很多时，选聘小组需对每一位应聘者进行初步筛选。内部候选人的初选可以根据以往的人事考评记录来进行；对外部应聘者则需要通过简短的初步面谈，尽可能多地了解每个申请人的工作经历及其他情况，观察他们的兴趣、观点、见解、独创性等，及时排除那些明显不符合基本要求的人。

3. 考核初选合格者

在初选的基础上，选聘小组需要对余下的应聘者通过智力与知识测试来测评候选人的基本素质（思维能力、记忆能力、应变能力和观察分析复杂故事的能力），当然测试可能不足以完全反映一个人的素质全貌，不能完全表明一个人运用知识和智力的综合能力。应聘者可以通过发表竞聘演讲，介绍自己任职后的计划和远景，并就选聘工作人员或与会人员的提问进行答辩。这是为候选人提供充分展示才华、自我表现的机会。

4. 录用员工

在上述各项工作完成的基础上，需要利用加权的方法，算出每个候选人知识、智力和能力的综合得分，并根据待聘职务的类型和具体要求决定取舍。对于决定录用的人员，应考虑由主管再一次进行亲自面试，并根据工作的实际与聘用者再做一次双向选择，最后决定选用与否。

5. 评价和反馈招聘效果

最后要对整个选聘工作的程序进行全面的检查和评价，并且要对录用的员工进行追踪分析，通过对他们的评价检查原有招聘工作的成效，总结招聘过程中的成功与过失，及时反馈到招聘部门，以便改进和修正。

（二）基本途径

内部招聘和外部招聘是组织获得人力资源（特别是管理人员）的两条途径。采取内部招聘或外部招聘，要根据组织的具体情况而定，二者各有利弊。

1. 内部招聘

目前内部招聘主要采用的方法是工作竞标法。这种方法是把要招聘的岗位以及能力要求登在布告栏或内部刊物上，员工在得到招聘信息后，通过对自己能力的衡量，提出应聘要求。员工比照招聘标准，发现自己的不足，从而不断丰富自己，为未来的机会做准备。如果公司内形成这样一种氛围，那么，内部招聘活动所预期的激励作用就达到了。

大多数组织在选拔管理人员时倾向于内部招聘，是因为内部招聘具有一些明显的优点：有利于对选聘对象全面了解，以保证选聘工作的正确性；被提升的组织内成员对组织的历史、现状、目标以及现存的问题比较了解，有利于被选聘者迅速开展工作；有利于鼓舞士气，激励组织成员的上进心和工作热情，调动成员的积极性。

但内部招聘也有一些不足：当组织内部人才储备的质或量不能满足组织发展的需要时，如果仍然坚持从内部提升，将会使组织既失去得到一流人才的机会，又使不称职者占据管理职位；不易带来新的观念，容易造成“近亲繁殖”。

2. 外部招聘

外部招聘是指根据一定的标准和程序，从组织外部的众多候选人中选择符合空缺职位工作要求的人员。外部招聘的方法，根据外部来源的不同，主要有以下几种。

(1)广告招聘。这是企业常用的一种招聘方法，其形式有在报纸、杂志、电视、电台或因特网上投放招聘广告。广告的内容一般包括招聘职位、招聘条件、招聘方式及其他说明，广告必须符合有关法律并要求引人注目。广告招聘的优点是信息面大影响广，可吸引较多的招聘者；缺点是广告费用昂贵，由于应聘者较多，招聘费用也随之增加。

(2)员工推荐。员工推荐一般指本企业员工推荐或关系单位主管推荐。这种招聘方式的优点是：由于是熟人推荐，所以招聘应聘双方在事先已有进一步的了解，可节约不少招聘程序和费用，尤其是招聘关键岗位的空缺人员（如专业技术人员等），常用此法；缺点是由于熟人推荐，有时会有碍于情面而影响招聘水平。如果此类录用人员过多，易在企业内形成裙带关系，给管理带来困难。

(3)校园招聘。每年有大批应届生毕业,为企业招聘工作提供了大量的人选。企业招聘对象可以分为两类人员:一类是经验型,另一类是潜力型,应届生属于后者。一批青年人进入企业,给企业注入了活力,带来了生气,由于他们缺少实际工作经验,故企业必须投资进行培训。

(4)就业服务机构。就业服务机构服务的优点是能提供经过筛选的现成人才给企业,从而减少企业的招募和甄选时间。但是在实践上,由就业服务机构提供的应征者往往不符合工作岗位的资格要求,继而造成高流动率或效率低下等现象。

(5)猎头公司。"猎头"在英文里叫"headhunting",在国外,这是一种十分流行的人才招聘方式,意思即指"网罗高级人才"。专门从事中高级人才招聘的中介公司,又往往被称之为"猎头公司"。猎头公司具有"挖墙脚"专长,特别擅长接触那些正在工作而且还没有流动意向的高级人才,能为用人单位节约不少广告征求和筛选大批应征者所花费的费用和时间。但是猎头公司收取的费用相当昂贵,而且部分猎头公司的工作能力有限。

外部招聘有一些明显的优势:有比较广泛的人才来源满足组织的需求,有可能招聘到一流的管理人才;可给组织带来新的思想、新的方法,防止组织的僵化和停滞;大多数应聘者都具有一定的理论知识和实践经验,因而可节省在培训方面所耗费的大量时间和费用。同时外部招聘也存在一些缺点:组织内部员工的士气或积极性将受到影响;应聘者对组织的历史或现状不了解,不能迅速开展工作。

一般来说,当组织内有能够胜任空缺职位的人选时,应该从内部提升;当空缺的职位不很重要,并且组织已有既定的发展战略时,也应当考虑从内部提升。然而,当组织急需一个关键性的主管人员,而组织内又无胜任这一重要职位的人选时,就需要从外部招聘,否则将会导致组织处于停顿甚至后退状态。

二、人员的甄选

人员甄选,是指用人单位在招募工作完成后,根据用人条件和用人标准,运用适当的方法和手段,对应征者进行审查和选择的过程,是组织通过多种方法,收集应聘者各方面的信息,对应聘者进行区分评估,以挑选最适合职位要求的人员的过程。

(一)招聘测试

招聘测试是一种科学的测量方法,它是通过调查、问卷、面谈、模拟、民意测验等多种综合方法对人员的能力、性格、态度、素质、智力水平、工作绩效等方面进行综合评定,这种评定以定量和定性相结合为特征。

1. 知识测评

知识测评亦称"笔试",用笔试测评知识,可从记忆、理解、应用三个层次上进行。常用题型包括供答型、选答型与综合型。

2. 智力测试

智力测试是对人所具有的整体能力的总和，即对学习能力的测试。智力测验可以用来甄选各种职业的工作者，在同一职业中，聪明的人比愚笨的人学得快，做得好；不同职业对人的智力要求也不尽相同。

3. 能力测试

能力测试主要测试应聘者是否具备所应聘岗位要求的能力水平。

4. 个性测试

个性测试主要用于判断候选人的个性特点，包括个人的需要、动机、爱好、兴趣、感情、态度、性格、气质、价值观、人际关系等各种与社会行为有关的心理特质。

（二）测评中心

测评中心是为测评被试者的操作能力和管理素质所进行的一系列标准化活动。

1. 无领导小组讨论

无领导小组讨论是指一组被评价者在给定的时间里、在既定的背景之下，围绕给定的问题展开讨论，并得出一个小组的意见。参加讨论的被测评人数一般是 4～8 个人；讨论的时间通常是一个小时左右。所谓“无领导”就是参加讨论的这一组被评价者，他们在讨论的问题情境中的地位是平等的，其中并没有指定哪一个人充当小组的领导。无领导小组讨论可以考察被评价者的领导欲望、主动性、辩论说服能力、协调能力、领导能力、人际交往能力以及决策能力等，同时也可以考察被评价者的自信心、进取心、责任感、灵活性、情绪的稳定性以及团队精神等个性方面的特点及风格。

2. 公文处理练习

在这种测评方法中，被评价者将扮演某一领导者的角色，他将面对一堆信件或文稿，包括通知、报告、客户的来信、下级反映情况的信件、电话记录、关于人事或财务等方面的一些信息以及办公室的备忘录等。这种测评方法可以评价被评价者在管理方面的计划能力、组织协调能力、判断能力、决策能力以及领导能力等，此外还反映了对信息的收集和利用能力、处理问题的条理性和灵活性以及对他人的敏感性等。

3. 情景模拟

情景模拟通过设置一定的模拟情景，让被测评者扮演一定的角色。在模拟的情景中，按照考官的要求设置一个或一系列的任务和活动，编制一套与该职务实际情况相似的测试项目，将被试者安排在模拟的、逼真的工作环境中，要求其处理可能出现的各种问题，用多种情景测评其素质和操作能力的一系列方法。

4. 管理游戏

管理游戏是一种以完成某种“实际工作任务”为基础的标准化模拟活动，通过活动观察与测评被试的实际管理能力。比如要求扮演一个特定的管理角色来处理日常的管理事务，以此来观察其表现，了解其心理素质，测评其人际关系处理等能力。

（三）面试

面试是一种面试人与求职者之间相互交流信息的有目的的双向沟通，使招聘方和应聘者都能得到充分的信息，以在招聘中做出正确的决定。

1. 结构化面试

结构化面试的特点是：由一系列与工作相关的问题构成；可靠性和准确性较非结构化面试强；主持人易于控制局面；面试通常从相同的问题开始。其缺点和局限性是灵活不够，面试人多易被后来应试者所掌握。

2. 非结构化面试

面试会提出探索性的无限制的问题，鼓励求职者多谈。面试没有应遵循的特别形式，谈话可从各方面展开。可以根据求职者的最后陈述进行追踪提问。

如果没有经过良好的组织并按标准化的方式进行，面试可能会存在一些偏见和误解。为了使得面试有效，应做到：培训面试者；着重了解工作要求的那些知识、技术、能力和其他特点；严格根据工作分析的结果设计面试问题；在轻松的气氛下进行面试；编制特制的表格，根据标准来评价申请者；面谈中做记录等等。

三、人员的培训

员工培训是指组织为开展业务及培育人才的需要，通过各种方式对员工进行有目的、有计划的培养和训练的管理活动。其目标是使员工不断更新知识、开拓技能、改进员工的动机、态度和行为，使其适应新的要求，更好地胜任工作或担负更高级别的职务，从而促进组织效率的提高和组织目标的实现。人员培训的意义主要体现在：第一，员工培训能增强员工对企业的归属感和责任感；第二，员工培训是灌输组织文化，建立学习型组织的基础；第三，员工培训能使企业适应市场的变化、增强竞争优势。

根据是否离开工作岗位将员工培训分为在职培训和脱产培训。

（一）在职培训

在职培训是指员工不离开工作岗位，在实际工作过程中接受培训。在职培训的方法主要有以下几种：

1. 工作轮换

工作轮换就是让受训者在多个部门之间轮流工作，使他们有机会接触和了解到组织其他部门或岗位工作的情况。工作轮换主要用于对管理人员的培训，让其在晋升到更高职位前了解各个部门的运作情况；同时，也有组织将其用于培训新员工，让其在培训的过程中找到适合自己能力和兴趣的岗位。对于管理人员而言，工作轮换是一次宝贵的全面了解组织的机会，通过在各个部门的工作，熟悉各部门的情况，一旦上任，就能很快地上手。同时，各个部门一般都是相对独立的，工作轮换有利于今后各部门能更好地协调，促进部门间的合作。工作轮换也是对受训者的考验，各部门主要从不同角度来观察受训者，从而综合评价候选人各方面的能力，为晋升决策提供重要参考。

2. 学徒培训

学徒培训在国内外都已有很长的历史，是一种传统的培训方法，主要用于个人技巧的传授。例如木匠、泥水匠、电工、机械维修工和裁缝等。学徒的培训时间一般是2～5年。在这段时间里，被培训者跟随师傅学习技能。在现代社会，这种培训方法已日渐减少，但是在某些专业技术领域，这种方式仍然有效，例如我国博士生、硕士生培养中的部分工作比较接近这种学徒培训模式。

3. 辅导培训

辅导培训是受训者以一对一的方式向经验丰富的组织成员学习的培训方法，辅导者通常是年长的或有经验的员工，可以是企业中任何职位的人。这种方法有些类似学徒培训，但辅导者的身份不一定是师傅，可以是朋友或者同事。为了保证辅导的效果，辅导者与受训者的兴趣必须一致，必须相互了解。比如大学毕业生的在职业务培训就是一种辅导培训。

（二）脱产培训

脱产培训是指员工离开自己的工作岗位专门参加培训，这种培训方法主要有以下几种：

1. 讲授法

讲授法是人们最熟悉、最传统的培训方法，是通过培训者讲授或演讲的方式对受训者传递知识。讲授法最大的优点是只要教材选用恰当、讲授主次分明，就可以清晰、系统地将大量的知识在短时间内传授给受训者，培训成本比较低，同时培训者能够对培训过程进行有奖惩的控制。但它的缺点也是明显的，由于讲课的内容比较概括，针对性不强，因此需要受训者同质化程度比较高，这种方法多用于一般性的知识培训。

2. 讨论法

按照费用与操作的复杂程度，讨论法又可分成研讨会与一般小组讨论两种方式。研讨会多以专题演讲为主，中途允许受训者与演讲者进行交流沟通。优点是信息可以多向传递，与讲授法相比反馈效果较好，但费用较高。而小组讨论法的特点是信息交流的方式是多向传递的，受训者的参与性高，费用较低。多用于巩固知识，训练受训者分析、解决问题的能力与人际交往的能力，但运用时对培训老师的要求较高。

3. 案例分析法

案例分析法是国内外管理学院十分盛行的学习方式。在案例方法中，培训者为受训者提供关于某个问题的书面描述，这个问题可以是现实的，也可以是虚拟的。受训者根据资料，提出解决方案，也可以自己独立思考。案例方法并不是要教给受训者一个“正确”的解决方法，而是培养受训者分析问题、解决问题的能力，并且提供一些有益的思路。

4. 角色扮演法

角色扮演法是在设计的一个可接受的真实情况的场景中，指定受训者扮演特定的角色，借助角色的演练来体验该角色，并完成相应的任务，从而提高解决此类问题的能力。通常这种培训的主要目的是提高受训者处理日常管理事务的能力（例如，接听一个重要顾客的抱怨电话、给一个要求捐赠的俱乐部回函等等）。角色扮演法能否成功取决于受训者对角色真实性的感受能力。这种方法不仅可用于管理人员的发展，而且也可以用于管理人员的聘用过程，以检验其管理能力。在角色扮演中，最突出的特点就是人与人的直接交流，这非常有利于培养人际关系方面的技能。因此，在培训公关人员、销售人员时常常采用这种方法。这种方式成本比较低。

5. 工作模拟法

工作模拟法就是利用受训者在工作过程中实际使用的设备或者模拟设备以及实际面临的场景来对他们进行培训的一种方法。这种方式的主要优点是指导人员能深入地讲解工作技能，培训效果比较好。缺点是这种培训方法成本较高，不可能做到和实际工作完全一样，也存在培训的转化问题。这种培训特别适合风险比较高和责任重大的工作（比如飞行员的培训、决策人员的培训）。

6. 网络培训法

网络培训法是一种新型的计算机网络信息培训方式，投入较大。但由于使用灵活，符合分散式学习的新趋势，节省学员集中培训的时间与费用。这种方式信息量大，传递新知识、新观念的优势明显，更适合成人学习。因此，这种方法特别为实力雄厚的企业所青睐，也是培训方法发展的一个必然趋势。

第四节 绩效考核

绩效考核是一种正式的员工评估制度，它是通过系统的方法、原理来评定和测量员工在职务上的工作行为和工作效果。考核的结果可以直接影响到薪酬调整、奖金发放及职务升降等诸多员工的切身利益。因此，如何在员工日常表现中制定一些明确的绩效标准以期奖惩分明，同时据此施行适当在职训练，有系统地持续绩效考核工作，这是人员配备的一个重要内容。

一、绩效考核的作用

绩效考核不仅为员工的工作调整、职务变更提供依据，通过考核还可以让员工明白企业对自己的评价，自己的优势、不足和努力方向，这对员工改进自己的工作有很大好处。另外，绩效考核还可以为管理者和员工之间建立起一个正式的沟通桥梁，促进管理者和员工的理解和协作。

具体而言,有以下几个方面:

(一)为员工的薪酬调整、奖金发放提供依据

绩效考核会为每位员工得出一个评价考核,这个考核结论不论是描述性的,还是量化的,都可以为员工的薪酬调整、奖金发放等提供重要的依据。这个考核结论对员工本人是公开的,并且要获得员工的认同。所以,它作为依据是非常有说服力的。

(二)为员工的职务调整提供依据

员工的职务调整包括员工的晋升、降职、换岗甚至辞职。绩效考核的结果会客观地对员工是否适合该岗位做出明确的评判。基于这种评判而进行的职务调整,往往会让员工本人和其他员工接受和认同。

(三)为上级和员工之间提供一个正式沟通的机会

考核沟通是绩效考核的一个重要环节,它是指管理者(考核者)和员工(被考核者)对考核结果进行面对面讨论,并指出其优点、缺点和需要改进的地方。考核沟通为管理者和员工之间创造了一个正式的沟通机会。利用这个沟通机会,管理者可以及时了解员工的实际工作状况及深层次的原因,员工也可以及时了解到管理者的管理思路和计划。考核沟通促进了管理者与员工之间的相互了解和信任,提高了管理的穿透力和工作效率。这种沟通使得管理者及其下属人员有机会通过制定计划来克服在工作绩效评价过程中所揭示出来的那些低效率行为,同时还可以帮助管理者们强化下属人员已有的正确行为。

(四)让员工清醒认识组织对自己的真实评价

虽然管理者和员工可能会经常见面,并且可能经常谈论一些工作上的计划和任务。但是员工还是很难清醒地明白组织对自己的评价。绩效考核是一种正规的、周期性的对员工进行评价的系统,由于考核结果是向员工公开的,员工就有机会清楚组织对他的评价。这样可以防止员工不正确地估计自己在组织中的位置和作用,从而减少一些不必要的抱怨。与此同时,绩效考核还可以让员工清楚组织对他的期望以及自己需要改进的地方,这就为员工的自我发展铺平了道路。

(五)组织及时准确地获得员工的工作信息,为改进组织政策提供依据

通过绩效考核,管理者和人力资源部门可以及时准确地获得员工的工作信息。通过这些信息的整理和分析,可以对组织的招聘制度、选择方式、激励政策及培训制度等一系列管理政策的效果进行评估。及时发现政策中的不足和问题,从而为改进组织政策提供了有效的依据。

（六）绩效考核是对员工进行激励的手段

奖励和惩罚是激励的主要内容，奖罚分明是劳动人事管理的基本原则。要做到奖罚分明，就必须要科学地、严格地进行考核，以考核结果为依据，决定奖或罚的对象和等级。考核本身也是一种激励因素。通过考核，肯定进步、指出长处、鼓舞斗志、坚定信心；通过考核，指出缺点和不足、批评过失和错误、指明努力的方向，鞭策后进、促其进取。使员工保持旺盛的工作热情，出色地实现组织目标。

二、绩效考核的基本内容

组织人员绩效考核的内容，体现了组织对其成员的基本要求。考核内容是否科学、合理，直接影响到员工绩效考核的质量。绩效考核内容包括业绩考核、能力考核、态度考核、潜力测评和适应性考核等五项内容。在实际操作中，由于各组织所处的环境不同，目标管理工作中的特点不同以及经营者的偏好不同，就可能使组织人员考核偏重于其中一项或几项。比如，企业管理工作的重心在于提高工作效率，其考核内容偏重于业绩考核；如果需要提升一些有才干的人员来促进企业的发展，考核的内容就偏重于能力考核和潜力考核。

（一）业绩考核

业绩考核通常称为“考绩”，是对企业人员担当工作的结果或履行职务结果的考察与评价。它是对组织成员贡献程度的衡量，是所有工作关系中最本质的考核。它直接体现出员工在企业中价值的大小，与被考核者担当工作的重要性、复杂性和困难程度呈正相关关系。

（二）能力考核

能力考核是考核员工在职务工作中发挥出来的能力。这里的能力主要体现在四个方面：常识、专业知识和其他相关知识；技能和技巧；工作经验；体力。需要指出的是，企业绩效考核中的能力考核和能力测试不同，前者是同被考核者所从事的工作相关，而后者是从人的本身属性对员工的能力进行评价，分出优劣，强调人的共性，不一定要和员工的责任工作相联系。

（三）态度考核

态度考核是考核员工为某项工作而付出的努力程度（比如是否有干劲、有热情，是否忠于职守，是否服从命令等）。态度是工作能力向业绩转换的中介，在很大程度上决定了能力向业绩的转化。当然，同时还应考虑到工作完成的内部条件和外部条件。

（四）潜力测评

潜力相对于“在职务工作中发挥出来的能力”而言，是“在工作中没有发挥出来的能力”。可以肯定地说，很多员工并没有在自己的现任职位上发挥出完全的能力，因此了解、测评和把握员工，并在此基础上开发员工潜力，以最大限度地降低人力资本，对于提高人员使用效益是有实际意义的。

小案例

张放被免职的原因

某企业是个集团公司，拥有20多家分公司，其中广州分公司的老总张放，是个公认的销售天才，每年在20多分公司里面销售业绩名列前茅；2001年，为开拓新市场，集团在重庆成立了一家分公司，便把他派过去了。他深感责任重大，决心不辱使命。他工作中身先士卒，并注意对下属的激励与培养，形成了一支很好的团队。一年下来，他甚至没休息过一天。可是，销售业绩却居于公司最低。老总说了，你看，考评出来的，真是没办法，全公司我最重用你、最信任你，但是没办法，考评面前人人平等，当初说过了，就要免职。在他之后又有三任总经理接连以同样原因被调职，直到第四任总经理上任后，重庆分公司的业绩才开始好转。

（资料来源：曹子祥：《张放被免职的原因》，《成功绩效管理的1—2—3法则》）

三、绩效考核的基本方法

绩效考核的方法多种多样，组织最常用的方法有目标管理法、书面描述法、关键事件法、评分表法、行为定位评分法等。

（一）书面描述法

书面描述法要求评价者以文字叙述的形式描述员工的绩效，通常包括员工的优缺点、过去的绩效和潜能等，并提出予以改进和提高的建议。这种方法集中倾向在员工工作中的突出行为，而不是日常的业绩。书面描写还需要采取某种复杂的格式，也不需要经过多少培训就能完成，是一种简单的评价方法。但是，这种评价方法的主要问题在于因评价者的写作技能不同，可能会造成对员工评价的极大差异。

（二）关键事件法

关键事件法要求评价者对员工所做的对部门或组织效益特别有效果的或无效果的重大事件做出书面记录。在绩效考核期间，记录的事件成为评价绩效和向员工提供反馈意见的基础。这种方法的主要缺点是要求评价者定期记录关键事件，这种记录工作往往负担重、耗时多。

（三）评分表法

评分表法是一种被广泛采用的绩效评估方法，它根据所限定的一系列绩效因素对员工进行考核评分。评价所选择的因素有两种类型：一是与工作有关的因素（如工作的数量与质量、职务知识、出勤率等）；二是与个人特征相关的因素（如适应能力、忠诚度和合作精神等）。评分表法虽然不像书面描述法和关键事件法那样可以提供详细的信息，但其设计和执行的总时间耗费较少，简单快速，而且便于做定量分析和比较。

（四）行为定位评分法

行为定位评分法是近年来日益受用的一种绩效评估方法。这种方法综合了评分表法和关键事件法的主要要素，即考核者按某一序数值尺度对这项指标打分，但评分指标不是一般的个人特质描述，而是员工从事某项职务的具体工作行为事例。它将职务的关键要素分解为若干绩效因素，然后对每一个绩效因素中有效或无效的工作行为进行更客观的描述。行为定位评分法的特点是需要有大量的员工共同参与制定，并可为某一员工的工作绩效提供具体反馈。

本章小结

人员配备首先满足组织的需要为每个岗位配备适当的人；同时，也是为每个人安排适当的工作，因此要考虑满足组织成员个人的特点、爱好和需要。工作分析是组织中的一项重要管理活动。工作分析指全面了解获取与工作有关的详细信息的过程，是对组织中某个特定职务的工作内容和职务规范的描述和研究过程。

所谓“招聘”是指组织采取一些科学的方法寻找、吸引具备资格的个人到本组织来任职，并从中选出适宜人员予以聘用的过程。招聘渠道有内部招聘和外部招聘。内部、外部招聘人员各有优缺点，所以要结合起来运用。招聘方法包括：广告招聘、通过中介机构招聘、猎头公司招聘等。员工培训是指组织为开展业务及培育人才的需要，通过各种方式对员工进行有目的、有计划的培养和训练的管理活动。其目标是使员工不断更新知识、开拓技能，改进员工的动机、态度和行为，使其适应新的要求，以便更好地胜任工作或担负更高级别的职务，从而促进组织效率的提高和组织目标的实现。员工培训的方法根据是否离开工作岗位将员工培训分为在职培训和脱产培训。人员的绩效考核是指对员工现任职务、职责的履行程度，以及担任更高级别职务的潜力，进行有组织的并且是尽可能客观的考核和评价的过程。

本章习题

1. 人员配备的内容和原则是什么？
2. 人员招聘的途径有哪些？有什么特点？
3. 简述人员培训方法。
4. 简述绩效考核的作用。

案例研讨

主管人员的绩效考核

某酒店集团后勤部新上任的李经理，针对集团后勤工作管理不善、员工热情不高、大家对整个后勤部意见大等问题，进行了充分的调查研究，制定了"严格管理，促进后勤工作转变"的工作方针，并将主管人员绩效考核作为整个方针落实的第一步。李经理的意见一在部办公会议发表，便引来各种意见。

负责业务的副经理老王认为：后勤工作千头万绪，关键要稳住顶在第一线的主管们。考核工作是很重要，但在全集团尚未全面实行管理人员考评之前我们自搞一套，主管们压力一定很大，一旦影响了情绪，工作会更糟的。负责行政人事的副经理老肖则认为：后勤工作繁重琐碎，能维持现状已属不易，再折腾，搞乱了管理人员的思想，局面更难。李经理再次强调管理人员考核的意义，他认为只有做到奖惩分明，打破大锅饭，并把管理人员的奖金、提拔和晋升工资与工作好坏挂起钩来，后勤工作才可能根本改观。

在李经理的坚持下，部办公会议同意了对主管进行考核的意见，肖副经理拿出具体考核细则交全体主管会议讨论。经过几次部办公会议的争论，李经理也听取了老王、老肖的意见，意识到主管能否理解考核的意义将成为整个考核工作成败的关键。因此在几天后的主管会议上，李经理把解决主管的认识问题列为会议的重点。主管会议开得不错，在李经理阐明考核工作意义之后，不少主管纷纷发言表态支持领导决定，气氛相当热烈。李经理看到原先的担忧基本解除了，便给每位主管一份《考核细则》，并当众宣布下一季度试行，第一个月的奖金将按考核后的实际得分发放。

一个月的考核工作顺利进行着，主管们比过去忙多了，后勤工作多少有些起色了。每当全体主管会议召开时，到场的人多了，平时不记录的主管也带上了小本本，各部门挂起了行踪留言黑板。各科应上报的一个月工作计划和工作汇报都早早收到了。后勤部办公室也整整忙了一个月，记录着各种反馈信息。第二个月的 5 日，李经理收到了主管们送上的自评表，出乎意料，主管们几乎都给自己打上满分；员工评议表和其他科的打分又带很浓的个人成见。如物资科主管工作负责、原则性强，得罪了其他同事，被其他科打了个最低分；只有部领导的评分才恰如其分，可以公布。在第二天的主管会议上，李经理公布了部领导对主管的考评结果，宣布奖金获得数。6位得分靠后的主管当场要求部领导说明原因和理由，会议难以进行下去。当天下午他们还联合起来到集团办公室和人事部告状。由于6位主管接连几天没有主持工作，闹得不可开交，直接影响了整个后勤部的正常工作秩序。一周之后，经集团领导调解，后勤部10位主管的奖金仍按最高等级发放。面对这一切，李经理陷入了苦闷的深思。

附:《考评细则》

1.有强烈的事业心；不计个人得失；不以权谋私；工作任劳任怨(满分20分)。

2.参加部召集的会议活动；迟到或早退一次扣1分；缺席1次扣2分(满分10分)。外出情况：一月中无交代外出，查到1次扣2分(满分10分)。

3.精通岗位业务知识；不断改进业务工作(满分10分)。

4.善于发动群众；善于识人用人(满分10分)。

5.每月按时上交工作计划，全科人员职责明确；工作有条不紊；有考核标准和要求(满分20分)。

6.按期按质完成部交办的任务；工作成效明显或群众反映良好(满分20分)。

本考核细则由个人自评，本科员工、其他科及部领导分别测评，相加数平均后得出总分。

(资料来源:道客巴巴网站)

案例思考题:

1.导致这次考评失败的主要原因是什么?

2. 应如何解决此次的考评问题?

应用训练

模拟招聘会

1.实训目标

通过模拟招聘会的开展，使学生了解企业招聘的基本流程，为以后求职面试打下良好基础。

2.实训内容

(1)从班级中择优选出4名学生，和老师一起组成评审团(模拟企业招聘人员)。

(2)给出3个工作职位(比如:办公室文员、市场营销员、酒店服务人员)。学生课下准备(包括服装等方面)。

(3)正式模拟。

①学生自我介绍。

②评审组对每位参加面试的学生进行提问(2～3 个问题)。

③最后确定录取人员名单。

第九章 领导

学习目标

- ▶掌握领导与领导者的概念和实质
- ▶熟悉管理和领导的区别
- ▶了解领导者权威的来源和构成
- ▶熟悉领导方式及其理论
- ▶掌握领导艺术

案例导引

你说得对,我就是一个勤杂工

在一次新闻发布会上,美国思科系统公司总裁钱伯斯接受了记者的采访。记者问:“总裁先生,作为公司的总裁,您对公司的业务应该非常了解,您能跟我们谈谈贵公司的主要业务吗?”

钱伯斯摇了摇头,说:“对不起,这要问一问我的业务经理才知道,对于公司业务方面的知识,我几乎是一窍不通!”

接下来,记者又问:“总裁先生,您一定是一位销售方面的专家,我很想听您谈一谈,贵公司在销售方面有哪些秘诀,您不介意吧?”

钱伯斯还是摇了摇头,说:“对不起,这得问一问我的销售经理才知道,对于销售方面的知识,我完全是一片空白!”

记者不甘心地再次问道:“总裁先生,那您肯定是一位出色的管理专家,要不,您就给我们谈一谈管理方面的知识吧!”

钱伯斯依然摇了摇头,说:“对不起,这个问题得问问公司的副总裁才行,因为只有他才是管理方面的专家!”

记者们听了面面相觑,总裁先生怎么什么也不知道呀!就在这时,钱伯斯坦率地说:“大家可能会觉得奇怪,作为公司的总裁,怎么可能什么也不知道呢?我现在就来告诉大家,我确实什么也不知道!”

记者们争先恐后地问："那么，您每天的具体工作是什么？"

钱伯斯说："我的具体工作可多了，每天下午，我得去幼儿园给单身的业务经理接孩子，有时还得去药店给销售经理买胃药，或许又得给公司里的哪位员工准备生日蛋糕了。就是到了深夜，也有忙不完的事，比如给还在加班的副总裁煮夜宵！"

钱伯斯刚说完，会场上便传来一片唏嘘之声。人们小声地议论说："这哪是总裁呀，完全是一个勤杂工嘛！"

钱伯斯突然拍起了巴掌，说："你说得对，我就是一个勤杂工！并且还是这个世界上最出色的勤杂工！我可以不懂技术，不懂管理，不懂公司里的任何事情，但我不能不懂得如何照顾我的下属，我的员工！作为公司的总裁，只要做好了勤杂工，那么成功就非他莫属了！"

（资料来源：百度文库）

领导是管理工作中的一项重要职能。无数管理实践表明，成功的管理者往往是组织群体中的领导者，他们对组织生存和顺利成长具有深远的影响。既然领导者在管理工作中有如此重要的作用，那么如何才能成为一个好领导？我们将从领导与领导者、领导方式及其理论、领导艺术以及有关领导的当代观点等方面展开讨论。

第一节　概　述

一个组织能否实现其宗旨和预定的目标，在很大程度上取决于领导是否有效。作为引导、指挥、指导与统率的同义语，作为管理的一种职能，领导有其丰富的内涵。

一、领导与领导者

"领导者"与"管理者"是两个既相关又有区别的概念。提出领导者和管理者区别的问题，是为了使读者更易于掌握"领导"的概念，但要说明领导者与管理者的区别，还得先研究"领导"的概念。

（一）领导与领导者的定义

领导就是领导者为实现组织的目标而运用权力向其下属施加影响力的一种行为或行为过程。领导工作包括五个必不可少的要素，领导者、被领导者、作用对象（即客观环境）、职权和领导行为。

领导必须具备三个要素：第一，领导者必须有下属或者追随者；第二，领导者必须拥有影响追随者的能力；第三，领导行为具有明确的目的，并可以通过影响下属来实现组织目标。

领导者是指在正式的组织中经合法途径被任用，担任一定领导职务、履行特定领导职能、掌握一定权力、肩负某种领导责任的个人和集体。领导者是领导活动中的重要因素，是组织顺利展开运作的重要条件。

领导者的含义可以从三个方面理解。首先，领导者是领导活动的主体，在领导活动中起主导作用，居中心地位。其次，领导者在领导活动中起发动作用。它根据特定社会群体的利益和需求，进行科学决策，制定规划目标，发布指示命令，使领导活动处于动态状况。再次，领导者在领导活动中起统率作用。它根据目标任务需要，设置组织机构，合理选人用人，安排计划实施，并在领导活动过程中，视情况的变化，协调各种关系，不断修正、完善决策。

(二)领导与管理的区别

管理强调的是履行职能，领导强调的是在履行职能的过程中提供方向，增强组织成员的凝聚力以及激励与鼓舞人。典型的管理者采用有组织、有条理的方法和严格控制的办法，给组织带来正常的秩序和一致性。典型的领导者采取灵活、创造性的方式，在组织中倡导变革和提供前景。领导是管理的一个方面，属于管理活动的范畴，但除了领导，管理还包括如计划、组织、控制等其他内容。领导从根本上来讲是一种影响力，是一种追随关系。人们往往追随那些他们认为可以提供满足自身需要的人，正是人们愿意追随他，才使他成为领导者。因此，领导者既存在于一定的组织中，也存在于一定的群体中；既存在于正式组织中，也存在于非正式组织中。如表9－1所示。

表9－1 领导与管理的区别

领导者	管理者
剖析	执行
开发	维护
价值观、期望和鼓舞	控制和结果
长期视角	短期视角
询问"做什么"和"为什么"	询问"怎么做"和"何时做"
挑战现状	接受现状
做正确的事	正确地做事

有时我们很难区分管理者和领导者。"领导"和"管理"密切相关，但又有明显的区别。优秀的管理者一定是个好的领导者，然而一个领导者不一定是一个有成效的管理者。管理者可以利用其职权迫使人们去从事一项工作，但不等于就是一个合格的领导者。有人虽有经理的头衔，然而很少能影响他人的行为和工作；也有人并无正式职权或经理之名，却能以个人的身份和感染力去影响他人的行为。后者虽非管理者，但也许是

一个至关重要的非正式领导。

（三）领导的作用

在带领、引领和鼓舞下属为实现组织目标而努力的过程中，领导者有指挥、协调和激励三个方面的作用。

1. 指挥

在集体活动中，领导者应该帮助成员认清形势，指明活动的目标和达到目标的途径；应该作为带头人来引导人们前进，鼓励人们实现目标，并起指挥作用。

2. 协调

由于成员对目标的认可和理解，对技术的掌握程度、对客观情况的认识等因个人素质存在差异，因此，成员之间不可避免地会发生分歧，领导需要协调人们的关系和活动。

3. 激励

不同的人有不同的欲望和目标。领导的目的就是把个人目标和组织目标结合起来，引导成员为实现组织目标做出贡献，领导的作用很大程度上就是要调动成员的积极性，使其以高昂的士气自觉地为组织做出贡献。

（四）理想的领导者与领导集体

1. 理想的领导者

究竟领导者具有什么样的特质，才能成为一名理想的领导者呢？有学者提出，一名理想的领导者至少要具备 6 个方面的基本特质，这 6 个方面的英文单词都是以 P 开头，所以也叫“领导的 6P 特质”。

（1）领导远见（Purpose）。领导者必须对未来有明确的发展方向，领导者应该向下属展示自己的梦想，并鼓励大家朝着梦想前进。优秀的领导者应该是一个方向的制定者。

（2）热情（Passion）。领导者必须对自己所从事的工作和事业拥有特别的热忱。例如联想集团的领导曾经说过，高层领导者必须要有事业心，中层的领导者必须要有上进心，基层的领导者必须要有责任心。同时，好的领导者不仅自身具有很强主动性，还要能点燃下属的工作热情，不会激励下属的领导者，是没有资格做领导的。

（3）自我定位（Place）。领导者应该特别清楚自己扮演的角色，面对这个角色应该担负什么样的责任。这些角色包括为人上司、为人下属、为人同事，还包括一个角色，那就是千万不要忘记你自己。你如何让你自己这个角色每一年逐步地提升，怎么样给自己充电，怎么样给自己加压，怎么样去学习新东西，这就是一个自我定位。扮演好了这四个角色，你就能继续前进，就会产生好的绩效。

（4）优先顺序（Priority）。优秀的领导者的一个特点就是能够明确地判断处理事务的优先顺序。领导者要想加强领导绩效，就必须懂得有所取舍，在有限的时间和资源范围之内，要决定到底先做什么，后做什么，确定做什么，确定放弃什么，这就是优先顺序的思维方式。

(5)人才经营(People)。领导者应该相信,无论是上司、同事和下属,都是组织可以依赖的资源,都是组织的绩效伙伴。人员可能是组织的资产,也可能成为组织的负债。什么样的人是资产呢?真正发挥作用的人才是组织的资产。

(6)领导权力(Power)。自古以来,领导和权力是密切相关的。领导能力包含着领导风格的因素,也包含着权力的因素。所谓“权力”就是一个人影响另外一个人的能力,权力的关键是依赖性,你对他有很强的依赖性,反过来他对你就有很大的权力。

2. 领导集体

一个好的领导集体,主要反映在其成员结构上,具体体现在以下几方面:

(1)梯次的年龄结构。任何一个领导集体,都负有承前启后的功能。这就要求在考虑领导集体成员的年龄结构时,应该十分注意保持梯形状态。这既是保持工作的连续性和稳定性的需要,也是保证事业长盛不衰、后继有人的基本条件。

(2)合理的专业结构。一个结构优化的领导集体,应由完成领导目标所需的各类专业人才搭配组合而成。要做到合理配套、用其所学、用其所长、人尽其才。

(3)互补的智能结构。智能是人们运用知识的能力。领导集体要担负多种功能,其成员的智能不应是同一类型的。一个好的集体,必须是将、相、帅的合理组合,才能完备协调,发挥最佳的智能效能。

(4)和谐的气质结构。气质是指人的个性特点、风格、气度。一个领导集体成员间的个性特点、风格、气度应是互相兼容的。既互相制约,又互相补充。

(5)良好的品德修养。品德是人的世界观、人生观、价值观的高度浓缩与综合反映。在一个领导集体结构系统中,良好的品德素质是系统优化的关键。因此,集体成员个体品德如何,对完善群体结构是个至关重要的问题。

二、领导者的权力

领导权力就是领导者(权力所有人)遵循相关的法律、法规,运用多种方法与手段,在实现特定目标的过程中,对被领导者(权力相对人)做出一定行为与施行一定影响的能力。

一般来说,权力是由某种地位而获得的一种力量,可用来影响别人,使别人根据他的劝告、建议或命令办事。可以看出,权力与地位是相联系的。

美国学者弗兰奇和雷文认为有 5 种权力基础。

1. 强制性权力

强制性权力是建立在惧怕之上的权力,下属认识到不服从领导者的意愿会受到惩罚,如批评、降级、降薪、被解雇等。

2. 奖励性权力

奖励性权力与强制性权力相反,下属认识到服从领导者的意愿会带来积极的奖励,如表扬、信任、注意、晋升、加薪等。

3. 法定权

法定权来自领导者在组织中的地位，这种权力就是职位权力，简称"职权"。如果职位发生了变化(如某领导者离开领导岗位)，权力就随之消失。"有权不用，过期作废"中所说的"权"，就是指法定权，或叫"职位权力"。

4. 专长权

领导者具有某种专业知识和组织能力，会赢得下属的尊敬和服从。

5. 个人影响权

个人影响权来自领导者具有良好的品质和感人的魅力，受到下属的敬佩。

以上5种权力基础可以概括为两种类型。一类是正式权力，它来自领导者法定的地位，领导者正是凭借这种地位，掌握着奖励和惩罚的权力，对接受领导的下属就给予奖励，拒绝其领导的则予以惩罚。正式权力包括强制度性权力、奖励性权力和法定权。另一类是非正式权力，是指那些不靠法定地位而靠领导者本人的品德、能力、情感、经验、知识、工作作风等产生的影响力。非正式权力包括专长权和个人影响权。

从某种意义上说，非正式权力比正式权力更重要，因为前者是自愿的，后者是被迫的。因此，一个有效的领导者，并不轻易运用正式权力(只是备而不用或尽量少用)，而是十分重视和经常运用非正式权力，并把两种权力结合起来。

美国哈佛大学麦克利兰教授于20世纪70年代提出"权力具有两重性"的观点。他认为，权力既有消极的一面，也有积极的一面。权力的消极面建立在个人名义的基础上，表现为统治和屈从。被领导者被看成是没有原动力的人，处于完全被动的地位，潜力不能得到充分的发挥。权力的积极面建立在社会化基础上，表现为关心组织的利益和目标，帮助下属设置目标，沟通信息，找出实现目标的途径，并帮助和鼓励下属达到这个目标。

麦克利兰建议要对领导者进行权力两重性的教育，发扬第二种权力，避免第一种权力。在教育过程中要遵循两条原则，一是使领导者在心理上意识到他们所处的地位，而不是把下属当作"走卒"。要给予被领导者以力量，使他们感到自己是生活的主宰。为此，领导者必须经常与被领导者交换意见，关心他们的愿望和要求，要相信下属具有创造能力。一个有效的领导者必然是一个良好的教育者。二是社会化原则，即要健全民主制度，使下属能在正式渠道中表明他们的意见，可以把他们认为不代表组织和他们利益的领导人撤换。

知识链接

李世民享受臣子的进谏

从古至今，领导者面对批评的态度共有3种，即"忍受"、"接受"和"享受"，而所谓"享受批评"是指领导者对于批评意见达到了闻过则喜的状态。

例如,唐太宗李世民正是由于坚持了10年左右的“享受批评”,才成为了历史上最杰出的帝王之一。他曾经接受王威丞相的进谏,先后两次开后宫放了3000名妃子回到民间。李世民之所以能够做到“享受批评”,就在于他在登基之初就立志要成为与尧舜禹比肩的明君。建立了如此的梦想之后,“释放妃子回家”这一举动就从一般人眼中视为最高的道德要求变成了一个基本的道德要求,这就是梦想的作用所在。

(资料来源:MBA智库文档,2011。)

第二节 领导方式及其理论

领导的方式是领导者成功的关键之一,本节将介绍领导的基本方式和连续统一体、管理方格和权变理论等相关的理论。

一、领导方式的基本类型

领导方式就是指领导者为了达到一定的目标,按照领导活动的规律采取的领导手段。领导方式是领导学体系中最为重要的组成部分,领导方式得当,会极大地提高领导绩效。领导方式大致可以分为专权型领导、民主型领导、放任型领导等基本类型。

(一)专权型领导

专权型领导是领导者把决策权集于一人手中,以权力推行工作。由于决策错误或客观条件变化,贯彻执行发生困难时,不查明原因,多归罪下级。对下级奖惩缺乏客观标准,只是按领导者的好恶决定。

(二)民主型领导

民主型领导是领导者同下属互相尊重,彼此信任。领导者通过交谈、会议等方式同部属交流思想,商讨决策,注意按职授权,培养下属主人翁思想。奖惩有客观标准,不以个人好恶行事。

(三)放任型领导

放任型领导是领导者有意分散领导权,只是检查工作成果,给下属以极大的自由度。除非下属要求,否则不作主动指导。

二、领导方式的基本理论

(一)领导方式的连续统一体理论

这一理论是由美国管理学家坦南鲍姆(Rokert Tanenbaum)和施米特(Warren H. Schmidt)在1958年提出来的。这种理论认为,领导方式是一个连续变量,从“独裁式”的领导方式到极度民主化的“放任型”领导方式之间存在着多种领导方式,不能抽象地讲一种领导方式好,另一种领导方式不好,而是取决于各种客观的因素。

这一理论列出了7种典型的领导方式:

其一,经理作出并宣布决策。

其二,经理“销售”决策。

其三,经理提出计划并允许提出问题。

其四,经理提出可以修改的暂定的计划。

其五,经理提出问题,征求建议,做出决策。

其六,经理决定界限,让团体做出决策。

其七,经理允许下属在规定的界限内行使职权。

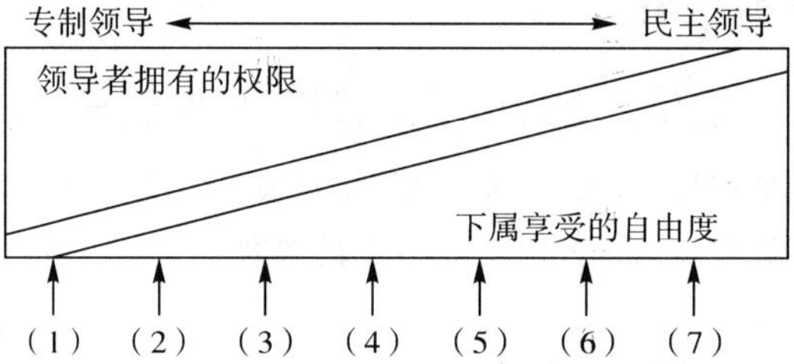

图9-1 领导方式的连续统一体理论

说明:(1)领导做决策,宣布行之;

(2)领导说服下级,执行决定;

(3)领导者提出观点,征求意见;

(4)领导者提出可做修改的决策草案;

(5)领导者提出问题,征求意见做决策;

(6)领导者明确范围,请集体做决策;

(7)领导者允许下级在上级规定的范围内发挥作用。

如图9—1所示的各种模式中,坦南鲍姆和施米特认为,不能抽象地认为哪一种模式一定是好的,哪一种模式一定是差的。成功的领导者应该是在一定的具体条件下,善于考虑各种因素的影响,采取最恰当行动的人。当需要果断指挥时,他应善于决断;当需要员工参与决策时,他能适当放权。领导者应根据具体的情况(如领导者自身的能力、下属及环境状况、工作性质、工作时间等),适当选择连续体中的某种领导风格,才能达到领导行为的有效性。

（二）管理方格理论

管理方格理论(Management Grid Theory)是由美国德克萨斯大学的行为科学家罗伯特·布莱克(Robert R·Blake)和简·莫顿(Jane S·Mouton)在1964年出版的《管理方格》一书中提出的。管理方格图的提出改变了以往各种理论中“非此即彼”式(要么以生产为中心,要么以人为中心)的绝对化观点,指出在对生产关心和对人关心的两种领导方式之间,可以进行不同程度的互相结合。

管理方格图是一张纵轴和横轴各9等分的方格图,纵轴表示企业领导者对人的关心程度(包含了对员工自尊的维护、基于信任而非基于服从来授予职责、提供良好的工作条件和保持良好的人际关系等),横轴表示企业领导者对业绩的关心程度(包括政策决议的质量、程序与过程、研究工作的创造性、职能人员的服务质量、工作效率和产量),其中,第一格表示关心程度最小,第九格表示关心程度最大,如图9－2所示。

布莱克和莫顿在提出管理方格理论时,列出了5种典型的领导方式。

1. 任务型

9.1型方式只注重任务的完成,不重视人的因素。这是一种专权式的领导方式。

2. 乡村俱乐部型

1.9型方式即特别关心职工。持此方式的领导者认为,只要职工精神愉快,生产自然会好。

3. 中庸之道型

5.5型方式既不过于注重人的因素,也不过于注重生产的因素,努力保持和谐和协调。

4. 贫乏型

1.1型方式对职工的关心和对生产的关心都很差,这种方式无疑会使企业失败。

5. 团队型

9.9型方式对生产的关心和对人的关心都达到了最高点。在此方式下,职工在工作上希望相互协作,共同努力去实现企业的目标。领导者诚心诚意地关心职工,努力使职工在完成工作目标的同时,又满足职工的要求。

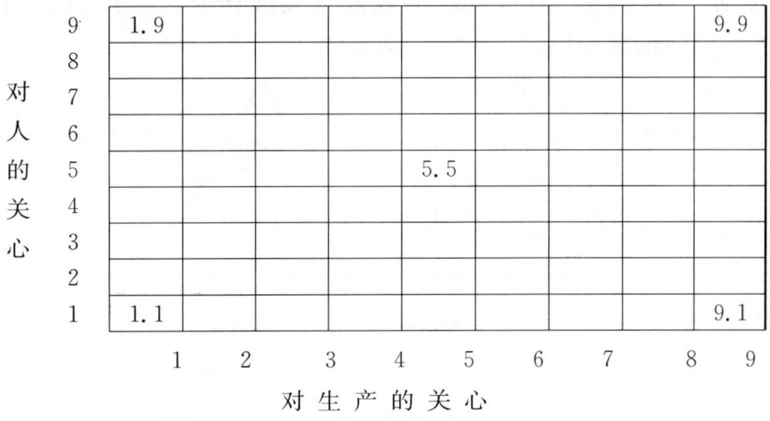

图9－2 管理方格图

（三）领导的权变理论

领导权变理论的研究始于20世纪60年代，并于70年代逐渐形成体系。权变理论的核心概念是指世界上没有一成不变的管理模式。一名高明的领导者应是一个善变的人，即根据环境的不同而及时变换自己的领导方式。权变理论告诉管理者应不断地调整自己，使自己不失时机地适应外界的变化，或把自己放到一个适应自己的环境中。换句话说，领导和领导者是某种既定环境的产物，即：

$$s = f(L、F、E)$$

具体说领导方式是领导者特征、追随者特征和环境的函数。

领导者特征（L）：主要指领导人的品质、价值观和工作经历；

追随者特征（F）：主要指追随者的个人品质、工作能力、价值观等；

环境（E）：主要指工作特性、组织特征、社会状况、文化影响等。

现代领导的权变理论是由菲德勒（F. E. Fiedler）创立的。他认为对领导研究的注意力应该更多地放在环境变量上，虽然不存在一种普遍适用的最佳领导风格，但在每种情况下都可以找到一种与该特定环境相适应的有效领导风格。

菲德勒提出了两种领导风格：一种为任务导向型，另一种为关系导向型。菲德勒分析影响领导风格有效性的三个主要因素为：第一，上下关系；第二，职位权力；第三，任务结构。菲德勒将三种主要的环境因素加以组合，得出八种不同的环境类型，通过调查，找出不同环境类型下最适应、最有效的领导类型。

菲德勒设计了一种问卷即LPC（最不喜欢的同事）量表来测定领导者的领导方式。

该量表主要内容是询问领导者对最不与自己合作的同事的评价。如果领导者对最不喜欢的同事批评得一无是处，则被认为惯于命令和指挥，是只关心生产的领导，即低LPC型领导方式；如果能对最不喜欢的同事给以好的评价，则被认为注重人际关系和个人声望，是以人为主的领导，即高LPC型领导方式。

根据菲德勒的研究认为：低LPC型领导比较注重任务的完成，如果环境较差，他将首先保证完成任务，等环境改善后，就能够较好地完成任务，这时其目标将是搞好人际关系。高LPC型领导正好相反，如图9—3所示。

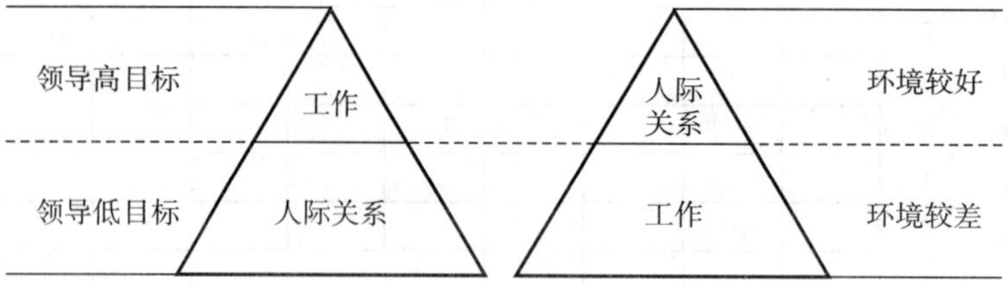

图9-3　领导目标与环境关系示意图

第三节 领导艺术

领导艺术是领导者个人素质的综合反映，因人而异。要实行有效的领导，领导者不仅要掌握基本的领导方法，而且要有高超的领导艺术，这样才能创造性地完成各项领导任务，达到预期的目的。讲究领导艺术是提升领导效能的重要途径。

一、做领导的本职工作

领导人有条不紊地办事是一种艺术。在组织中，我们经常看到一些这样的领导者，他们整天忙忙碌碌，工作10小时、12小时，放弃了娱乐、休息和学习，还总是感觉时间不够用，作为一个领导者，当发现自己忙不过来的时候，就应该考虑自己是否已经影响了下属的职权，做了本来应该下属去做的事。领导者必须明白，凡是下属可以去做的事，都应授权让他们去做，领导者只应做领导应干的事。

领导的事包括决策、用人、指挥、协调和激励。这些都是大事，是领导者应该做的，但绝对不是说都应由单位的最高领导人来做，而应该分清轻重缓急、主次先后，分别授权让每一级去管本级应管的事。企业的最高领导者应该只抓重中之重、急中之急，并且严格按照“例外原则”办事。也就是说，凡是已经授权给下属做的事，领导者就要克制自己，不要再去插手；领导者只需管那些没有对下属授权的、例外的事情。有些领导者太看重自己的地位和作用，事无巨细、无所不包，其结果不仅浪费了自己的宝贵时间和精力，还挫伤了下属的积极性和责任感，反过来又会加重自己的负担。

二、善于同下属交谈，倾听下属的意见

没有人与人之间的信息交流，就不可能有领导。领导人在行使指挥和协调的职能时，必须把自己的想法、感受和决策等信息传递给被领导者，领导者也需了解被领导者的反应、感受和困难。这种双向的信息传递十分重要。交流信息可以通过正式的文件、报告、书信、会议、电话、手机短信、互联网和非正式的面对面会谈等方式进行。其中，面对面的个别交谈是深入了解下属的较好方式，因为通过交谈不仅可以了解到更多、更详细的情况，并且可以通过察言观色来了解对方心灵深处的想法。善于同下级交谈是一种领导艺术。有些领导者在同下属谈话时，往往出现同时批阅文件、左顾右盼、精力不集中、不耐烦等现象，其结果不仅不能了解对方的思想，反而会伤害对方的自尊，失去下属对自己的尊重和信任，甚至还会造成冲突和隔阂。所以，领导者必须掌握善于同下属交谈、倾听下属意见的艺术。

三、争取众人的信任和合作

领导者不能只依靠自己手中的权力，还必须取得同事和下属的信任和合作。有些

新踏上领导岗位的人，往往只会自己埋头苦干，不善于争取别人的信任和合作；也有个别人只想利用手中的权力来使副手和下属慑服，而较少思考如何取得他们的支持和友谊。其实，领导者和被领导者之间的关系不应当只是一种刻板和冷漠的上下级关系，而应当建立起真诚合作的朋友关系。要做到平易近人、信任对方、关心他人、一视同仁。

四、做自己时间的主人

做任何事情都需要占用时间。创造一切财富也都要耗用时间。时间似乎是一种用之不竭的资源，但对个人来讲，时间又是一个常数。因此，"时间就是金钱"、"时间就是生命"。领导者要做时间的主人，首先要科学的组织管理工作，合理的分层授权，把大量的工作分给下属去做，以摆脱繁琐事务的纠缠，腾出时间来做真正应该由自己做的事。要注意记录自己的时间消耗，学会合理的安排使用时间，提高工作的效率。

第四节　有关领导的当代观点

随着管理理论的发展，有关领导的理论也出现了新的变化，有关领导的当代观点包括团队领导、交易型领导、事务型领导和领袖魅力型领导等。

一、团队领导

（一）团队的定义

团队，是指一群人，他们在一定的时间内相互配合、相互依存、相互尊重，在行动上规范一致，并为一个目标或多个目标共同努力。团队是现代组织的重要形式，它比一般的组织群体更具凝聚力、亲和力和辐射力。

（二）成功团队的作用

成功的团队具有如下作用：

其一，减少摩擦和内耗，节约成本。

其二，可以使成员获得安全感，免于被排斥的恐惧。

其三，可以为成员提供社交满足，从中获得友爱、支持、信任和信息。

其四，可以使成员体会到工作的价值，在工作场所获取集体情感的满足。

其五，能够帮助成员克服单独面对新问题的胆怯和恐惧的心理。

其六，可以增强成员的自信心。

（三）团队适宜采用的领导方式

根据团队自身的组织属性，即高度分工协作、实行授权与责权统一、贯彻民主管理等管理原则的要求，团队适宜采用参与式的民主领导方式。在团队内部应高度授权，管理权和控制权由集体掌握，成员意见充分沟通，共同参与决策，达成共识。

（四）团队领导者应具备的能力素质

称职的团队领导者除了要有基本的个人品质和特性外，更应具备团队管理特别需要的能力素质。特别是要当好4种角色：

1. 团队领导者是对外联络官

领导者对外代表着工作团队，他们保护必要的资源，澄清其他人对团队的期望，从外界收集信息，并与团队成员分享这些信息。

2. 团队领导者是困难处理专家

当团队遇到困难并寻求帮助时，领导者会出现并帮助他们解决问题。团队领导者处理的难题很少针对技术或操作层面，因为团队成员一般都比领导者更了解如何完成具体任务。

3. 团队领导者是冲突管理者

当出现不一致意见时，他们帮助解决冲突。他们帮助人们明确问题所在，从而把团队内部冲突的破坏性降到最低。

4. 团队领导者是教练

他们明确期望和角色，提供教育与支持，为成员的成功喝彩。他们尽一切努力帮助团队成员保持高水平的工作业绩。

（五）团队建设的步骤

团队建设步骤主要表现为以下5个方面的内容：

1. 设立共同的目标

共同目标既是团队的核心文化，又是团队的共同价值观。目标是对愿景的规划，它使团队的成员团结在同一面旗帜下，并从心理上对组织目标产生认同，形成团队文化。

2. 团队设计

团队创建必须以目标为标族，根据目标对团队进行组织安排目标一致，要根据目标选配不同特征、能力的成员进行组合。

3. 合理建构

团队设计要考虑能力与施展才华的舞台，大家都希望能够找到自己合适的位置。领导者必须建立一个合理结构，让每一个成员都能恰如其分地在岗位上发挥自己的作用，让每个人都有所贡献。合理建构就是能力与岗位的合理匹配，只有这样才能让团体成员之间相互配合，才能发挥整体效应。

4. 明确阶段目标

组织的共同目标是一种文化，是一种价值观。它有时候可能是具体的，有时候可能又是抽象的。如果没有明确具体的阶段目标，人们就无法知道自己应该做什么，就无法明确每一阶段该达到什么样的目标程度，也就没有一个衡量工作成就的标准。所以，在整个活动过程中，应不断地明确目标，并且要划分阶段进行。

5. 共同奋斗

要使团队为同一目标而共同奋斗，领导者必须能够激起成员的士气，高士气是实现领导目标的一个必要条件。士气是一群人追求共同目标，持久地、首尾一贯地协力工作的群体能力。高昂的士气是高水平工作的一个先决条件，没有了它，共同奋斗的现象是不会出现的。

二、交易型领导

交易型领导(Transactional Leaders) 是贺兰德(Hollander)于 1978 年所提出的。贺兰德认为领导行为发生在特定情境之下时，领导者和被领导者相互满足的交易过程，即领导者有明确的任务及角色的需求来引导与激励下属完成组织目标。如图 9－4 所示。(L 是领导；W 是工作者)

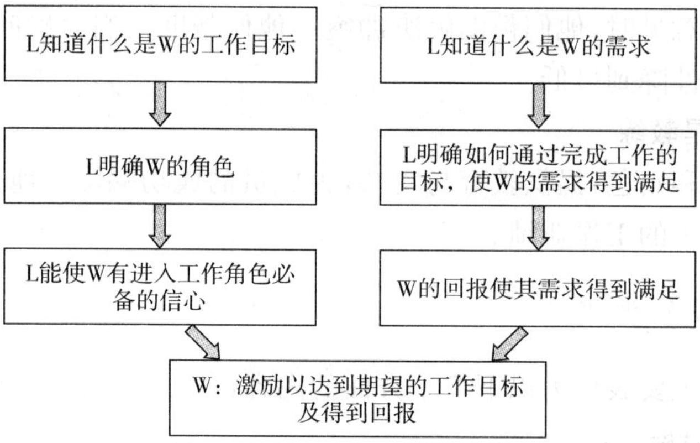

图 9－4　交易型领导

(一)交易型领导的特征

1. 明确的界限

在角色和功能、技术流程、控制幅度、决策权以及影响力范围等方面都有划分清晰的界限，所有的因素及其相互作用都被置于管理和控制之下，以期达到预期设定的商业目标。

2. 井然的秩序

对交易型领导来说，任何事情都有时间上的要求、地点上的规定，以及流程上的实用意义。通过维系一个高度有序的体制，交易型领导得以长时间、系统性地获得比较一致的结果。

3. 规则的信守

交易型领导十分注重规则，对业务经营的每一层面都设定了具体的操作标准与方式，任何背离程序、方法和流程的行为都被视为问题，要加以解决和清除。也就是说，工作结果必须是可预测的，不允许意外发生。

4. 执著的控制

交易型领导厌恶混乱的和不可控的环境，他们力图使企业获得有序结构。所以，他们的领导方式往往是强力型的，企业内部通常缺乏“湿润感”。

（二）交易型领导的弊端

交易型领导可能成为谋取个人私利的操纵工具；它可能过度强调“底线”，因而成为一种“短期行为”，只顾追求效率和利润的最大化而忽视了一些更为长远的东西；它可能令下属在强大的压力和过分的奖惩之下，堕入不道德和非理性的误区。

交易型领导看重“一物换一物”，欣赏“你为我干活，我为你办事”。他们只懂得用有形、无形的条件与下属交换而取得领导，不能够赋予员工工作上的意义，从而无法调动员工的积极性和开发员工的创造性。

三、变革型领导

（一）变革型领导的定义

变革型领导（Transformational Leaders）具有很大的包容性，它对领导力的作用过程进行了广泛的描述，包含了领导过程中多层次、多角度已有广泛基础的观点，是一门很有理论和实践意义的领导学理论。

（二）变革型领导的中介作用

总的来说，变革型领导理论把领导者和下属的角色相互联系起来，并试图在领导者与下属之间创造出一种能提高双方动力和品德水平的过程。拥有变革型领导力的领导者通过自身的行为表率，对下属需求的关心来优化组织内的成员互动。同时通过对组织愿景的共同创造和宣扬，在组织内营造起变革的氛围，在富有效率地完成组织目标的过程中推动组织的适应性变革。

（三）变革型领导的特点

变革型领导具有以下特点：

第一，它超越了交换的诱因，通过对员工的开发、智力激励来鼓励员工为群体的目标、任务和发展前景而超越自我的利益，实现预期的绩效目标。

第二，集中关注较为长期的目标，强调以发展的眼光，鼓励员工发挥创新能力，并改变和调整整个组织系统，为实现预期目标创造良好的氛围。

第三，引导员工不仅为了他人的发展，也为了自身的发展承担更多的责任。

第四，变革型领导能在组织中制造兴奋点，产生强大的影响力和冲击力。也能帮助个人发现工作与生活的价值与兴奋点。但如果其目标和价值体系与文明社会基本准则相反，则会对社会构成极大威胁。

第五，变革型领导也具有投入的实证研究不够、理论主要来自于西方、需要加强适用条件的研究等缺点。

四、领袖魅力型领导

（一）领袖魅力型领导理论产生的背景

豪斯(Robert House) 于 1976 年发表了关于领袖魅力型领导(Charismatic leader)的理论。并提出 3 种特性，即高度自信、支配他人的倾向和对自己的信念坚定不移。

随后，本尼斯(W. Bennis)在研究了 90 名美国最有成就的领导者之后，发现魅力型领导者有 4 种共同的能力：有远大目标和理想；明确地对下级讲清这种目标和理想，并使之认同；对理想的贯彻始终和执著追求；知道自己的力量并善于利用这种力量。

魅力型领导理论从 20 世纪 80 年代起，日益受到研究者的重视。这是因为随着经济全球化的发展，市场竞争日趋激烈，各类组织，尤其是企业组织迫切需要魅力型领导者的改革和创新精神，以应对环境的挑战。

（二）魅力型领导理论的特点

魅力型领导理论具有以下特点：

1. 自信

魅力型领导者对其判断与能力有完全的信心。

2. 愿景

他们有理想、有目标，并鼓吹未来比现在好。理想和现实的距离愈远，追随者归因于领导者的意象的现象愈明显。

3. 阐明愿景的能力

他们能够以别人能了解的言词揭示并说明他们的意象。这代表了他们对部属需求的了解，并用以激励他们。

4. 对于愿景的强烈信念

魅力型领导者被视为对其意象有强烈的承诺、愿意承担高风险、花高成本牺牲个人以求意象的实现。

5. 行为异于寻常

他们所表现出来的行为被看成是新异、反传统以及反常规的。当成功时，这样的行为会在追随者心中唤起惊讶与赞叹。

6. 变革的推动者

魅力型领导者被视为剧烈改革的推动者，而非现状的维护者。

7. 环境的敏感度

他们能够对环境的限制与变革所需的资源做出实际的评估。

管理聚焦

目标到位的承诺管理

在莫拉蒂海滩上放一个毯子，一个游客提着一个收音机过来了，他把收音机放在毛毯上，然后就去游泳了。旁边人都知道是一个游客的收音机，这时候一个小偷走过来把游客的收音机拿走，看看周围的人有什么反应。为了削弱民风不同、文化不同的影响，这个试验在多个国家进行，综合实验的结果发现，20 次试验，结果都没有人去管。只有一次，这个小偷走过的时候听到旁边人说："哎，这个收音机也不是他的，他怎么给人家拿走了呢？"

这个试验结束后，又做了另一个试验，同样 20 次，这时候试验的情境只发生了一个变化，即下海之前，收音机的主人拜托大家帮忙照看一下收音机，这种拜托并没有具体针对某人，被拜托的人也没有具体的承诺，只是点点头。但是 20 次试验下来，19 次都有人出来阻止，只有一次出现了意外，小偷被两个游泳的人抓住，然后暴打一顿。

（资料来源：价值中国网，2010。）

本章小结

本章介绍了管理学中领导的基本定义和有代表性的领导理论，并介绍了领导方法和领导艺术的有关理论。

领导是指领导工作，是一种行为过程。在这个过程中领导者依靠影响力，指挥、带领、引导和鼓励被领导者或追随者，实现组织目标的活动和艺术。领导在根本上是一种影响力，领导的影响力一方面来源于职位权力影响力，另一方面则来源于非职位权力影响力。此外，指出了领导和管理以及领导者和管理者分别是两个不同的概念，既有区别又有联系。

关于领导理论，着重阐述了领导行为理论和领导权变理论等，并介绍了理论中有代表性的理论流派及其观点。

关于领导者素质，介绍了领导者应具备的基本素质，包括政治素质、道德素质、科学文化素质、心理素质、身体素质及创新素质等，并阐述了领导集体素质结构优化的问题。

关于领导艺术和领导方法，介绍了领导者的团队艺术、沟通艺术、协调艺术等，并指出了两种对立的领导方法。

最后阐述了当代对领导的新要求和有关的理论。

本章习题

1. 论述领导者的权力构成。
2. 简述领导者的构成要素。
3. 回答日常行政领导制度的内容。

案例研讨

近年来，国务院对中石油川东钻探公司井喷特大事故、北京市密云县"2·5"特大伤亡事故和吉林省吉林市中百商厦"2·15"特大火灾事故进行调查，并对有关责任人做出处理决定。

温家宝总理在向全国人大作《政府工作报告》时表示，"政府的一切权力都是人民赋予的"，"只有人民监督政府，政府才不会懈怠"，并强调"有权必有责、用权受监督、侵权要赔偿"。指出了"权、责相符"在现代政府治理模式中的重要性，并明确了"监督"是实现这一目标的必要保障和条件，而权、责与监督这三者的结合，则共同构成了"责任政治"的基本要件。温家宝总理对政府责任和行政问责的突出强调，表明中国自"SARS事件"中启动的行政问责制，从非常时期的非常措施开始走向了制度化的轨道，"可问责政府"的理念将会在中国的行政改革中得到全面推行。

近年来，天津、南京、长沙、湘潭等地相继试行"行政问责制"，规定对行政机关的工作人员，在行政管理和行政执法中由于故意或过失，不履行或不正确履行法定职责，以致影响行政秩序和行政效率，或损害行政管理相对人的合法权益，对行政机关造成不良影响和后果的过错行为追究其责任，可谓在这方面开了好头。

（资料来源：新浪网，2004。）

案例思考题：

1. 请回答，行政问责制中"问"的是什么责任？
2. 建立行政问责任制有什么意义？如何建立？

应用训练

关于管理能力的测试，你是一位好领导吗？

领导及管理能力是经营管理技能的一个重要方面，它关系到公司运行的效率及公司的效益。那么，你是一位好的领导吗？你的管理能力如何？

请首先回答下列问题，再对照答案进行判断。

①在以下三种职业中，你最喜欢哪种？

A. 做某个组织的发言人。

B. 做某个团体的领导人。

C. 做一支军队的指挥官。

②你认为授权下级有何好处？

A. 有利于提高员工个人能力。

B. 可以让上级领导集中精力于高层管理。

C. 减轻上级领导的工作负担。

③当你准备作出一项与下属员工的工作密切相关的决定时，是否征求他们的意见？

A. 是的，我一贯重视员工的意见。

B. 不，我认为管理者有权作决定。

C. 不一定，这要取决于我是否有时间。

④你授权给下级时，给他们多大权限？

A. 希望他们先斩后奏。

B. 每作重要决定时都征求你的意见。

C. 自行决定是否要征求你的意见。

⑤你希望下属参与制定工作计划吗？

A. 不，因为他们会劝我降低指标的。

B. 是的，因为这样才能使他们发挥积极性，真正全心全力地完成工作。

C. 有时候，但重大项目除外。

⑥如果某位部下在完成一项艰巨任务过程中表现出色，你会：

A. 立即向他表示祝贺。

B. 不加评论，避免他趁机要求加薪。

C. 遇到他时顺便表扬几句。

⑦如果某位一向表现很佳的员工突然业绩下降，你会：

A. 尽快找他谈心，找出问题所在。

B. 态度强硬地逼他改正。

C. 让人事部门去调查原因。

⑧如果你将向全体部下宣布一项重要的新措施，你会：

A. 发一份简报，将新措施方案刊载在其中。

B. 安排一名助手去向大家解释。

C. 召开一次专门会议，向每位下属详细解释新方案。

⑨如果某位部下因未获提升而情绪低落，你会：

A. 告诉他那个职位本来就不适合他。

B. 教他改进的方法，以便在下一次提升时脱颖而出。

C. 劝他别伤心，告诉他谁都会有挫折。

⑩如果你对某位下属提出的过激方案不感兴趣，你会：

A. 指出这个方案的缺陷，同时鼓励他重新考虑新方案。

B. 告诉他这个方案不合时宜，成本太高，不能实施。

C. 表示你将认真考虑他的意见，随后丢进档案柜不再理会。

答案：

① A. 0	② A. 0	③ A. 10	④ A. 5	⑤ A. 0
B. 10	B. 5	B. 0	B. 0	B. 10
C. 5	C. 10	C. 5	C. 10	C. 5
⑥ A. 10	⑦ A. 10	⑧A. 5	⑨A. 0	⑩A. 10
B. 0	B. 0	B. 0	B. 10	B. 5
C. 5	C. 5	C. 10	C. 5	C. 0

80～100 分：你是一位出色的领导，你善于调动员工的积极性，善于合适地授权下级，使公司运行具有较高效率，也使你的公司具有较强的竞争力。建议你再参考本书有关提高管理能力的技法，它将使你更出色。

55～75 分：你能正确认识经营管理者的职责，不过还不够大胆，不能充分信任员工，你还需学习和训练。建议你参考本书有关提高管理能力的方法。

25～50 分：你过于保守，束缚着下属的发展。你不仅需要参加各种培训和学习本书的各类方法，还应增加自信以及对别人的信心。

0～20 分：你根本不适合做经营管理工作，你很难成为一名领导者。

第十章 激 励

学习目标

▶知晓激励的概念，了解激励构成要素
▶掌握主要的激励理论
▶了解激励的原则，知晓激励的类型
▶学会运用激励的方法

案例导引

来自妈妈的激励

第一次参加家长会，幼儿园的老师说："你的儿子有多动症，在板凳上连 3 分钟都坐不了，你最好带他去医院看一看。"回家的路上，儿子问她老师都说了些什么，她鼻子一酸，差点流下泪来。因为全班 30 位小朋友，唯有他表现最差；唯有对他，老师表现出不屑。然而她还是告诉儿子："老师表扬你了，说宝宝原来在板凳上坐不了 1 分钟，现在能坐 2 分钟。全班只有宝宝进步了。"那天晚上，她儿子自己吃了两碗面条，吃完问妈妈："我棒吗?"妈妈对他竖起了大拇指。

儿子上小学了。一次家长会上，老师说："这次数学考试，全班 50 名同学，你儿子排第 40 名，您最好带他去医院查一查，看他智力上是否有障碍。"回去的路上，她流下了泪。然而，当她回到家里，却对坐在桌前的儿子说："老师对你充满信心。老师说你是个聪明孩子，只要能细心些，一定会超过你的同桌，这次你的同桌排在第 21 名。"说话间，她发现儿子的眼神充满了阳光，沮丧的脸也一下子舒展开来。

儿子上了初中，又一次家长会。她坐在儿子的座位上，等着老师点她儿子的名字，因为每次家长会，她儿子的名字在差生的行列中总是被点到。然而，这次却出乎她的预料。她有些不习惯，临别去问老师，老师告诉她："按你儿子现在的成绩，考重点高中有点危险。"她怀着惊喜的心情走出校门，此时她发现儿子在等她。路上她扶着儿子的肩膀，心里有一种说不出的甜蜜，她告诉儿子："班主任对你非常满意，他说只要你努力，很有希望考上重点高中。"

高中毕业了。第一批大学录取通知书下达时，学校打电话让她儿子到学校去一趟。她有一种预感，儿子被清华录取了，因为在报考时，她给儿子说过，她相信他能考取这所大学。

她儿子从学校回来，把一封印有清华大学招生办公室的特快专递交到她的手里，突然转身跑到自己的房间里大哭起来，边哭边说："妈妈，我知道我不是个聪明的孩子，可是，这个世界上只有你能欣赏我……"这时，她悲喜交加，再也按捺不住十几年来凝聚在心中的泪水，任它打在手中的信封上……

（资料来源：中国管理传播网，2006。）

科学有效的激励在调动人的积极性方面的作用是不可忽视的，充分调动人的积极性，最大限度地挖掘人的潜力，是管理工作追求的目标。现实中，影响人的工作行为表现的因素是很多的，其中最重要的是人的能力和心理素质。虽然能力是做好工作的前提，但有能力未必就有工作热情和动力，所以人的积极性又成为人的工作表现的决定性因素。基于激励的重要性，组织如何做好员工的激励管理？我们将从激励的内涵、激励理论与实务等方面展开讨论。

第一节　概　述

领导是管理的一项基本职能，在管理过程中发挥着重要作用。但是，如果管理人员不知道怎样去领导别人，不了解在经营活动中如何去调动人的因素以达到预期的结果，则所有这些管理职能都将收效甚微，而领导的核心就是激励。激励在管理活动中发挥着重要的作用。因为任何组织都是由人创建，由人来管理的，因此人是决定组织成败的关键因素。组织中人的激励性的高低直接影响着工作绩效的优劣。

一、激励的内涵

激励(Motivation)，一般是指在追求某些目标时的主观愿意程度，含有激发动机、鼓励行为、形成动力的意义。在心理学中，激励是指激发人的行动动机的心理过程，是一个不断朝着期望的目标前进的循环的动态过程。从诱因和强化的观点看，激励是将外部适当的刺激转化为内部心理的动力，从而增强或减弱人的意志和行为。在管理学中，激励是指激发、鼓励、调动人的热情和积极性。在企业中激励就是组织通过设计适当的外部奖酬形式和工作环境，以一定的行为规范和惩罚性措施，借助信息沟通，来激发、引导、保持和规划组织成员的行为，以有效地实现组织及其成员个人目标的系统活动。要准确地理解激励的含义，必须把握以下几个要点：

(一)激励是一个过程

人的很多行为都是在某种动机的推动下完成的。对人的行为的激励,实质上就是通过采用能满足人需要的诱因条件,引起行为动机,从而采取相应的行为,以实现目标。

(二)激励过程受内外因素的制约

各种管理措施只有与被激励者的需要、理想、价值观和责任感等内在的因素相吻合时才能产生比较强的合力,从而激发和强化工作动机,否则不会产生激励作用。

(三)激励具有时效性

激励的作用都有一定的时间限度,超过时限就会失效。因此,激励不能一劳永逸,需要持续进行。

知识链接

1963年心理学家奥格登的"警觉性试验"

试验是在选定人数相等的四个组中间进行的,方法是选定某一光源的发光强度,记录试验者辨别光照强度变化的感觉,从而测定其警觉性。四个组给予如下条件:A组为控制组,没有任何激励,只告诉他们试验的要求和方法;B组为奖惩组,对觉察的正确和错误给予奖励和惩罚:每看对一次,奖励5分钱,看错一次,则罚款1角;C组为个人竞赛组,告诉他们:你们这组的成员是经过挑选出来的,被认为是具有较强观察能力的,现需要试验哪一位的觉察能力最强;D组为集体竞赛组,告诉他们:你们这组要同另一组比赛,看哪个组的成绩好。

试验结果如下:

组别	所给条件	误差次数	所得名次
A	没有任何激励	24	4
B	奖惩	11	2
C	个人竞赛	8	1
D	集体竞赛	14	3

思考:以上哪一组成绩最好,哪一组成绩最差,主要原因是什么,请具体分析。

(资料来源:新浪博客)

二、激励的过程

心理学家的研究表明人的行为是由动机所支配的，动机是由需求引起的，动机引起行为、维持行为并指引行动去满足某种需求。需求是客观的刺激作用于人们的大脑所引起的个体缺乏某种东西的状态。人的需求既可以是生理或物质上的，也可以是心理或精神上的，比如追求社会地位或事业成就等。在现实生活中，人的需求往往不是只有一种，而是同时存在多种，这些需求的强弱也随时会发生变化。动机是人们行为产生的直接原因，它引起行为、维持行为并指引行为去满足某种需求。动机是由需求产生的。人们在动机的推动下，向目标前进，目标达到后，需求得到满足，紧张不安的心理状态就会消除，随后，又会产生新的需求，引发新的动机和行为。这是一个循环往复、连续不断的过程。激励的过程如图 10—1 所示。

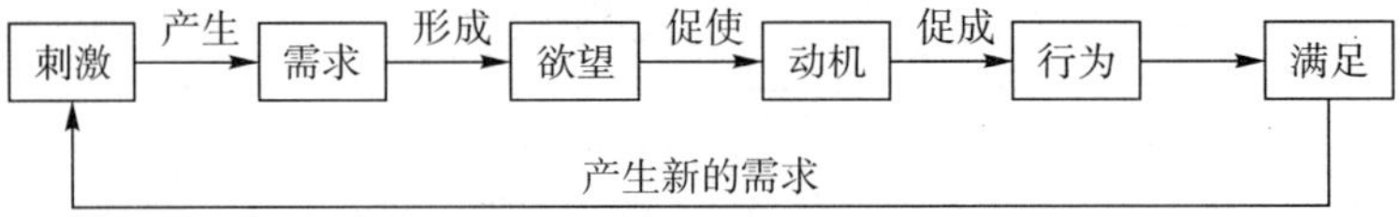

图 10－1　激励的过程

三、激励的作用和类型

对一个企业来说，科学的激励机制至少具有以下几个方面的作用：

(一)吸引优秀人才

在发达国家的许多企业中，特别是那些竞争力强、实力雄厚的企业，通过各种优惠政策、丰厚的福利待遇、快捷的晋升途径来吸引企业需要的人才。

(二)开发员工的潜在能力

激励可以促进在职员工充分地发挥其才能和智慧。美国哈佛大学的威廉·詹姆斯(W. James)教授在对员工激励的研究中发现，按时计酬的分配制度仅能让员工发挥20%～30%的能力，如果受到充分激励的话，员工的能力可以发挥出 80%～90%，两种情况之间 60%的差距就是有效激励的结果。

(三)留住优秀人才

美国管理学大师彼得·德鲁克认为，每一个组织都需要三个方面的绩效：直接的成果、价值的实现和未来的人力资源开发。因此，每一位管理者都必须在这三个方面有所贡献。在这三方面的贡献中，对“未来的人力资源开发”的贡献就是来自激励作用。

(四)造就良性的竞争环境

科学的激励制度包含有一种竞争精神，它的运行能够创造出一种良性的竞争环境，进而形成良性的竞争机制。在具有竞争性的环境中，组织成员就会受到环境的压力，这种压力将转变为员工努力工作的动力。

管理者应该经常采用激励措施来激发员工的积极性，在采取激励措施之前，首先要明确激励有哪些类型，针对不同的员工应选择不同的激励方式。

(一)根据内容激励可分为物质激励和精神激励

虽然二者的目标是一致的，但是它们的作用对象却是不同的。前者作用于人的生理方面，是对人物质需要的满足，后者作用于人的心理方面，是对人精神需要的满足。随着人们物质生活水平的不断提高，人们对精神与情感的需求越来越迫切。比如期望得到爱、尊重、认可、赞美、理解等。

(二)根据性质激励可分为正激励和负激励

正激励就是当一个人的行为符合组织的需要时，通过奖赏的方式来鼓励这种行为，以达到持续和发扬这种行为的目的。负激励就是当一个人的行为不符合组织的需要时，通过制裁的方式来抑制这种行为，以达到减少或消除这种行为的目的。

(三)根据形式可分为内激励与外激励

内激励是通过启发诱导的方式，激发人的主动精神，使他们的工作热情建立在高度自觉的基础上，充分发挥内在的潜力；外激励则是运用环境条件来制约人们的动机，以此来强化或削弱有关行为，提高成员的工作意愿。

第二节 激励理论

根据各种激励理论特征的不同可分为内容型激励理论、过程型激励理论、行为改造型激励理论和综合型激励理论。

一、内容型激励理论

内容型激励理论，具有代表性的有马斯洛的需要层次理论、阿德佛的 ERG 理论、麦克利兰的成就激励理论和赫茨伯格的双因素理论。

(一)需要层次理论

需要层次理论是美国心理学家马斯洛(A. H. Maslow)提出来的一种关于需求的理论。1943 年，马斯洛在其《人类的动机理论》一文中提出：人的所有行为是由需求所引起的，需求又有高低层次之分。他把人的需求划分为五个层次，即生理的需求、安全的需求、社交的需求、自尊的需求以及自我实现的需求，其中生理的需求是其他各种需求的基础，如图 10—2 所示。

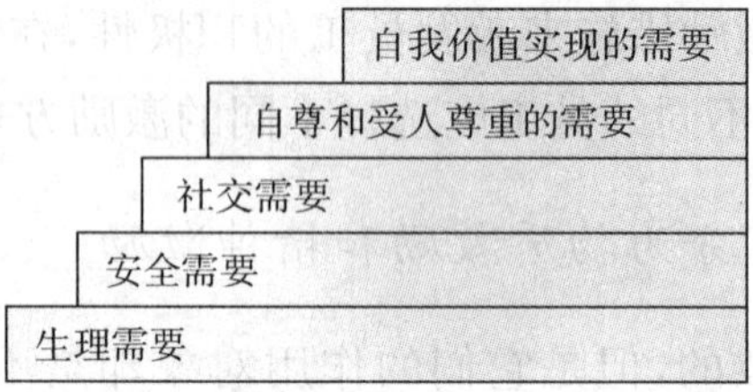

图 10－2　马斯洛的需要层次理论

1. 需要层次理论的内容

(1)生理需求。生理的需求是人类维持自身生存的最基本要求，包括衣、食、住、行和性等方面的要求。如果这些需求得不到满足，人类的生存就成了问题。从这个意义上说，生理需求是推动人们行动的最强大的动力。马斯洛认为，只有这些最基本的需求满足到维持生存所必需的程度后，其他的需求才能成为新的激励因素。

(2)安全需求。安全的需求是人类要求保障自身安全、摆脱事业和丧失财产的威胁、避免职业病的侵袭等方面的需求。马斯洛认为，人的整个有机体是一个追求安全的机制，人的感受器官、效应器官、智能和其他能量主要是寻求安全的工具，甚至可以把科学的人生观都看成是满足安全需求的一部分。

(3)社交需求。社交的需求包括两个方面的内容。一是友爱的需求，即人人都需求伙伴之间、同事之间的关系融洽或保持友谊和忠诚，人人都希望得到爱情，希望爱别人，也渴望接受别人的爱。二是归属的需求，即人都有一种渴望归属于一个群体的需求，希望成为群体中的一员，并相互关心和照顾。感情上的需求比生理上的需求更细致，它和一个人的生理特性、经历、教育、宗教信仰有关。

(4)尊重需求。人人都希望自己有稳定的社会地位，要求个人的能力和成就得到社会的承认。尊重的需求又可分为自我尊重和他人尊重。自我尊重是指一个人希望在各种不同情境中有实力、能胜任、充满信心、能独立自主。他人尊重是指一个人希望有地位、有威信、受到别人的尊重、信赖和高度评价。马斯洛认为，尊重需求得到满足，能使人对自己充满信心，对社会满腔热情，体验到自己的用处和价值。

(5)自我实现需求。这是最高层次的需求。它是指实现个人理想、抱负，充分发挥个人能力，完成与自己能力相称的一切事情的需求。也就是说，人必须拥有称职的工作，这样才会使他们感到最大的快乐。马斯洛提出，为满足自我实现需求所采取的途径是因人而异的。自我实现的需求促使个体努力实现自己的潜力，使之成为自己所期望的人物。

2. 马斯洛的需要层次理论

第一，人的需求是分层次等级的。人的需求一般按照由低层次到高层次的顺序发展。一般来说，人们首先追求较低层次需求的满足，只有在低层次需求得到满足后，才会进一步追求较高层次需求的满足，而其低层次需求满足的程度越高，对高层次需求的满足的追求就越强烈。

第二，人的需求是多种多样的。人在不同时期、不同的发展阶段，其需求结构不同，但总有一种需求发挥主导作用。较高的未被满足的需求称为"主导需求"，也称为"优势需求"，它是驱动人的行为的主要动力。因此，管理者必须注意当前对员工起主要作用的需求，以便有效地进行激励。

第三，任何一种需求都不会因为更高层次需求的发展而消失。高层次需求的发展和持续存在依赖于低层次需求的满足。

第四，一个国家多数人的需求层次结构同这个国家的经济发展水平、科技发展水平、文化和人民受教育的程度直接相关。

3. 对马斯洛需要层次理论的评价

马斯洛需要层次理论的主要贡献是对人类的基本需要层次进行了分类，并对各种需求之间的关系做了表述。这对管理者进行激励是有启发意义的。管理者如果能根据下属各自的需要层次，用下属正在追求的那一层次的主导需要来激励他们，就会取得较好的激励效果。但这一理论又过于机械和简单，它对人的信仰和精神的作用估计不足。该理论论述了关于人的需要是阶梯状由低向高递进的原理，但未说明人们复杂的需求和行为过程。

（二）ERG 理论

ERG 理论是由美国耶鲁大学组织行为学教授克雷顿·奥尔德佛(Clayton Alderfer)提出来的。该理论对马斯洛的需要层次理论进行了重组与修正，使之与实证研究的结果更为接近。该理论把人的需要归结为生存(Existence)、相互关系(Relatedness)和成长(Growth)，简称为"ERG 理论"。其主要内容有：

1. 生存需要

生存需要是人类最基本的需要，包含了人类的一切生理上的物质需要，衣食住行、报酬、工作环境等基本条件都包括在此种需要当中。马斯洛理论中的生理需求和安全需求都包含在该项中。

2. 相互关系需要

相互关系需要是指人际关系(社会交往)方面的需要，包括安全感、归属感、友情、受人尊重等方面的需要。该需要对应于马斯洛需要层次理论中的社交需求和尊重需求中的他人尊重部分。

3. 成长需要

成长需要是指人们希望在事业上有所成就，在能力上有所提高，不断发展自己、完善自己的需要。它对应于马斯洛理论中尊重需求的自我尊重部分和自我实现需求。

相比之下，阿德弗的 ERG 理论更加灵活。与马斯洛需要层次理论相比，ERG 理论与我们对于个体差异的日常观察更加一致。不同的受教育程度、家庭背景和文化背景，能够影响人们各种需求的相对重要性，甚至还会影响到各种需求的排列顺序。

阿德弗对人的需求的研究，并没有超出马斯洛的需求层次理论的范畴，只是马斯洛的理论揭示的是带有普遍意义的一般规律，阿奥德弗的观点更侧重于带有特殊性的个体差异，二者对实际工作都具有一定的指导意义。

（三）成就激励理论

美国著名心理学教授戴维·麦克利兰（David·C·McClelland）在20世纪50年代初对马斯洛需求层次理论的普遍性提出了挑战，对该理论的核心概念“自我实现”有无充足的根据表示怀疑。他经过20多年的研究得出结论，人类的许多需要不是生理性的，而是社会性的，而且人的社会性需要不是先天的，而是后天的，来自于环境、经历和培养教育等。很难从单个人的角度归纳出共同的、与生俱来的心理需要。时代不同、社会不同、文化背景不同，人的需求当然就不同，“自我实现”的标准也不同。麦克利兰通过试验研究归纳出三大类社会性需要：对成就的需要、对权力的需要和对人际关系的需要，尤其对成就的需要和对权力的需要进行了较为详细的论述。

1. 三类社会性需要

（1）对成就的需要。麦克利兰认为，具有强烈成就需要的人往往具有以下三种性格特征：

第一，谨慎地设定有挑战性的目标。

第二，喜欢通过自己的努力解决问题。

第三，希望尽快得到工作绩效的反馈。

麦克利兰指出，人的成就需要是可以通过后天培养而得到加强的，成就需要可以创造出富有创业精神的人物，促进社会经济的发展，因此全社会都应当认识到这一问题的重要性，鼓励人们努力建功立业，取得成就。

（2）对权力的需要。对权力有高度需要的人，最基本特征是竭力向往影响和操纵控制他人，希望受到别人的赞许。他们的特点是坚强、坦率、好争辩、严格要求、乐于竞争。具有高权利需求的人喜欢承担责任，努力影响其他人，喜欢处于竞争性和高层职位的环境中。

（3）对人际关系的需要。追求人际关系的人喜欢与人沟通，并希望与别人建立友善的关系，有归属需要的人具有建立友好亲密的人际关系的愿望，希望从被别人接纳中得到快乐，并尽量避免因被某团体拒绝而带来的痛苦。具有高人际关系需求的人努力寻求友爱，喜欢合作性的而非竞争性的环境，渴望有高度理解的相互关系。

2. 成就激励理论对管理工作的启示

麦克利兰通过对英国等工业发达国家的大量研究，得到以下结论：组织中拥有越多的高成就需要者，组织发展得就越快；而且高成就需要者可以通过后天的教育获得。这对管理工作有以下几点启示：

第一，提供能够发挥个人能力的工作环境；

第二，尽可能为高成就需求的人提供具有挑战性的工作环境，且对其工作成果及时反馈；

第三，注意培养员工的成就需求；

第四，由于成就需求可以后天培养，因此组织应当为员工创造良好的工作环境，培养员工的成就需求；

第五，高成就需求的人未必会成为优秀的管理者。由于高成就需求者的注意力主要放在工作本身，而不是如何去影响他人的工作。因此，优秀的管理者应当是高权力需求和低友谊需求的人。

这一理论是对马斯洛理论的重要发展和补充，对指导组织的激励工作，具有更现实的意义。

(四)双因素理论

双因素理论又称“激励—保健理论”，由美国心理学家赫茨伯格（Frederick Herzberg）在20世纪50年代后期对美国匹兹堡地区的200多位工程师、会计师进行了深入的访问调查的基础上提出的。由于员工的工作态度在很大程度上决定了工作的绩效，因此他设计了许多问题，以了解员工希望在工作中得到什么。访问主要围绕两个问题：在工作中，哪些事项是让他们感到满意的，并估计这种积极情绪持续多长时间；又有哪些事项是让他们感到不满意的，并估计这种消极情绪持续多长时间。

1. 双因素

赫茨伯格的“双因素理论”认为，激发人的动机的因素有两类：一类是保健因素，另一类是激励因素。

(1)保健因素。保健因素又称为“维持因素”，这些因素不能直接起到激励员工的作用，但却带有保持人的积极性、维持工作现状、预防员工产生不满情绪的作用。也就是说，保健因素搞得再好，员工的积极性也不会因此而大增。但如果保健因素搞得不好，就会使员工产生不满情绪，从而导致员工的工作积极性下降。

(2)激励因素。激励因素是影响人们工作的内在因素，其本质是注重工作本身的内容，借此可以提高员工的工作效率，促进员工的进取心，激发员工做出最好的表现。赫茨伯格认为，使员工对工作满意的往往是成就、赞赏、工作本身的吸引力、责任和发展等因素。具备这些因素后，才能激发人们在工作中的积极性、创造性，产生满意的效果，给员工带来极大的满足。这两类因素的具体情况如表10—1所示。

表 10—1　保健因素与激励因素

激励因素	保健因素
成就	监督
承认	公司政策
工作本身	与监督者的关系
责任	工作条件
晋升	工资
成长	同事关系
	个人生活
	地位
	保障
	与下属的关系

赫茨伯格经过进一步的分析发现,保健因素之所以能导致人们的不满意,是因为人们具有避免不满意的需要,激励因素之所以能导致人们的满意,是因为人们具有成长和自我实现的需要。与此相关,赫茨伯格认为,“满意”的对立面不是“不满意”,而是“没有满意”;“不满意”的对立面也不是“满意”,而是“没有不满意”。保健因素是否具备、强度如何,对应着员工“没有不满意”和“不满意”,因为保健因素本身的特性,决定了它无法给人以成长的感觉,因此它不能使员工对工作产生积极的满意感;激励因素是否具备、强度如何,对应着员工“满意”和“没有满意”,因为人的心理成长取决于成就,而取得成就就要工作,激励因素代表了工作因素,所以它是成长所必需的,它提供的心理激励,促使每个人努力实现自我实现的需要。

2. 双因素理论的指导意义

双因素理论为管理者的激励工作提供了新的视角和观点,因此在实际工作中得到了广泛的应用。对实际工作具有重要的指导意义。

(1)工作本身对员工的激励。由于激励因素大多与工作本身相关,而激励因素在激励中占有绝对重要的地位,因此必须注意从工作本身挖掘和发展激励因素,调动员工的工作积极性。

(2)保障因素和激励因素之间的关系。保障因素和激励因素没有绝对的划分标准。在不同的经济和社会条件下,两者的分类可能不同。例如,在发达国家“保障”特征很明显的工资、奖金,在发展中国家能够起到很好的激励效果并因此被列为“激励因素”。

3. 对双因素理论的评价

双因素理论促使企业管理人员注意工作内容因素的重要性,特别是它们同工作丰富化和工作满足的关系,因此还是有积极意义的。赫茨伯格告诉我们,满足各种需要所引起的激励深度和效果是不一样的。物质需求的满足是必要的,没有它会导致不满,但是即使获得满足,它的作用往往是很有限的、不能持久的。要调动人的积极性,不仅要注意物质利益和工作条件等外部因素,更重要的是要注意对人进行精神鼓励,给予表扬和认可,注意给人以成长、发展、晋升的机会。随着温饱问题的解决,这种内在激励的重要性也越来越明显。

小案例

设计师辞职后的争议

佳丽公司是一家以25～35岁职业女性为目标的，拥有1000多名员工的服装企业，近年来，销售额增长很快。业内人士认为这一切在很大程度上得益于两位精明能干的青年服装设计师的突出表现。但是，不久前两位设计师辞职并到薪资更高的同城竞争企业任职。在此之前他们曾多次提出加薪要求。对此，设计部门主管认为两位设计师创造性强，对公司的贡献大，因而同意加薪并要求人事部门予以认真考虑。人事部门主管认为，两位设计师大学毕业后，公司为他们的国内外培训支付了大笔费用，而且他们目前的薪资已远远超出同行业的平均水平，其加薪要求与公司现行的建立在职位、年龄和资历基础上的薪酬制度不符合，并有敲竹杠之嫌疑，因此予以拒绝。

两位设计师辞职后，公司议论纷纷。一些人认为，虽然设计师所得报酬的绝对数额高于行业平均水平，但他们表现出色，特殊人才应该有特殊政策。一些人质疑，公司人事部门主管是否有权拒绝提薪要求？是否应由了解员工表现的具体用人单位主管对本部门员工薪酬行使决定权？公司虽制定了明确的薪资制度，但是否与公司经营需要相适应呢？公司是否应该让那些不遵守现行制度的人离开……这些争议引起了公司总经理的注意，他责成人事部门牵头与设计、生产、销售、财务等部门组成一个专题小组，就公司酬劳计付方式广泛征求意见，提出几套方案，供下次公司常务会讨论和决策。

你能用赫茨伯格的双因素理论分析设计师辞职的原因吗？

（资料来源：MPA联考考试研究中心网，2007。）

二、过程型激励理论

过程型激励理论主要是研究行为如何被引发、怎样向着一定的方向发展、如何保持以及怎样结束这种行为的全过程。其中具有代表性的是弗鲁姆的期望理论、亚当斯的公平理论和洛克的目标设置理论。

（一）期望理论

期望理论是由美国著名心理学家弗鲁姆（Victor H. Vroom）提出的，他认为激励是评价、选择的过程，人们采取某项行动的动力或激励力取决于其对行动结果的价值评价和实现目标可能性的估计，弗鲁姆提出的期望理论并建立了模型：

$$M = E\sum_{i=1}^{n} I_i V_i$$

式中：变量取值 $M\subset[-1\quad 1]$、$E\subset[-1\quad 1]$、$I\subset[0\quad 1]$、$V\subset[-1\quad 1]$

i 表示绩效纬度，$i=1\ 2\ 3\cdots n$

E 为期望值，即个人通过努力能达到组织所期望工作绩效水平的主观概率。

I 为工具值，即个人达到组织期望绩效水平能得到其个人目标的主观概率。

V 为效价值(不同奖酬在当事人心目中的相对重要性赋值)。

M 则为激励力。

这个模型精辟地论证了激励效应的大小取决于个人努力行为、组织绩效及个人目标三者之间的关系。当一个人对某个目标的效价很高，而且他判断出达到这个目标的可能性也很大时，那么，这个目标对他的激励作用就大。这一理论给激励提供了有益的启示，企业管理者不要泛泛地抓一般的激励措施，而应当抓多数组织成员认为效价最大的激励措施，设置某一激励目标时应尽可能加大其综合的目标值，适当加大不同人的实际效价的差值，加大组织希望行为与非希望行为之间的效价差值。管理者可以以期望理论为基础，通过帮助员工调整其对行动成果的效价，提高实现目标的期望值，增强动机水平和激励强度，具体如下：

第一，描绘出每一个员工的行动成果的效价。

第二，规定实现期望目标所需的行动表现的标准和要求。

第三，使员工的行为表现和期望目标的实现紧密结合起来。

第四，认真分析妨碍员工实现目标的相关影响因素，并为其创造良好的环境和条件。

期望理论揭示出对人的行为的激励，实际上是一种很复杂的过程。管理者在向员工下达任务时，必须考虑工作本身的挑战性，使其效价能产生重要的激励作用；同时，还要考虑任务的合理性，使人们通过努力可以完成，并且在员工取得绩效之后奖励要能及时得以兑现，这样才能使激励与绩效之间形成良性循环。

(二)公平理论

公平理论又称“社会比较理论”，是由美国心理学家亚当斯(Adams)于 20 世纪 60 年代提出来的，其目的是研究个人所作的贡献与所得报酬之间如何平衡的问题，研究报酬的公平性对人们工作积极性的影响。

亚当斯认为，当一个人做出成绩并取得报酬以后，他不仅关心自己所得报酬的绝对量，而且关心自己所得报酬的相对量。也就是说，每个人都会自觉不自觉地把自己所获的报酬与投入的比率同他人的收支比率或本人过去的收支比率相比较，与他人的比较称为“横向比较”，与自己过去的比较叫做“纵向比较”。

所谓“横向比较”，就是将“自我”与“他人”相比较来判断自己所获报酬的公平性，从而对此作出相对应的反应。

1. 横向比较的结果可以分三种情况

O_p/I_p 与 O_x/I_x

式中，

O_p：自己对所获报酬的感觉；

O_x：自己对他人所获报酬的感觉；

I_p：自己对付出的感觉；

I_x：自己对他人的付出的感觉。

(1) 如果 $O_p/I_p = O_x/I_x$ 当事人会觉得报酬是公平的，他可能会因此而保持工作的积极性和努力程度。

(2) 如果 $O_p/I_p < O_x/I_x$ 这时当事人就会感到不公平，此时他可能会要求增加报酬，或自动地减少投入以便达到心理上的平衡，也可能选择离职。

(3) 如果 $O_p/I_p > O_x/I_x$ 说明当事人得到了过高的报酬或投入较少。在这种情况下，当事人不会要求减少报酬，而有可能会自觉地增加投入量。但过一段时间后他就会因重新过高估计自己的投入而对高报酬心安理得，于是其投入又会恢复到原先的水平。还有另外一种情形，当事人开始可能心里一阵高兴，但高兴之余，又会担心，担心这种不公平会影响工作伙伴对自己的评价，从而影响自己在正式组织或非正式组织中的人际关系，因此会在以后的工作中谨慎小心，同样不利于调动其积极性。

公平理论关于组织的报酬分配方法对员工行为的影响有以下几方面的解析与判断：

按时间组织时，收入超过了应得报酬的员工，生产率水平将高于收入公平的员工；

按时间组织时，收入低于应得报酬的员工，将导致生产数量或质量下降；

按产量组织时，收入超过应得报酬的员工与那些收入公平的员工相比，产品生产数量增加不多，而可能主要提高产品质量；

按产量组织时，收入低于应得报酬的员工与那些收入公平的员工相比，产量提高而质量可能会降低。

2. 纵向比较的结果也分三种情况

(1)如果 $O_{pp}/I_{pp} = O_{pl}/I_{pl}$，当事人就会认为基本公平，积极性和努力程度可能会保持不变。

式中，

O_{pp}：自己对现在所获报酬的感觉；

O_{pl}：自己对过去所获报酬的感觉；

I_{pp}：自己对个人现在投入的感觉；

I_{pl}：自己对个人过去投入的感觉。

(2)如果 $O_{pp}/I_{pp} < O_{pl}/I_{pl}$，当事人会感到不公平，其工作积极性会下降，从而减少投入，除非给他增加报酬。

(3)如果 $O_{pp}/I_{pp} > O_{pl}/I_{pl}$，一般来讲当事人不会觉得所获报酬过高，因为他可能会认为自己的能力和经验有了进一步的提高，其工作积极性不会因此而提高多少。

一般情况下，人们较多地使用横向比较，一旦出现不公平，感觉到不公平的人们一般会采取行为调整措施，这些措施包括：要求增加自己的报酬或主动减少自己的付出，以便提高自己的投入报酬率；要求降低他人的报酬或要求他人提高付出，以便降低他人的投入报酬率。如果当上述所有措施都不能解决问题时，比较者的最后一种调整方式就是换一个工作环境进行比较，这将导致员工离职，组织内人员流动，队伍难以稳定。

尽管公平理论提出的基本观点是客观存在的，但是在实际运用中很难把握。个人的主观判断对此有很大的影响，因为人们总是倾向于过高估计自己的投入量，而过低估计自己所得到的报酬，对别人的投入量及所得报酬的估计则与此相反。因此管理者在运用该理论时应当更多地注意实际工作绩效与报酬之间的合理性，激励时应力求公正，使等式在客观上成立，尽管有主观判断的误差，也不致造成严重的不公平感。同时，管理者应帮助员工正确认识自己与别人的投入和报酬。在激励过程中应注意对被激励者公平心理的引导，引导其树立正确的公平观。

（三）目标设置理论

美国马里兰大学的管理学兼心理学教授洛克（E. A. Locke）在 1968 年最先提出“目标设置理论”，他认为目标本身就具有激励作用，目标能把人的需要转变为动机，使人们的行为朝着一定的方向努力，并将自己的行为结果与既定的目标相对照，及时进行调整和修正，从而能更好地实现目标。这种使需要转化为动机，再由动机支配行动以达到目标的过程就是目标激励。目标激励的效果受目标本身的性质和周围变量的影响。

1. 目标的三个维度

目标设置理论认为，目标是行为的最直接的动机，设置合适的目标会使人产生希望达到该目标的成就需要，因而对人具有强烈的激励作用。

任何目标都可以从以下三个维度来进行分析。

（1）目标的具体性。目标的具体性，即明确性，也就是指目标能够精确观察和测量的程度。

（2）目标的难度。目标的难度，也就是指目标实现的难易程度。

（3）目标的可接受性。目标的可接受性，是指人们接受、承诺目标和任务指标的程度。

2. 目标设置理论的意义

目标设置理论是管理学中较新的一种激励理论，它认为合适目标的设置是管理过程中最直接和最有效的激励方法和技术，对管理学具有重大的意义和价值。

第一，目标是一种外在的可以观察并且可以测量的标准，管理者可以直接设置、调整和控制目标以作为激励员工的重要方法。

第二，管理者在为员工设置目标的过程中，首先应该尽量使员工参与目标设置，了解并且认同组织目标；其次，帮助员工设立具体的、并且有相当难度的目标；最后，对目标的实现应该采取各种形式的激励和肯定，以强化和调动员工完成任务的积极性。

第三，积极做好目标的反馈。信息的反馈用以增强员工实现目标的积极性，并且使员工及时发现问题，调整方向，从而更好地实现目标。

第四，促进目标管理的实现。目标设置理论为管理中采用的目标管理技术提供了心理学的理论依据，促进了目标管理的实现。

三、行为改造型激励理论

行为改造型激励理论主要是研究如何改造和转化人们的行为，以期达到预定的目标。其中具有代表性的是斯金纳的强化理论。

强化理论是美国的心理学家和行为学家斯金纳(B. F. Skinner)提出的，又叫做"行为修正理论"。根据强化理论，人的行为重复频率的大小，或者说人的行为走向，取决于人们对以往行为结果价值的主观认识，但人的这种主观认识可以改变。例如，当一个人的某种行为结果受到领导和同事们的一致称赞时，他会感到他的行为很有价值；而当行为结果受到别人的指责时，他自己可能也会认为他的行为是不良的。这种改变力量就是强化。

(一)强化的类型

强化包括正强化、负强化和自然消退 3 种类型。

1. 正强化

正强化又称"积极强化"，指当人们采取某种行为时能从他人那里得到某种令其感到愉快的结果，这种结果反过来又成为推进人们趋向或重复此种行为的力量。例如，企业用某种具有吸引力的奖励(如奖金、休假、晋级、认可、表扬等)表示对员工努力进行安全生产的行为的肯定，从而增强员工进一步遵守安全规程进行安全生产的行为。

2. 负强化

负强化又称"消极强化"，指对某种不符合要求的行为所引起的不愉快的后果予以否定。使员工认识到若能按所要求的方式行动就可减少或消除令人不愉快的处境，从而也增大员工符合要求的行为重复出现的可能性。例如，企业安全管理人员告知工人不遵守安全规程就要受到批评，甚至得不到安全奖金，于是工人为了避免此种不期望的结果，认真按操作规程进行安全作业。

3. 自然消退

自然消退又称"衰减"，指对原先可接受的某种行为强化的撤销。行为会由于在一定时间内不予强化而自然下降并逐渐消退。例如，企业曾对员工加班加点超额完成生产定额给予奖酬，后经研究认为这样不利于员工的身体健康和企业的长远利益，因此不再发给奖酬，从而使加班加点的职工逐渐减少。

正强化用于加强所期望的个人行为，负强化和自然消退是为了减少和消除不期望发生的行为。这三种类型的强化相互联系、相互补充，构成了强化的体系，并成为一种制约或影响人的行为的特殊环境因素。

(二)实施强化时应注意的问题

强化激励理论是控制和塑造员工行为方式的一种强有力的管理工具,为提高激励效果,斯金纳提出了实施强化时应注意的几个问题:

其一,必须针对行为结果给行为当事人以及时、明确的信息反馈。

其二,强化的时间选择或安排十分重要。

其三,要尽量少用负强化。

正强化可以给人一种满意和愉快的刺激,能给人带来更多的激励信息;负强化有其不足,但这并不是说在激励过程中就不能用负强化了,只要注重运用方式,负强化仍然是一种很有效的激励措施。

美国女企业家玛丽·凯在《掌握人性的原理》一书中反复强调"赞美使人成功"。她建议,即使批评他人也应像三明治一样,把批评夹在两层赞美之间;或者像中国人对待不愿吃药的病人那样在药里加糖,或者把药放在饭里,这样病人更易于接受。

四、综合型激励理论

综合型激励理论是将各种激励理论归纳起来,克服各种激励理论的片面性,从系统的角度解释人的行为的激励过程。其中具有代表性的是勒温的场动力论、豪斯的综合激励模型、伯特和劳勒的综合激励理论。

(一)场动力论

最早期的综合激励理论是由美国心理学家勒温(K. Lewin)提出来的,称为"场动力论",其主要观点可以用以下函数关系来表述:

$$B = f(P \cdot E)$$

其中,

f 表示函数关系式;

B 为个人行为的方向和向量;

P 为个人的内部动力;

E 为环境刺激。

公式表明,个人行为的方向和向量取决于环境刺激和个人内部动力的乘积。勒温把外界环境比喻为导火线,而人的需要是一种内部驱动力。人的行为决定于内部系统需要的张力与外界引线之间的相互关系。如果内部需要不强烈,那么再"强烈"的引线也没有多大意义;反之,如果内部需要很强烈,那么微弱的导火线也会引起强烈的反响。

(二)豪斯的综合激励模型

美国学者罗伯特·豪斯(Robert House)把人们从事工作的内在性激励与外在性激

励结合起来，提出了有名的综合激励方程：

$$M = Vit + Eia\left[Via + \left(\sum_{j=1}^{n} Eej \times Vej\right)\right]$$

其中，

M 为激励力量；

Vit 为工作任务本身所提供的内在性价值，不涉及工作完成与否和后果如何；

Eia 为从自身角度对完成该项工作的可能性估计；

Via 为对完成该项工作所获报酬的内在期望即对工作的重视程度；

Eej 为对完成该项工作所获第 j 种报酬的外在性期望；

Vej 为从外部条件对完成该项工作所能导致获得第 j 种报酬的可能性估计。

把上述公式去掉括号，略微进行简化，公式的右端就变为了三项。其中，第一项(Vit)不变，第二项(Eia×Via)表示完成工作所带来的内在性激励作用，第三项($Eia \times \sum Eej \times Vej$)代表了各项外在性报酬所综合起到的外在性激励作用。这样，公式右端的第一、二项属于内在性激励，第三项属于外在性激励，三项之和表明整体激励力量是内在性激励和外在性激励之和。简单来讲，其激励模式用公式表示为：激励力量＝内在激励＋外在激励。

(三)伯特和劳勒的激励理论

美国行为科学家莱曼·伯特和爱德华·劳勒在 1968 年出版的《管理态度和工作绩效》一书中提出综合激励理论。其理论模型如图 10－4 所示。

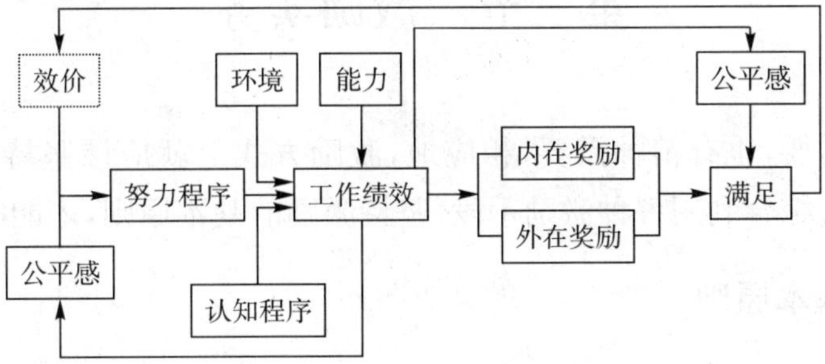

图 10－4 伯特和劳勒的激励模型

1. 人的努力程度是由效价和期望值决定的

效价即目标对于满足个人需要的价值，期望值即行为能否达到目标的主观概率，二者的关系可以表示为：努力程度＝效价×期望值。只有高效价与高期望值相结合，才能达到高努力程度。

2. 人经过努力能否带来一定的工作绩效受诸多因素影响

人经过努力能否带来一定的工作绩效，受到诸如对工作的认识程度、能力与素质的高低、环境的限制等因素的影响。

3. 一定的工作绩效会带来一定的奖酬

一定的工作绩效所带来的奖酬包括两个方面：其一是内在性奖酬，即一个人由于工作成绩良好而给予自己的报酬，如感到对社会作出了贡献，对自我存在意义及能力的肯定等等；其二是外在性奖酬，即与工作无关的各种外在因素的奖酬，包括工资、地位、提升、安全感等。

4. 奖酬能否带来满足感受到公平感的影响

公平是一个相对的概念，只有当自己的奖酬与绩效之比与他人相等时才会产生公平感，否则便会感到不公平，而且只有当主体通过与他人的比较感到公平时才能产生满足感。

5. 满足感会反过来影响效价

只有经过努力达到一定的工作绩效，获得了奖酬，产生了满足感，这时才会使效价增大；相反，如果经过努力，最终没有得到一定满足，则会使效价降低。同样，工作绩效也会反过来影响期望值，即当经过努力达到一定绩效，期望值才会增大；反之，期望值则会降低。

6. 新的效价和期望值会重新调整人的努力程度

人的行为是在多因素相互联系、相互制约中循环往复进行的。

伯特和劳勒的期望激励理论在 20 世纪 60、70 年代是非常有影响的激励理论，在现代企业管理中仍有相当的现实意义。

第三节　激励实务

人既有物质需要，也有精神需要，相应地，激励方式上就应该坚持物质激励和精神激励相结合。只有综合利用各种激励手段，坚持激励的基本原则，才能实现有效的激励。

一、激励的基本原则

在激励过程中，应该注意和把握以下原则：

（一）物质激励与精神激励相结合的原则

人既有物质需要，也有精神需要，相应地，激励方式上就应该坚持物质激励与精神激励相结合。

（二）外激励与内激励相结合的原则

人的行为既受到内因的驱动，又受到外因的影响；内因的作用是根本的，外因必须通过内因而起作用。这就要求领导者要善于将外激励和内激励相结合，并且以内激励为主；要着眼于激发职工的高层次需要和深层次动机，使其内心深处焕发出工作的热情和动力。这种工作动力比外激励所引发的动力要深刻和持久得多。

（三）正激励与负激励相结合的原则

正激励和负激励各自针对不同的行为，而这两种行为在组织中都是常见的，所以，正激励和负激励都是必要而有效的。

（四）组织目标与员工需求相结合的原则

在激励机制中，设置目标是一个关键环节。只有将组织目标与个人目标结合好，使组织目标包含较多的个人目标，使个人目标的实现离不开为实现组织目标所做的努力，才能收到良好的激励效果。

（五）按需激励原则

激励的起点是满足职工的需求，但职工的需求存在着个体差异，在进行激励时，必须进行深入的调查研究，不断了解职工需求层次和需要结构的变化趋势，然后采取有针对性的激励措施，这样才能收到实效。

（六）公平公正原则

公平公正是激励的一个基本原则。如果奖罚不公，不仅收不到预期的效果，反而会适得其反，造成许多消极后果。激励的措施要适度，要根据目标本身的价值大小确定适当的激励力度，同时奖惩要公平。

二、激励的方法

在管理实践中，常用的激励方法有物质奖励、精神激励和危机激励三种方法。

（一）物质激励

物质激励是以物质利益为诱因，通过调节被管理者的物质利益来刺激其物质需求的方式和手段。物质激励是调动人的积极性的最基本动力。在消费低水平的条件下，需求大多以物质利益为中心，绝大多数人对物质利益相当关心，物质利益对人行为的激发作用就越加明显。物质激励的主要形式有：薪酬激励、产权激励、处罚等。

（二）精神激励

精神激励是十分重要的激励手段。国内外的先进企业在实践中创造了许多行之有效的精神激励的方法。如：目标激励、荣誉激励、形象激励、榜样激励、情感激励、内在激励、兴趣激励、参与激励等。

(三)危机激励

1. 危机激励的含义

危机激励,即在一个充满竞争压力的工作环境中对职工的一切物质和非物质,即得的或预期的收益或能否在岗位上持续下去的利益进行威胁,使其为摆脱威胁而努力工作,达到激励职工的目的。危机激励主要从威胁人们的现有或既得利益出发,让职工知道一旦表现不佳就可能失去已经获得的利益,职工就会将这种压力转化为动力,可以持久的提高职工的工作积极性,产生持久的激励效果。它利用人们对意外损失的关注大于对意外获得的心理规律,而给予职工意外损失的威胁所需成本较小,从而可降低组织的激励成本,提高组织绩效。

2. 危机激励的作用

心理学研究表明,适度的危机感有助于刺激个体,增强个体的反应能力,使个体的工作做得更好、更快,更有工作激情和主动性。在恰当的危机激励范围内,危机激励就会对组织职工绩效的提高产生良好的作用,主要表现在:

(1)激发潜能。危机激励在利与害的冲突中,非此即彼,当人们一旦意识到这种情形时,基于趋利避害的本能,能够调动职工每个细胞,充分释放自己的潜能,迸发出让人难以想象的力量。

(2)强化职工责任感。危机激励的实施,使得员工面临一定的挑战。在迎接和战胜挑战的过程中,职工要对自己的行为效果负责,一旦失败,可能会有被炒鱿鱼的危险,因而个体会产生强烈的责任感。

(3)提高团队精神。职工所在的组织面临危机时,危机需要经过组织的化解,将危机分配到每个职工,使每个人都感受到危机的存在。这时,职工必须具有团队精神,同心协力,战胜危机。

(4)增强自信心。当职工经过努力战胜危机后,成就感就会油然而生,也会因战胜危机而信心倍增。

3. 危机激励实施的方法

(1)建立与危机激励机制相适应的绩效考评机制。在建立有效的危机激励机制过程中,需要完善适合危机机制的绩效考评机制。绩效考评是保证激励机制发挥应有作用的重要环节,是科学地评价个体的劳动成果,激发个体努力的必要条件。绩效考评是一个系统,是由诸多要素共同组合而成的“行为集合”。包括绩效计划、绩效沟通、数据采集与分析、绩效考核与评价、绩效反馈以及绩效考评结果的应用等。

(2)建立高忠诚度的人才聘用机制。建立一套透明公开的人才聘用机制,让职工在开放平等的环境下展示自己的才能,最大限度地激发职工的积极性。

(3)健全危机激励效用控制体系。企业管理者在使用危机激励时,首先要注意适度,危机激励程度过小达不到激励的效果,力度过大又会超出个人能力范围,使员工失去信心也就达不到有效激励的效果；其次要看清激励对象，由于个体差异的存在，每个人对危机的感知程度和承受能力是不一样的，要区别对待；再者企业管理者平时要与员工多沟通，培养他们的危机意识，引导员工树立正确的危机意识观。

(4)营造良好的危机激励组织文化。影响个体努力程度的因素既有外部因素又有内部因素。内部因素主要是个人对生存和发展的需要，外部因素主要是组织文化的影响。

组织危机激励的运作需要一个统一的理念和组织文化氛围，并且需要相应的制度作保证，在一个组织中如果你有“危机感”而他没有，这样就会为某些想躲避危机的人提供了条件，这样危机激励就难以在组织中实施下去，危机激励就达不到应有的效果，反而会招致员工的不满和社会舆论的压力，所以在组织中不仅要形成统一的危机激励组织文化，还要有相应的制度作保证，使组织上下每个人都有危机感、都有压力，在组织中形成一种理念：危机无处不在、危机无处不有。这样才能够调动其内部员工的积极性、主动性和创造性，从而能在激烈的竞争中始终立于不败之地，并能在不断追求卓越中发展壮大。

4. 危机激励在组织的适用范围

运用危机激励时要制造一些危机情境，制造危机情境可以从多方面考虑，可能从组织外部或内部，也可能是内外结合。外部的因素往往是考虑强大竞争对手的威胁、消费者观念的变化、国家政策的变动、宏观经济形势的不景气等；内部的因素则可能考虑组织结构的变动、领导岗位的变动等。

当然，危机激励并不是用真正威胁的手段强迫员工工作，它是指充分利用组织的主、客观因素，通过外部刺激间接地预先告知，重在事先的预防，从而避免员工不良行为的发生，激励他们更加努力地工作。在现代组织管理中，激励的方法是多种多样的，应根据不同组织的实际情况和职工的个人特性采取不同的激励方法。

阅读材料

沃尔玛的员工激励

世界零售巨头沃尔玛公司创始人山姆·沃尔顿，早在创业之初就为公司制定了三条座右铭：“顾客是上帝”、“尊重每一个员工”、“每天追求卓越”。

山姆·沃尔顿总结了“事业成功的十大法则”，并常常与经理们和同仁共勉。这十大法则是：忠诚你的事业；与同仁建立合伙关系；激励你的同仁；凡事与同仁沟通；感激同仁对公司的贡献；成功要大力庆祝，失败亦保持乐观；倾听同仁的意见；超越顾客的期望；控制成本低于竞争对手；逆流而上，放弃传统观念。这十大法则是沃尔玛成功的原因。它真正的含义是每位员工都很重要，无论他在什么岗位都能表现出众。“我们的员工与众不同”这句话就印在沃尔玛每位员工的工牌上，每时每刻都在提升员工的自豪感，激励员工做好自己的工作。

上述十大法则中有七条是关于员工关系的，可见沃尔玛把员工关系放到极其重要的地位。沃尔玛较少有等级森严的气氛，从创始人山姆·沃尔顿起，他就乐意和员工在一起，谈论一些问题或发表演讲，把自己所倡导的价值观念传输给员工。到今天，沃尔玛的各级管理人员依然贯彻着企业传统文化，经理人员被认为是"公仆领导"。沃尔玛公司规定对下属一律称"同仁"而不称"雇员"，沃尔玛所做的一切也充分体现了对人的尊重。尊重个人，是沃尔玛的企业文化。在沃尔玛，"我们的员工与众不同"不仅是一句口号，更是沃尔玛注重与员工的沟通，倾听员工的意见，同仁所提出的想法，始终都能受到高度重视。他们推行的是一种"开放式"管理哲学，营造敞开心扉的气氛，鼓励同仁提出问题，发表观点。沃尔玛提出"门户开放"的口号，给每个人发表个人意见的权利，每个人都有权走进管理人员办公室讲述任何话题，发表任何意见。它不仅是发泄不满的机会，而且很多好的主意都来源于此。

沃尔玛在处理员工关系方面运用最多的方法是激励而不是批评或者是处罚，如果员工某件事做对了，他们就会对其良好的表现进行褒扬："你做得很好！"；如果员工做错了，他们会对员工说："换种方法你会做得更好！"

沃尔玛总部和各个商店的橱窗中都悬挂着先进员工的照片。各个商店都安排一些退休的老员工身穿沃尔玛工作服佩戴沃尔玛标志，站在店门口迎接顾客，不时有好奇的顾客同其合影留念。这不但起到保安员的作用而且也满足了老员工的一种精神慰藉。公司还对特别优秀的管理人员，授予"山姆·沃尔顿企业家"的称号，目前此奖只授予了5个人，沃尔玛(中国)公司总裁是其中的一个。

沃尔玛员工从进入公司的第一天起就受到"爱公司如家"的思想熏陶。沃尔玛制定了与员工分享经营成果、分担经营责任的政策，使员工产生责任感和参与感，如利润分享、员工购股、低耗奖励等计划来调动员工的积极性。为激发员工的活力与激情，每周六举行一次别开生面的展会，在活泼、愉快的气氛中表扬先进、发现问题、讨论解决问题的方案。公司还经常邀请社会名人、当红演员、NBA球星等来参加晨会，激发与会者的兴趣。另外，沃尔玛还非常重视对员工的培养与教育，利用业余时间在总部和各级商店开设各类培训班，并专门设有沃尔顿学院，为沃尔玛培养高级管理人员。员工处处可感受到沃尔玛是一个团结、平等、向上、愉快的大家庭。

值得一提的是，沃尔玛在员工培训方面予以了极大的重视和巨大的投入。沃尔玛的培训观念就是：我们认可每一位同仁的价值，并且对他们取得的成绩给予奖励。最重要的是，我们为同仁提供培训发展计划，让他们与公司一道迈向成功。

沃尔玛在员工关系与员工激励方面的举措，应当是其最具远见的举措，也是沃尔玛成为世界第一零售巨头的关键之点。

(资料来源：吴玉龙：《沃尔玛十大成功法则与沃尔玛的员工激励(节选)》，价值中国网)

本章小结

本章从介绍激励的基本概念入手，讲述了激励含义、激励的过程和作用。激励是管理过程中的一项重要工作。在组织活动中，只有使所有参与活动的人都保持高昂的士气和工作热情，才能取得最好的效果。激励的直接目的就是提高人的积极性，充分发挥人的创造性，使人的潜力得到最大限度的发挥。随着现代社会的发展，现代企业对人的要求也越来越高，现代人的积极性、创造性成了决定组织成败的关键因素。接着叙述了几种经典的激励理论：内容型激励理论（具有代表性的是马斯洛的需求层次理论、奥德佛的 ERG 理论、麦克利兰的成就需要理论和赫茨伯格的双因素理论）；过程型激励理论（具有代表性的是弗鲁姆的期望理论、亚当斯的“公平理论”和洛克的目标设置理论）；行为改造型激励理论（具有代表性的是斯金纳的强化理论）；综合型激励理论（具有代表性的是勒温的场动力论、豪斯的综合激励模型、波特和劳勒的激励理论）。最后讲述了企业激励员工的基本原则和方法。

本章习题

1. 什么是激励？简述激励的过程、内容和作用。
2. 简述赫茨伯格的双因素理论的主要内容。
3. 简述斯金纳的强化理论的主要内容。
4. 员工激励的原则和方法有哪些？

案例研讨

林肯电气公司的激励制度

林肯电气公司总部设在克利夫，年销售额为 44 亿美元，拥有 2400 名员工，并且形成了一套独特的激励员工的方法。该公司 90％的销售额来自于生产弧焊设备和辅助材料。

林肯电气公司的生产工人按件计酬，他们没有最低小时工资。员工为公司工作 2 年后，便可以分享年终奖金。该公司的奖金制度有一整套计算公式，全面考虑了公司的毛利润及员工的生产率与业绩，可以说是美国制造业中对工人最有利的奖金制度。

在过去的 5～6 年中，平均奖金额是基本工资的 95.5％，该公司中相当一部分员工的年收入超过 10 万美元。近几年经济发展迅速，员工年均收入为 44000 美元左右，远远超出制造业员工年平均收入 17000 美元，在不景气的年头里，如 1982 年的经济萧条时期，林肯电气公司员工收入降为 27000 美元，这虽然与其他公司相比还不算太坏，可与经济繁荣时期相比就差了一大截。

公司自1958年开始一直推行职业保障政策，从那时起，他们没有辞退过一名员工。当然，作为对此政策的回报，员工也相应要做到以下几点：在经济萧条时他们必须接受减少工作时间的决定；要接受工作调换的决定；有时甚至为了维持每周30小时的最低工作量，而不得不一一调整到报酬更低的岗位上。

林肯电气公司极具成本和生产率意识，如果工人生产出一个不合标准的部件，那么除非这个部件修改至符合标准，否则这件产品就不能计入该工人的工资中。严格的计件工资制度和高度竞争性的绩效评估系统，形成了一种很有压力的氛围，有些工人还因此产生了一定的焦虑感，但这种压力有利于生产率的提高。据该公司的一位管理者估计，与国内竞争对手相比，林肯电气公司的总体生产率是他们的两倍。自30年代经济大萧条以后，公司年年获利丰厚，没有缺过一次分红。该公司还是美国工业界中工人流动率最低的公司之一。前不久，该公司的两个分厂被《财富》杂志评为全美十佳管理企业。

（资料来源：金新政：《管理智典》，武汉：华中科技大学出版社，2002。）

案例思考题：

1. 你认为林肯电气公司使用了何种激励理论来调动员工的工作积极性？
2. 为什么林肯电气公司的方法能够有效地激励员工？
3. 你认为这种激励制度可能会给公司的管理当局带来什么问题？

应用训练

为了提高本班同学的学习动力，请结合有关激励理论，为本班制定一套学习激励方案。

1. 实训目的

能够运用激励理论制定激励方案，从而提高学生运用激励理论解决组织激励问题的能力。

2. 实训内容与要求

（1）以自愿为原则，6～8人为一小组，为本班制定激励方案。

（2）每个小组独立完成，不要雷同。

3. 实训成果及评估

（1）以小组为单位以PPT（要有参观图片等资料）的形式进行展示。

（2）接受老师和学生的现场提问。

（3）由老师和学生组成评委进行评分。

什么最能激励你

对于下面的15句话，每句都圈出和你感觉最接近的数字。结合你现在或过去的工作或学习思考一下你的答案。

(1)我非常努力改善我以前的工作以提高工作绩效。 1 2 3 4 5

(2)我非常喜欢竞争和获胜。 1 2 3 4 5

(3)我常常发现自己和周围的人谈论与工作无关的事情。 1 2 3 4 5

(4)我喜欢有难度的挑战。 1 2 3 4 5

(5)我喜欢承担责任。 1 2 3 4 5

(6)我想让其他人喜欢我。 1 2 3 4 5

(7)我想知道我在完成任务时是如何进步的。 1 2 3 4 5

(8)我能够面对与我意见不一致的人。 1 2 3 4 5

(9)我乐意和同事建立亲密的关系。 1 2 3 4 5

(10)我喜欢设置并实现比较现实的目标。 1 2 3 4 5

(11)我喜欢影响其他人以形成自己的方式。 1 2 3 4 5

(12)我喜欢隶属于一个群体或组织。 1 2 3 4 5

(13)我喜欢完成一项困难任务后的满足感。 1 2 3 4 5

(14)我经常为了获得更多的对周围事情的控制权而工作。 1 2 3 4 5

(15)我更喜欢和其他人一起工作而不是一个人。 1 2 3 4 5

为了确定你的领导需要——即什么能激励你，将你的答案得分分别填入对应的题目标号后面。

成就	权利	关系
1. ______ 4. ______ 7. ______ 10. ______ 13. ______	2. ______ 5. ______ 8. ______ 11. ______ 14. ______	3. ______ 6. ______ 9. ______ 12. ______ 15. ______
总分______	______	______

把每一项的得分汇总，每一项最终得分会落在5～25分，得分最高的那项便是你的主导需要。

第十一章 沟　通

学习目标

- ▶了解沟通的类型、过程及其要素
- ▶知晓管理与沟通的关系
- ▶掌握有效管理沟通的策略
- ▶学会组织冲突管理的方法

案例导引

耕柱与墨子的沟通之道

春秋战国时期，耕柱是一代宗师墨子的得意门生，不过，他老是挨墨子的责骂。有一次，墨子又责备了耕柱，耕柱觉得非常委屈，因为在许多门生之中耕柱是公认的最优秀的人，但又偏偏常遭到墨子指责，让他很没面子。一天，耕柱愤愤不平地问墨子："老师，在这么多学生当中，我难道竟是如此的差劲，以至于要时常遭您老人家责骂吗?"墨子听后毫不动肝火："假设我现在要上太行山，依你看，我应该用良马来拉车，还是用老牛来拖车?"耕柱回答说："再笨的人也知道要用良马来拉车。"墨子又问："那么，为什么不用老牛呢?"耕柱回答说："理由非常简单，因为良马足以担负重任，值得驱遣。"墨子说："你答得一点也没有错，我之所以时常责骂你，也只因为你能够担负重任，值得我一再地教导与匡正你。"

这则故事给沟通带来一些有益的启示。沟通是双向的，不必要的误会可以在沟通中消除。在故事中若耕柱主动找墨子沟通的时候，墨子要么推诿很忙没有时间，要么不积极地配合耕柱的沟通，结果耕柱就会恨上加恨，双方不欢而散，甚至最终出走。所以，一定不能忽视沟通的双向性。只有大家都真诚地沟通，双方密切配合，说出自己心中的想法，这样的沟通才会取得理想的效果。

（资料来源：HR管理世界，2006。）

沟通是有效管理的重要途径和关键条件。在每一项管理活动中，相互沟通是必不可少的。一方面，管理者的所有职能都有赖于与员工的有效沟通。管理者只有让员工了解其思想与观点，才能更好地通过员工完成企业的目标；另一方面，管理者也需要知道员工的意见，不断了解员工的思想动态。如何进行有效沟通？我们将从沟通的内涵、基本模式、沟通过程，管理沟通，冲突与谈判等方面展开讨论。

第一节 概 述

一、沟通的内涵

沟通是指为达到一定的目的，将信息、思想和情感在个人或群体间进行传播与交流，并获取理解的过程。具体来说，要正确理解沟通的含义，可以从下面三个方面来把握：

第一，沟通是双方的行为，必须有信息的发送者和接受者。发送者和接收者既可以是个人，也可以是群体或组织。

第二，沟通是一个传递和理解的过程。如果信息没有传递给对方，则意味着沟通没有发生。信息在被传递之后还应该被理解，一般来说，信息经过传递之后，接受者感知到的信息与发送者发出的信息完全一致时，才是一个有效的沟通过程。

第三，沟通要有信息内容。在沟通过程中，信息的传递是通过一些符号来实现的，例如语言、身体动作和表情等，这些符号经过传递，往往都附加了发送者和接受者一定的态度、思想和情感。由于沟通主体的主观因素及外在环境的客观因素等的影响，沟通的方式、效果、内容等会有很大差异。

（一）沟通的特点

沟通具有以下几个特点：

1. 社会性

沟通具有社会性、普遍性和广泛性，既有与合作伙伴或潜在合作伙伴的沟通，又有寻求理解和支持的沟通；既有以收集信息为主的沟通，又有以听取意见乃至批评为目的的沟通；既有与新闻媒体的沟通，又有与普通人群的沟通；既有官方的正式沟通，又有民间的非正式沟通；既有国内的沟通，又有国际的沟通等。

2. 选择性

与沟通的社会性相矛盾的是它同时还具有选择性，或者说是目的性。无限制的社会沟通，主观上条件不许可，客观上也无此必要。沟通选择的对象一般是与组织或个人的生存、发展有密切关系的主体。沟通方式和内容的选择也要根据对象和环境的不同而不同。

3. 互助性

沟通对象和内容的选择必须以互助性为目的，以有助于实现双方的经济效益和社会效益为目的，不能只是一厢情愿、有来无往，应该是互通有无、互助互利。

4. 创造性

沟通的对象应不断扩大，既要有老相识，又要有新相识。沟通的内容和形式，既有传统的规定和法则，又要有所创造，不必拘泥一格、墨守成规。

(二)沟通的类型

沟通的种类繁多，按不同的标准可分为不同的类型。

1. 按照沟通方式的不同划分

(1)口头沟通。人们之间最常见的沟通方式是交谈，也就是口头沟通。常见的口头沟通包括演说，正式的一对一的讨论或小组讨论，非正式的讨论以及传闻或小道消息的传播。口头沟通的优点是快速传递和快速反馈。在这种方式下，信息可以在最短的时间里被传送，信息发送者可以在最短的时间里得到对方的回复。但是，当信息经过多人传送时，口头沟通的主要缺点便会暴露出来，在此过程中卷入的人越多，信息失真的潜在可能性就越大。每个人都以自己的方式解释信息，当信息到达终点时，其内容常常与最初的大相径庭。

(2)书面沟通。书面沟通包括备忘录、信件、组织内发行的期刊、布告栏及其他任何传递书面文字或符号的沟通。书面沟通的特点在于持久、有形、便于核实。书面沟通比口头沟通显得更为周密，逻辑性更强，条理更清楚。但是书面沟通也有自己的缺陷。一个是耗时，同是一个小时的测验，通过口试学生们向老师传递的信息远比笔试的要多。书面沟通的另一个缺点是缺乏反馈，口头沟通能使接受者对其所听到的东西提出自己的看法，而书面沟通则不具备这种内在的反馈机制，这使得书面沟通无法确保所发出的信息能被接收到，即使被接收到，也无法保证接受者对信息的解释正好符合发送者的本意。

(3)非语言沟通。非语言沟通是指不通过口头或语言文字而发送许多有意义的信息的传递方式。最常见的非语言沟通是体态语言和语调。体态语言包括手势、面部表情和其他的身体动作。语调中含有个体对词汇或短语的强调，声调和重音的不同可能产生完全不同的意义。非语言沟通较其他沟通方式而言好处在于它能比较好地表达信息意义，而且内涵丰富，含义灵活。但非语言沟通也存在传送信息距离受限制，以及只能意会不能言传等不足。值得注意的是，任何口头的沟通都包含有非语言信息。研究发现，在口头交流中，信息的55%来自于面部表情和身体姿态，38%来自于语调，而仅有7%来自于口头语言。

(4)电子媒介沟通。随着科学技术的不断进步与发展，沟通技术发生了日新月异的变化，电子媒介沟通正在成为主要且高效的沟通类型。电子媒介沟通显著改变了沟通模式，降低了信息传递和共享的成本，提高了沟通的灵活性。与此同时，电子媒介沟通也带来了新的研究课题：一是电子媒介沟通使人际交往、神态传递和感情交流显著减弱，从而影响了人际关系模式；二是电子媒介沟通改变了信息分享模式和群体工作方式，对群体管理和群体成员提出了全新的沟通技能要求。此外，电子沟通也提出了信息传递和信息管理方面的伦理问题等。通过对比，可以看出四种沟通方式的特点，如表11－1所示。

表11－1 口头沟通、书面沟通、非语言沟通和电子媒介沟通的比较

沟通方式	实例	优点	缺点
口头沟通	交谈、讲座、讨论、电话	快速传递、快速反馈、信息量很大	失真严重、核实困难
书面沟通	报告、文件、通知、信件、内部期刊等	持久、有形，可以复核	效率低，缺乏反馈
非语言沟通	声、光信号，表情、语调、体态等	信息意义明确，内涵丰富、灵活	传递距离有限，界限模糊，依赖于接收者理解
电子媒介	传真、网络、闭路电视等	快速传递、信息量大、一份信息可同时传递多人，廉价	单向传递

2. 按组织系统不同划分

(1)正式沟通。正式沟通是指以正式组织系统为渠道进行的信息传递和交流。例如，组织规定的汇报制度，定期或不定期的会议制度，上级的批示按组织系统逐级下达或下级的情况逐级向上反映等都属于正式沟通。正式沟通的优点是正规、权威性强、沟通效果好，参与沟通的人员普遍具有较强的责任心和义务感，从而易保持所沟通信息的准确性及保密性。正式沟通的缺点在于对组织机构依赖性较强而造成速度迟缓，沟通形式刻板，如果组织管理层次多、沟通渠道长，还容易形成信息损失。

(2)非正式沟通。非正式沟通是指以非正式组织系统或个人为渠道进行的信息传递和交流。例如，员工中的人情交流、生日聚会、工会组织的文娱活动、走访、员工私下议论某人某事、传播小道消息等都属于非正式沟通。现代社会很重视对非正式沟通的研究，因为人们真实的思想和动机往往是在非正式沟通中表露出来的。这类沟通主要是通过个人之间的接触来进行，不受组织监督，是由组织成员自行选择途径进行的，比较灵活方便。与正式沟通相比，非正式沟通的缺点在于随意性和主观性强、信息扭曲可能性大，容易传播流言、混淆视听，因而需要慎重对待。

3. 按信息传递的方向划分

(1)上行沟通。上行沟通是指自下而上、点面结合的沟通，如下级向上级反映意见、汇报工作情况、提出意见和要求等。上行沟通是领导了解基层情况和一般员工意见、想法的重要途径。上行沟通畅通无阻，领导才能及时掌握工作进展的真实情况，了解员工的需要和要求，体察员工的不满和怨言，明确工作中存在的问题，从而有针对性地做出相应的决策，不断改善各项工作。

(2)下行沟通。下行沟通是指信息自上而下的沟通，如上级把组织战略目标、管理制度、政策、工作命令、有关决定、工作程序及要求等传递给下级。下行沟通顺畅可以帮助下级明确工作任务、目标及要求，增强其责任感和归属感，协调组织各层次的活动，增强上下级之间的联系，便于下级主动开展工作。

(3)横向沟通。横向沟通也叫“平行沟通”，是指组织内部平行机构之间或同一层级人员之间的信息交流。如组织内部各职能部门之间、班组之间、员工之间的信息交流。横向沟通是加强各部门之间、员工之间的联系、了解与协作，减少各部门之间、员工之间的矛盾和冲突，改善人际关系和群际关系的重要手段。

(4)斜向沟通。斜向沟通是指处于不同层次的、没有直接隶属关系的组织和人员之间的沟通。这种沟通方式有利于加速信息的流动，促进理解，并为实现组织的目标而协调各方面的关系。

4. 按信息沟通是否存在反馈划分

(1)单向沟通。单向沟通是指在沟通过程中，一方主动发送信息，另一方主动接受信息，没有发生反馈的信息传递，如电话通知、书面通知、广播电视信息、报告、演讲、发布指示、下命令等。这种沟通方式速度快，发送者不受接受者的挑战，能保持、维护尊严。因此，当遇到工作性质简单又急需完成或遇到紧急情况不需要或根本不允许商讨时，采用单向沟通方式效果较好。但由于接受者对信息内容的理解没有机会表达，单向沟通中的信息理解有时会出现偏差。

(2)双向沟通。双向沟通是指沟通过程中有反馈的信息传递，是发送者和接受者相互之间反复进行信息交流，直到双方对信息有共同理解为止的沟通，如讨论、面谈、协商、谈判等。双向沟通的优点是沟通信息的准确性高，接受者有反馈意见的机会，双方可以反复交流磋商，增进彼此的了解，加深感情并建立良好的人际关系。其缺点是沟通过程中接受者要反馈意见，有时使沟通受到干扰，影响信息的传递速度。此外，由于要时常面对接受者的提问，发送者会感受到心理压力。

二、沟通的基本模式

美国心理学家莱维特(Levit)以5人小组为研究对象，通过实验，提出了5种不同的沟通模式，即链式、轮式、圆周式、全通道式和“Y”式，如图11－1所示。

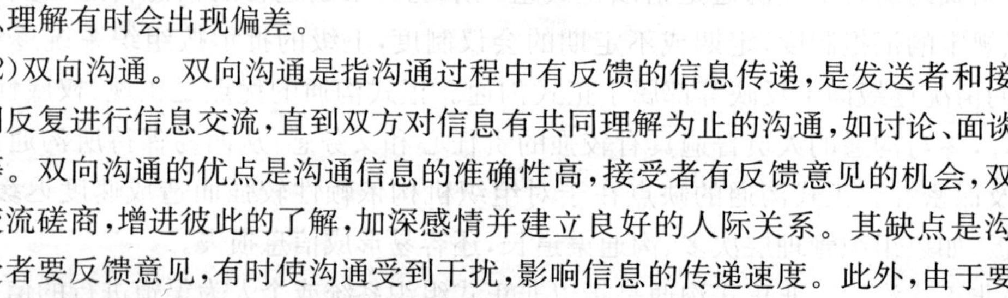

图11－1　沟通的基本模式

（一）链式沟通

链式沟通又称为“直线型沟通”，是指若干沟通参与者，从最初的发信者到最终的受信者，环环衔接，形成信息沟通的链条。

链式沟通的优点是传递信息的速度快，解决简单问题的时效高。其缺点在于信息经过层层筛选，容易出现失真的现象，使上级不能直接了解下级的真实情况，下级不能了解上级的真实意图。

（二）轮式沟通

轮式沟通是指最初发信者直接将信息同步辐射式地发送到最终受信者。轮式沟通过程中有一个明显的主导者，凡信息的传送与反馈均需经过此主导者，且沟通成员也通过此主导者才能相互沟通。

轮式沟通的优点表现为集中化程度高，解决问题的速度快、精确度高，有利于处于中心地位的领导人了解、掌握、汇总全面情况并迅速把自己的意见反馈回去；其缺点则表现为沟通渠道少，其他成员之间互不通气，横向沟通不足，不利于提高士气，将这种沟通模式引入组织机构中，容易滋长专制型领导风气。

（三）圆周式沟通

圆周式沟通也称“环式沟通”，类似链式沟通，但信息链首尾相连形成封闭的信息沟通环。这种组织内部的信息沟通是指不同成员之间依次联络沟通。这种模式结构可能产生于一个多层次的组织系统之中。

圆周式沟通的优点是组织内民主气氛较浓，团体的成员具有一定的满意度，其缺点是组织的集中化程度较低，沟通速度较慢，信息易于分散，往往难以形成中心。如果在组织中需要创造出一种高昂士气来实现组织目标，同时追求创新和协作，加强组织中的决策机构、咨询机构、科研开发机构以及小规模独立工作群体，采用圆周式沟通是一种行之有效的措施。

（四）全通道式沟通

全通道式沟通是指所有沟通参与者之间利用所有沟通渠道的全方位沟通。这是一种非等级式沟通，满意度高、失真度低，但规模受限、速度低。

全通道式沟通是一个开放式的系统，其中每个成员之间都有一定的联系，彼此了解。由于沟通渠道很多，组织成员的平均满意程度高且差异小，所以士气高昂，合作气氛浓厚。这对于解决复杂问题，增强组织合作精神，提高士气均有很大作用。但是，由于这种模式的沟通渠道太多，易造成混乱，且又费时，影响工作效率。

(五)"Y"式沟通

"Y"式沟通是链式沟通与圆周式沟通的结合。其速度、满意度、失真度等也介于链式沟通与圆周式沟通之间,适用于主管人员的工作任务十分繁重,需要有人选择信息、提供决策依据从而节省时间,同时又要对组织实行有效的控制的情况。在组织中,这一沟通模式大体相当于从企业上层领导到中层机构,再到基层主管部门,最后到基层工作单位之间的四级纵向系统,它适用于企业规模较大而管理水平不高的大中型企业。

"Y"式沟通的优点是集中化程度高,较有组织性,信息传递和解决问题的速度较快,组织控制比较严格。但是,由于组织成员之间缺少直接和横向沟通,不能越级沟通,除节点外,其他成员的满意程度都比较低,组织气氛大都不和谐。

三、沟通过程

沟通是信息从发送者到接受者的传递和理解过程。在沟通过程中,发送者将信息传递给接受者。接受者收到信息后,立即将信息加以破解,然后再采取行动,如果他的行动符合信息发送者的原意,就可以说沟通成功了。沟通的程序一般包括六个步骤,如图11-2所示。在整个沟通过程中,无论是发送者方面还是接受者方面,都存在着许多干扰信息传递的因素,这些因素被称为"噪音"。

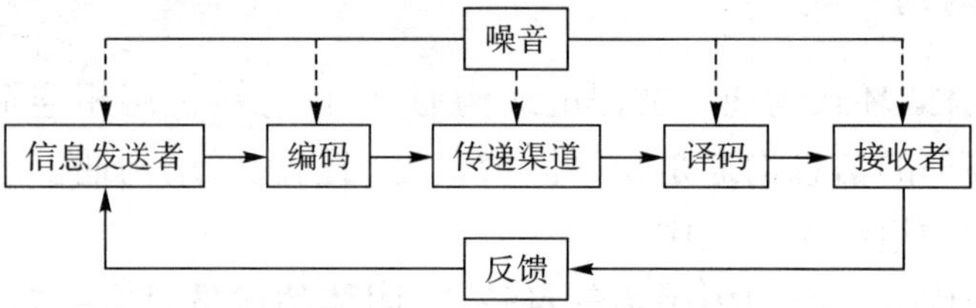

图11-2 沟通过程

(一)信息

信息的发送者就是沟通的发起人,他把信息进行编码,向接受者传送。这里所说的信息包括概念、思想、观点、资料等。

(二)编码

所谓"编码"就是发送者把信息转变成接受者能懂的符号。发送者把信息编译成适当的传输符号,如言语、文字、图片、身体姿势、表情动作等。被编码的信息受到沟通主体的技能、态度、知识以及社会文化的影响。

(三)传递

发送者通过适当的渠道和方式将信息传递给接受者。传递的方式主要有四种:口头的、非语言的、书面的和电子媒介的传递方式。发送者选择的符号不同,传递的渠道也就不同。在沟通过程中，无论使用什么渠道来传递信息，信息本身都会出现失真现象。

（四）译码

接受者会将信息进行译码。所谓“译码”就是接受者把符号转译成为具有特定含义的信息。与编码者相同。接受者要首先理解发送者传递的信息，才能根据得到的信息有所行动、有所反应。接受者对信息的理解同样受到自身的技能、态度、知识和社会文化的限制。因此，发送者很难要求接受者完全按照他的本意准确地理解信息。在绝大多数情况下，只要能做到接近发送者的本意就算是成功的沟通。

（五）接受

接受者是信息指向的个体，信息最终将为他所接受。接受者根据信息符号传递的方式，选择相对应的接受方式。例如，这些符号是口头传递的，接受者就必须仔细倾听。如果发送者传递的信息没人接受或接受者不能尽职，信息就会丢失。所以，发送者在传递时要千方百计地引起接受者的注意。

（六）反馈

当接受者接受信息译码并利用后，就会决定是否应该有反馈、回应或者传送新信息的必要。发送者也常常通过反馈来了解他想传递的信息是否被对方准确无误地接受。实际上，在沟通过程中发送者和接受者的角色是可以互换的。

四、有效沟通的障碍及改善途径

（一）有效沟通的障碍

沟通是一个复杂的过程，常常会受到各种因素的影响和干扰，例如沟通工具的运用不佳，沟通方式的选择不当，沟通渠道的状况不良，以及沟通参与者的需要、价值、态度和期望不同等，这些障碍性因素的存在使沟通难以有效地进行。沟通障碍主要来自三个方面：信息发送者的障碍、信息接受者的障碍和沟通渠道的障碍。其他障碍性因素，如语义障碍、物理性障碍、跨文化障碍和体制性障碍等也会直接或间接影响沟通的效果。

1. 信息发送者的障碍

在沟通过程中，信息发送者的情绪、倾向、个人感受、表达能力、判断力等都会影响信息的完整传递，有效的沟通在很大程度上取决于信息发送者的人格特质。信息发送者方面的障碍主要表现在以下四个方面：

(1)表达能力不佳。表达能力的差别，有的源于个人的教育和训练水平，有的由个人秉性决定。

(2)信誉不高。信息接受者要以发送者的合法地位作为接受信息的基本条件，这一基本条件也包括了对信息发送者的信任。接受者赋予发送者的可信度水平直接影响了接受者对发送者的言语、思想、行动如何看待和如何反应。

(3)知识经验的局限。由于人们的知识经验具有很大差异,如果信息的发送者在某些问题上所掌握的知识或所拥有的经验有限,就有可能影响所传递的信息。

(4)对信息的过滤。过滤是指信息发送者故意操纵信息,使信息显得对接受者更有利。

2. 信息接受者的障碍

沟通不能产生良好的效果,除了发送者方面的原因外,还有来自接受者方面的障碍。从信息接受者的角度看,影响沟通的因素主要有以下五个方面:

(1)理解能力。如果信息发送者与接受者在知识和经验水平上相差甚远,双方缺乏接受同样问题的"共同平台",接受者接受信息后就会产生理解上的困难和偏差,从而使沟通出现障碍。

(2)地位障碍。地位是指一个人在群体中的相对级别。地位差距对地位较低的人容易产生威胁从而妨碍有效的沟通。

(3)对信息的筛选。受主观性的影响,接受者在接受信息时,会根据自己的知识经验去理解,对信息的价值大小进行判断,并按照自己的需要对信息进行筛选,从而导致信息过滤、曲解、断章取义或选择性倾听等现象的出现,使许多信息内容丢失或更改,造成信息的不完整甚至失真。

(4)对信息的承受能力。每个人在单位时间接受和处理信息的能力不同,对于承受能力较低的接受者来讲,如果信息过量就难以全部接受,这会使他们无所适从,不知哪些信息是重要的,造成一些重要信息的丢失。

(5)情绪的影响。在接受信息时,接受者的感觉会影响到他们对信息的理解,不同的情绪感受会使个体对同一信息的解释截然不同。接受者在情绪低落时,可能会对沟通持抵触态度,情绪兴奋时则乐于与人沟通。因此,应尽量避免在情绪很激动的时候进行沟通。

3. 沟通渠道障碍

沟通渠道的特点及沟通所使用的媒介,会对沟通的质量产生较大的影响,因为沟通渠道的干扰常使沟通过程的信息传递渠道受阻或不畅,从而影响沟通的效果。沟通渠道障碍主要表现在以下两个方面。

(1)沟通方式选择不当。沟通所使用的方式,会对沟通的效果产生影响。比如对于重要信息的传递,采用"口头沟通"的方式会使接受者认为"随便说说"而不加重视,因为人们习惯地认为,只有用下发文件等书面形式传递的信息,才是重要的信息。

(2)信息传递环节过多。沟通过程中,沟通渠道越长,所经过的环节越多,信息的损耗越大,信息失真、曲解、丢失的可能性也相应增大。

4. 其他障碍性因素

除了上述信息发送者的障碍、信息接受者的障碍和沟通渠道障碍三种主要的障碍性因素之外，影响沟通效果的障碍性因素还包括以下 4 个方面：

(1)语义障碍。沟通过程中，人们一般是通过语言符号来传递信息的，但即使是同样的语言对不同的人也可能意味着完全不同的事情。可能引起误解的符号多种多样，如语言、文字(包括图像)、身体语言等，它们常常有多种含义，人们必须从众多的含义中选择一种，有时选错了，就会出现语义障碍。

(2)物理性障碍。物理性障碍也是沟通的一种干扰因素，它常常同沟通的环境有关，可分为时间障碍和空间障碍。

(3)跨文化障碍。这里的文化涵盖不同的层面，包括国家的、地区的、行业的、部门的及个体的。在进行跨文化沟通时，由于信息发送者与接受者的文化背景不同，容易导致沟通的无效。

(4)体制性障碍。组织、系统内因纵向层次划分过多，横向部门划分过细，机构重叠，职能不清，政出多门，号令不一，都会使沟通双方感到无所适从、不知所措，而这些障碍在企业中普遍存在，并已成为积习，很难在短时间内得到明显的改善。

(二)改善沟通的方法与技巧

要想改善沟通必须掌握如下方法与技巧：

1. 提高表达能力

语言是信息的载体，是提高沟通效率的首要问题。掌握语言表达艺术的前提是通过学习和训练使自己运用语言的能力达到熟练自如、得心应手的水平。信息发送者要根据沟通对象、沟通环境、沟通内容考虑使用什么样的语言和怎么使用语言。

2. 积极倾听

认真倾听对方讲话，正确理解讲话内容，是沟通的重要环节。倾听主要包括注意听、听清、理解、记忆和反馈五层内容。如图 11－3 所示。

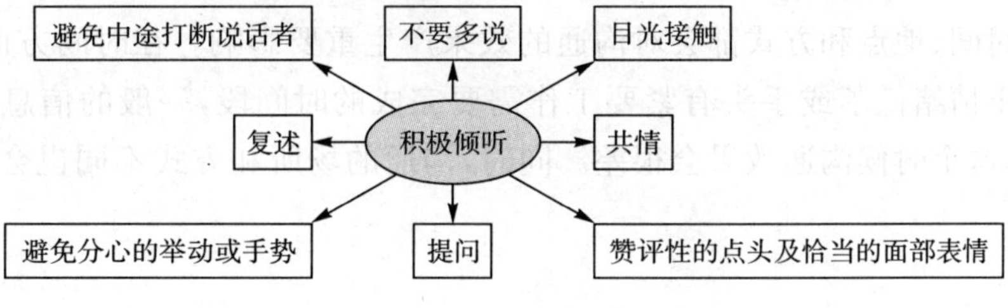

图 11－3 倾听要点

3. 有效地提问

在沟通过程中，进行恰如其分地提问，有助于信息发送者与接受者之间深入地交换思考，能显著提高沟通的有效性。提问可以帮助信息接受者证实自己的理解是否正确，帮助信息发送者适时调整自己的沟通方式和内容，还可以控制谈话方向、制止滔滔不绝的谈话。提问要抓住适当的时机，既不要过早也不要太迟，还要注意不能打断对方正在进行的发言。提问时的话语速度要适中，吐字要清晰。

问题的类型有四种，包括封闭型问题、开放型问题、诱导型问题和假设型问题。提问方式的选择要充分考虑沟通环境和对象。

(1)封闭型问题。封闭型问题是指用于在特定领域内得出特定答案(如“是”或“否”)的问题，它可以使发问者获得特定的信息。封闭型问题通常用于查问或确认某些事实，以及只需要简单回答的情况。

(2)开放型问题。开放型问题是指能让对方充分发表自己的看法、阐述自己的意见及陈述某些事实现状的问题，它可以使发问者得到广泛的信息。开放型问题适用于向对方了解详细、具体、全面的信息。这类问题通常在问题涉及多个方面或者有多种解决方案等较为复杂的情况中使用。

(3)诱导型问题。诱导型问题是指对答案具有强烈暗示性的问题，它几乎使对方毫无选择地按发问者所设计的答案作答。采用诱导型问题是为了让对方对你提出的问题持肯定、支持的态度，对问题做出你期望的回答。

(4)假设型问题。假设型问题是指为对方假设某种相应的情境并提出问题，让对方自由发表自己的观点，它有助于鼓励对方评价、分析、推断或表达其感受。假设型问题就是让对方想象在你假设的情况下他会怎样做，这在一定程度上可以帮助你引导对方深入思考，或按照你的期望做出决定。

4. 运用反馈手段

沟通之所以不能顺利进行，在很多情况下是因为缺乏反馈而产生不必要的曲解、误解而造成的。没有反馈，信息发送者就无法知道接受者接受了多少正确的信息。

发送者可以通过提问来确认接受者是否完全了解信息，以便及时调整传递方式。反馈也不一定完全靠语言形式来实现，信息发送者要注意接受者动作、表情等方面的非语言信息，有时这种无意识的反馈更加可靠。

5. 把握好沟通时机

沟通的时间、地点和方式都会对沟通的效果产生重要影响。在时间方面，如果信息接受者正处于情绪低落或手头有紧要工作需要完成的时间段，一般的信息不会引起他的注意，选择这个时候沟通效果会很差。同时，沟通的场所和方式不同也会产生不同的沟通效果。

第二节　管理沟通

一、管理沟通的含义

管理沟通，是指一定组织中的人(包括管理者和被管理者)为达成组织目标而进行的组织内部或者组织外部的信息发送、接受与反馈的交流全过程。管理的各项职能都必须以有效的沟通作为前提。沟通就好像是组织中的生命线，贯穿于组织的每一个部门、每一个环节，促进信息循环，使组织形成生命的有机体。

由于组织目标最终靠人来实现，所以从本质上讲，组织中的人际沟通是管理沟通的基础。然而，管理沟通虽然具备沟通的一般特征，但它与一般意义上的人际沟通不同，它是存在于组织范围中的沟通，是一种特殊的人际沟通。

（一）管理沟通的特点

1. 管理沟通的目的更为明确

管理沟通是围绕着特定的管理活动进行的沟通，目的性十分明确。上情下达、下情上传、横向交流都是出于一定管理目的的考虑，而不仅仅是为沟通而沟通。

2. 管理沟通的渠道更加健全

任何组织内部都设有正式的信息沟通渠道，沟通网络纵横交错，非常正规和健全。

3. 管理沟通活动更有计划性

因为管理沟通的目的明确，活动富有计划性，一般都有周密的考虑和精心的准备。从其发展方向来看，它将越来越趋向于制度化。

（二）管理与沟通的关系

管理与沟通密切相关，管理的各项职能中充满了沟通活动，良好的沟通会促进有效的管理，成功的管理必定依赖有效的沟通。总的来看，管理与沟通是既有区别又有联系的。

1. 管理与沟通的区别

（1）管理和沟通是两个不同的专业概念。管理侧重于人和人、人和物等多种组织资源的组合，强调的是管理者、管理对象和管理的全过程。沟通则侧重于管理活动中必不可少的和核心的信息交流行为，这是管理活动中最重要的一部分内容。

（2）两者的内容并不完全相同。如果从现代组织管理的角度来看，管理的领域和对象包括了物流、人流、资金流和信息流，而沟通主要还是以信息流的正确处理为主要内容。

（3）两者的目的和结果并不完全相同。管理的目的和结果是要扩大组织的产出，提高效率，而沟通的目的和结果则是互相正确理解，但理解之后并不一定会达成共识。

（4）两者在内涵和外延上存在着重叠和区别。管理与沟通有相当一大部分重叠，即某些活动既是管理又是沟通。管理与沟通也有不相重叠的部分，存在着是管理但不是沟通或者是沟通但不是管理的活动。

2. 管理与沟通的联系

（1）沟通是管理的实质，也是管理得以实施的主要方法。管理职能中的计划必须有信息收集、整理、分析作基础，而信息收集处理的过程就是沟通的过程。大多数管理功能与活动中都存在沟通行为。

(2)管理行为要通过沟通来实现。从组织行为学的角度看,大部分沟通行为实质上是管理行为。在组织中,领导与员工的交流显然不是单纯地为了沟通而沟通的简单沟通行为,而应该看成是围绕组织目标而进行的管理行为之一。

(3)沟通行为是管理过程中的重要组成部分。经济和市场全球化促使现代组织成为人数、机构、业务众多的大型跨区、跨国、跨洲实体,在这样空前巨大和复杂的组织中,管理沟通的难度在客观上成倍增加,沟通成为许多大集团经营管理的关键和瓶颈,这种境况更突显了沟通在管理中的地位和作用。

(4)管理者同时扮演沟通者的角色。当代管理学界著名大师亨利·明茨伯格从管理者扮演的角色入手,考察了各项管理工作。他认为管理者扮演了十种类型的管理角色,而每种角色对如何进行沟通也提出了不同的要求。

由此可见,管理者无论履行什么管理职能都离不开沟通,实质都是在扮演沟通者的角色。为了提升管理效率,管理者必须不断与公司内外的人员(如上司、同事、下属、政府官员、供应商、经销商、顾客等)进行持续而有效的沟通。

管理聚焦

该不该评比最差员工

提起评比,人们往往认为都是"评先选优"之类的,然而,重煤集团南桐矿业公司干坝子洗选厂,今年评比文明岗位员工不但评最佳也评最差。评比方式的改变犹如一石激起千层浪,该厂因势利导,由工会牵头组织员工通过集中宣讲、座谈交流等形式围绕这个"焦点"进行了评价。

焦点一:最差员工能否起到激励作用?

"历来都只听说评最佳,很少听说评最差,文明岗位员工评比最佳,被评上的工作得到了肯定,在激励下肯定会更加努力,获奖者让人仰慕,对其他员工也是一种激励;评比最差,则令人畏惧,谁也不愿意入选,这样,岂不是违背了评比文明岗位来激励大家的初衷?"一位员工这样抱怨,他的话代表了一部分员工的观点。既然评比最差员工涉及员工利益,这样的评比到底能不能起到激励作用?对此,该厂领导层早有考虑。工会负责人在接受员工咨询时坦言:每次评选往往因为受到名额限制,只有少部分人能够被评上,大多数人即使再优秀也无法评上,这样只评比最佳,结果会造成大家的荣誉感越来越淡薄,觉得反正名额有限,自己评不评得上都无所谓。

由于该厂是每月一次的动态评比,无论是最佳还是最差,员工都感到了空前的压力。获得最佳者没有人敢确信自己能永远都是优秀的,他们必须通过更加努力保持荣誉,最差者由于怕连续两个月获得最差会受到待岗1～2个月的处罚,只能不断增强文明从业的职业道德以改变自己的位置,处于中间位置的大多数员工在前后的激励、鞭策下,也不甘居人后,该厂的文明行风因此带来了极大的改观。

焦点二:怎样让最差员工受到鞭策?

该厂洗煤车间女工小张是文明岗位评比出的第一个最差员工,当她从告示栏得知自己的评比结果时,伤心得哭了。她问:我被评为最差员工就真的最差吗?“只有永远落后的管理,没有永远落后的员工”。通过最差和最佳进行认真比较,就能够非常直观地知道差在哪些地方,在最佳文明岗位员工的帮助下,如果自己端正态度查缺补漏改正缺点,最差也能变成最佳。工会给小张这样耐心地做思想工作,使她重新树立了信心。

焦点三:最差员工如何评比?

该厂月评文明岗位员工,被评为最佳文明岗位的授以红旗岗位,并给予该岗位员工人均100元的奖励;被评为最差文明岗位的挂黄牌岗位,并给予该岗位员工人均50元的处罚,凡是连续两个月挂“黄牌岗位”的岗位员工,将给予下岗1~2个月的处罚……评比制度虽然出来了,但是,如何进行评比?在评比过程中,是否会夹杂着私人恩怨以及其他不公平现象等?这些问题引起了员工们的担忧。

因此,该厂在如何进行最差员工评比问题上非常慎重。专门制定了《评选实施细则》,评选由企业管理部牵头,每周按照《评选实施细则》对生产车间各岗位进行1~2次以上的全面检查,车间领导每天对本车间各岗位进行检查,班长对当班环境卫生、规范操作情况进行检查,员工有对任何不符合文明岗位要求的情况进行反映和汇报的权利。月末由企业管理部综合各方面检查和反映的情况,提出红旗岗位和黄牌岗位候选名单,然后由员工集体评选,并进行公示。工会负责人深有感触地介绍说:只要工作到家,员工的眼睛都是亮的,被评了最差的员工也心服口服。

(资料来源:中华企训网,2008。)

(三)管理沟通的作用

沟通是管理工作十分重要的组成部分,管理沟通是企业内部联系的主要手段。随着管理层次的递增,管理者用于沟通上的时间就越多。有效的沟通有助于激励员工完成任务。沟通对于促进组织成员之间的彼此了解,增强组织的团结力量,最终实现组织的目标具有十分重要的意义。沟通在管理中的作用是多方面的,具体地说,包括以下几个方面。

1. 管理沟通是实现组织目标的重要手段

在竞争日益激烈的现代社会,一个组织要想顺利的开展工作,实现组织的目标,就要求组织中的个体、群体为了实现一定的目标,在完成各种具体工作的时候都需要相互交流、统一思想、自觉地协调。信息沟通使组织成员团结起来,把抽象的组织目标转化为组织中每个成员的具体行动。

2. 管理沟通使管理决策更加合理有效

对信息的收集、处理、传递和使用是科学决策的前提。组织在决策之前，必须获得各种有关的环境变化的信息，因此必然要和顾客、政府、公众、原材料供应商、竞争者等进行各种各样的沟通，如按照顾客的要求调整产品结构，遵守政府的法规法令，担负自己应尽的责任等，这样才能使组织确定科学的战略决策，以求得在不断变化的环境中得以生存和发展。组织内部的沟通为各个部门和各级人员进行决策提供了信息，增强了判断能力，因而可以使决策更加合理有效。

3. 管理沟通是组织中各成员密切配合与协调的重要途径

无论在日常生活中，还是在实际工作中，人们互相沟通思想与交流感情都是一种重要的心理需求。只有通过有效的沟通，使组织内部分工合作更为协调一致，保证整个组织体系的统一指挥、统一行动，才能实现管理的高效率。

4. 沟通是有效激励的基本途径

沟通能最大限度地调动员工积极性，管理者与员工的定期沟通会提高员工的满意度，从而激励员工努力工作，改善工作效果和提高组织绩效。

5. 管理沟通是组织与外部环境联系的桥梁

任何一个组织只有通过信息沟通才能成为一个与其外部环境发生相互作用的开放系统。首先，作为一个开放的系统，组织必须与外界进行各种信息的沟通。其次，组织要了解供应团体如原材料、零部件、技术、资金供应商的供应能力，组织所需要的原材料、零部件、技术、资金等越稳定，组织的经营就越顺利。再次，组织还需要与政府、社区、公众进行沟通，以获得他们的理解、合作与支持。由于组织的外部环境总处于不断的变化之中，为了生存，组织就必须适应这种变化，这就要求组织不断地与外界保持密切的、持久的沟通，以把握一切成功的机会。

小案例

客户为什么弃你而去?

有人调查客户“移情别恋”的原因，结果表明：

1. 客户搬迁——3%
2. 客户与另一家企业建立良好关系——5%
3. 他们找到另一种价格更便宜的产品——9%
4. 他们对产品不满意——15%
5. 他们因为供应商态度冷漠、缺乏沟通和诚意而不满——68%

结论：超过 2/3 的客户是因为不满意供应商的态度或缺乏沟通而中断业务的。

（资料来源：创业网，2010。）

二、影响管理沟通的主要因素

从本质上讲，管理沟通基于人际沟通，所以造成一般沟通的障碍必然可以影响管理沟通的效果，例如个人的表达能力差、沟通方式选择不当、态度不积极等。但是，管理沟通又明显区别于一般的沟通，它是依存于组织的一种特殊类型的沟通，因此管理沟通具有其特殊的影响因素，从组织的角度出发，可以从以下两方面考察影响管理沟通的主要因素。

（一）组织结构因素

在管理沟通中，合理的组织机构有利于信息的传递。如果组织机构过于庞大，中间层次太多，不仅会浪费时间，影响信息的及时性，而且还容易使信息失真，流通不畅。据统计，如果一个信息在高层管理者那里的正确性是100%，到了信息的接受者手里可能就只剩下20%。影响管理沟通的组织结构因素主要表现为以下四个方面：

1. 组织机构庞杂

在庞杂的组织系统中，信息传递过程会因为种种主客观因素而产生信息失真，影响信息传递的及时性，从而降低工作效率。不仅如此，组织机构的冗杂易形成多头领导或因人设事，致使沟通的双方都造成一定的心理压力，影响沟通的有效进行。

2. 管理层次过多

如果管理层次过多，信息从最高决策层传递到基层单位，需经历繁琐的程序。各级主管都会花时间对接受到的信息进行甄别，一层层的过滤，然后有选择性地将信息上报，从而影响沟通的效果。

3. 沟通渠道不畅

如果组织内部未建立明确而有效的沟通渠道，就会致使新员工无法了解内部沟通的方式。组织规模较小时，底层员工和高层员工之间接触机会较多，所以基本上不存在向上沟通的问题，但随着组织员工的增多，如果仍未建立专门的沟通渠道，就会导致基层很多信息无法传递至高层，从而严重影响管理沟通的效果。

4. 非正式组织发展过快

管理沟通的缺失会导致组织内部建立过多的非正式组织。员工之间拉帮结派现象增多，信息往往只在小团体内部传播，这既影响了组织内部信息的传播及沟通，又影响了组织内部的团结和外部的形象。

（二）组织文化因素

任何组织的沟通总是在一定背景下进行受到组织文化、亚文化的影响。组织文化是一个组织内共有的价值观、信仰和习惯的体系，该体系与正式组织结构相互作用形成行为规范。一方面，组织文化的建设与推广离不开管理沟通；另一方面，管理沟通的开展又与开明、积极、向上的组织文化息息相关。组织文化对管理沟通的影响具体表现为以下2个方面。

1. 封闭的组织文化导致信息不对称

在传统的组织文化中，信息往往是权力的代名词。一方面，政策不透明，办事程序不公开是引发矛盾的焦点，尤其在许多国有企事业单位中此类问题甚多。另一方面，即使在同一层级的员工中，信息的沟通也是很难进行的，原因就在于计划经济体制下的组织文化注重对个人利益的维护，很少有人愿意将自己的信息和盘托出，与人共享。

2. 组织中亚文化的存在

组织中员工众多，并都拥有各自的亚文化。由于经历不同，受家庭、学校教育不同，交友不同，接触媒体和社会的熏陶不同，导致不同的员工在对组织内部信息传递的过程中都抱有自己的理解，很难达到完全的一致，从而加大了管理沟通的难度。

三、有效管理沟通的策略

高效的管理者必须是一个很好的沟通者，沟通是管理者的首要职责和基本技能。有效的管理沟通不仅能够促使组织成员对组织愿景达成共识，提升组织管理效能和成员工作效率，还能促使组织成员积极参与管理，从而激发全体成员的潜能和团队精神。为了达到有效管理沟通的目的，组织和管理者应从以下几个方面进行不断地完善和提高。

（一）建立全方位的沟通机制

要将管理沟通落实到执行层面，就必须通过内、外部沟通机制来协助实现。

1. 外部沟通机制的建立

外部沟通方面一是要通过公共关系手段，利用大众传媒、内部刊物等途径，与客户、政府职能部门、周边社区、金融机构等建立良好关系，争取社会各界的支持，创造好的发展氛围；二是要导入 CIS 组织形象识别系统，把理念系统、行为系统、视觉系统进行有效整合，进行科学合理的传播，树立良好的组织形象，提高组织的知名度、美誉度、资信度，为组织的持续发展提供良好的环境。

2. 内部沟通机制的建立

建立全方位的沟通机制应从健全沟通机制、完善沟通制度入手。首先在组织内部设立管理沟通的专门机构，负责整个组织所有内部沟通行为和内部沟通体系的设计与改进，使组织内部沟通步入制度化、规范化的轨道。然后，要建立管理沟通的监督评估体系，可以以建立意见箱、意见热线等作为收集意见的有效渠道，对内部沟通中存在的问题进行改善。此外，不定期地在非正式或正式场合听取员工对内部沟通机制的反馈，以员工满意度调查为依据进行沟通满意度调查也是不断完善管理沟通机制，评估沟通效果的有效手段。

（二）提高管理者和员工的沟通技能

1. 提高管理者的沟通技能

随着组织竞争力的逐步增强，其管理难度也在不断增加，这对于管理者来说是一项艰巨的挑战。提高自身的沟通技能，关键是组织的高层必须首先转变过去的思维模式、行为模式，不能让所有的员工都围着自己的想法转。管理者必须根据组织总体战略目标的要求担负起责任，各司其职，明确自己的沟通责任，同时灵活运用各种沟通技巧处理组织内部及外部的各种沟通事务。

2. 培养员工的沟通能力

强化内部培训是培养员工沟通能力的主要途径。强化培训是为了在组织的内部构建一种统一的沟通风格和行为模式，减少因沟通形式不一而造成的摩擦。对员工的培训内容一是专业知识类，目的是使员工在某一技术领域更专业、更深入；二是针对员工某一事业发展阶段而设计的课程，如高级经理课程、高层管理人员发展课程等。通过这些培训，一方面让未来的管理人员学习必要的管理技能、业务技能、沟通技能等；另一方面也统一了大家的意识和管理理念，为组织内部的有效沟通与执行奠定了良好的基础。

（三）正确对待正式沟通和非正式沟通

组织内部的沟通方式不外乎两种，即正式沟通和非正式沟通。两种沟通方式各有利弊、相互补充，对有效的管理沟通都发挥着不可替代的重要作用。

1. 规范正式沟通

正式沟通的渠道和方式有多种，什么情况下使用何种方式沟通，通过何种渠道沟通，都必须有明确的规定和管理手段。组织中原有的粗放式的沟通管理模式，使正式沟通缺乏管理、随意性大，很多正式的沟通未能起到应有的作用，故必须整顿和规范。

2. 引导非正式沟通

在实际工作中员工往往会通过非正式渠道获取和反馈大量信息，如果能够对组织内部的非正式沟通渠道加以合理利用和引导，就可以帮助管理者获取许多无法从正式渠道得到的信息。对非正式沟通进行引导，包含以下两层含义。

其一，控制非正式沟通的消极作用。非正式沟通往往是由于组织内部缺乏有效的正式沟通才产生的，非正式沟通的不规范性和不严肃性导致信息在传递过程中容易失真。

其二，充分发挥非正式沟通的积极作用。非正式沟通有利有弊，自发存在于组织内部。既然不能消除，管理者就必须正视它的存在，要因势利导，充分发挥它形式灵活、渠道广泛、及时快速、参与面广的优点，使其成为正式沟通渠道的有益补充。

（四）营造良好的组织氛围

营造和谐的组织氛围是有效管理沟通的基础。组织内部良好人际关系的建立来源于和谐的气氛和密切的沟通。管理者应该重视人际关系，掌握如何与上级、下级、同级、供应商和顾客等进行有效的沟通，以密切上下级和同事间的良好互动关系，拓展扎实的人际网络。管理者尤其要善于与员工沟通，形成良好、和谐的气氛。只有这样，组织才能团结一致,形成有凝聚力的团队。

1. 传播深入人心的组织愿景

组织愿景像一条无形的纽带把组织上下全体员工凝聚起来。传统意义上的组织愿景仅被高层领导掌握,普通员工即使知道愿景是什么,也不了解它的真正含义。这种意义上的愿景形同虚设,并不能发挥它应有的作用。愿景应该广泛分布于组织各个层级,尤其是普通员工中。通过培训,使广大员工不仅熟知组织愿景是什么,而且能深刻领会到其内在的深层含义。

2. 鼓励创新

有效的沟通、良好的管理、充足的资源、把创新作为组织的使命,这些都是创新应具备的要素。"创新是一个民族进步的灵魂",一个组织要实现成功的创新,有价值的创新,需要准确的外部信息、顺畅的内部沟通渠道、充足的资金以及优秀员工的支持。

3. 建立学习型组织

一个真正的学习型组织需要长期、不间断、与时俱进的学习。具体来说,人员培训的内容、方式须以社会、市场为导向,员工和顾客都能够广泛地参与决策的制定,及时分享组织的信息。

(五)鼓励内部沟通的组织文化

组织文化的熏陶会使员工个体的个性受到某些同化和改造,其目的也是为了更轻松、容易地实现管理沟通。

1. 培育民主开放的观念

要使组织内部的沟通畅通无阻,培育民主开放的观念必不可少。组织可以通过开拓多样化的沟通渠道改善内部沟通,但不能仅仅满足于形式,应在组织内部真正建立起公正、平等、透明的沟通文化。同时,各级管理人员和员工都应把沟通视为管理工作的一部分。应在"员工升迁、工资调整、住房和奖金分配"等大家密切关注的敏感问题上,公开政策法规、公开办事程序、公开结果,做到全过程公开透明,保证员工的知情权,并接受员工的监督,从而形成民主开放的良好氛围。

2. 开展丰富的组织文化活动

为了让员工进一步融入组织,应该开展丰富多彩的组织文化活动,创造更多的沟通机会,让员工在活动中与上级沟通、与同级沟通,这对有效管理沟通的实现有很大的促进作用。如在新员工进入组织之初,指定一些对组织文化有深刻体验的积极向上的优秀员工成为他们的领路人,帮助新员工更快地融入这个集体。此外,还可以通过员工竞赛、联谊会、专项文化培训等方式实现沟通。

(六)利用信息技术拓宽沟通渠道

信息技术的革命已经部分地改变了人们的沟通方式,其积极作用表现为快速便利,降低了沟通费用，提高了工作效率，降低了劳动强度，增加了员工的自由度，减少了污染和拥挤等。管理者要充分利用组织的信息化设备等资源拓宽内部和外部的沟通渠道。如通过建立公司网站，对外传播组织信息，主动与外部进行沟通；同时可以在网站上建立内部论坛，开设内部电子邮件服务等，使员工可以通过这样一个平台充分发表个人意见，从而有效促进组织内部的管理沟通。

（七）适时开展危机沟通

成立公关部门，与外界保持良好沟通并适时应对危机突发事件，企业领导人要有强烈的公关意识，把公众和顾客的利益放在第一，为公众和顾客着想是所有对策的出发点。平时与社会各界建立良好的关系，在危机面前不要犹豫，要果断决策，同时要善于从危机中寻找机会。

第三节　冲突与谈判

一、冲突的起源

冲突是指由于某种差异而引起的抵触、争执或争斗的对立状态。人与人之间在利益、观点、掌握的信息或对事件的理解上都可能存在差异，有差异就可能引起冲突。不管这种差异是否真实存在，只要一方感觉到有差异就会发生冲突。冲突的形式可以从最温和最微妙的抵触到最激烈的争执、骚乱和战争。

组织冲突即企业内部存在的各种各样的冲突。在传统观念上，冲突是对组织不利的，是导致组织不安全、不和谐的主要原因，应当防止和消除。而现代观点认为冲突可分为两大类，即建设性的和破坏性的。建设性的冲突以解决问题为出发点，对组织是极其有利的，管理者应该加以充分利用和引导；而破坏性的冲突往往是由于组织内部目的不一致造成的，给组织带来巨大的伤害，管理者应给予坚决的制止和消除。

二、组织冲突产生的原因

组织内部产生了冲突，必然有其产生的原因，归纳起来有以下几点：

（一）沟通差异

文化和历史背景的不同、语义困难、误解及沟通过程中噪声的干扰都可能造成人们之间意见不一致。沟通不良是产生冲突的重要原因，但不是最主要的。

（二）结构差异

组织结构直接影响组织的沟通方式。管理中经常发生的冲突绝大多数是由组织结构的差异引起的。传统组织结构中的纵向层次划分和横向职能部门的划分，信息不对称和利益不一致，造成各层次各职能部门的员工在沟通上的障碍，由此引发的角色要求、决策目标、绩效标准和资源分配等方面的立场和观点的差异是冲突产生的根本原因。

（三）个体差异

每个人的社会背景、教育程度、阅历、修养，塑造了每个人各不相同的性格、作风和价值观。所谓“价值观”是指人们对事物的用途或积极作用的看法。具有不同价值观的主体之间对同一事物或行为具有不同的价值取向和价值判断标准。价值观受到个性、阅历、工作性质、经济条件、社会地位、文化等多方面因素的影响，所以个人与个人之间、群体与群体之间价值观的差异普遍存在。人们之间这种个体差异往往造成了合作和沟通的困难从而成为某些冲突的根源。

（四）利益差异

在企业组织冲突的所有动因中，不合理的利益分配是其中最敏感的动因。一种是利益分配确实不合理，另一种是观念上的不合理，员工劳动的最根本目的是取得报酬，而人们观念中的公平分配是很难做到的，人们往往会认为自己的付出高于回报。基于这种倾向所引起的冲突往往具有很强的对抗性。

三、组织冲突的管理策略

对于组织冲突的处理，首先要经过诊断分析冲突产生的原因。在处理过程中要坚持权变原则和公平原则。正视高层管理团队冲突的客观存在，采取有效措施，使冲突的负面作用减少，最大限度地发挥冲突的积极作用。鼓励有益的冲突，加强冲突管理，在组织内部维持适度的冲突。冲突管理既是一门科学又是一门艺术。冲突的制造者是人，调节者也是人，冲突的应对与管理归根到底是对人的认识与管理。掌握了这一原则，管理者才会未雨绸缪，早作准备，使冲突消失于无形之中，使积极的冲突始终处于有序和可控状态。作为一位卓有成效的管理者，不会害怕组织冲突的存在，恰恰相反，通过对组织冲突的分析与诊断，有效地找到工作切入点，从而使组织内部管理工作得到调整和改进。

（一）构建冲突管理预警机制

高层管理团队冲突是客观存在的，如果冲突严重而不能解决会引起高层管理危机，因此建立高层管理团队的预警机制很有必要。构建该预警机制要坚持如下原则：

第一，对冲突变动情况进行监测和评价，以此明确冲突的安全状态及变动趋势，谨慎地选择你想处理的冲突。

第二，对冲突的内外环境进行监测，以此明确企业高层管理成员所处的环境以及由此对冲突产生的正面或负面影响，仔细研究冲突双方的代表人物。

第三，建立冲突预警管理活动的评价指标体系，深入了解冲突的根源。建立预警部门，通过监测、识别、诊断、评价等来分析企业面临的冲突状况，然后把分析结果反馈给决策部门，采取措施及时进行控制。

（二）营造公开交流和团队协作的氛围

如果在决策过程中，仅仅是少数人发挥作用，那么企业高层管理团队的价值也就不复存在了。所以，一定要培养一种既能提高绩效又能促进成员积极参与、公开交流、团结协作的氛围，公开的交流可以使高层管理团队成员真诚参与决策，加强团队成员的共识。尽管这种公开、坦诚的交流可能导致一些争论甚至冲突，但是如果团队成员能够认识到冲突是以决策目标为导向的，是为了提高绩效，他们就能积极对待冲突，从而提高团队成员的决策满意度。

（三）构建合理的权力结构

合理的权力结构往往能使得权力既不过于独裁又不过于平均。构建合理的权力结构，主要应做到：

第一，变革组织结构。企业应构建扁平化、网络化的组织结构，减少管理层次，扩大管理幅度，广泛引入工作团队。

第二，改变管理模式。过度集权所带来的信息代理成本和过度分权所带来的过高代理成本都会引起决策总成本的上升，从而降低效率。因此必须改变传统的管理模式，实行知识化管理。

（四）确立目标导向机制

高层管理团队应共同参与企业共同愿景和目标任务的设计和确认。调查显示，高效的高层管理团队总是能把工作重点放在与核心问题有关的难题和事情上，高层管理团队如果缺乏共同目标就容易把彼此放在竞争的位置上，做出负面的决定。如果团队有共同目标，就会用更广的视野讨论企业的目标和怎样取得更高的绩效，虽然彼此在相关议题上有异议，但本质是建设性的。

（五）妥善地选择处理办法

通常的处理冲突的办法有五种：回避、迁就、强制、妥协、合作。当冲突无关紧要时，或当冲突双方情绪极为激动，需要时间恢复平静时，可采用回避策略；当维持和谐关系十分重要时，可采用迁就策略；当必须对重大事件或紧急事件进行迅速处理时，可采用强制策略，用行政命令方式牺牲某一方利益处理后，再慢慢做安抚工作。当冲突双方势均力敌、争执不下需采取权宜之计时，只好双方都作出一些让步，实现妥协；当事件重大，双方不可能妥协，经过开诚布公的谈判，走向对双方均有利的合作。

四、谈判

谈判是双方或多方为实现某种目标就有关条件达成协议的过程。这种目标可能是为了实现某种商品或服务的交易，也可能是为了实现某种战略或策略的合作；可能是为了争取某种待遇或地位，也可能是为了减税或贷款；可能是为了弥合分歧而走向联合，也可能是为了明确各自的权益而走向独立。市场经济本身就是一种契约经济，一切有目的的经济活动，一切有意义的经济关系都要通过谈判来建立。管理者总是面对无数的谈判对手。

优秀的管理者通常进行重要的谈判时要做到如下几点：

（一）理性分析谈判的事件

抛弃历史和感情上的纠葛，理性地判别信息、依据的真伪，分析事件的是非曲直，分析双方未来的得失。

（二）理解你的谈判对手

他的制约因素是什么？他的真实意图是什么？他的战略是什么？他的兴奋点和抑制点在哪里？

（三）抱着诚意谈判

态度不卑不亢，条件合情合理，提法易于接受，必要时可以主动作出让步（也许只是一个小小的让步），尽可能寻找双赢的解决方案。

（四）坚定与灵活相结合

对自己目标的基本要求要坚持，对双方最初的意见（如报价）不必太在意，那多半只是一种试探，有极大的伸缩余地。当陷入僵局时，应采取暂停、冷处理后再谈，或争取第三方调停，尽可能避免破裂。

知识链接

防止小道消息传播的圆桌会议

Y公司是国内大型民营企业，这几年发展可谓如日中天，每年业绩以100%的增速成长，主导产品的市场占有率也在50%以上。在公司经营情况总体向好的情形下，公司总裁却时常觉得有点烦。原因在于公司内小道消息满天飞，一些企业内的非正式组织津津乐道于有关企业内似是而非的东西。比如：公司在外面欠了许多钱，某某市场部的经理拿了公司货款跑了等，因此极大地影响了企业内的员工士气与团队精神。更可怕的是员工对企业的信心与向心力亦由于小道消息而减弱。

圆桌成员：

诸强新：杭州唯新食品有限公司常务副总经理

韩志锋：青汉阳品牌管理咨询公司副总经理

王长江：北京浩竹猎头公司总经理

高树山：普华信(国际)管理咨询公司总经理

一、都是信息渠道惹的祸

诸强新：小道消息几乎每个企业都存在，很让人头痛。小道消息为什么能大行其道，其中一个重要因素在于：企业方面的讯息缺乏正常传播渠道，企业领导没有意识到。在企业内建立规范信息传播渠道的必要性与重要性。企业没有给员工建立正常的信息沟通渠道，员工自然只能通过非正式组织及企业内部所谓“消息灵通人士”去获悉有关信息了。

王长江：我觉得企业内部小道消息之所以有市场，源于人类爱好闲聊、喜欢传递一些好奇或者隐私信息的特性。

韩志锋：一是每个员工在所掌握的信息上存在不对称现象；二是一个企业中非正式组织存在是在所难免的。每个人都可能因为不掌握事情的真实情况而产生猜疑。同时在自己的非正式组织中加以传播，就产生了“小道消息”。

二、建立“官方”传播渠道

诸强新：疏、堵结合很重要。一是创办一份企业内刊，将相关信息传递给员工；二是建立管理层与员工定期沟通交流机制，及时消除员工的疑虑、误会；三是针对企业内部有中央音响系统的状况，开办内部电台，使信息能在第一时间传达给员工。建立了多层次、立体化的正常“官方”信息传播渠道，员工有许多途径了解企业，小道消息自然大幅减少。“疏”的同时，“堵”的工作还是要做，要制定出一些禁止小道消息传播的制度。

要培养员工积极的心态。企业首先做的是有关理念、态度方面的培训工作。同时趁热打铁，针对培训内容与小道消息对企业、个人的危害展开大讨论。

王长江：不过，针对Y公司的情况，首先应该解决的是已经发生的谣言，这要善于利用事实。比如某某市场部的经理拿公司货款跑了，可以请那个经理在公司的公开会议上做工作报告，协助传递和澄清某些事实。至于一些不易澄清的事情，可以使用反面的结论推翻谣言的前提。只要公司处理事情客观公正，谣言一般会不攻自破。

不过，防止有害消息产生是最根本的问题。一般主要采取诸先生讲的疏导方法；另外在企业文化建设上，提倡诚信为本，公司领导言出必行，承诺一定兑现。

三、让工作内容丰富化

韩志锋：第一，实现“透明化”管理，对员工关心的一些问题，如人事变动、薪资调整、公司转型、财务状况等进行定期发布，可借助企业内刊，也可借助内部网络。第二,强化内部沟通,提高各级例会质量,及时发现问题、解决问题。在消息刚出炉时,就对其进行修正或阻截的话,影响自然就会小一些。第三,引导非正式组织的舆论导向,使员工自觉从意识上杜绝小道消息的传播。最后,从小道消息中查找企业工作的缺陷。

高树山:俗话说“无风不起浪”。一是信息源的管理非常重要。公司的中高层管理干部是信息源的关键掌握者,所以首先要使中高层管理干部具备良好的沟通素质。培训是有效捷径。在一个组织中,沟通的渠道包括会议、文件、口头、座谈会、内刊、指令等等。公司必须从信息的性质和重要性,选择合适的沟通渠道和方式。而对于公司喜欢搬弄是非的一小部分人,要给予教育。

二是让工作丰富化。就像王经理说的,这需要适宜的制度创新和工作流程优化。

三是形成富有责任感的沟通文化。就是使公司每一位员工形成“说出的话不仅要对自己负责,还要对同事和公司负责”。公司必须从信息的性质和重要性,选择合适的沟通渠道和方式(如内刊、指令等等)。而对于公司喜欢搬弄是非一小部分人,要给予教育。

(资料来源:http://www.sdpc.edu.cn/jpkc/xdglx/anliku/15—2.htm)

案例思考题:

1. 结合该案例谈谈沟通在企业管理中的作用。
2. “小道消息”与非正式沟通是一个概念吗?如果不是同一概念,它们有什么区别?
3. 企业应该如何对待“小道消息”?

本章小结

本章主要阐述了人际沟通和组织沟通、沟通的障碍以及促进有效沟通的方法,冲突及组织冲突管理的方法。沟通是指人们之间进行信息传递及思想传播的过程,该过程一般包括六个步骤,即信息、编码、传递、接受、译码和反馈。管理沟通指一定组织中的人(包括管理者和被管理者),为达成组织目标而进行的组织内部或者组织外部的信息发送、接受与反馈的交流全过程。它是沟通的一种形式,但与一般意义上的人际沟通不同,它是存在于组织范围中的沟通,是一种特殊的人际沟通。管理与沟通密切相关,管理的各项职能中充满了沟通活动,良好的沟通会促进有效的管理,成功的管理必定依赖有序的沟通。

冲突是指由于某种差异而引起的抵触、争执或争斗的对立状态。人与人之间在利益、观点、掌握的信息或对事件的理解上都可能存在差异,有差异就可能引起冲突。组织冲突即企业内部存在的各种各样的冲突。谈判是双方或多方为实现某种目标就有关条件达成协议的过程。这种目标可能是为了实现某种商品或服务的交易，也可能是为了实现某种战略或策略的合作；可能是为了争取某种待遇或地位，也可能是为了减税或贷款；可能是为了弥合分歧而走向联合，也可能是为了明确各自的权益而走向独立。

本章习题

1. 什么是沟通，如何理解这一概念？
2. 如何全面理解管理与沟通的关系？
3. 从不同侧重点看，可以把组织沟通分为哪些类型？
4. 沟通中常用的方法有哪些？
5. 管理者怎样才能实现有效的管理沟通？
6. 简述改善沟通的方法有哪些？
7. 什么是冲突？冲突产生的原因有哪些？

案例研讨

杨瑞的困惑

杨瑞是一个典型的北方姑娘，在她身上可以明显地感受到北方人的热情和直率，她喜欢坦诚，有什么说什么，总是愿意把自己的想法说出来和大家一起讨论，正是因为这个特点，她在上学期间很受老师和同学的欢迎。今年，杨瑞从西安某大学的人力资源管理专业毕业，她认为，经过四年的学习自己不但掌握了扎实的人力资源管理专业知识，而且具备了较强的人际沟通技能，因此她对自己的未来期望很高。为了实现自己的梦想，她毅然只身去广州求职。

经过将近一个月的反复投简历和面试，在权衡了多种因素的情况下，杨瑞最终选定了东莞市的一家研究生产食品添加剂的公司。她之所以选择这家公司是因为该公司规模适中、发展速度很快，最重要的是该公司的人力资源管理工作还处于尝试阶段，如果杨瑞加入，她将是人力资源部的第一个人，因此她认为自己施展能力的空间很大。

但是到公司实习一个星期后，杨瑞就陷入了困境中。原来该公司是一个典型的小型家族企业，企业中的关键职位基本上都由老板的亲属担任，其中充满了各种裙带关系。尤其是老板安排了他的大儿子做杨瑞的临时上级，而这个人主要负责公司研发工作，根本没有管理理念，更不用说人力资源管理理念，在他的眼里，只有技术最重要，公司只要能赚钱其他的一切都无所谓。但是杨瑞认为越是这样就越有自己发挥能力的空间，因此在到公司的第五天杨瑞拿着自己的建议书走向了直接上级的办公室。

“王经理，我到公司已经快一个星期了，我有一些想法想和您谈谈，您有时间吗?”杨瑞走到经理办公桌前说。

“来来来,小杨,本来早就应该和你谈谈了,只是最近一直扎在实验室里就把这件事忘了。”

“王经理,对于一个企业尤其是处于上升阶段的企业来说,要持续企业的发展必须在管理上狠下工夫。我来公司已经快一个星期了,据我目前对公司的了解,我认为公司主要的问题在于职责界定不清;雇员的自主权力太小,致使员工觉得公司对他们缺乏信任;员工薪酬结构和水平的制定随意性较强,缺乏科学合理的基础,因此薪酬的公平性和激励性都较低。”杨瑞按照自己事先所列的提纲开始逐条向王经理叙述。

王经理微微皱了一下眉头说:“你说的这些问题我们公司也确实存在,但是你必须承认一个事实——我们公司在盈利,这就说明我们公司目前实行的体制有它的合理性。”

“可是,眼前的发展并不等于将来也可以发展,许多家族企业都是败在管理上。”

“好了,那你有具体方案吗?”

“目前还没有,这些还只是我的一点想法而已,但是如果得到了您的支持,我想方案只是时间问题。”

“那你先回去做方案,把你的材料放这儿,我先看看然后给你答复。”说完王经理的注意力又回到了研究报告上。

杨瑞此时真切地感受到了不被认可的失落,她似乎已经预测到了自己第一次提建议的结局。果然,杨瑞的建议书石沉大海,王经理好像完全不记得建议书的事。杨瑞陷入了困惑之中,她不知道自己是应该继续和上级沟通还是干脆放弃这份工作,另找一个发展空间。

(资料来源:中国总裁培训网,2008。)

案例思考题:

1. 本案例沟通失败的原因是什么?
2. 杨瑞在与上级沟通时该做哪些改进?
3. 如果你是王经理,会如何对待杨瑞的提议?
4. 从该案例中可以得到哪些启示?

应用训练

1. 实训目标

能够用沟通理论与技巧进行有效的沟通

2. 实训内容与要求

(1)挑选两名志愿者,A和B,其中A扮演老师,B扮演学生,A的任务就是在最短的时间内教会B怎么穿西服(假设B既不知道西服是什么,又不知道应该怎么穿)。

(2)B要充分扮演出当学员的学习能力比较弱的时候老师的低效率,例如:A让他抓住领口,他可以抓住口袋,让他把左胳膊伸进左袖子里面,他可以伸进右袖子里面,以极尽夸张娱乐之能事。

(3)有必要的话,可以让全班同学辅助A来帮助B穿衣服,但注意只能给口头的指示,任何人不能给B以行动上的支持。

(4)推荐给A一种卓有成效的办法:示范给B看怎么穿。以下是工作指导的经典四步培训法:

①解释应该怎么做。

②演示应该怎么做。

③向学员提问,让他们解释应该怎么做。

④请学员自己做一遍。

相关讨论:

(1)对于A来说,为什么在游戏的一开始总是会很恼火?

(2)怎样才能更好地获得A与B之间的更好的沟通?

3. 实训成果及评估

(1)以小组为单位,以PPT的形式进行观点展示。

(2)由老师和学生组成评委进行评分,老师和学生评分各占50%。评选最佳观点小组并颁发荣誉证书。

自我沟通技能测试评价标准:

非常不同意/不符合(1分)

不同意/不符合(2分)

比较不同意/不符合(3分)

比较同意/符合(4分)

同意/符合(5分)

非常同意/非常符合(6分)

测试问题:

(1)我能根据不同对象的特点提供合适的建议或指导。

(2)当我劝告他人时,更注重帮助他们反思自身存在的问题。

(3)当我给他人提供反馈意见、甚至是逆耳的意见时,能坚持诚实的态度。
(4)当我与他人讨论问题时,始终能就事论事,而非针对个人。
(5)当我批评或指出他人的不足时,能以客观的标准和预先期望为基础。
(6)当我纠正某人的行为后,我们的关系常能得到加强。
(7)在我与他人沟通时,我会激发出对方的自我价值和自尊意识。
(8)即使我并不赞同,我也能对他人观点表现出诚挚的兴趣。
(9)我不会对比我权力小或拥有信息少的人表现出高人一等的姿态。
(10)在与自己有不同观点的人讨论时,我将努力找出双方的某些共同点。
(11)我的反馈是明确而直接指向问题关键的,避免泛泛而谈或含混不清。
(12)我能以平等的方式与对方沟通,避免在交谈中让对方感到被动。
(13)我以“我认为”而不是“他们认为”的方式表示对自己的观点负责。
(14)讨论问题时,我通常更关注自己对问题的理解,而不是直接提建议。
(15)我有意识地与同事和朋友进行定期或不定期的、私人的会谈。

自我评价:
如果你的总分是:
80～90 分　你具有优秀的沟通技能
70～79 分　你略高于平均水平,有些地方尚需要提高
70 分以下　你需要严格地训练你的沟通技能
选择得分最低的 6 项,作为沟通技能学习提高的重点。

第十二章 控　制

学习目标

- ▶掌握控制的含义和必要性
- ▶熟悉控制的基本原理和要求
- ▶了解控制的分类
- ▶掌握控制的过程
- ▶熟悉企业常用的控制方法

案例导引

华都钢铁公司是我国1978年开始筹建的一家现代化大型钢铁联合企业。1985年9月华钢一期工程建成投产后，产品98%以上被纳入国家指令性计划，并按国家的订货合同组织生产，企业的主要任务就是完成国家下达的计划，这一时期华钢的管理和控制工作基本上以生产为中心。

1990年，华钢在一期工程全面达标、二期工程负荷试车成功之际提出了"本世纪末把华钢建成世界一流的现代化钢铁企业"的口号，次年又获批准成立华钢集团国际经济贸易总公司。此后，华钢有了部分经营自主权，国家指令性计划的比例逐年下降，到1995年时降为37%，并且获得了指令性计划以外产品的定价权和自制产品的出口权。在参与国内外市场的竞争过程中，华钢的管理逐步由单纯的生产型向生产经营型转变，并提前5年实现了本世纪末达到"高质量、高效率、高效益、创世界一流"的奋斗目标。

华钢在推行生产经营型管理的过程中，于1993年提出了企业管理要以财务为中心的设想，充分发挥财务在各种经营活动中的引导和控制作用，以确保企业经营目标的实现。

华都钢铁公司的例子说明了财务控制是绩效控制的有效工具。从财务方面衡量企业的总体绩效，并不能只看单一的利润指标，也要注意到组织长期的兴旺发展。企业从以生产为中心转为以财务为中心进行管理和控制以后，各专业管理部门的地位和作用无疑均需要做出调整，计划体系、奖惩制度、组织机构和控制信息系统等也都需要相应的重新设计，由此产生的管理变革在华钢被看作模式变革。所以，一个企业采取何种控制方法，以及怎样使该控制方法在企业中得到最有效的发挥，对一个企业的存亡起着举足轻重的作用。

（资料来源：中国电子商务研究中心）

控制是管理工作最重要的职能之一。一项事业无论计划做的多么完善，如果没有令人满意的控制系统，那么在实施过程中仍然会出现问题，一个有效的控制系统可以保证组织的各项活动朝着组织目标所指引的方向前进。如何进行科学控制？我们将从控制的内涵、基本原理，控制的类型与要求，控制过程与方法等方面展开讨论。

第一节　概　述

控制是管理过程不可分割的一部分，是组织各级管理人员的一项重要工作内容。

一、控制的内涵

（一）控制的含义

控制是根据组织的计划和事先规定的标准，监督检查各项活动及其结果，并根据偏差和调整计划使两者相吻合的过程。

理解控制的含义，需要掌握以下要点：

1. 控制是组织的一项重要管理活动

组织的管理活动主要是由计划、组织、领导和控制等职能构成，控制是对组织活动进行监控，确保其计划完成的一项必不可少的重要活动。

2. 控制是一个检验计划执行成效和计划正确性的过程

由于管理环境和条件的不断变化，管理活动可能会偏离计划目标，出现各种偏差。对管理者来说，不仅要执行计划，还要对计划执行过程进行监控，以便及时发现问题，分析原因并采取有效措施加以解决。所以说，控制是一个检验计划执行成效的过程；同时，通过对前者的检验，控制也成为检验计划正确性和合理性的过程。

3. 控制要遵循一套科学的程序

控制活动包含三个基本步骤，即拟定标准、衡量成效、纠正偏差。没有标准就无法衡量工作成效，无法衡量工作成效也就无法制定纠正偏差的措施，控制也就流于形式而失去意义。因此，控制要遵循一套科学的程序。

4. 控制要具有明确的目标

简而言之，控制的目的是要保证组织目标的实现。具体来说，控制的目标是：防止偏差的产生和扩大，增强组织适应环境的能力，处理组织内部的复杂局面，降低成本，节约资源。

（二）控制的特点

控制职能具有以下特点：

1. 目的性

无论是着眼于纠正执行中的偏差还是适应环境变化，控制都是紧紧地围绕组织的目标进行的。同其他管理工作一样，控制工作也具有明确的目的性特征。控制工作的意义就体现在通过发挥"纠偏"和"调适"两方面的功能，促使组织更有效的实现其目标。

2. 整体性

管理控制的整体性特点体现在两个方面。一是从控制主体来看，完成计划和实现目标是全体组织人员共同的责任，管理控制应该成为组织全体成员的职责。二是从控制的对象来看，控制覆盖组织活动的各个方面及企业生产经营的各个不同阶段。管理控制需要把整个组织活动作为一个整体来看待，使各个方面的控制活动能够协调一致，达到整体的优化。

3. 动态性

管理工作中的控制不同于炼钢炉的温度调控，后者是一种高度程序化的控制，具有稳定性特征，而前者却不是静态的，其外部环境和内部条件随时都在发生着变化，从而决定了控制标准和方法不可能固定不变。管理控制的动态性可以保证和提高控制工作的有效性与灵活性。

4. 人本性

组织活动主要是人的活动，组织的一切资源都由人来操作和使用，一切制度和计划都由人来执行，组织的管理控制活动其实质也是对人的行为的控制。管理控制应当把人的因素放在首位。控制不仅仅是监督，更重要的是指导与帮助。通过控制工作，管理者可以帮助员工分析偏差的原因，端正员工的工作态度，指导他们采取纠偏的措施。这样，既能达到控制的目的，又能提高员工的工作和自我控制的能力。因此，管理控制应该具有人本性。

（三）控制的必要性

无论计划制定得如何周密，由于各种各样的原因，人们在执行计划的活动中总是会或多或少地出现实际与计划不一致的现象。如果缺乏有效的控制系统，组织的活动就会偏离正确的轨道。通过控制，既可检验各项工作是否按预定计划进行，又可调整行动或计划，使两者协调一致。在当今竞争日益激烈的时代，控制在管理中更显得必不可少，其主要原因如下：

1. 组织所处的环境不断变化

任何组织的目标和计划都是在特定的时间和特定的环境下制定的。如果组织的实际活动能按计划进行，那么也就无需进行控制。但是，现代组织所面临的环境大多是复杂的和动态的，具有很强的不确定性，在计划的实施过程中，组织内外的相关因素都有可能发生变化，从而使得组织的行为偏离原来确定的目标和制定的计划，或使原来确定的目标和制定的计划难以执行或实现。为了保证目标、计划顺利实现，以使组织目标、计划能适应环境的变化，就必须通过控制来及时纠正组织的行为，从而对原定的计划和目标进行及时、有效的调整和修正。

2. 组织活动的复杂性及管理权力的分散性

每一个组织要实现自身的目标，都必须从事一系列极其艰巨的活动或工作，而每一项活动又都可能涉及组织的各个部门。因此，组织不仅要制定明确的目标并进行总目标的分解，而且在实施过程中还要进行大量的组织协调工作。只要企业经营达到一定的规模，企业主要管理者必然要授权给下级管理者，由此形成了企业的管理权限制度化或非制度化地分散在各个管理部门和层次。企业分权程度越高，控制就越有必要。如果没有一个有效的控制系统，管理者就无法检查下属工作的进程和结果，就可能出现滥用权力或活动不符合计划要求等情况，还会使管理者无法发现问题，更无法采取及时的纠正措施。

3. 工作者能力的差异

即使企业组织制定了全面、完善的计划，经营环境在一定时期内也相对稳定，但对经营活动的控制也仍然是必要的。这是由不同组织工作者的认识能力和工作能力的差异所造成的。工作者由于个人能力的限制以及个人动机、性格的差异性，不可避免地会在执行工作过程中犯各种各样的错误，出现这样或那样的偏差。而控制是发现错误、纠正偏差的有效手段。通过使工作者明确问题之所在，从而采取有效措施纠正偏差。

二、控制的基本原理

（一）控制原理的概念

控制原理是指对行政管理运作过程及效果进行衡量和校正，以确保行政目标以及为此而拟定的行政计划得以实现所应遵循的规律和原则。

对具体的控制原理来说，可以进行如下解释：

第一，任何系统都是由因果关系链联结在一起的元素的集合。元素之间的这种关系就叫“耦合”。控制论就是研究耦合运行系统的控制和调节的；

第二，为了控制耦合系统的运行，必须确定系统的控制标准 Z。控制标准 Z 的值是不断变化的某个参数 S 的函数，即 $Z=f(S)$。例如为了控制飞机的航行，必须确定航线，飞机在航线上的位置S的值是不断变化的，所以控制标准Z的值也必然是不断变化的；

第三，可以通过对系统的调节来纠正系统输出值与标准值Z之间的偏差，从而实现对系统的控制。

（二）控制原理的内容

1. 反映计划要求原理

反映计划要求原理指行政控制系统的设计愈能反映行政计划的内容、步骤和特点，控制工作就越有效。行政计划是行政控制的目的，行政控制是实现行政计划的保证，二者的对象和时限是一致的。但每项行政计划、任务又各不相同，因此，所设计的行政控制系统和所进行的行政控制工作，都必须按不同计划的不同要求来设计。

2. 适应组织要求原理

适应组织要求原理一方面是指一个行政组织结构设计得越明确，所设计的控制系统越符合该组织结构中所有职位和职责的要求，就越有助于行政控制工作的开展；另一方面是指行政控制系统必须切合行政领导者自身的特点。

3. 控制关键点原理

控制关键点原理指为进行有效的行政控制，行政领导者需要特别注意那些根据各种行政计划来衡量工作成效时具有关键意义的因素。实际上，只要控制了关键点，也就控制了全局。

4. 例外原理

例外原理指行政领导者越把主要精力集中于一些重要的例外偏差，控制工作的效能越高，二者成正比例关系。行政领导者在进行行政控制时，必须把例外原理同控制关键点原理结合起来，不仅要善于寻找关键点，而且在找出关键点之后，要善于把主要精力集中在对关键点例外情况的控制上。

5. 控制趋势原理

控制趋势原理指对控制全局的行政领导者来讲，不仅要善于控制现状，更要控制现状所预示的发展趋势。控制趋势的关键，在于从现状中揭示倾向，当趋势刚露出苗头，就要敏锐地察觉和把握它。

三、控制的类型与要求

（一）控制的类型

根据不同的划分标准，可以将控制职能划分成许多不同的类型。了解控制的各种类型，对于根据实际情况选择合适的控制类型从而进行有效的控制是十分重要的。

1. 按控制实施的时间划分

管理中采取的控制可以在某项组织活动开始之前、进行之中或结束之后进行，第一种称为“预先控制”,第二种称为“现场控制”,第三种称为“事后控制”。这三种控制如图12—1所示。

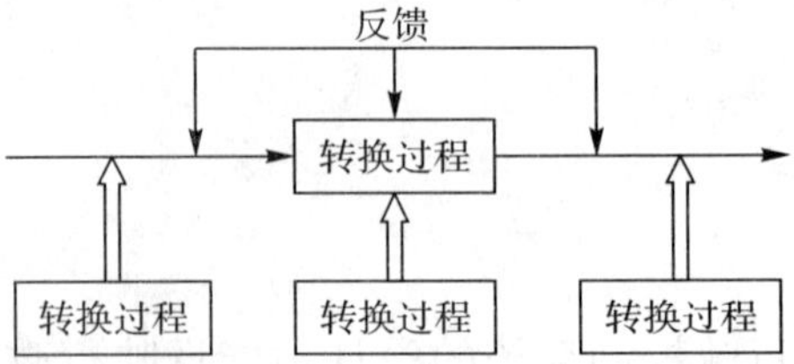

图 12-1 预先控制、现场控制、事后控制

(1)预先控制。预先控制又称为“事前控制”或“前馈控制”,是指组织在一项活动开始之前所进行的控制,它是在做决策、制定计划时的控制。组织通过制定政策、程序、条例、规定组成的持续性计划,来建立预期或预先控制。重点是预防系统过于偏离预先制定的标准,使系统维持在指定的限度之内,防止不符合期望的事情的发生。管理过程理论认为,只有当管理者能够对即将出现的偏差有所察觉并预先制定某些措施时,才能进行有效的控制,因此预先控制具有重要的意义。

预先控制采取的普遍方式是利用所能得到的最新信息,进行认真、反复地预测,把计划所要达到的目标同预测相比较,并采取措施修改计划,以使预测与计划目标相吻合。预先控制主要是对活动的最终产出的确认和对资源投入的控制,其重点是防止组织所使用的资源在质和量上产生偏差。

(2)现场控制。现场控制又称为“同步控制”、“过程控制”、“事中控制”或“跟踪控制”,是指管理者对正在进行的活动或行为给予必要的指导、监督,以保证活动和行为按照规定的程序和要求进行的管理活动。现场控制的基本原理可以用狗追兔子的例子来说明。如图12—2所示,假定狗在Y轴上的P1点,发现了位于X轴上X_1点的兔子,于是狗急起直追,而兔子则沿X轴向前逃窜。追捕中狗跟着兔子的运动随时改变自己的追捕方向,使自己与兔子始终保持最短的距离。这条曲线上的每一点的切线都指向每一瞬间兔子的位置。由于兔子不断跑动,狗也不断地调整前进的方向,以求达到尽快抓到兔子的目的,这条曲线就被称为“追捕曲线”。可见,现场控制的实质是无数反馈控制的综合,是不断得到反馈、不断调整和采取新的措施。

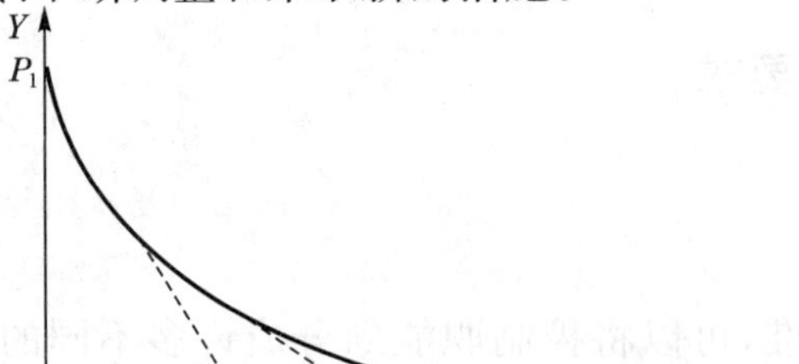

图 12-2 追捕曲线

现场控制的标准来自于计划工作所确定的目标、政策、规范和制度，现场控制的有效性主要取决于基层主管人员的个人素质，因此，基层主管人员的言传身教将发挥很大作用。现场控制是一种主要为基层主管人员所采用的控制方法。

(3)事后控制。事后控制又称“反馈控制”或“成果控制”，是指在一项活动或工作完成以后所进行的控制。事后控制是一种重要而常用的控制形式，其主要特征是运用一定的计划指标对实际工作绩效进行比较、分析和评价，但事后控制的最终目的是在对实际工作绩效评价的基础上，为未来工作的开展和改进提供基础。事后控制主要为下一步计划的实施总结经验，常见的形式有工作总结、产品性能检验、市场信息反馈系统等。

2. 按控制的手段划分

按控制的手段划分，控制可分为间接控制和直接控制。

(1)间接控制。间接控制是指根据计划和标准考核工作的实际结果，分析出现偏差的原因，然后找到责任者，并追究责任者的个人责任以使其改进未来工作的一种控制方法，多见于上级管理者对下级人员工作过程的控制。

间接控制的优点在于它能够纠正管理人员由于缺乏知识、经验或判断力所造成的管理上的失误和偏差，并能帮助主管人员总结、汲取经验教训，增强他们的知识经验和判断能力，提高他们的管理水平。这种控制方式在管理中简单易行，容易被人们所接受，实际应用效果也不错。

然而在管理实践中，很多管理部门或职位的绩效是很难计量和相互比较的；很多活动的责任是多个部门共同承担的，发生不良后果时，相互推卸责任是很普遍的现象；有时上级主管人员可能不愿意花时间和费用去分析引起偏差的事实真相。此外，即使找到了偏差原因和责任者，但错误一直存在，不良后果已成事实，而且采取的纠正措施是否正确、有效，要等下一轮结果输出时才能证明。由于间接控制存在很多不完善的地方，因此，在实际工作中我们常常采取直接控制的办法。

(2)直接控制。直接控制是相对于间接控制而言的，是指管理者直接检查操作者在相关活动中是否按照规定要求执行的一种控制方式。它着眼于培养更好的主管人员，使他们能熟练地运用管理的概念、技术和原理，以系统的观点来改善他们的管理工作，从而防止出现因管理不善而造成的不良后果。

直接控制的特点是：第一，直接对操作者的行为和工作过程加以控制，可以减少偏差的发生；第二，可以减少间接控制中用于检测偏差、寻找原因和责任者的时间与费用；第三，直接控制取得的心理效果好，鼓励下属自我约束、自我控制、自觉修正错误。

直接控制的关键是操作要求和规则必须完全科学、正确，否则，它将失去与间接控制方式相比较的全部优点。在实际经济管理活动中，直接控制忽略了企业中人的因素，不利于下级积极性、创造性的发挥，因此，直接控制的应用存在着一定的界限，超过这个界限，对组织的管理会起副作用。

3. 按组织控制体系的结构划分

根据控制体系的结构不同可以将控制分为分散控制和集中控制。

(1)分散控制。分散控制是指系统中的控制部分表现为若干个分散的,有一定相对独立性的子控制机构,这些机构在各自的范围内各负其责,各行其是,互不干涉,各自完成自己的目标。当然这些目标是整个系统目标中的分目标。分散控制的特点是由若干分散的控制机构来共同完成组织的总目标。在这种控制方式中,各种决策及控制指令通常是由各局部控制机构分散发出的,各局部控制机构主要是根据自己的实际情况,按照局部最优的原则对各部门进行控制。

分散控制的优点是针对性强,信息传递效率高,系统适应性强。缺点是信息不完整,整体协调困难。分散控制适应系统组织较松散的部门(如城市各交叉路口的交通管理、企业集团的一些外围企业等)。

(2)集中控制。集中控制是指在组织中建立一个相对稳定的控制中心,由控制中心对组织内外的各种信息进行统一的加工处理,发现问题并提出问题的解决方案。这种形式的特点是所有的信息(包括内部、外部)都流入中心,由控制中心集中加工处理,且所有的控制指令也全部由控制中心统一下达。

集中控制是一种较低级的控制,只适合于结构简单的系统(如小型企业、家庭作坊等)。

4. 按组织控制活动的来源划分

根据整个组织控制活动的来源不同,可以将控制分为正式组织控制、群体控制和自我控制 3 种类型。

(1)正式组织控制。正式组织控制是指由管理人员设计和建立起来的一些机构或人员来进行的控制,如监察、规划、质检、纪检、预算和审计部门等都是正式组织控制的典型例子。组织可以通过规划、指导成员的活动,通过审计、监督来检查各部门或各个成员是否按规定进行活动,并提出具体更正措施和建议。

(2)群体控制。群体控制的基础是群体成员间形成共同的价值观念和行为准则,它是由非正式组织自发发展和维持的。非正式组织有自己的一套行为规范,虽然这些规范往往是不成文的,但对其成员却有很大的约束力和控制力。群体控制可能有利于达成组织目标,也可能给组织带来危害,所以要对其加以正确引导。

(3)自我控制。自我控制即个人有意识地按某一行为规范进行活动。如一个工作人员不愿意收受礼品或回扣,可能是由于他具有诚实、廉洁的品质,而不单单是怕被发现从而受处分。这种控制成本低、效果好,但它要求组织人员有较高的素质,要求上级给下级充分的信任并授权给下级,还要把个人活动与报酬、提升和奖励联系起来。

(二)控制的要求

控制的目的是保证企业活动符合计划的要求,以有效地实现预定目标。为此,有效的控制应具有下述特征性要求：

1. 适时控制

企业经营活动中产生的偏差只有及时采取措施加以纠正，才能避免偏差的扩大，或防止偏差对企业不利影响的扩散。及时纠偏，要求管理人员及时掌握能够反映偏差产生及其严重程度的信息。纠正偏差的最理想方法应该是在偏差未产生以前，就注意到偏差产生的可能性，从而预先采取必要的防范措施，防止偏差的产生。如果等到偏差已经非常明晰，且对企业造成了不可挽回的影响后，反映偏差的信息才姗姗来迟，那么，即使这种信息是系统、客观、正确的，也不可能对纠正偏差带来任何指导作用。

2. 适度控制

适度控制是指控制的范围、程度和频度要恰到好处。

(1)防止控制过多或控制不足。控制常给被控制者带来某种不愉快，但是如果缺乏控制则可能导致组织活动的混乱。控制程度适当与否，要受到很多因素的影响。判断控制程度或频度是否适当的标准，通常要随活动性质、管理层次以及下属受培训程度等因素而变化。有效的控制应该既能满足对组织活动监督和检查的需要，又要防止与组织成员发生强烈的冲突。

(2)处理好全面控制与重点控制的关系。任何组织都不可能对每一个部门、每一个环节的每一个人在每一个时刻的工作情况进行全面的控制。适度的控制要求企业在建立控制系统时，利用ABC分析法和例外原则等工具，找出影响企业经营成果的关键环节和关键因素，并据此在相关环节上设立预警系统或控制点，进行重点控制。

(3)使花费一定费用的控制得到足够的控制收益。任何控制都需要一定费用，衡量工作成绩，分析偏差产生的原因，以及为了纠正偏差而采取的措施，都需支付一定的费用；同时，任何控制由于纠正了组织活动中存在的偏差，都会带来一定的收益。一项控制，只有当它带来的收益超出其所需费用时，才是值得的。控制费用与收益的比较分析，实际上是从经济角度去分析上面考察过的控制程度与控制范围的问题。图12－3说明了控制费用与收益是如何随控制程度而变化的。

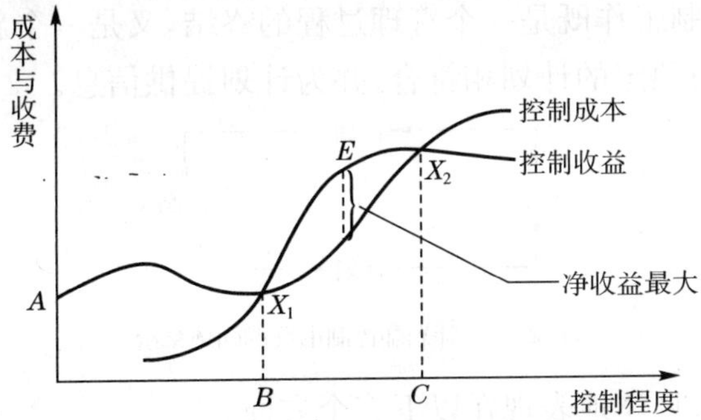

图12－3 控制费用与收益变化

从图中可以看出，控制费用基本上随着控制程度的提高而增加，控制收益的变化则比较复杂。从理论上来说，控制程度在与 X_1 和 X_2 相对应的 B、C 两点之间为适度控制；低于 B 点，为控制不足；高于 C 点，为控制过剩。虽然在实践中企业很难确定各种控制的费用与收益之比，但这种分析告诉我们，过多的控制并不总能带来较高的收益，企业应根据活动的规模特点和复杂程度来确定控制的范围和频度，建立有效的控制系统。

3. 客观控制

控制工作应该针对企业的实际状况，采取必要的纠偏措施，或促进企业活动沿着原先的轨道继续前进。因此，有效的控制必须是客观的、符合企业实际的。客观的控制源于对企业经营活动状况及其变化的了解和评价。为此，控制过程中采用的检查、测量的技术和手段必须能正确地反映企业经营时空上的变化程度和分布状况，准确地判断和评价企业各部门、各环节的工作与计划要求的相符或相背离程度，这种判断和评价的正确程度还取决于衡量工作成效的标准是否客观和恰当。为此，企业还必须定期检查过去规定的标准和计算规范，使之符合现时的要求。

4. 弹性控制

弹性控制通常与控制的标准有关。有效的预算控制应能反映经营规模的变化，应该考虑到未来的企业经营可能呈现出不同的水平，从而为经营规模的不同参数值规定不同的经营额度，使预算在一定范围内是可以变化的。这样控制就会根据不同的标准而具备了弹性。

弹性控制有时也与控制系统的设计有关。通常组织的目标并不是单一的，而是多重目标的结合，采取多重标准可以防止工作中出现做表面文章的现象，同时也能够更加准确地衡量实际工作和反映组织目标。

四、控制与计划的关系

控制与计划的关系相当密切。如果说计划工作是谋求有连续性、一致性、前后衔接的计划方案，那么控制工作则是务必使一切管理活动都按照计划进行。因此，计划和控制实质是一个问题的两个方面。控制职能使管理工作成为一个闭路系统，如图 12－4 所示。在多数情况下，控制工作既是一个管理过程的终结，又是一个新的管理过程的开始，它使计划的执行结果与预定的计划相符合，并为计划提供信息。

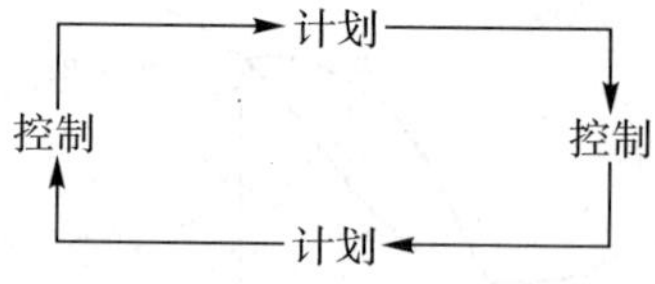

图 12－4　计划和控制形成的闭环系统

控制与计划的关系具体地表现在以下三个方面。

第一，计划为控制提供衡量的标准。没有计划，控制也就成了无源之水、无本之木；

第二，控制是计划得以实现的必要保证。离开了必要的控制，计划将流于形式；

第三，计划和控制的效果分别依赖于对方。计划越明确、详细和全面，控制工作就越容易进行,效果也就越好;而控制越准确、合理和有效,就越能保证计划的实现,并能提供更多的反馈信息,从而提高计划的质量。

第二节 控制过程

控制是根据计划的要求设立衡量绩效的标准,然后把实际工作结果与预定标准相比较,以确定组织活动中出现的偏差及其严重程度。在此基础上,采取有针对性的措施,以确保资源的合理使用和组织整体目标的实现。因此,控制的过程包含了确立标准、衡量成效和纠正偏差三个基本环节。

一、确定标准

标准是人们检查和衡量工作及其结果的规范。制定标准是控制的基础。没有完整的标准,绩效衡量和纠正偏差就失去了依据。

(一)确定控制标准

标准的具体内容涉及要控制的对象。那么,企业经营与管理中哪些事或物需要加以控制呢?这是在建立标准之前首先要加以分析的。经营活动的成果是需要重点控制的对象。控制工作的最初始动机就是要促进企业有效地取得预期的活动结果。要保证企业取得预期的成果,必须在成果最终形成以前进行控制,纠正与预期成果的要求不相符的活动。因此,要分析企业需要什么样的结果。这种分析可以从盈利性、市场占有率等方面来进行。确定了企业活动需要的结果类型后,要对它们加以明确的、尽可能定量的描述。也就是说,要规定需要的结果在正常情况下希望达到的状况和水平。

(二)划分标准类型

控制标准一般可分为定量标准和定性标准两大类,定量标准便于度量和比较,但定性标准也是不可缺少的。定量标准主要表现为实物标准、价值标准、时间标准。实物标准有明确的数量,是计划工作的主要表现形式,也是控制的基本标准(如产品数量、废品数量等)。价值标准反映了组织的经营状况,包括成本标准、利润标准等。时间标准为工作的展开提供了时间限制,表现为工时定额、交货期、工程周期等一系列的时间指标。定性标准主要是质量标准,可分为工作质量标准和产品质量标准,对这些标准实施控制对于整个组织计划和目标的实现极为重要。

(三)提出标准要求

一项好的控制标准应符合 6 个方面的要求。

1. 建立的标准应便于对各部门的工作进行衡量

大多数的计划是相对比较抽象、概括的，这时需要将计划目标转换为具体的、可测量和考核的标准，以便于对所要求的行为结果加以测评。当出现偏差时，能找到相应的责任单位。

2. 建立的标准应有利于组织目标的实现

对每一项工作的衡量必须有具体的时间跨度、衡量内容和要求，以便准确反映组织活动的状态。

3. 建立的标准应与未来的发展相结合

制定的控制标准应将组织当前运行的需要与组织未来发展的需要有机地结合起来，具有战略性和前瞻性。

4. 建立的标准应尽可能体现一致性

管理工作中制定出来的控制标准实际上就是一种规章制度，它反映了管理人员的愿望，也为人们指明了努力的方向。控制标准应是公平的，不允许个别人搞特殊化。

5. 建立的标准应经过努力后可以达到

建立标准的目的是用它来衡量实际工作，并希望工作达到标准要求。所以，控制标准的建立必须考虑到工作人员的实际情况，包括他们的能力、使用的工具等。

6. 建立的标准应具有一定弹性

标准建立起来后可能在一段时间内保持不变，但环境却在不断改变，所以控制标准应对环境变化有一定的适应性，特殊情况能够做到例外处理。

(四)选择标准方法

管理控制中采用控制标准的方法随标准种类的不同而不同。有许多的控制标准是约定俗成的，如窗口行业对员工仪容仪表的规定，制造业企业关于工程制图的规定，国有企业业务招待费的标准等。有些标准直接由组织目标分解而成(如成本费用标准)，可由市场预测确定产品价格，减去目标利润，得到目标总成本，再运用价值工程方法分别规定各零部件成本。对于多数定量的技术经济标准，通常采用的方法包括统计方法、工程测量法、经验估计法等。

采用何种方法确立控制标准，要根据组织的具体情况来定。但不论采用哪种方法，确立的标准应该既先进又可行，以便于准确的进行工作衡量。

对于多数定量的技术经济标准，通常采用的方法包括利用统计方法来确定预期结果、根据经验和判断来估计预期结果和在客观的定量分析的基础上建立工程(工作)标准等。

1. 统计性标准

统计性标准，也叫"历史性标准"，是以分析反映企业经营在历史上各个时期状况的数据为基础来为未来活动建立的标准。这些数据可能来自本企业的历史统计，也可能来自其他企业的经验。据此建立的标准,可能是历史数据的平均数,也可能是高于或低于中位数的某个数。

2. 根据评估建立标准

实际上,并不是所有工作的质量和成果都能用统计数据来表示,也不是所有的企业活动都保存着历史统计数据。对于新从事的工作,或对于统计资料缺乏的工作,可以根据管理人员的经验、判断和评估来为之建立标准。利用这种方法来建立工作标准时,要注意利用各方面的管理人员的知识和经验,综合大家的判断,给出一个相对先进合理的标准。

3. 工程标准

严格地说,工程标准也是一种用统计方法制定的控制标准,不过它不是对历史性统计资料的分析,而是通过对工作情况进行客观的定量分析。

二、衡量绩效

衡量的目的是获取与既定控制标准相关的信息,以便判断事物或人们的行为是否符合标准,为下一步行动提供依据。衡量的作用除了获取信息,还可以表达管理者的态度。当管理人员对某项活动认真检测衡量时,表明对这项活动是重视的。因此,就对人们的行为的影响而言,衡量考核比规定标准的作用更大,一旦放弃衡量、考评,标准就会逐渐被人遗忘。

对照标准衡量实际工作绩效分为两步:一是测定实际工作绩效;二是将实际与标准进行比较。

(一)测定绩效

组织活动中的偏差如果能在产生之前就被发现,则可帮助管理者预先采取必要的措施加以纠正。这种理想的控制和纠偏方式虽然有效,但其实现的可能性不会很大。因为并非所有的管理人员都有卓越的远见,也并非所有的偏差都能在产生之前被预见。在这些限制条件下,最满意的控制方式应是必要的纠偏行为能在偏差产生以后被迅速采取。为此,就要求管理者及时掌握能够反映偏差是否产生并能判定其严重程度的信息。这些信息可用预定标准对实际工作的成效和进度进行检查、衡量和比较获得。

在获取有效的实际工作绩效方面的信息时,管理者可以通过面对面地口头汇报、正式的书面文字汇报和直接观察等方法了解实际工作的绩效。在用上述方法了解工作绩效时,要特别注意所获取信息的准确性、及时性、可靠性和实用性。随着信息技术的发展,越来越多的组织建立起管理信息系统(MIS),这就使得信息的获取变得方便快捷,大大缩减了了解工作绩效的工作量和时间。

(二)找出偏差

测量到工作实绩后,就可以将之与控制标准进行比较,确定有无偏差发生及偏差的大小。比较的结果无非有两种可能：一种是存在偏差，另一种是不存在偏差。需要注意的是，只有实际工作绩效与标准之间的差异超出了一定的范围，才被认为存在偏差。偏差有两种情况：一种是正偏差，即工作绩效优于控制标准；另一种是负偏差，即工作绩效劣于控制标准。出现正偏差，表明实际工作取得了良好的绩效，应及时总结经验，肯定成绩。但正偏差如果太大也应引起注意，这可能是因为控制标准定得太低，这时应对其进行认真分析。出现负偏差，表明实际工作的绩效不理想。

确定差距或偏差就容易发现计划执行中的问题和不足。但并非所有偏离标准的情况均需作为"问题"来处理，这里有个容限的幅度，所谓"容限"，就是准许偏差存在的上限与下限范围，在这个界限范围内即便实际效果与标准之间存有差距也被认为是正常的。如果计划执行中没有偏差发生或偏差在规定的容限之内，则该控制过程暂告完成；若执行中出现了不能容许的偏差，则控制过程进入纠正偏差的步骤。

（三）及时反馈

负有控制责任的管理人员只有及时掌握了反映实际工作与预期工作绩效之间偏差的信息，才能迅速采取有效的纠正措施。然而，并不是所有的衡量绩效的工作都是由主管直接进行的，有时需要借助专职的检测人员。因此，应该建立有效的信息反馈网络，使反映实际工作情况的信息适时地传递给适当的管理人员，使之能与预定标准相比较，及时发现问题。建立这样的信息反馈系统，不仅更有利于保证预定计划的实施，而且能防止基层工作人员把衡量工作和控制活动视作上级检查工作、进行惩罚的手段，从而避免产生抵触情绪。

三、纠正偏差

利用科学的方法，依据客观的标准，对工作绩效进行衡量，就可以发现计划执行中出现的偏差，并分析产生偏差的原因，制定并实施必要的纠偏措施。这项工作使得控制过程得以完整，并将控制与管理的其他职能相互联结。

（一）分析原因

在采取任何纠正措施之前，必须首先对反映偏差的信息进行评估和分析，以判断偏差的严重程度，是否足以构成对组织活动效率的威胁，是否值得采取纠正措施。与此同时要探寻导致偏差产生的主要原因。

纠正措施的制定是以偏差产生原因的分析为依据的。而同一偏差则可能由不同的原因造成：销售利润的下降既可能是因为销售量的降低，也可能是因为生产成本的提高。前者既可能是因为市场上出现了技术更加先进的新产品，也可能是由于竞争对手采取了某种竞争策略；后者既可能是原材料、劳动力消耗和占用数量的增加，也可能是由于购买价格的提高。不同的原因要求采取不同的纠正措施。要通过评估反映偏差的信息和对影响因素的分析，透过表面现象找出造成偏差的深层原因；在众多的深层原因中找出最主要者，为纠偏措施的制定指导方向。

（二）找准对象

需要纠正的可能不仅是企业的实际活动，也可能是组织这些活动的计划或衡量这些活动的标准。大部分员工没有完成劳动定额，可能不是由于全体员工的抵制，而是定额水平太高；承包后企业经理的兑现收入高可能不是由于经营者的努力数倍或数十倍于工人，而是由于承包基数不恰当或确定经营者的收入的挂钩方法不合理等等。在这些情况下，首先要改变的是衡量这些工作的标准或指导工作的计划。

预定计划或标准的调整是由两种原因决定的：

第一，原先的计划或标准制定的不科学，在执行中发现了问题；

第二，原先正确的标准和计划，由于客观环境发生了预料不到的变化，不再适应新形势的需要。

负有控制责任的管理者应该意识到，外界环境发生变化之后，如果不对预先制定的计划和行动准则进行及时的调整，那么，即使内部活动组织非常完善，企业也不可能实现预定的目标。

（三）选择措施

针对产生偏差的主要原因，就可能制定改进工作或调整计划与标准的纠偏方案。纠偏措施的选择和实施过程中要注意以下几点：

1. 使纠偏方案双重优化

纠正偏差，不仅在实施对象上可以进行选择，而且对同一对象的纠偏也可采取多种不同的措施。

2. 充分考虑原先计划实施的影响

由于对客观环境的认识能力提高，或者由于客观环境本身发生了重要变化而引起的纠偏需要，可能会导致原先计划与决策的局部甚至全局的否定，从而要求企业活动的方向和内容进行重大的调整。这种调整有时被称为“追踪决策”，追踪决策是相对于初始决策而言的。在制定和选择追踪决策的方案时，要充分考虑到初始决策的实施已经消耗的资源，以及这种消耗对客观环境造成的种种影响。

3. 注意消除人们对纠偏措施的疑虑

任何纠偏措施都会在不同程度上引起组织的结构、关系和活动的调整，从而会涉及某些组织成员的利益。不同的组织人员会因此对纠偏措施持不同态度，特别是在纠偏措施属于对原先决策和活动进行重大调整的追踪决策时。控制人员要充分考虑到组织人员对纠偏措施的不同态度，主要消除执行者的疑虑，争取更多人的理解、赞同和支持，以保证避免在纠偏方案的实施过程中可能出现的人为障碍。

管理聚焦

客户服务质量控制

美国某信用卡公司的卡片分部认识到高质量客户服务是多么重要。客户服务不仅影响公司信誉,也和公司利润息息相关。比如,一张信用卡提早到达客户手中一天,公司便可获得33美分的额外销售收入,这样一年下来,公司将有140万美元的净利润,及时地将新办理的和更换的信用卡送到客户手中是客户服务质量的一个重要方面,但这远远不够。

决定对客户服务质量进行控制来反映其重要性的想法,最初是由卡片分部的一个地区副总裁凯西·帕克提出来的。她说,“一段时间以来,我们对传统的评价客户服务的方法不大满意。向管理部门提交的报告有偏差,因为它们很少包括有问题但没有抱怨的客户,或那些只是勉强满意公司服务的客户。”她相信,真正衡量客户服务的标准必须基于和反映持卡人的见解。这就意味着要对公司控制程序进行彻底检查。第一项工作就是确定用户对公司的期望。对抱怨信件的分析指出了客户服务的三个重要特点:及时性、准确性和反应灵敏性。持卡者希望准时收到账单、快速处理地址变动、采取行动解决抱怨。

了解了客户期望,公司质量保证人员开始建立控制客户服务质量的标准。该公司所建立的180多个标准反映了诸如申请处理、信用卡发行、账单查询反应及账户服务费代理等服务项目的可接受的服务质量。这些标准都基于用户所期望的服务的及时性、准确性和反应灵敏性上。同时也考虑了其他一些因素。

除了客户见解,服务质量标准还反映了公司竞争性、能力和一些经济因素。比如:一些标准因竞争引入,一些标准受组织现行处理能力影响;另一些标准反应了经济上的能力。考虑了每一个因素后,适当的标准就成型了,所以开始实施控制服务质量的计划。

计划实施效果很好,比如处理信用卡申请的时间由35天降到15天,更换信用卡从15天降到2天,回答用户查询时间从16天降到10天。这些改进给公司带来的潜在利润是巨大的。例如,办理新卡和更换旧卡节省的时间会给公司带来1750万美元的额外收入。另外,如果用户能及时收到信用卡,他们就不会使用竞争者的卡片了。

该质量控制计划潜在的收入和利润对公司还有其他的益处,该计划使整个公司都注重客户期望。各部门都以自己的客户服务记录为骄傲。而且每个雇员都对改进客户服务做出了贡献,使员工士气大增。每个雇员在为客户服务时,都认为自己是公司的一部分,是公司的代表。

信用卡部客户服务质量控制计划的成功,使公司其他部门纷纷效仿。无疑,它对该公司的贡献将是非常巨大的。

(资料来源:http://www.touding.com/member/user_10479.html)

第三节 控制方法

企业管理中有多种控制方法可以选用。本节重点介绍预算控制法、审计分析法、比率分析法等常用的理论与方法。

一、预算控制法

企业未来的几乎所有活动都可以利用预算进行控制。预算就是用数字特别是用财务数字的形式来描述企业未来的活动计划,他预估了企业在未来时期的经营收入和现金流量,同时也为各部门或各项活动规定了在资金、劳动、材料、能源等方面的支出的额度。预算控制就是根据预算规定的收入与支出标准来检查和监督各个部门的生产经营活动,以保证各种活动或各个部门在完成既定目标、实现利润的过程中对经营资源合理利用,从而使费用支出受到严格有效的约束。预算控制是管理控制中运用最广泛的控制方法。

(一)预算的种类

1. 收入预算

收入预算和下面要介绍的支出预算提供了关于企业未来某段时期经营状况的一般说明,即从财务角度计划和预测了未来活动的成果以及为取得这些成果所需付出的费用。

企业收入主要来源于产品销售,因此收入预算的主要内容是销售预算。销售预算是在销售预测的基础上编制的,即通过分析企业过去的销售情况、目前和未来的市场需求特点及其发展趋势,比较竞争对手和本企业的经营实力,确定企业在未来时期内为了实现目标利润必须达到的销售水平。为了能为控制未来的活动提供详细的依据,便于检查计划的执行情况,往往需要按产品、区域市场或消费者群体,为各经营单位编制分项销售预算。同时,由于在一年中的不同季度和月度,销售量也往往不稳定,所以通常还需预计不同季度和月度的销售收入。

2. 支出预算

企业销售的产品是在内部生产过程中加工制作出来的,在这个过程中,企业需要借助一定的劳动力,利用和消耗一定的物质资源。与销售预算相对应,企业必须编制能够保证销售过程得以进行的各种支出预算。不同企业,经营支出的具体项目可能不同,但一般都包括直接材料预算、直接人工预算、附加费用预算三种。直接材料预算是指根据实现销售收入所需的产品种类和数量,详细分析为了生产这些产品企业必须利用的原材料的种类和数量,它通常以实物单位表示。直接人工预算需要预计企业为了生产一定数量的产品，需要哪些种类的工人，每种类型的工人在什么时候需要多少数量，以及利用这些人员劳动的直接成本是多少。企业的行政管理、营销宣传、人员推销、销售服务、设备维修、资金筹措以及税金等也要耗费企业的资金，对这些费用进行的预算就是附加费用预算。

3. 现金预算

现金预算是指对企业未来生产与销售活动中现金的流入与流出进行预测，通常由财务部门编制。现金是指现实的、可以立即使用的资金。通过现金预算，估算计划期内可能获得的现金和所需支付的现金，可求得现金收支的平衡，并为管理人员利用可用的现金余量制定盈利性投资计划提供所需的信息。通过现金预算，可以帮助企业发现资金的闲置和不足，从而指导企业及时利用暂时过剩的现金或及早筹措维持运营所短缺的资金。

4. 资金支出预算

上述各种预算通常只涉及某个经营阶段，是短期预算，而资金支出预算则可能涉及好几个阶段，是长期预算。如果企业的收支预算被很好地执行，企业有效地组织了资源的利用，那么利用这些资源得到的产品销售收入就会超出资源消耗的支出，从而给企业带来盈余，企业就可以利用盈余来进行生产能力的恢复和扩大，这些支出，由于具有投资的性质，因此对其计划安排通常被称为"投资预算"或"资金支出预算"。资金支出预算的项目包括用于更新改造或扩充包括厂房、设备在内的生产设施的支出，用于增加品种、完善产品性能或改进工艺法的研究与开发支出等。

5. 实物预算

实物预算属于非货币预算，是一种不以货币为计量单位而以实物量为计量单位的预算方法。由于以货币量来表示的收支预算会受到商品价格波动的影响，可能会造成收支预算和实物量投入产出计划之间的不一致。因此，一定要有实物量预算来作为货币量收支预算的补充和印证。对于满足社会需要来说，不仅要看以货币量计算的价值，而且要看实物量所提供的使用价值。这里所指的实物量，不仅指实物产量，也指其他一些指标（如直接工时数、台时数、原材料数量、产品产量等）。组织中的基层管理人员常采用这种预算方法。

6. 总预算

总预算是全面性的文件，它是由组织中各种预算综合而成的。总预算包括预计的资产负债表和资金损益表。资产负债表预测资产、债务和权益，表达了企业财产的具体情况；资金损益表预计收入、支出及利润，表达了企业的经营状况和成果。总预算中还附有编制预算所必需的有关数据和资料以及可能出现的情况分析。

（二）预算的作用

1. 帮助管理者掌握全局，控制整体情况

对于任何组织而言，资金财务状况都是举足轻重的，预算使人们得以了解资金的状况，从而可通过对资金的运筹来控制组织的整体活动。

2. 有助于管理者合理配置资源和控制组织中各项活动的开展

预算范围内的资金收支活动由于得到人力和物力的支持而得以进行，没有列入预算的活动由于没有资金来源则难以开展，预算外的收支会使人很快警觉而被纳入控制。因此，管理者可通过预算，合理配置资源，保证重点项目的完成，并控制各项活动的开展。

3. 有助于对管理者和各部门的工作进行评价

由于预算为各项活动确定了投入产出标准，因此只要正确运用，就可根据执行预算的情况来评价各部门的工作成果。同时，由于预算规定了各项资金的运用范围和负责人，因此通过预算还可控制各级管理人员的职权，明确各级管理人员应承担的责任。

4. 有利于形成勤俭节约、精打细算的工作作风

由于预算一般不允许超支，而且常作为考核的依据，因此预算可迫使管理者在收支的考虑上都尽可能的精打细算，从而有助于杜绝铺张浪费的不良现象。严格和严肃的预算可促使成本下降、效益提高。图 12—5 为企业预算的主要关系。

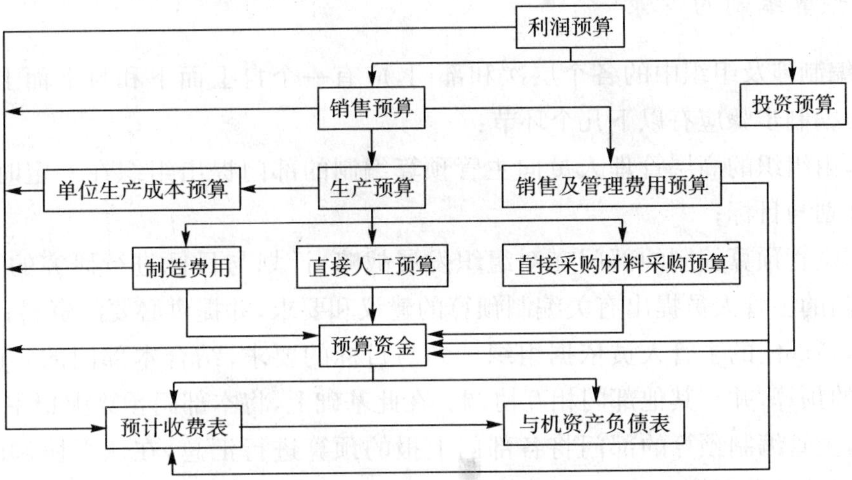

图 12-5 企业预算主要关系

(三)预算中的注意事项

由于具备了很多积极作用，预算手段在组织管理中得到广泛运用。但在预算的编制和执行中，也暴露了一些需要引起管理者的注意的缺点，主要表现在：

第一，企业活动的外部环境是在不断变化的，这些变化会改变企业获得资源的支出或销售产品实现的收入，从而使预算变得不合时宜。因此，缺乏弹性、非常具体、特别是涉及较长时期的预算可能会过度束缚决策者的行动，使企业经营缺乏灵活性和适应性。

第二，它只能帮助企业控制那些可以计量的，特别是可以用货币单位计量的业务活动，而不能促使企业对那些不能有效计量的企业文化、企业形象、企业活力的改善予以足够的重视。

第三，预算特别是项目预算或部门预算，不仅对有关负责人提出了希望他们实现的结果，而且也为他们得到这些成果而能够开支的费用规定了限度，这种规定可能使得主管们在活动中精打细算，小心翼翼地遵守不得超过支出预算的准则，而忽视了部门活动的本来目的。

第四，编制预算时通常参照上期的预算项目和标准，从而会忽视本期活动的实际需要，因此会导致上期有而本期不需的项目仍然沿用，本期必需而上期没有的项目会因缺乏先例而不能增设的错误。

第五，在编制费用预算时，通常会参照上期已经发生过的本项目费用，同时，主管人员知道在预算获得批准后，预算申请多半是要被削减的。因此他们的费用预算申报数要多于其实际需要数。所以，费用预算总是具有按先例递增的习惯，如果在预算编制的过程中，没有仔细地复查相应的标准和程序，预算可能成为低效的管理部门的保护伞。

只有充分认识了上述局限性，才能有效地利用预算这种控制方法，并辅之以其他工具。

（四）预算编制的步骤

预算编制涉及组织中的各个层次和部门，应有一个自上而下和自下而上的循环过程，其一般编制步骤应有以下几个环节：

第一，由组织的高层管理人员向主管预算编制的部门提出组织在一定时期内的发展战略、计划与目标；

第二，主管预算编制的部门在对组织发展战略、计划与目标进行研究的基础上，向组织各部门的主管人员提出有关编制预算的建议和要求，并提供必要的资料；

第三，各部门的主管人员依据组织计划与目标的要求，结合本部门的实际情况，编制本部门的预算，并与其他部门相互协调。在此基础上，将本部门预算上报主管部门；

第四，主管编制预算的部门将各部门上报的预算进行汇总，在认真协调的基础上，编制出组织的各类预算和总预算。最后，上报组织的高层管理层进行审核批准。

为了有效地从预期收入和费用两个方面对企业经营进行全面控制，不仅需要对各个部门、各项活动制定分预算，而且要对企业整体编制全面预算。分预算是按照部门和项目编制的，它详细说明了相应部门的收入目标或费用支出的水平，规定了他们在生产活动、销售活动、采购活动、研究开发活动或财务活动中筹措和利用劳力、资金等生产要素的标准。全面预算则是在对所有部门或项目分预算进行综合平衡的基础上编制而成的，它概括了企业相互联系的各个方面在未来时期的总体目标。只有编制了总体预算才能进一步明确组织各部门的任务、目标、制约条件以及各部门在活动中的相互关系，从而为正确评价和控制各部门的工作提供客观的依据。

任何预算都需用数字形式来表述。全面预算必须用统一的货币单位来衡量，而分预算则不一定用货币单位计量。不论以何种方式表述的各部门或项目的分预算，在将它们综合平衡以编制企业的全面预算之前，必须转换成用统一的货币单位来表达。

（五）现代预算方法

1. 零基预算

传统的预算均是以前期费用水平为基础，通过适度增减的方式制定的。而零基预算的最大特点是以零为基础，即一切预算项目都按重新开始的项目进行审查，不以现有的费用状况为基础。它的最大优点是不受过去预算框框的影响，完全按新的目标的要求来制定预算，从而更有效地保证目标实现。

2. 项目预算

项目预算是针对许多组织制定规划和预算分开进行的传统方式的弊端，将两者有机结合的一种方法。项目预算就是在对各项目的多种可能方案进行费用效果分析的基础上，选取实现目标最佳途径的现代预算方法。它要求规划与预算部门相互配合，对各种规划项目的可能方案，运用数字模型对效果、费用进行量化比较与分析，以此为依据优选项目与安排预算。其选择的标准是：以最少的费用实现一个既定的目标，或以现有的资源追求最大的效果。

二、审计控制法

审计是对反映企业资金运动过程及其结果的会计记录及财务报表进行审核、鉴定，以判断其真实性和可靠性，从而为控制和决策提供依据。根据审查主题和内容的不同，审计分为内部审计、外部审计、财务审计和管理审计四种。

（一）内部审计

内部审计由企业内部的机构或由财务部门的专职人员来独立进行。内部审计兼有许多外部审计的目的，它不仅要像外部审计那样核实财务报表的真实性和准确性，还要分析企业的财务结构是否合理；不仅要评估财务资源的利用效率，而且要检查和分析企业控制系统的有效性；不仅要检查目前的经营状况，而且要提供针对这种状况的建议。

内部审计是企业经营控制的一个重要手段，其作用表现在以下三个方面：

一是内部审计提供了检查现有控制程序和方法能否有效地保证达成既定目标和执行既定政策的手段。

二是通过对现有控制系统有效性的检查，内部审计人员可以提供有关改进公司政策、工作程序和方法的对策和建议，以促使公司政策符合实际，工作程序更加合理，从而更有效的实现组织目标。

三是内部审计有助于推行分权化管理。从表面上来看，内部审计作为一种从财务角度评价各部门工作是否符合既定规则和程序的方法，加强了对下属的控制，似乎更倾向于集权化管理。但实际上，企业的控制系统越完善，控制手段越合理，越有利于分权化管理。内部审计不仅评估了企业财务记录是否健全、正确，而且为检查和改进现有控制系统的效能提供了一种重要的手段，因此有利于促进分权化管理的发展。

虽然内部审计为经营控制提供了大量的有用信息，但在使用中也存在不少局限性，主要表现在以下几方面：

其一，内部审计可能需要很多的费用，特别是在进行深入、详细的审计的时候；

其二，内部审计不仅要搜集事实，而且需要解释事实，并指出事实与计划的偏差所在。要能很好地完成这些工作，而又不引起被审计部门的不满，需要对审计人员进行充分的技能训练；

其三，即使审计人员具有必要的技能，仍然会有许多员工认为审计是一种"密探"或"查整性"的工作，从而在心理上产生抵触情绪。如果在审计过程中不能进行有效的信息和思想沟通，那么可能会对组织活动带来负激励效应。

（二）外部审计

外部审计是由外部机构（如会计师事务所）选派的审计人员对企业财务报表及其反映的财务状况进行独立的评估。为了检查财务报表及其反映的资产与负债的账面情况与企业的真实情况是否相符，外部审计人员需要抽查企业的基本财务记录，以检验其真实性和准确性，并分析这些记录是否符合公认的会计准则和记账程序。

外部审计的优点是审计人员与管理当局不存在行政上的依附关系，不需要看企业的眼色行事，只需对国家、社会和法律负责，因此可以保证审计的独立性和公正性。但是，由于外来的审计人员不了解内部的组织结构、生产流程和经营特点，在对具体业务的审计过程中可能产生困难。此时处于被审计地位的内部组织成员可能会对审计人员产生抵触情绪，不愿积极配合，这也可能增加审计的难度。

（三）财务审计

财务审计是指审计机关按照《中华人民共和国审计法》及其实施条例和国家企业财务审计准则规定的程序和方法对国有企业（包括国有控股企业）资产、负债、损益的真实、合法、效益进行审计监督，对被审计企业会计报表反映的会计信息依法做出客观、公正的评价，形成审计报告，出具审计意见和决定。

财务审计的目标是揭露和反映企业资产、负债和盈亏的真实情况，查处企业财务收支中各种违法违规问题，维护国家所有者权益，促进廉政建设，防止国有资产流失，为政府加强宏观调控服务。

（四）管理审计

外部审计主要核对企业财务记录的可靠性和真实性；内部审计在此基础上对企业政策、工作程序与计划的遵循程度进行测定，并提出必要的改进企业控制系统的对策建议。管理审计的对象和范围则更广，它是一种对企业所有管理工作及其绩效进行全面系统的评价和鉴定的方法。

管理审计是利用公开记录的信息，从反应企业管理绩效及其影响因素的若干方面将企业与同行业其他著名企业进行比较，以判断企业经营与管理的健康程度的方法。

管理审计在实践中遇到了许多批评，认为这种审计过多的评价组织过去的努力和结果，而并不致力于预测和指导未来的工作，以至于有些企业在获得了管理审计的极好评价后就遇到了严重的财务困难。尽管如此，由于管理审计不是在一两个容易测量的活动领域进行比较，而是对整个组织的管理绩效进行了评价，因此可以为企业在未来改进管理系统结构、工作程序和结果等方面提供有用的参考。

三、比率分析法

(一)财务比率

企业财务状况综合的反应了其生产经营状况。通常对财务状况的分析，可以迅速、全面地了解一个企业的资金来源和资金使用情况，了解企业资金使用效果以及企业的支付能力和清偿债务的能力。通常的财务比率有销售利润比率、投资收益率、资产负债率、利息收益倍比、流动比率、存货周转率、总资产收益率等八项指标，如表 12－1 所示。

表 12－1　常用财务比率

目的	比率	计算方法	控制的实质
流动性检测	流动比例 速动比例	流动资产/流动负债 (流动资产—存货)/流动负债	偿付短期债务的能力 精确控制短期的偿债能力
财务杠杆监测	资产负债比 利息收益倍比	全部负债/全部资产 纳税付息前利润/全部利息支出	控制组织的财务杠杆作用 偿付利息支出水平
运营监测	存货周转率 总资产周转率	销售收入/存货 销售收入/总资产	存货资产利润率 资产运营效率
盈利性检测	销售利润率 投资收益率	税后净利润/销售收入 税后净利润/总资产	某产品的利润水平 资产创造利润的水平

(二)经营比率

经营比率用来直接说明企业的经营情况，常有的经营比率有市场占有率、相对市场占有率、投入产出比率等三大指标。市场占有率又称“市场份额”，是指企业的主要产品销售额在该种产品的市场销售总额中所占的比重。相对市场占有率指标有两种，一种是本公司的销售量与该公司所在市场中占领先地位的最大的头三名竞争对手销售量总和的百分比。用作控制度量的投入产出比率是投入利用效能的直接测量标准，其中一些比率采用的是实物计量单位。投入方面的衡量指标包括产品产量、销售量、销售收入、工业产值等。几乎每项投入都能够同产出的任何一项对应成一对比率，以衡量某一方面经营或管理的效果和效率。例如，工业总产值比工时总数（或工作日总数）为时（或日）劳动生产率、能源消耗量与工业总产值之比为产值能耗率等。经营比率通常需要进行不同企业之间的横向比较和同一企业不同时期之间的纵向比较才有实际意义。

（三）人事比率

人事比率是指分析组织内部各种人员的比率，包括管理人员与职工的比率、后勤服务人员与生产工人的比率、临时工与正式职工的比率、人员流动率和旷工缺勤率等。通过分析人事比率是否维持在合理的水平上可以为采取控制措施提供依据。

四、其他控制方法

（一）人员行为控制法

任何组织活动的开展都有赖于组织成员的努力，其他方面的控制也主要靠人来实施，因此，控制工作从根本上说也是对人的控制，如何选择员工和让员工的行为更有效地趋向组织目标，涉及对员工行为控制的问题。人员行为控制分两个步骤：第一步是绩效的评价，第二步是奖惩。

1. 绩效评价

这里的绩效评价是指对组织部门或个体行为的效能进行科学测量和评定的方法的总称。常通过鉴定式评价方法、实地审查方法、强选择列等方法、对比列等方法、偶然事件评价法等进行对人员的控制。

2. 奖惩

奖惩就是通过为管理对象制定一系列的计划、目标、定额、指标等考核标准，对完成标准的给予奖励，对没有完成的给予惩罚来达到控制的目的。

奖励是一种积极肯定的方法，可以是物质奖励，也可以是精神奖励、能级奖励等，甚至可以通过让管理对象承担更关键的任务、多参与决策等方式给予其心理奖励。惩处是一种警戒的办法，它迫使管理对象改变自己的操作行为，努力去达到组织的预期目标。惩处的意义在于唤醒管理对象的责任心，它具有示警的作用。但是，对特别严厉的惩处要采取十分谨慎的态度。

（二）成本控制法

成本控制就是指以成本作为控制的手段，通过制定成本总水平指标值、可比产品成本降低率以及成本中心控制成本的责任等，达到对经济活动实施有效控制目的的一系列管理活动与过程。

成本控制的起点，或者说成本控制过程的平台就是成本控制的基础工作。成本控制要从制定定额、标准化建设和制度建设几个方面做起。成本控制的内容非常广泛，但这并不意味着事无巨细地平均使用力量，成本控制应该有计划、有重点地区别对待。各行各业不同企业有不同的控制重点。控制内容一般可以从成本形成过程和成本费用分类两个角度加以考虑。如图12－6所示。

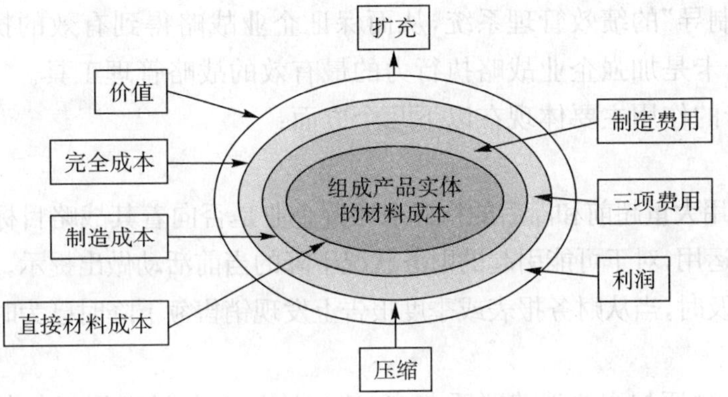

图12－6　成本控制

在使用成本控制法的过程中要坚持以下几个原则：

1.全面介入的原则

全面介入原则是指成本控制是全部、全员、全过程的控制。全部控制是对产品生产的全部费用要加以控制，成本控制不仅对变动费用要控制，对固定费用也要进行控制。全员控制是要发动领导干部、管理人员、工程技术人员和广大职工建立成本意识，参与成本的控制，认识到成本控制的重要意义。全过程控制是对产品的设计、制造、销售过程进行控制，并将控制的成果在有关报表上加以反映，借以发现缺点和问题。

2.例外管理的原则

成本控制要将注意力集中在超乎常情的情况。因为实际发生的费用往往与预算有出入，如发生的差异不大，也就没有必要一一查明其原因，而只要把注意力集中在非正常的例外事项上，并及时进行信息反馈。

3.经济效益的原则

提高经济效益不单是依靠降低成本的绝对数，更重要的是实现相对的节约，取得最佳的经济效益，以较少的消耗，取得更多的成果。

（三）平衡计分卡法

平衡计分卡(Balanced Score Card)，简称BSC。该方法是由美国哈佛商学院的R. S. Kaplan教授等人提出的一种全新企业综合测评体系。它的一个最为突出的特点就是集测评、管理与交流功能于一体，代表了国际上最前沿的管理思想。

平衡计分大法已被世界上许多企业采用并取得了惊人的效果，其应用领域涉及各行各业，包括工厂、银行、政府机构和信息产业。据美国Renaissance国际公司的调查显示，世界1000强中有60%已经使用或正打算使用BSC，世界最大的300家银行中约有60%正在使用BSC。

平衡积分卡是从财务、客户、内部运营、学习与成长四个角度，将组织的战略落实为可操作的衡量指标和目标值的一种新型绩效管理体系。设计平衡积分卡的目的就是要建立"实现战略制导"的绩效管理系统，从而保证企业战略得到有效的执行。因此，人们通常称平衡积分卡是加强企业战略执行力的最有效的战略管理工具。

平衡计分卡的作用主要体现在以下几个方面：

1. 综合测评

BSC通过使用大量超前和滞后的指标来评价企业是否向着其战略目标的方向前进。特别是超前指标的运用，对于可能引起的财务状况下降的当前活动做出提示。而传统的财务指标在时间上不够及时，当从财务报表或季度报告上发现销售额下降时已为时太晚。

2. 管理控制

BSC把企业测评与企业战略联系起来，清楚地将企业目标展示给管理者，使管理者注意对未来产生影响的活动，增强有利于企业成功的因素对财务结果的推动作用。

3. 交流

BSC使员工明白他们的表现会如何影响到企业的成功，也可使管理者了解影响企业进步的日常因素，从而帮助企业作为一个整体从管理集团到一线员工对外界变化做出更快的响应。面对当前变化迅速的市场，这一点尤为重要。

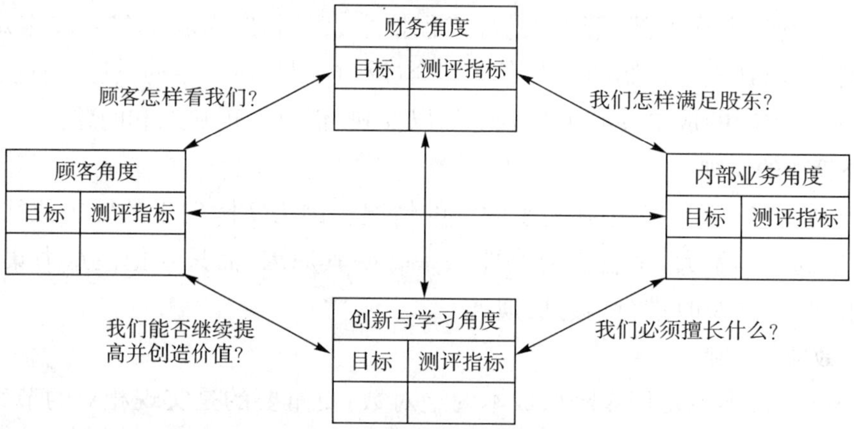

图12-7　平衡计分卡控制图

（四）标杆管理法

美国企业在20世纪80年代初期，面对日本产品以其高品质、低成本的优势进入市场而丧失自身的竞争力的压力，因此想通过一套完整而有系统的过程，学习日本或世界级公司成功的经验并作为引导企业变革的基础，美国施乐公司即为其中最有代表性的公司。此种有系统而完整的学习卓越公司的过程即成为标杆管理的基础。

1985年，美国生产力与品质中心正式提出标杆管理的定义。标杆管理是一项有系统、持续性的评估过程，通过不断地将企业流程与世界上居领导地位之企业相比较，以获得协助来改善运营绩效的资讯。

在进行标杆管理时，其成功的关键因素有：在与他人比较前，先了解自身的流程；尽量使标杆管理集中并简化；掌握良好时机以进行确立法则、训练，并使相关人员多加参与；不论可能与否，让员工、客户与供应商充分参与，可激发其更高的价值；彻底收集内部量化资料，以提供公平合理化的比较基础；与标杆管理者合作伙伴公开分享资讯；确定自己有一些资讯，可以和标杆管理伙伴进行交换；为标杆管理合作伙伴及客户人员的实地访查做准备。

本章小结

控制职能是组织系统在动态的环境中为了保证组织目标实现而采取的各种检查、监督、调节和纠偏等一系列的管理活动。其目的在于保证组织系统活动的开展与预定的组织目标和计划协调一致，保证组织目标的最终实现。因此，控制是贯穿于管理全过程的一项重要职能；控制要以计划组织、领导、创新职能为基础；控制是计划、组织、领导、创新职能有效开展的必要保证。控制可以有效减轻环境的不确定性对组织活动的影响；可以使复杂的组织活动能够协调一致地运作；可以避免或减少由管理失误造成的损失。

控制系统运转基本要求有：要以明确的、切实可行的组织目标和计划为开展控制工作的基础；要有专职的控制职能部门和人员作为实施控制工作的组织保证；要有健全的信息反馈渠道；要有一套符合组织目标和计划要求且切实可行的控制标准；要科学地选择控制点，突出控制工作重点对象；要能够及时准确地发现、分析、解决组织系统活动中的问题；要提高控制工作的灵活性；要考虑控制工作经济性、合理性；要采用先进、适用的控制方法、手段。

常用控制类型有前馈控制、同期控制、反馈控制。控制的目的是保证企业活动符合计划要求，以便有效地实现预定目标。但是，并不是所有控制活动都能达到预期的目的。为此，有效控制就必须遵循适时、适度控制，客观控制，弹性控制的原则。

有效的控制过程一般应包括：确定控制标准、衡量工作成效、纠正偏差等几个基本环节。管理控制中运用的控制方法有预算控制、审计控制法、比率分析法和人员行为控制法等几种。

本章习题

1. 试分析计划与控制的联系。
2. 如何理解控制职能？为什么说控制职能是企业管理活动中最重要职能？
3. 控制过程包括哪些工作和内容？
4. 为什么说不是所有的控制活动都能达到预期的目的。为此，有效控制应具有哪些特征？

5. 某企业原定 2001 年利润标准是 1000 万元，至 2002 年 6 月底检查，利润仅达 200 万元。年度过半，而利润标准仅达五分之一。为保证年终原定利润目标得以实现，该企业应采取哪些控制措施？

6. 什么是预算？企业预算有哪些类型？

7. 质量控制的内容是什么？

8. 试述程序控制的作用、失灵的原因及其改进方法。

9. 什么是比率分析？其种类有哪些？

案例研讨

麦当劳公司的控制系统

麦当劳公司以经营快餐闻名遐迩。1955 年，克洛克在美国创办了第一家麦当劳餐厅，其菜单上的品种不多，但食品质量高，价格廉，供应迅速，环境优美。连锁店迅速发展到每个州，至 1983 年，国内分店已超过 6000 家。1967 年，麦当劳在加拿大开办了首家国外分店，以后国外业务发展很快。到 1985 年，国外销售额约占它的销售总额的 1/5。在 40 多个国家里，每天都有 1800 多万人光顾麦当劳。

麦当劳金色的拱门允诺：每个餐厅的菜单基本相同，而且"质量超群、服务优良、清洁卫生、货真价实"。它的产品、加工和烹制程序乃至厨房布置，都是标准化的、严格控制的。它撤消了在法国的第一批特许经营权，因为他们尽管盈利可观，但未能达到在快速服务和清洁方面的标准。

麦当劳的各分店都由当地人所有和经营管理。鉴于在快餐饮食业中维持产品质量和服务水平是其经营成功的关键，因此，麦当劳公司在采取特许连锁经营这种战略开辟分店和实现地域扩张的同时，就特别注意对各连锁店的管理控制。如果管理控制不当，使顾客吃到不对味的汉堡包或受到不友善的接待，其后果就不仅是这家分店将失去这批顾客及其周围顾客光顾的问题，还会波及影响到其他分店的生意，乃至损害整个公司的信誉。为此，麦当劳公司制定了一套全面、周密的控制办法。

麦当劳公司主要是通过授予特许权的方式来开辟连锁分店。其考虑之一，就是使购买特许经营权的人在成为分店经理人员的同时也成为该分店的所有者，从而在直接分享利润的激励机制中形成了对其扩展中的业务的强有力控制。麦当劳公司在出售其特许经营权时非常慎重，总是通过各方面调查了解后挑选那些具有卓越经营管理才能的人作为店主，而且事后如发现其能力不符合要求则撤回这一授权。

麦当劳公司还通过详细的程序、规则和条例规定，使分布在世界各地的所有麦当劳分店的经营者和员工们都遵循一种标准化、规范化的作业。麦当劳公司对制作汉堡包、炸土豆条、招待顾客和清理餐桌等工作都事先进行详实的动作研究，确定各项工作开展的最好方式，然后再编成书面的规定，用以指导各分店管理人员和一般员工的行为。公司在芝加哥开办了专门的培训中心——汉堡包大学，要求所有的特许经营者在开业之前都接受为期一个月的强化培训。回去之后，他们还被要求对所有的工作人员进行培训，确保公司的规章条例得到准确的理解和贯彻执行。

为了确保所有特许经营分店都能按统一的要求开展活动，麦当劳公司总部的管理人员还经常走访、巡视世界各地的经营店，进行直接的监督和控制。例如，有一次巡视中发现某家分店自作主张，在店厅里摆放电视机和其他物品以吸引顾客，这种做法因与麦当劳的风格不一致，立即得到了纠正。除了直接控制外，麦当劳公司还定期对各分店的经营业绩进行考评。为此，各分店要及时提供有关营业额和经营成本、利润等方面的信息，这样总部管理人员就能把握各分店经营的动态和出现的问题，以便商讨和采取改进的对策。

麦当劳公司的再一个控制手段，就是在所有经营分店中塑造公司独特的组织文化，这就是大家熟知的"质量超群、服务优良、清洁卫生、货真价实"口号所体现的文化价值观。麦当劳公司的共享价值观建设，不仅在世界各地的分店，在上上下下的员工中进行，而且还将公司的一个主要利益团体——顾客也包括进这支建设队伍中。麦当劳的顾客虽然被要求自我服务，但公司特别重视满足顾客的要求，如为他们的孩子开设游戏场所、提供快乐餐和组织生日聚会等，以形成家庭式的氛围，这样既吸引了孩子们，也增强了成年人对公司的忠诚感。

(选自：王凤彬，朱克强：《管理学教学案例精选》，上海：复旦大学出版社，1998。)

案例思考题：

1. 麦当劳公司所创设的管理控制系统，具有哪些基本构成要素？

2. 麦当劳提供的"质量超群、服务优良、清洁卫生、货真价实"口号如何反映它的公司文化？

应用训练

结合自身实际情况，给自己定一个短期的目标，如通过外语等级考试，在实际执行过程中，运用控制职能的部分控制方法进行控制，看最后考试结果是否实现目标？如未能实现，请找出失败的原因。

第十三章 创 新

学习目标

- ▶了解创新的主要内容及其形式
- ▶熟悉和掌握创新的策略及方法
- ▶理解技术创新的内涵并掌握技术创新战略的选择
- ▶理解组织创新的内容、原则及其发展趋势

案例导引

日本商人到底强在哪?

早在19世纪30年代,中国商人已把中国的瓷器茶杯打入欧洲市场。虽然其漂亮的外观、柔和的质地得到了欧洲人的认可,但不知为什么,欧洲人只喜欢看,却很少有人买。中国的瓷器商人百思不得其解,最后只好放弃了欧洲市场。

当时,一位中国瓷器的爱好者和收藏者——日本的稻本一男,正在欧洲游历。他看到中国瓷器茶杯在柜台上束之高阁,也很是费解。为什么中国茶杯在欧洲举步维艰呢?带着这个疑问,稻本进行了近半年的调查研究。最后,他终于弄清了原因:传统的中国茶杯口一样高,而欧洲人的鼻子大,喝水的时候,鼻子常常被杯口挡住,必须仰头才能喝完杯里的水,用起来非常不方便。

稻本一男一下子发现了其中的商机,兴奋不已。他把杯口设计成斜口,把图纸样式交给中国厂家,从中国订货,再运到欧洲。正当中国人正在笑话稻本设计的茶杯不伦不类时,斜口茶杯早已在欧洲市场上供不应求。就这样,没有茶杯工厂的稻本,通过充当二道贩子的角色,一举成为欧洲有名的茶杯大王。

(资料来源:《可乐》,2006年9期)

创新是管理的一个重要职能。人类社会从低级到高级、从简单到复杂、从原始到现代的进化历程,实质上就是一个不断创新的过程。创新是人类得以发展和延续的重要

因素，它涉及人类活动当中的各个领域。什么是创新？如何创新？我们将从创新的内涵、管理创新的内容和过程、战略与方法，技术创新，组织创新等方面展开讨论。

第一节　概　述

创新是民族进步的灵魂，是国家兴旺发达的不竭动力。人类正是凭借自身的创新能力和创新活动，才能远离动物界，逐步走向文明进步的社会。

一、创新的内涵

创新首先是一种思想及在这种思想指导下的实践，是一种原则及在这种原则指导下的具体活动，是管理的基本职能。任何组织系统的任何管理工作无不包含在“维持”或“创新”中，维持和创新是管理的本质内容，有效的管理是适度的维持与适度的创新的组合。

（一）创新的含义

对创新的系统论述最早出自于美籍奥地利经济学家约瑟夫·阿罗斯·熊彼特(Schumpeter. Joseph Alois)，在1912年发表的著作《经济发展理论》中，首次提出了影响深远的创新理论。

熊彼特认为，创新是一种从内部改变经济的循环流转过程的变革性力量，其本质是“建立一种新的生产函数”，即实现生产要素和生产条件的一种“新的组合”，它包括下列五种情况：

第一，采用一种新的产品——消费者还不熟悉的产品，或一种产品的新的特性。

第二，采用一种新的生产方法，也就是在有关的制造部门中尚未通过鉴定的方法，这种新的方法绝不需要建立在新的科学发现的基础之上。

第三，开辟一个新的市场，也就是有关国家的某一制造部门以前不曾进入的市场，不管这个市场以前是否存在过。

第四，掠取或控制原材料或半成品的一种新有供应来源，也不管这种来源是已经存在的，还是第一次创造出来的。

第五，实现一种工业的新的组织，比如造成一种垄断地位（例如通过“托拉斯化”）或打破一种地位。

在熊彼特提出创新理论之后的将近一百年来，许多研究者也对创新下了不同的定义，具有代表性的定义有以下几种：

一是创新是一种开发新事物的过程。这一过程从发现潜在的市场需要开始，经历新事物的技术可行性研究阶段检验，到新事物的广泛应用为止。创新之所以描述为一个创造性过程，是因为它产生了某种新的事物。

二是创新是运用知识或相关信息创造和引进某种有用的新事物的过程。

三是创新是对一个组织或相关环境的新变化的接受。

四是创新是新事物本身，具体来说就是指被相关部门认定的任何一种新的思想、新的实践或新的制造物。

由此可见，创新概念包括的范围很广，各种能够提高资源配置效率的活动都是创新。创新与发明不是一回事。一种发明，只有当它被应用于经济活动时，才称其为“创新”。所以“创新”不是一个技术概念，而是一个经济概念。

（二）创新的特性

美国福特公司前总裁亨利·福特深有体会地说：“不创新，就灭亡”。现在，人们也逐渐认识到了创新的重要性。可以说，创新是企业在激烈市场竞争中求生存、求发展的必然选择，是企业活力之源，是经济发展、生产率提高的基本驱动力。为了使我们更积极地致力于创新，更合理有效地组织创新，我们有必要了解创新的特性，以利于因势利导。一般而言，创新具有如下特性：

1. 创新具有高风险性

创新活动涉及许多相关环节和众多影响因素，从而使得创新的结果呈现出不确定性，这意味着创新具有较大的风险性。

美国的一份研究报告曾经断言，美国的每十个专利中，只有一个能变成创新。以产品创新为例，在现实中许多企业的产品开发率都较小，即使在西方发达国家，比如美国的企业产品开发成功率也只有20%～30%。

2. 创新具有高回报率

一般来说，在经济活动中高风险与高收益是并存的，创新活动亦是如此。也就是说，尽管创新的成功率比较低，但成功后赚取的利润是相当可观的。据统计，我国在“六·五”期间批准的发明奖项目，累计增收节支达到300亿元，其中有32项效益达到26.6亿元。1987年的34项国家科技进步特等奖、一等奖项目经济效益累计超过20亿元。1997年火炬计划国家级和地方级项目共实施年产值1200亿元，年销售收入1060亿元。

因为创新具有高的回报率，同时又具有高风险，世界上许多国家相继建立了风险投资公司，向创新者提供风险性贷款，以促进创新。现在许多企业，也正是看到了创新可以获得高额利益而进行着各种创新，特别是技术创新，以求得持续发展。

3. 创新具有创造性

在这里创造性指创新活动与以前进行的活动相比，有着实质特点和显著进步。创新具有创造性，还可理解为创新必须是创造性构思的结果。

创新既然是一个把新技术应用与生产经营活动相结合的过程，它就必须具有创造性。这种创造性一是表现在它所应用的技术是以前所未使用过的新技术，或者是现有技术中的某些改进，从而使旧技术更加完善，应用效果有明显的提高；二是表现在创新过程之中，创新过程是企业家在生产经营的实践过程中，实现技术形态的转化。

4. 创新具有综合性

创新具有综合性表现在创新活动是许多人共同努力的结果，即众多人的投入产出活动。创新既需要企业家的冒险精神和组织管理能力，也需要科学技术工作者的理论知识和技术，还需要创新活动的具体执行者密切配合。同时，只有科学技术工作者和生产工作者以及管理工作者共同联合、协作，才能使创新达到预期的目的。由此可见，创新是一项综合性的活动。

5. 创新具有时效性

创新具有时效性，一方面表现在不同创新类型的顺序分配上，另一方面反映在产品替代过程中。

当新产品投放市场一定时间后又会被更新的产品所替代，这种替代也是创新具有的时效性。新产品被更新的产品所替代的原因可能有两方面：①消费者的偏好发生了变化；②生产产品的技术得到了更新。

正因为创新具有时效性，所以创新者在进行创新决策时，就有必要识别市场对所要创新的产品的需求持续时间；该产品被替代的可能性；以及创新所处的时期。

二、管理创新的内容和过程

通过上面一节，我们已经明确了什么是创新。而管理创新从概念体系上是属于一种特殊领域中的创新活动。下面将介绍管理创新的特点、内容以及管理创新的过程。

（一）管理创新的特点

管理是指综合运用人力资源和其他资源以有效地实现目标的过程。那么管理创新就应该是指为了更有效地运用资源以实现目标而进行的创新活动或过程。

从上述定义我们可以看出，管理创新具有以下特点：

1. 管理创新与其他管理职能不同，它着眼于资源的更有效运用

管理创新是一个将资源从低效率使用转向高效率使用的过程。它贯穿于组织的各项管理活动之中，通过组织的各项管理活动来体现自身的存在与价值。如图 13－1 所示，管理过程一般从计划开始，通过组织、领导，到控制结束，各职能之间互相交叉渗透、循环往复，把工作不断推向前进。

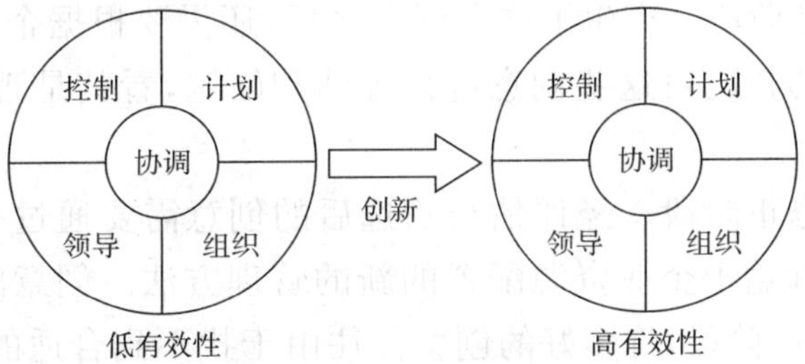

图 13－1 传统管理职能与创新的关系

2. 管理创新是组织其他各类创新的基础

在企业各类创新活动中，管理创新是基础。在企业的经营活动中，致力于营销创新以取得更好的市场开拓效果，致力于产品开发以更好地满足顾客需求，或致力于技术开发以获得更大的竞争优势，对于企业的生存和发展而言都是十分重要的。没有相应的管理创新作为基础，其他创新就很难实现或难以为继。

管理创新与其他创新之间的关系如图 13—2 所示。

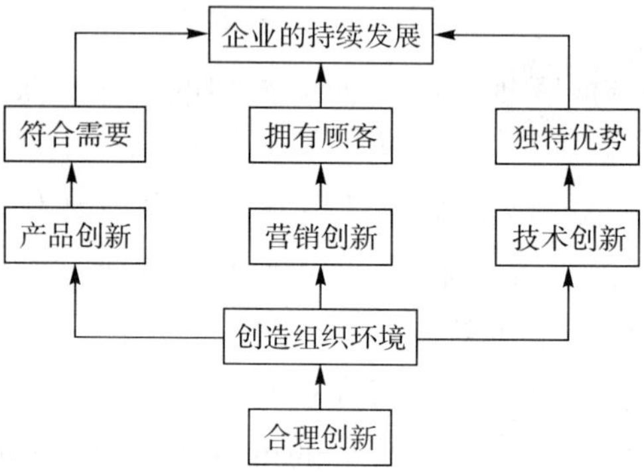

图 13－2　管理创新与其他创新之间的关系

3. 管理创新是一个系统的过程，需要有组织的管理

一项管理创新从提出到取得效果，一般要经过 4 个阶段：提出创新目标阶段、创意产生阶段、创意评估筛选阶段、创意实施与修正阶段，如图 13—3 所示。

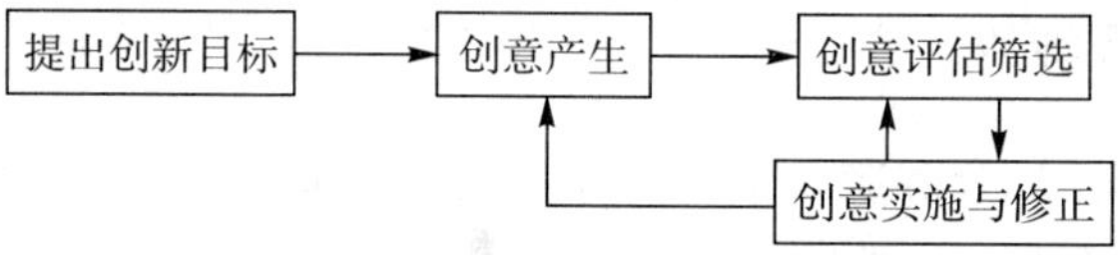

图 13－3　管理创新过程

(1)提出创新目标阶段。正如其他活动的管理一样，进行管理创新活动，也必须首先明确创新目标，而且管理创新目标必须与组织目标保持一致，才能保证管理创新工作的有效性。

(2)创意产生阶段。有了明确的创新目标之后，接着就要形成创意。有了新观念、新思想、新方法的创意才会有创新，能否产生创意是关系到能否进行管理创新的根本。

(3)创意评估筛选阶段。产生了许多创意之后，还需要根据企业的现实状况与资源条件、企业外部环境的状况对这些创意进行评估和筛选，看其是否有实际操作意义，是否能达到预期目标。

(4)创意实施与修正阶段。经评估与筛选后的创意需要通过一系列具体的操作设计，将创意变为一项有益于企业资源配置的新的管理方法。创意的实施在整个管理创新中是一个极为重要的阶段，许多好的创意往往由于找不到合适的具体操作方法，而导致这一创意最终无法成为创新结果。

(二)管理创新的内容

管理创新主要包括目标创新、技术创新、制度创新、组织创新和环境创新。

1. 目标创新

组织是在一定的环境中从事活动,特定的环境要求组织按照特定方式提供特定的产品。一旦环境发生变化,要求组织的生产方向、经营目标以及企业在成长过程中同其他社会经济组织的关系进行相应的调整。至于组织在各个时期的具体的经营目标,则更需要适时地根据市场环境和消费需求的特点及变化趋势加以调整,每一次调整都是一种创新。

2. 技术创新

技术创新是企业创新的主要内容,企业中出现的创新活动大部分是有关技术方面的。因此,有人甚至把技术创新视为企业创新的同义词。现代工业企业的一个主要特点是在生产过程中广泛运用先进的科学技术。技术水平是反映企业经营实力的一个重要标志,企业要在激烈的市场竞争中处于主动地位,就必须顺应甚至引导社会技术进步的方向,不断地进行技术创新。由于技术都是通过一定的物质载体和利用这些载体的方法来体现的,因此企业的技术创新主要表现在要素创新、要素组合方法的创新以及产品的创新三个方面。

3. 制度创新

要素组合的创新主要是从技术角度分析了人、机、料各种结合方式的改进和更新,而制度创新则需要从社会经济角度来分析组织系统中各成员间的正式关系的调整和变革。比如,企业制度主要包括产权制度、经营制度和管理制度三个方面的内容。

4. 组织创新

企业系统的正常运行,既要求具有符合企业及其环境特点的运行制度,又要求具有与之相应的运行载体,即合理的组织形式。因此,企业制度创新必然要求组织形式的变革和发展。从组织理论的角度来考虑,企业系统是由不同的成员担任的不同职务和岗位的结合体。这个结合体可以从结构和机构这两个不同层次去考察。不同的企业,有不同的组织形式,同一企业,在不同时期,随着经营活动的变化,也要求组织机构和结构不断调整。组织创新的目的在于更合理的组织管理人员的努力,提高管理劳动者的效率。

5. 环境创新

环境是企业经营的土壤,同时也制约着企业的经营。环境创新不是指企业为适应外界变化而调整内部结构或活动,而是指通过企业积极的创新活动去改造环境,去引导环境朝着有利于企业经营的方向变化。例如,通过企业的公关活动,影响社区政府政策的制定;通过企业的技术创新,影响社会技术进步的方向等等。就企业来说,环境创新的主要内容是市场创新。

(三)管理创新的过程

1. 寻找机会

(1)企业外部,可能成为创新契机的因素有:①技术的变化——可能影响企业资源获取,生产设备和产品的技术水平。②人口的变化——可能影响劳动力市场的供给和产品销售市场的需求。③宏观经济环境的变化——迅速增长的经济背景可能给企业带来不断扩大的市场,经济萧条也可能降低市场需求量。④文化与价值观念的转变——可能改变消费者的消费偏好,或劳动者对工作的态度。

(2)企业内部,引发创新的不协调现象:①生产经营中的瓶颈,可能影响劳动生产率的提高,或劳动积极性的发挥。②企业意外的成功与失败。

2. 提出构想

敏锐捕捉机遇,透过现象究其本原,分析和预测其发展趋势,估计其给组织带来的积极或消极后果,大胆提出创新构想。

3. 迅速行动

创新成功的秘密主要在于迅速行动。提出的构想可能还不完善,甚至可能很不完善,但这种并非十全十美的设想必须立即付诸实施才有意义。"没有行动的思想会自生自灭",这句话对于创新思想的实践尤为重要,一味追求完美,以减少受讥讽、被攻击的机会,就可能坐失良机,把创新的机会白白地送给自己的竞争对手。

4. 坚持不懈

构想经过尝试才能成熟,而尝试是有风险的,不可能一击即中。创新过程是不断尝试、不断失败、不断提高的过程。因此,创新者在开始行动以后,为取得最终的成功,必须坚定不移地继续下去,决不能半途而废,否则便会前功尽弃。

(四)创新活动的组织

1. 正确理解和扮演"管理者"角色

在创新面前,管理者不必扮演规章制度的守护神角色;不对创新尝试中的失败吹毛求疵;不轻易奖励那些不创新和不冒险的人;管理者要带头创新,并积极鼓励、支持、引导和组织成员进行创新。

2. 营造促进创新的组织氛围

积极地宣传创新,激发创新。比如,人人谈创新、时时想创新、无处不创新,不创新则无地自容的氛围;人人奋发向上、努力进取、跃跃欲试、大胆尝试氛围等。

3. 制定有弹性的计划

创新需要思考,思考需要时间;对创新过程的规划、创新时段的计划、创新资源的投入、创新成果的期望留有余地。比如,美国 IBM、3M、杜邦公司等允许职工用 5%～15%的工作时间来开发他们的兴趣和设想。

4. 正确对待失败

创新的过程是一个充满了失败的过程，失败是正常的，甚至是必须的，允许失败、支持失败、甚至鼓励失败。比如，美国计算机设备公司的企业哲学："我们要求公司的人每天至少要犯十次错误，如果谁做不到这一条，就说明谁的工作不够努力"。

5. 建立合理的奖惩制度

奖励不能视作"不犯错误的报酬"；奖励制度要既能促进内部的竞争，又能保证成员间的合作；要区别贡献，多设集体奖，少设单项奖，给每个人都有不同程度的成功希望。

三、管理创新的战略和方法

在制定创新战略时，不同的企业应该选择一个适当的创新度和创新方法，既要适应市场需求的发展状况，又要适应本企业的创新条件。只有这样，创新者才能充分利用和发挥本企业的创新优势，尽量减少或避免创新的风险，提高创新的效率，趋近企业的发展。

（一）管理创新的战略

创新的战略主要有以下几种方法：

1. 首创型创新战略

首创型创新战略是最好的一种创新活动。其基本特征在于首创。首创型创新具有十分重要的意义，因为没有首创，就不会有改创型和仿创型创新。每一项重大的首创型创新，都会先后在不同地区引起一系列相应的改创型创新和仿创型创新活动，从而具有广泛又深远的创新效应。

一般来说，首创型创新活动风险较大，成本较高，相应的利润也较高。市场需求的复杂性和市场环境的多变性，以及生产、技术、市场等方面的不确定性，给首创型创新活动带来较大的不确定性和风险性。另外，要开辟一个全新的市场，企业必须先进行大量的市场开发投资，其中包括市场调查、产品开发、设备更新、组织变动、人员培训、广告宣传等市场开发费用。当然，如果首创型创新获得成功，企业便会因此获得巨大的市场利益；如果首创失败，企业就会蒙受一定的损失。首创型是一种高成本、高风险、高回报的创新活动，因此，在采用首创战略时，创新者应根据实际情况，充分考虑各种创新条件的影响，选择适当的创新时机和方式，及时进行创新。

2. 改创型创新战略

改创型创新的目标是对已有的首创进行改造和再创造，在现有的首创基础上，充分利用自己的实力和创新条件，对他人首创进行再创新，从而提高首创的市场适应性，推动新市场的不断发展。这是一种具有中等创新度的创新活动。改创型创新战略，是介于首创战略与仿创战略之间的一种中间型创新战略。改创性是改创型创新战略的基本特征。改创者不必率先创新，而只需对首创者所创造的物品进行改良或改造，因此，改创者所承担的创新成本和风险比较小，而所获创新收益却不一定比首创少。当然，改创也是一种创造，也具有一定的风险。首创是重要的，改创也是重要的，如果没有首创，便没有改创的前提和基础；然而，如果没有改创，许多首创便没有市场发展的前景。

3. 仿创型创新战略

仿创型创新是创新度最低的一种创新活动，其基本特征在于模仿性。模仿者既不必率先创造全新的市场，甚至也不必对首创进行改造。仿创者既可以模仿首创者，也可以模仿改创者，其创新之处表现为自己原有市场的变化和发展。一些缺乏首创能力和改造能力的中小企业，往往采用模仿战略，进行仿创创新。

一般来说，仿创者所承担的市场风险和市场开发成本都比较小。虽然仿创者不能取得市场领先地位，却可以通过自己某些独占的市场发展条件来获得较大的收益和优势。例如仿创者可以率先紧跟首创者的战略，从而取得时间优势；或者采用市场割据战略、低成本战略，从而获得价格优势。仿创有利于推动创新的扩散，因而也具有十分重要的意义。任何一个首创或改创企业，无论它拥有多大的实力，也无法在一个比较短的时间内占领所有市场。因此，一旦首创或改创获得成功，一大批仿创者出现就成为必然。

（二）管理创新的方法

创新的方法有很多种，这里我们主要介绍下面几种创新方法：

1. 头脑风暴法

头脑风暴法是美国创造工程学家 A·F·奥斯本在 1939 年发明的一种创新方法。这种方法就是通过一种别开生面的小组畅谈会，在较短的时间内充分发挥群体的创造力，从而获得较多的创新设想。当一个与会者提出一个新的设想时，这种设想就会激发小组内其他成员的联想。当人们卷入“头脑风暴”的洪流之后，各种各样的构想就像燃放鞭炮一样，点燃一个，引爆一串。这种方法的规则有以下几个方面：

(1)不允许对别人的意见进行批评或反驳，任何人不做判断性结论。

(2)鼓励每个人独立思考，广开思路，提出的改进设想越多越好、越新越好，允许相互之间的矛盾。

(3)集中精力，针对目标，不私下交谈，不干扰别人的思维活动。

(4)可以补充和发表相同的意见，使某种意见更具说服力。

(5)参加会议人员不分上下级，待遇平等。

(6)不允许以集体意见来阻碍个人的创造性设想。

(7)参加会议的人数不超过 10 个，时间限制在 20 分钟到 1 小时。

这种方法的目的在于创造一种自由奔放的思考环境，诱发创造性思维的共振和连锁反应，产生更多的创造性思维。讨论一小时能产生数十个乃至数百个创造性设想，适用于问题较单纯、目标较明确的决策。

这种方法运用中又发展出“反头脑风暴法”，做法与“头脑风暴法”相反，对设想方案不提肯定意见，而是专门挑毛病、找矛盾。它与“头脑风暴法”一反一正相互补充。

2. 综摄法

这种方法是美国人哥顿在1952年发明的一种开发潜在创造力的方法。它是以已知的东西为媒介，把毫无关联、互不相同的知识要素结合起来创造出新的设想，也就是吸取各种产品和知识精粹，综合在一起创造出新的产品或知识，故名综摄法。这样可以帮助人们发挥潜在创造力，打开未知世界的窗口。综摄法有两个基本原则：

(1)异质同化，即“变陌生为熟悉”。这实际上是综摄法的准备阶段，是指对待不熟悉的事物要用熟悉的事物、方法、原理和已有的知识去分析对待它，从而提出新设想。

(2)同质异化，即“变熟悉为陌生”。这是综摄法的核心，是指对熟悉的事物、方法、原理和知识，用不熟悉的态度去观察分析，从而启发出新的创造性设想。

3. 逆向思考法

逆向思考法是顺向思维的对立面。逆向思维是一种反常规、反传统的思维。顺向思维的常规性、传统性，往往导致人们形成思维定式，是一种从众心理的反映，往往使人们形成一种思维“框框”，阻碍人们创造力的发挥。如果转换一下思路，用逆向法来考虑，就可能突破这些“框框”，取得出乎意料的成功。由于逆向思考法是反常规、反传统的，因而它具有与一般思考不同的特点：

(1)突破性。这种方法的成果往往冲破传统观念和常规，常带有质变或部分质变的性质，因而往往能取得突破性的成就。

(2)新奇性。由于思维的逆向性，改革的幅度较大，因此必须是新奇、新颖的。

(3)普遍性。逆向思考法适用范围很广，几乎适用一切领域。

4. 检核表法

检核表法几乎适用于任何类型与场合的创造活动，因此又被称为“创造方法之母”。它是用一张一览表对需要解决的问题逐项进行核对，从各个角度诱发多种创造性设想，以促进创造发明、革新或解决工作中的问题。时间证明，这是一种能够大量开发创造性设想的方法。

检核表法是一种多渠道的思考方法，包括以下一些创造技法：迁移法、引入法、改变法、添加法、替代法、缩减法、扩大法、组合法和颠倒法。它启发人们缜密地、多通道地思考问题和解决问题，并广泛运用于创造、发明、革新和企业管理上。

5. 类比创新法

类比就是在两个事物之间进行比较，这两个事物可以是同类的，也可以是异类的。通过比较，找出两个事物的类似之处，然后再据此推出它们在其他方面的类似之处，因此，类比创新法是一种富有创造性的发明方法，它有利于发挥人的想象力，从异中求同，产生新的知识，得到创新性成果。类比方法很多，如拟人类比法、直接类比法、象征类比法、因果类比法、对称类比法、综合类比法等。

6. 信息交合法

信息交合法是通过若干类信息在一定方向上的扩展与交合，来激发创造性思维，提出创新性设想。信息是思维的原材料，大脑是信息的加工厂。通过不断的撞击、重组、叠加、综合、扩散、转换，可以诱发创新性设想。要正确运用信息交合法，必须注意抓好以下三个环节：

(1)搜集信息。不少企业已设定专门机构来搜集信息。

(2)拣选信息。包含着核对信息、整理信息、积累信息等内容。

(3)运用信息。搜集、拣选信息的目的都是为了运用信息。

总之，信息交合法就像一个"魔方"，通过各种的引入和各个层次的交合引出许多系列的新信息组合，为创新对象提供了千万种可能性。

7. 模仿创新法

人类的创造发明大多是由模仿开始的，然后再进入独创。勤于思考就能通过模仿做出创造发明，当今有许多物品模仿了生物的一些特征，以致形成仿生学。模仿不仅用于工程技术、艺术，而且也被用于管理方面。

第二节 技术创新

技术创新是管理创新中的重要部分，组织需要延续和发展，就需要进行技术上的创新，以使得组织在总体的竞争环境中保持一定的竞争优势。

一、技术创新的内涵

广义地讲，技术是将资源(输入)转换为产品(输出)的方法、步骤、系统和技能。更广义地说，我们认为技术是科学的商业化，是将科学知识系统地应用于新产品、工艺和服务。从这个意义上讲，技术已存在于每一种新产品、新服务及其生产过程中。

(一)技术创新的含义

技术创新不等于技术创造。技术创造是技术创新，但是技术创新不一定是技术创造。

1. 技术要素创新

(1)材料创新。材料创新或迟或早地会引致整个技术水平的提高。

(2)技术手段创新。技术手段创新指生产的物质手段的改造与创新。

以上两个方面内容要求：(1)将先进的科学成果用于改造和革新原有设备。(2)用更先进、更经济的手段，取代陈旧落后、过时的机器设备，以使企业生产建立在更加先进的物质基础之上。

2. 产品创新

产品创新包括：新产品的创新和老产品的改造。

3. 要素组合方式的创新

(1)生产工艺创新。生产工艺创新指生产工艺的改革和操作方法的改造。

(2)生产过程的时空组织。生产过程的时空组织包括设备、在制品以及劳动在空间上的布置和在时间上的组合。

产品创新是企业技术创新的核心内容，它既受制于技术创新的其他方面，又影响其他技术创新效果的发挥。新的产品、产品的新的结构，往往要求企业利用新的机器设备和新的工艺方法；而新设备、新工艺的运用又为产品的创新提供了更优越的物质条件。

技术创新一方面通过降低成本使企业产品在市场上更具价格竞争优势；另一方面通过增加用途，完善功能，改进质量以及保证使用，使产品对消费者更具有特色吸引力，从而在整体上推动着企业竞争力不断提高。

(二)竞争环境中的技术创新

1. 技术领先

"时间就是一切"的格言被用于许多方面，也同样用于开发和利用新技术。行业的领导者如施乐、3M、惠普、默克通过早期开发和应用新技术建立并一直保持了它们的竞争地位。但是，技术领先地位增加了成本和风险，因而它并不是每个组织的最佳选择。如表 13－1 所示。

表 13－1 技术领先的优势和劣势

优势	劣势
先行者优势 较少说没有竞争 更高的效率 更高的边际利润 持续的优势 创新的声誉 建立进入壁垒 占有最佳的市场位置 学习的机会	更高的风险 技术开发的成本 开发市场和客户培训的成本 基础设施的成本 学习及消除瑕疵的成本 已有产品的报废可能

(1) 技术领先的优势。令创新者和技术领先有吸引力的是潜在的高收益和先行者优势。第一个向市场推出新技术产品能带来重要的竞争优势。如果技术领先使一个组织较其竞争对手的效率提高了，它就实现了成本上的优势。它能用这种优势去获得较其对手更大的利润或者通过制定低价格而吸引更多的顾客。类似地，如果一个公司第一个向市场推出新技术产品，因为还不存在竞争，它可能会制定较高的价格。较高的价格和较大的利润可以用来支付开发新技术的成本。

(2)技术领先的劣势。但凡第一个开发或采用新技术都不能马上获得优势和高效益。在这些潜在性存在的同时，技术领先还得承担跟随者无需承担的高成本和风险。这样，作为领先者可能比作为跟随者的成本更高。这些成本包括培训对新技术不熟悉的员工、建设基础设施、开发补充产品以实现技术的全部潜力。此外，法规的允许也可能是必须的。

作为先驱还要承担其他风险。如果原材料或设备是新的或者规格很独特，就不太可能以合理的成本迅速供应。或者技术还不太完善而有许多问题有待解决。另外，新技术产生的需求也具有不确定性。最后，新技术可能会对已有的结构或企业带来不利的冲击。它可能会侵占已有产品的市场或让已有的投资作废。

2. 技术跟随

不是所有的组织都准备成为技术领先者，领先给各个组织带来的利益也不尽相同。选择成为技术领先者还是跟随者，在很大程度上取决于公司的竞争定位、实用技术所得的利益以及组织的特征。技术跟随也能支持低成本和差异化这两种战略。如果跟随者学习领先者的经验，它能避免技术领先的成本和风险，从而确立了一个低成本的定位。

新技术的采用时间取决于组织的战略需要、技术熟练程度以及新技术的潜在利益。技术不会以最终状态出现，相反，它们会随着时间的推移而发展。如图 13－4 所示。这种发展使技术易于应用，更适应于多种战略。同时，补充产品及技术也可能得到发展和推广，从而使主打技术更有用。

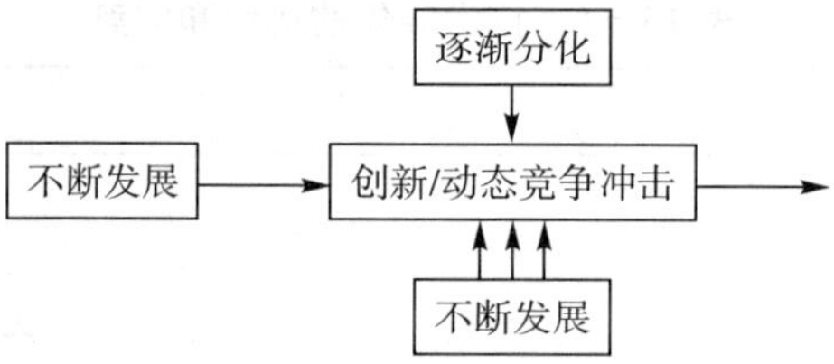

图 13－4　影响技术竞争的动态力量

（资料来源：D. M. Schroeder, "A Dynamic Perspective on the Impact of Process Innovation upon Competitive Strategies," Strategic Management Journal 11, (January 1990), pp. 25－42.）

这些补充产品和技术伴随着技术的逐渐普及，形成了一种来自新技术的变化着的竞争性冲击。组织采用新技术的合适时机是当采用该技术的收益超过了使用该技术的成本和风险时。这一时点对各个组织是不同的，它在很大程度上取决于各公司的特征和战略。

二、技术创新的源泉

创新源于组织内外部环境变化所带来的一系列不同的机会。这些机会可能是企业刻意寻求的，也可能是企业无意中发现而立即有意识加以利用的。这里介绍美国学者德鲁克关于技术创新的源泉理论。他认为企业创新的不同诱因可以归纳为以下 7 个方面：

(一)意外的成功和失败

企业经营中经常会发生一些出乎预料的结果。企业苦苦追求基础业务的发展,并为此投入了大量的人力和物力,但令人遗憾的结果却是这种业务不断萎缩;与之相反,另一些业务企业虽未给予足够的关注,却悄无声息地迅速发展。不论是意外的成功,还是意外的失败,都有可能是向企业暗示着某种机会,企业必须对之加以仔细的分析和论证。

1. 意外的成功

意外的成功通常能够为企业创新提供非常丰富的机会。这些机会的利用要求企业投入的代价以及承担的风险都相对较小。但如果说意外的失败是企业不得不面对的现实的话,那么未曾料到的成功则常被企业所忽视。因为这些意外的成功既然是"出乎意料"的,那么也通常是领导者所陌生、所不熟悉的,且大多与组织追求的目标和多年来形成的习惯和常识相悖。比如,企业可能长期致力于某种主导产品的研发和完善,对这种产品的质量改进或设施现代化投入过大量资金,而对一些顾客需求的特殊产品则仅投入相对较少的资源,但最终的结果则可能是后者获得极大的成功,而前者的市场销量则长期徘徊不前。这正应了中国那句老话,叫做"有心栽花花不开,无心插柳柳成荫"。

然而,在日常生活和经济生活中,人们通常只愿观察和发现那些自己所熟悉或自己所希望出现的结果,有时虽然也观察到了那些未曾预料或希望的结果的出现,但对其意义却常难以有充分的认识。这样,意外的成功虽然为企业创新提供了大量的机会,但这些机会却不仅可能被企业领导人视而不见,而且有时甚至被视为"异端"而遭排斥。

2. 意外的失败

一项计划——这可以是某种产品的技术开发,也可以是其市场开发,不论企业在其设计、论证以及执行上是如何地精心和努力,最终仍然失败了,那么这种失败必然隐含了某种变化,从而实际上向企业预示了某种机会的存在。比如,产品或市场设计的失败可能是这种设计所依据的假设不再能够成立。这既可能表现为居民的消费需要、消费习惯以及消费偏好可能已经改变,也可能表现为政府的政策倾向进行了调整。这种改变或调整虽然使计划的开发遭到失败,或使原先热门的产品不再好销,但却为一种或一些新的产品提供了机会。了解了这种变化,发现了这种机会,企业便可有针对性地进行有组织的创新。

无论是意外的成功还是意外的失败,出现时,企业必须搞清以下几个方面:

(1)究竟发生了什么变化?

(2)为什么发生了这样的变化?

(3)这种变化会将企业引致何方?

(4)企业应该采取何种战略才能充分利用这种变化,使其成为企业的发展机会?

（二）企业内外的不协调

当企业对外部经营环境或内部经营条件的假设与现实相冲突时，或当企业经营的实际状况与理想状况不相一致时，便出现了不协调的状况。这种不协调既可能是已经发生了的某种变化的结果，亦可能是某种将要发生变化的征兆。同意外事件一样，不论是已经发生的，还是将要发生的变化，都可能为企业的技术创新提供一种机会。因此，企业必须仔细观察不协调的存在，分析出现不协调的原因，并以此为契机组织技术创新。

根据产生原因的不同，不协调可分为：

1. 宏观或行业经济景气状况与企业经营绩效的不协调

这种不协调反映了企业在产品结构、原料利用、市场营销、产品特色等方面存在问题。

2. 假设与实际的不协调

及时的发现假设与现实的不符，企业就可以及时地改变或调整努力的方向。

3. 消费者价值判断与实际的不协调

这种不协调最常见，不利影响最为严重。比如，赫鲁晓夫 1956 年访问美国时曾对美国公众指出："苏联人永远不会想拥有小汽车，对他们来说，便宜的出租汽车更有意义。"这个判断实际上假定了在消费者的价值观中，汽车只是一种交通工具而已，而没有意识到汽车除了帮助人们在陆地上移动外，还是拥有者权力和社会地位的象征。使用它不仅节约时间，而且会增加自由度和移动性。赫鲁晓夫的错误判断为西方企业家提供了丰富的机会，同时也促进了苏联汽车黑市的形成。

（三）过程改进的需要

意外事件与不协调是从企业与外部的关系这个角度来进行分析的，过程改进的需要则与企业内部的工作（内部的生产经营过程）有关。由这种需要引发的创新是对现已存在的过程（特别是工艺过程）进行改善，把原有的某个薄弱环节去掉，代之以利用新知识、新技术重新设计的新工艺、新方法，以提高效率、保证质量、降低成本。由于这种创新的需要通常存在已久，所以一旦采用，人们常会有一种理该如此或早该如此的感觉，因而可能迅速被组织所接受，并很快成为一种通行的标准。

过程的改进既可能是科学技术发展的逻辑结果，也可能是推动和促进科技发展的原动力。与这两个因素相联系，过程的改进以及与此相联系的技术创新也可能是由外部的某个或某些因素的变化而引起的。比如，劳动力劳动成本的增加促使企业努力推进生产过程的机械化和自动化。

（四）行业和市场结构的变化

企业是在一定的行业结构和市场结构条件下经营的。行业结构主要指行业中不同企业的相对规模和竞争力结构以及由此决定的行业集中或分散度;市场结构主要与消费者的需求特点有关。

这些结构既是行业内或市场内各参与企业的生产经营共同作用的结果,同时也制约着这些企业的活动。行业结构和市场结构一旦出现了变化,企业必须迅速对之做出反应,在生产、营销以及管理等诸方面组织创新和调整,否则就有可能影响企业在行业中的相对地位,甚至带来经营上的灾难,引发企业的生存危机。相反,如果企业及时应变,则这种结构的变化给企业带来的将是众多的创新机会。所以,企业一旦意识到产业或市场结构发生了某种变化,就应迅速分析这种变化对企业经营业务可能产生的影响,确定企业经营应该朝什么方向调整。

实际上,处在行业之内的企业通常对行业发生的变化不甚敏感,而那些"局外人"则可能更易观察到这种变化以及这种变化的意义,因而也较易组织和实现创新。所以,对已在行业内存在的现有企业来说,产业结构的变化常构成一种威胁。

(五)人口结构的变化

人口因素对企业经营的影响是多方位的。作为企业经营中一种必不可少的资源,人口结构的变化直接决定着劳动力市场的供给,从而影响企业的生产成本;作为企业产品的最终用户,人口的数量及其构成确定了市场的结构及其规模。有鉴于此,人口结构的变化有可能为企业的技术创新提供契机。

作为一种经营资源的人口,其有关因素(如人口数量、年龄结构、收入构成、就业水平以及受教育程度等)的变化相对具有可视性,其变化结果也较易预测。比如,2020年进入劳动市场的人口,目前已经出生;就业人口中已经从业的年限决定了未来若干年内每年退休人员的数量。根据类似的资料,企业大致可以判断未来劳动市场的供给情况以及工业对劳动力的需求压力,并从中分析企业创新的机会。

(六)观念的改变

对事物的认知和观念决定着消费者的消费态度;消费态度决定着消费者的消费行为;消费行为决定一种具体产品在市场上的受欢迎程度。因此,消费者观念上的改变影响着不同产品的市场销路,为企业提供着不同的创新机会。需要指出的是,以观念转变为基础的创新必须及时组织才可能给企业带来发展和增长的机会。所谓及时,是指既不能过迟,也不能过早。

(七)新知识的产生

从某种意义上说,人类任何活动都是知识的利用、积累和发展的过程。把当前的时代称作知识经济时代的重要原因就是新知识以前所未有的速度涌现。一种新知识的出现,将为企业创新提供异常丰富的机会。

在各种创新类型中,以新知识为基础的创新是最为企业重视和欢迎的。与其他类型的创新相比,知识型创新具有最为漫长的前置期。从新知识的产生到应用技术的出现,最后到产品的市场化,这个过程通常需要很长的时间。不仅在自然科学领域如此,以社会科学新知识为基础的创新亦是这样。比如,早在19世纪初,圣西门就提出了有目的地利用资本去促进经济发展的商业银行理论,但直到他去世20多年后,才有他的门徒雅各布和皮里兄弟俩在1852年创办了世界上第一家商业银行——信贷公司。

知识型创新的第二个特点是这类创新不是以某一单一因素为基础,而是以好几种不同类型的知识的组合为条件。虽然在这类创新的组织中首先需要依靠一种或少数几种关键的技术以及相关的知识,但在所有其他必备知识尚未出现之前,创新是不可能实现的。这种对知识集合性的要求也是这类创新前置期较长的一个重要原因。飞机、计算机等的出现无不说明了这一点。

德鲁克在研究中提出创新的七种来源。显然,创新这个词本身的含义已经表明其机会和可能是难以穷尽的。同时还需指出,在企业实践中,创新通常是几种不同来源或影响因素共同作用的结果。

三、技术创新战略及其选择

一旦一个组织深入分析了自己在技术方面所处的地位,就可以开始决定如何在未来开发或利用潜在的技术创新。最有效的开发技术方法不仅依赖于技术支持组织战略需求的潜在可能,还依赖于组织能成功利用技术的技能与能力。技术创新战略是一系列选择的综合结果,一般涉及:创新的基础、创新的对象、创新的水平、创新的方式以及创新的时机等。

(一)创新基础的选择

制定一项关于技术创新的战略时,需要解决的问题是企业在何种层次上组织创新。这包括:分析市场潜力,利用现有的知识,对目前的生产工艺、作业方法、产品结构进行创新。

1. 理论上的创新

理论上的创新需要企业中的有关科研人员长期地、持久地工作,可能带来结果,也可能一无所获。企业选择此种战略风险比较大,而且需要企业长期提供资金和人力支持。

2. 应用性的研究

企业利用现有的知识和技术去开发一种新产品或新技术。时间比较短、风险比较小,相应的对企业的竞争优势的贡献程度也相对较小。

3. 分析市场潜力

在很多情况下,创新是由对新产品和服务的外部需求所激发的。例如,当前开发低轨道无线通讯卫星的工作就是由对全球潜在市场的明确认识所推动的。

4. 评价市场接受程度

经理们需要做两个决定。在短期内，必须要迅速应用以显示新技术的价值；在长期内，则需要有一套应用以表明新技术是满足市场需求的有效方法。

知识链接

没有给老师的苹果

在黑板上写字，苹果公司正在失去其长期统治的学校市场。虽然仍然是苹果机多过PC机，但其领先优势已经微乎其微。随着越来越多的学校选择PC机而不是苹果机，苹果的销售额下降了。

戴尔在学校市场上横扫一切，占据新订单的35%的份额，而苹果只有15.2%。消费者认为PC机的性价比好过苹果机。但据研究，苹果机的使用和维护成本更低。而且学校一般都会将计算机使用很多年，一些学校仍在用最早的苹果。

苹果公司还提供了一揽子服务：使用方便的软件PowerSchool，可以帮助老师检查出勤、更新成绩，并将家庭作业在网上公布。尽管有了这些优势，苹果公司仍在失去学校市场。

原因何在呢？答案与社会学更相关，而不是价格。苹果公司被人们的思维方式所限，而戴尔公司则成为受益者，很耐心地杀了回来。家长们问："为什么我们在家里和办公室用的都是PC机，而我们的孩子在学校却要用苹果机？"这可不好回答。也许教师喜欢苹果机，但经常被家长和管理者的问题所难住。在多数学校，教师对技术决策的预算很少有发言权，而是由那些很少在教室出现的管理者决定教师使用什么样的计算机。如果他们向一些人咨询的话，多数的被咨询者是信息技术专家，而他们中的多数是在PC机上培训出来的。

苹果公司能做什么呢？对于初学者，要确保苹果机与PC机的兼容，这样就可以带来很大变化。由于苹果机的新网络特点，学生可以在PC机和苹果机之间转换，而无需知道这是否能在苹果机上完成。但是，即使苹果机在几乎整个20世纪90年代占领了学校市场，这并不能赢得苹果机用户的满意。许多孩子成长起来并在PC机环境里工作，转换起来没有任何困难。

尽管有挫折，但苹果公司没有投降。在新产品风格上，苹果机更健康，并持续开发新趋势产品。例如，它已获奖的、小巧的数码音乐播放器iPod就是一种席卷市场的产品。

（资料来源：Condensed from Charles Hadded, "Apple, the Saddest School Dropout," Business Week Online, September 18, 2002）

(二)创新对象的选择

企业可供选择的创新对象包括产品、工艺、生产手段等三个领域。

1. 产品创新

产品创新可以为消费者带来一种全新的享受,而且可以降低产品的成本。所以不仅给企业带来的是特色的形成,而且可能是成本的优势。

2. 工艺创新

工艺创新可以为产品质量的形成提供更加可靠的保证,加强企业的特色优势。产品与工艺的创新主要是由企业完成的,外部一般很难替代。

3. 生产手段创新

生产手段创新可借助外部的力量完成。由外部厂家来实现生产手段的改造,则可能使得企业与此相关的产品具有创新性或技术创新性。

在创新对象的选择时应考虑以下两个方面:

1. 技术的可行性

愿景可能在很长一段时间内无法实现,技术障碍则代表了进步的阻碍。如,自从英特尔公司在 1971 年发明了第一个微处理器后,芯片制造商在计算能力上已经取得了很大的进步。在一个芯片上的晶体管数量以及它运算的速度每 18～24 个月就会翻倍,人们现在把这个规律叫做“摩尔定律”(Gordon Moore 是英特尔公司的缔造者之一)。但是微处理器技术的前沿研究由于物理原因和经济原因的双重作用而被限制了。

2. 经济可行性

经济可行性是组织必须考虑的问题。例如,用太阳能发电多年前就已可行,然而它的成本却比石油燃料高得多。同样,汽车应用燃料电池的技术基本上是成熟了,但其成本仍然太高。

(三)创新水平的选择

创新水平的选择是在行业内相对于其他企业而言的,需要解决的是在组织企业内部的技术创新时,是采取“先发制人”的战略还是追随他人之后“后发制人”的战略。

1.“先发制人”的贡献

(1)可给企业带来良好的声誉。

(2)可使企业占据有利的市场地位。

(3)可使企业进入最有利的销售渠道。

(4)可使企业获得有利的要素来源。

(5)可使企业获得高额的垄断利润。

2.“先发制人”带来的问题

(1)要求企业付出高额的市场开发费用。

(2)需求的不确定性。

(3)技术的不确定性。

(四)创新方式的选择

组织的创新方式有各种各样的选择方案,不同的方案有各自的优点和缺点。下面是关于一些常见方案的探讨。

1. 内部开发

自己研发一种新技术具有保证技术的排他性的潜在优点(因为它是本组织专有的技术)。这种方式提供了超过竞争者的重要优势。

2. 购买

很多产品和工艺技术已经成熟,并且可以公开得到。例如,一个银行需要一种专业化的信息处理设备。他不必自己开发,可以直接从供应商那里采购。在很多时候,这种方式最简捷、容易,成本也最低。

3. 承包开发

如果一种技术是市场上没有的,且公司没有能力和时间去研发,他可以选择以合同方式将该技术的开发外包出去。其他公司、独立的研究机构、大学、政府研究院等都是很好的承包对象。

4. 许可

一些很难作为产品的一部分来购买的特定技术,可以采取许可的形式。先锋的VHS录像制式有严格的专利权,但他们允许这项技术许可使用,以便于和对手竞争。由于这种措施使其他厂商很容易获得这项技术,因而使VHS成为主流制式(超过BETA制式),进而成为了行业标准。

5. 合伙研究与合资企业

合伙研究指联合开发特定的新技术,典型的情况是每个成员都拥有开发所需的不同的技术或资源,有效联合的起始阶段是创立公司。合资企业与之类似,但更稳固,其结果是组建全新的公司。

6. 收购拥有技术的公司

如果公司没有所需要技术,但希望获取技术的所有权,他可以选择购买拥有该技术的公司。这一交易有很多形式,从购买整个公司到只获得足以获得技术的少数股份。Sun Microsystems的CEO,Scott McNealy很愿意承认其公司战略的一部分就是收购有新兴技术的公司。在拥有互联网的快速世界里,没有哪个企业可以单独完成一切。

至于在技术创新的时候选用哪一种方式,回答下面的问题可以从中得出方案:

(1)从竞争优势的角度看,拥有技术的所有权是否重要或可能?

(2)内部开发是否有时间、技术和资源?

(3)公司以外是否有现成的技术?

从管理者回答以上问题就能知道获得技术的最恰当方式，如图 13—5 所示。

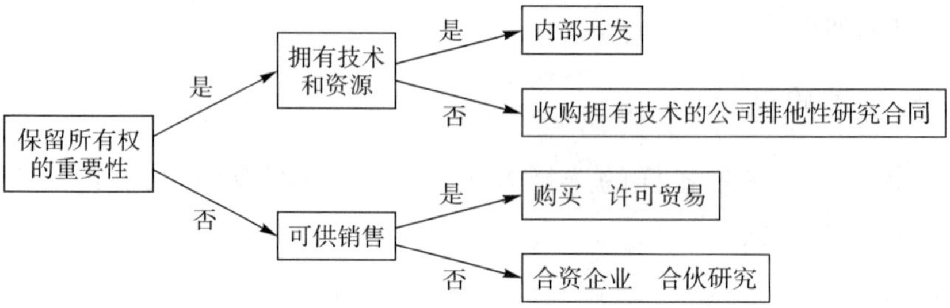

图 13－5　获取技术的可选方案

管理聚焦

为拯救生命的 PET 项目奋斗

作为世界上最著名的科学家之一，Michael Phelps 名利双收。但他说，真正改变其生活的是他在华盛顿 Port Orchard 的一个贫困的爱尔兰社区长大时，所学到的拳击和保龄技术。

1974 年 Phelps 和博士后 Ed Hoffman 发明了第一台正电子喷射断层摄影扫描仪(PET)。与 X 射线只显示人体结构不同，PET 可以显示体内的化学和生物流程。例如，他可以显示大脑如何记忆和思考、心脏如何跳动、胰腺如何合成胰岛素。

这一发明拯救了成千上万人的生命。在 PET 扫描中，病人被注射了一点射线敏感性的葡萄糖，然后通过圆圈状的 PET 扫描仪。在葡萄糖通过身体各处时，扫描仪便拍下照片。因为癌细胞吸收糖分，所以显示葡萄糖吸收的地方可能是一个恶性肿瘤。根据 Phelps 的最新研究，该设备还可以在病状出现前 15 年探察出 Alzheimer 疾病。

只有大医院才拥有 PET，因为一台这样的设备要花费 80 万到 300 万美金。但专家认为该设备的世界市场是值得开拓的，而且许多制药企业用 PET 来检测新药在老鼠身上的药效。

如何使这项技术获得接受是一个挑战。保险公司多年来都支付巨额 PET 扫描费用，它一般要 25000 美金，而且测试过程需要 90 分钟。相反，CT 扫描只需要 15 分钟，而且不超过 500 美金。但医学研究显示，PET 的准确率更高。当然这也取决于疾病和病人。

1997 年，政府最终同意社会医疗体系中的病人可以利用 PET 检查肺癌。从那时起，PET 也逐渐被许可使用在其他诊断中。这要感谢多年来 Phelps 的游说。议员 Ted Stevens 经常提起他如何错过一个演讲，因为当时与 Phelps 的谈话太投入了，“我被打动了”，“我认为 PET 是一个可以带来其他突破性的发明。”

Phelps 预测 PET 技术将被用来检验药物，从而将药物更快地推向市场。药物首先要在老鼠身上试验，以确定其对人类的作用。PET 可以使人类测试更安全，更准确。

快速检验药物仍是个梦想。许多人还认为它是个幻想。但是 Phelps 喜欢引用一个朋友的话："生命是有自然曲线的。你先是上升，然后到达高点，然后下降。唯一可以改变他的方式是不断的开始新曲线，这样就可以一直处以发展中。"那就是为什么 Phelps 坚持一周工作七天的原因：他正为下一次腾飞做准备。

（资料来源：Olga Kharif，"A Sharper Eye For Seeing Within"，Business Week Online，July 30，2002.）

第三节　组织创新

组织创新是组织外部环境与内部要素共同作用的结果。其研究最早可以追溯到熊彼特。从熊彼特早期给出的创新模型的内容来看，熊彼特主要关心的是与技术相联系的创新，组织创新并不是其创新理论的核心构成部分。

一、组织创新的内涵

所谓"组织创新"就是指组织依据外部环境的变化和内部要素的变化，及时地调整并完善自身的结构和功能，以提高其适应生存和发展需要的应变能力。

现代组织已不再把组织结构看成一个刚性的东西，而是把它看成一个柔性的东西，一个有学习能力的有机体。这是因为，僵硬的组织结构已不再适应现代世界多变的状态。而从刚性的组织结构到柔性的组织结构本身就是组织创新的结果。

通过组织的创新和调整，完善组织结构和人事配备，优化组织功能，改进组织管理的方法，增强组织的社会心理效应，从而使各类组织能更好地适应社会时间的要求，满足社会发展的需要，创造出更好的效益来。

（一）完善组织结构

通过组织的创新和调整，使组织结构的要素（责任、权力、职务、人员、单位等）按合适的层次与控制幅度组织起来；建立科学的人事编配和管理人员的测评考核制度，保持组织机构的精干，增强组织的活力；制定以职授权，以责定利，职、责、权、利相统一的组织原则；使组织和企业有一定的技术、资金、设备和人员储备；组织负荷适度，有一定的弹性；组织运转灵活，指挥统一，有较高的效益。

（二）优化组织管理功能

优化组织管理功能指通过变革和调整使组织管理工作达到功能优良的程度。组织管理的基本功能是，先做决策，再制定计划，然后再组织实施，进行协调控制，从而达到合理组织生产力的优化功能。

（三）和谐组织的社会心理气氛

组织结构的完善与组织管理功能的优化同组织内部与外部的社会心理气氛和谐是分不开的。否则，民情逆反、民怨滋生、沟通障碍、关系紧张，将大大挫伤组织成员的积极性，损害组织结构的完善和管理功能的优化，降低组织的经济效益和社会效益。和谐的社会心理气氛表现在下列方面：

其一，每个成员对组织目标有明确的认同感，对组织有强烈的参与感、归属感、责任感和义务感；

其二，组织成员之间具有良好的心理平衡与和谐的人际关系；

其三，组织之间及组织成员之间有良好的竞争与合作的意识，保持良好的竞争与合作的关系；

其四，组织具有良好的信息交流与意见沟通，保持较高的透明度与民主气氛；

其五，组织成员能保持较高的主人翁意识和高涨的士气；

其六，有良好的激励水平，能激发成员的内在动机，焕发起活力与创造力，提高期望与目标水平。

（四）提高组织效能

提高组织效能指组织能否按时、按质、按量的完成任务，提高效率、效益和达到目标的能力。提高组织的目标与绩效效能包括以下几个方面：

其一，提高效率（即时间与数量指标），能按期或提前完成任务指标；

其二，提高质量（即优质与名牌指标），指提高优质的比例，创名优产品；

其三，提高效益（即提高经济效益和社会效益），只用最少资源，取得最大效益；

其四，增强成员的满意度。

二、组织创新的原则和内容

（一）组织创新的原则

1. 以核心能力为中心的原则

核心能力是一个组织独特的、很难模仿、无法替代的能力，它是现代组织确立竞争优势的基础。组织结构的创新应该围绕组织的核心能力进行设计，要有利于核心能力的获取与保持、有利于核心能力在竞争中发挥作用。

2. 灵活性原则

现代组织的设计必须遵循灵活性原则，使其具备适应、应对外部环境变化和内部结构变化的能力。这也是经济全球化，国际市场竞争的需要。但同时要保证这种灵活性不会对组织结构产生破坏性作用。

3. 最少层级的原则

一般来说，管理的层次越多，组织内部信息的传递和对环境变化的反应速度就越慢，组织的工作效率就越低。因此，现代企业组织应尽量减少层级，实现组织的高效率工作。

4. 有效沟通原则

在组织创新过程中，沟通是相当重要的，这具有几方面的作用：其一，组织的领导需要通过沟通将组织的远景和战略传达给各级组织成员；其二，沟通有助于管理层和组织成员了解组织创新的进展，以及还有哪些工作没有完成；其三，利用多种沟通途径，管理层将重要的信息传递给组织成员，组织成员也可向其他成员提供帮助或者寻找帮助。管理层和组织成员之间注重沟通，会让组织成员感受到领导层的关注，一起克服创新中遇到的种种困难。

（二）组织创新的内容

组织创新包括以人为中心、以结构为中心和以组织过程为中心的组织创新。

1. 以人为中心的组织创新

以人为中心的组织创新就是指借以改变人员的态度及人际关系的性质来达到改进组织绩效的目的。要改变人员的态度，往往要经历三个阶段，即解冻——改变——再解冻。解冻是刺激个人或团体改变他们原来的态度，并消除那些支持这些态度或行为的因素，灌输他们一些新的观念，将妨碍创新的因素减至最小，以鼓励人们接受新的观念。解冻一旦完成，就可以推行本身的创新。个体受到刺激而发生改变，这个改变可经由模仿和内化作用产生。新的状态需要再加以冻结，这样才能使之保持一段相当长的时间。因此，再冻结的目的就是通过平衡驱动力和制约力两种力量，使新的状态稳定下来。

以人为中心的组织创新的最终目标将是通过内部成员的组织修炼，建立学习型组织。

2. 以结构为中心的组织创新

一个组织的结构是由其复杂性、正规化和集权化程度决定的。领导者可以对这些结构要素的一个或多个加以变革。结构的变革往往涉及许多因素和领域，其中组织结构变革的因素包括规章制度、程序、正式的奖酬制度、部门划分的基础、进度安排计划、信息沟通系统、工作绩效的标准、正式决策的权力、正规培训及指挥系统等。组织结构变革涉及的领域可以分为三个部分：第一是组织结构上的改革所涉及的部门，包括分权程度的改革、管理跨度的改革、协作方式的改革、工作设计的改革及工作进度的改革；第二是整个组织规划的改革,包括行政型与系统组织规划变动,简单式、机械行政式、专业行政式、部门化的变革及举证组织结构的改革等;第三是其他组织结构方面的改革,包括报酬制度的改革、工作表现评价鉴定制度的改革和控制指挥系统的改革等。

为了提高组织的正规化程度,可以制定更多的规则和制度。而通过提高分权化程度,则可以加快决策制定的过程。

3. 以组织过程为中心的组织创新

以组织过程为中心的组织创新是对传统的组织理论与实践的一种突破,其组织创新的结果是构建"过程组织"。

根据分工理论,职位和部门这些"实体"就成为组织理论的基本构件。在传统组织中,工作的实施过程要有许多职位和部门来分别承担其中某一部分或步骤的作业,这就必然产生频繁的跨部门协调的需要。尽管个别作业的效率从专业化分工中确实得到了提高,但各项工作间衔接的困难、跨部门协调的时间浪费和高费用及整个流程的适用性问题却由此产生。为了使被割裂的过程重新得到综合,组织只能依靠层层相叠的管理层次作为"黏合剂"。但实际上,组织作为一种社会系统,和其他社会系统一样,组织的基本构件不应该是实体,而是活动或事件。

三、组织创新的趋势

由于现代组织所面临的是巨变的环境,为适应环境的持续变化,组织就必须做出反应,其基本对策之一就是要经常推动各种变革,要不遗余力的推动创新。

(一)等级制的弱化

在未来社会中,网络技术的发展已经迫使每个组织在互联网络上生存和发展。互联网络具有无比强大的威力和作用,其优点在于信息共享和数据通信,互联网的几种主要服务就体现这一优点,互联网的运用将极大地改变组织的面貌。组织利用内部的网络,把组织内部的所有信息连接起来,这样组织成员可以找到任何地方的信息,将这些信息从神秘的数据库中取出来,变成人人都可运用的资料。计算机的这种网络连接,也是组织很难找到的一个中心点。各组织成员形成一个互相联结的网络,也就是由传统的一个中心,变成多个中心。在未来的组织中等级制必定大大弱化,基于知识的组织形式将围绕网络建立起来。

(二)组织结构扁平化

组织结构的扁平化是指减少组织管理层次和扩大组织结构的管理幅度。这种组织结构是对层级制组织结构的进一步完善与发展。它将组织结构的形态由标准的金字塔形向圆筒形转化,具有中间环节少、管理成本低、对组织外部环境的变化反应灵敏、适应性强等优点。组织结构简单化的一个重要手段在于尽量减少组织结构的中间层次,使指令下达、信息传递速度加快，从而保证决策与管理的有效执行，使组织变得灵活、敏捷，从而提高组织效率和效能。20 世纪 80 年代以来，美国很多企业开始对传统组织进行大胆改革，其中一个重要措施就是大量削减中层，大多数大型公司将组织层次削减了 1/3，甚至更多。

组织结构扁平化的变革，不仅为组织成员的工作提供了最大限度的自由，激励了士气，提高了效率。而且，新的组织形式也有助于节约管理费用，降低成本，使信息的上传下达更为通畅，从而更好地为顾客服务。

（三）组织内部分立化

组织的分立化是指从一个大公司组织里再分离出几个小的公司组织，把公司组织与下属单位组织之间的内部上下级关系变为类似外部性的公司与公司之间的关系。其实质就是在大型组织内部用市场机制代替层级制的行政机制，提高组织的创新能力与灵活性。具体来说，就是大公司将尽可能的分散成若干小的相对独立的公司、分公司或部门，把公司部门与下属单位之间的内部化的上下级关系变为类似于外部性的公司与公司之间的关系；同时，将决策权力下放到基层，使基层组织充满活力，以应对各种突变和适应各种变化的条件。

在扁平化的组织形式中，管理人员的减少也使管理幅度增大，因而决策更多的需要由成员，而非传统的上级做出。这种要求由于信息技术的进步而变得可能。互联网使信息的获得变为极度广泛而且失去了层级的区别，一些成员因为更接近市场往往掌握变化的信息更快、更充分，更主要的是一些决策必须当机立断，不然会坐失良机，因而赋予这些成员一些权力，代替组织其他成员独立的做出决策对组织来说是有益的，因此传统组织的分立化，也就成为一种必然选择。

（四）组织关系网络化

组织关系网络化指企业组织为了一定目标，利用一定手段，把一些相关企业组织联结起来形成一个合作性的企业组织群体，其出发点是积极地利用企业的外部经济。外部网络可以通过独立公司之间的物流、资金流和信息流等形成一种组织间网络关系，虚拟企业和战略联盟等就是比较典型的外部网络形式。

组织网络化具有两个重要特征。一是用特殊的市场机制代替行政机制，从而联结其各个经营单位以及公司总部；二是在网络化的基础上形成了强大的虚拟功能。通过这种方式，企业可以获得诸如设计、生产和营销等具体功能，却未必要拥有相应的实体组织。

（五）组织边界柔性化

柔性是一个多维的概念，它要求组织具有灵活性与多面性，预示着稳定性、持续的优势和能力能够随时间与环境的变化而变化。

组织的柔性化是指除了具有传统的组织职能以外,还应该能够使企业具有参与国际竞争,对意外的变化迅速反应,以及根据可预期变化的意外结果立即进行调整能力的组织结构设计。

组织的柔性化是与组织的可塑性密切相关的,只有具有较强可塑性的组织才是柔性化组织。它具有有利于创新、加快速度以及反应敏捷、避免危机的优点。

(六)组织规模小型化

小型化意味着组织精良化的发展趋势,它去掉一切多余无用的东西,凡是不能为组织增加利益的部分就去掉只留下最精干的。由于计算机等设备的运用,使中层监督和控制部门中的工作重要性降低,从而使组织管理的层次和机构明显减少,而由于组织管理层次减少造成的管理幅度增大的困难可以用网络解决。又因为组织成员不再受专门化和专业化的限制而广泛使用具有综合知识和综合能力的人,人员的规模也就不会很大。由于网络的使用,每个人所控制的领域都比传统的组织大,这样必然导致组织规模的小型化。让组织成员打破原有的部门界限,直接面对顾客和公司总体目标,在这点上,要发挥群体和协作的优势,赢得组织的高效率,必须发挥"团队"作用。这种小规模组织的出现,既是科技发展所产生的结果,也是面对激烈竞争的知识经济时代,充分发挥小型化组织"船小好掉头"的机动灵活的能力的要求。

(七)组织关系虚拟化

未来学家托夫勒说:在知识经济时代,经营的主导力将从经营力、资本力过渡到信息力和知识力。到了知识经济时代,大量的劳动力将游离于固定的企业系统之外,分散劳动、家庭作业等将会成为新的工作方式,虚拟组织将会大量出现。电脑软件及其网络技术的蓬勃发展,将加快这一时代的到来。届时,诸多的企业都不必再去建造庞大的办公大楼,取而代之的是各种形式的流动办公室,上世纪80年代人们大为不解的"皮包公司"届时将司空见惯、习以为常。据了解,美国、加拿大等国的大型跨国公司的科技人员目前在家办公的人数已达40%以上。组织形式将由以往庞大僵化的外壳逐渐虚拟,流动办公、家庭作业必将受到广泛青睐。随着组织结构的虚拟和家庭作业人数的增多,如何利用网络技术来实施管理将成为企业领导者和管理者需要认真解决的新课题。

本章小结

创新概念包括的范围很广,各种能够提高资源配置效率的活动都是创新。本章节我们认为:创新是一种思想以及在这种思想指导下的实践,是一种原则以及在这种原则指导下的具体活动,是管理的一种重要职能。

如果从字面上直观地来理解创新,一般是指对原有的东西加以改变或引入新的东西，或指对原有的东西加以改进或引入新的东西的过程或活动。而管理是指综合运用人力资源和其他资源以有效地实现目标的过程，那么管理创新就应该是指为了更有效地运用资源以实现目标而进行的创新活动或过程。

技术的出现、发展及淘汰有确定的和可预测的模式。决定性的力量聚集起来推动技术的创造，而新技术将遵循确定的生命周期模式。理解驱动技术发展的力量及技术发展所遵循的模式，将有助于管理者进行更有效地预测、监督和管理。

组织创新是组织外部环境与内部要素共同作用的结果。如果一个组织不能根据变化了的环境及时变革自身结构，就不能适应市场环境，不能实现组织目标，最终必将被淘汰。

本章习题

1. 什么是创新？创新的特性是什么？
2. 管理创新有哪些基本战略？你认为应该在什么环境下用什么战略？
3. 管理创新有哪些基本方法？你认为最主要的方法是什么？
4. 你能举出技术创新的例子吗？什么力量使这些技术背后的科学商品化？这些能力在有市场需求前就存在吗？还是市场需求在先？
5. 托马斯·爱迪生曾说过，大多数的创新是10%的灵感和90%的汗水，这与你所知道的技术生命周期相比如何吻合？
6. 组织创新的概念是什么？对一个组织来说，创新具有什么样的意义？
7. 为什么在很多组织内部的成员常常会抵制组织创新，而抵制创新对于组织内部成员具有什么样的意义？组织创新可能会对组织内部成员带来什么样的影响？

案例研讨

松下公司：为创新而组

当1999年中村邦夫被任命为松下电子工业公司的董事长兼CEO时，他有一个重要的要求：继续做他一直做的事。作为世界最大的消费电子产品集团的高级管理人员，中村曾改造了他接手的几乎每一件事。在成功地简化了其在美国的业务流程后，他在2年内将松下在中国的35个分支结构从亏损转为盈利。

因此，当中村担任CEO的新职务时，他被赋予完全的自由就不足为奇了。“除非能够执行我自己的政策，否则我不想当CEO，”他说，“我的工作就是鼓励变革。”

是需要有人来做了。松下这个拥有分布在46个国家29万名员工的巨人在信息技术方面正成为落后者。松下的Panasonic品牌仍非常流行，在网络电话、汽车导航和DVD产品方面掌握着很高的市场份额。但是它从未生产过像索尼的随身听那样的重磅产品。而且它已经被在电视和录像机这样的传统产品上不断下滑的利润打垮了。仅一年时间，松下公司消费品的营业利润就下降了60%。

在管理方面，中村显然继承了一架破旧的机器。它的官僚机构是庞大的，有太多的业务部门，仅在日本就有150个。其股票表现不佳。上任后，他保证将根据员工的才干，而不是其年龄或资历给予回报，以实现对员工的授权。这对于一架有着84年历史、一直是想终身雇佣的公司是有震动的。“有必要让人们调整自己的技能来适应IT时代。”中村说。为了履行承诺，他计划在今后3年内在信息技术方面投资10亿美元。中村还分发了500部预备联网的电话给高层管理人员，以便能随时随地联系上他们。

到目前为止，中村已经合并了松下的5个事业部，解雇了13000名员工。主要目的是消除产品开发的重复性。当所有工作都完成时，公司将在4个主要业务领域拥有14类产品。这4个主要领域是音像、家用电器、工业设备和数码产品。

但与竞争对手不同的是，松下不准备将工厂转移到中国区，虽然那里的劳动力成本更低。“日本是一个需要制造基地的国家，如果它希望继续成长的话，”中村这样说，“它在技术、制造和小型化方面都领先……所以我不太担心日本会失去技术优势。”

中村希望松下也能如此。2002年4月，松下出现了34亿美元的赤字，达到历史上的最高点。大部分赤字来自于重组的开支。

中村能在整个公司获得像在美国和中国取得的成绩吗？“不管我画了一张多有魅力的画，直到我真的成功了，你们才会相信我。”他有些苦涩地说。关于这一点，中村说的绝对没错。

（资料来源：[美]贝特曼：《管理学》，新竞争格局，第6版，王雪莉译，北京：北京大学出版社，2007年。）

案例思考题：

1. 为什么松下需要变革？
2. 中村还能做什么来改进公司的信息技术战略？
3. 你如何评价中村将公司的工厂保留在日本的计划？这对产品开发有何影响？

应用训练

创新的计划工作

1. 实训目标

(1) 给日趋沉闷的公司掀起带来创新观念的头脑风暴。

(2) 探讨优秀创新计划的要素。

2. 实训内容

(1)阅读以下的马森公司的情况说明。

(2)个人或小组提出一份在马森公司鼓励创新的计划。就人员配备、报酬、组织结构、工作设计以及使用的组织行为的其他方面进行讨论。

(3)与小组成员或全班分享你提出的计划。

马森公司的情况说明

马森公司主要从事个人装饰品的设计、开发和生产。从1950年到1980年,它一直是行业内推出获利丰厚的新产品的领先者。在此期间,其研发部门的专业人员数量从20人增加到了150人。然而自从1980年以来,公司一直在依赖过去的成功而未能成功地推出有重大创新意义的新产品。高层管理者希望重建马森公司在行业内技术创新先驱者的声誉。

问题讨论

(1)这些计划中有哪些要素是共同的?

(2)这些计划怎样很好地跟踪创新过程?

(3)这些计划是否包括了实现创新所需的各种角色的规定?

(4)各个计划各有什么优点和缺点?

(5)一个有效的计划应该由哪些部分组成?

第十四章 信息化与管理

学习目标

▶了解信息的基本概念

▶了解信息技术的概念以及常见的信息技术

▶熟悉和掌握信息管理的基本概念及特征

▶理解信息化对企业管理的影响

▶理解常用企业信息化管理的技术和手段

案例导引

克莱斯勒汽车公司的信息系统战略

1980年克莱斯勒汽车公司负债28亿美元,似乎要面临破产。它的财政危机促使其管理部门寻找新的方法,以降低成本,加速存货周转速度,提高产品性能。其新管理小组在Lee lacocca的领导下,制定了一套大胆措施,将基于计算机的系统纳入管理控制之下。克莱斯勒不具备对几项高技术方案同时投资的财力,于是,它采用了一种“来福枪”方法来建立系统:即建立绝对关键的系统,建立能得到最大回报的系统。克莱斯勒汽车公司建立了集成化的系统。当一个订单在销售商处被输入电脑时,这一订单就与生产、生产调度、发票、零件预测、计划、零件及存货管理等各个环节连在了一起。

克莱斯勒与其说是一个汽车制造商,不如说是一个装配商和经销商,因此它对制造技术的领先不是太注重,像可视系统、可编程控制器,还有机器人技术,这些在通用和福特远比在克莱斯勒重要。

克莱斯勒汽车公司将其信息系统的大部分投向全公司范围的通信系统和即时库存管理。显然,即时库存管理对于一个70%的零部件都依靠外部供应商的公司来说,是十分重要的(即时供应要求零部件要适时送至生产线上,这使得车间的存货控制在尽量低的水平,降低了成本)。在80年代,信息系统将存货量降低了9个百分点,并将每季平均存货周转次数从6.38提高到13.9。

克莱斯勒汽车公司仅靠一个全公司范围的网络，将公司的大型机与各供应商的中型机连接了起来，并使工程技术工作站能够访问大型机。这使得数据在某个系统、生产场所，或者车间与其他部门之间的流动更为容易，而且方便了即时存货管理。

克莱斯勒汽车公司于1982年开发了一个卫星通信网络，为其遍布全国的近5000家代理商和办事处提供单向视频及双向数据传输。公司现在一直在向境外发展。

克莱斯勒已经用电子技术将其自己和供应商的计算机连接在了一起，比如为美国汽车工业提供金属薄板部件、车轮产品和框架的密歇根州罗切斯特市的巴德公司。巴德公司能够通过安装在各个工作区的电脑终端提取克莱斯勒的生产信息，一旦哪里需要，就把零件准确地送到该地。有一项新的增强措施用于检测供应商发来的先进电子货运通知单的准确性，还帮助公司更紧密地跟踪存货水平和付款时间表。

（资料来源：百度文库）

信息化是计算机、通信和网络技术的现代化，是从物质生产占主导地位的社会向信息产业占主导地位的社会转变的发展过程。信息化管理就是以信息化带动工业化，实现企业管理现代化的过程，它是将现代信息技术与先进的管理理念相融合，转变企业生产方式、经营方式、业务流程、传统管理方式和组织方式，重新整合企业内外部资源，提高企业效率和效益、增强企业竞争力的过程。

第一节 信息与信息技术

信息与信息技术是信息化管理的基础。认识和掌握信息与信息技术是组织实现信息化管理，提高管理质量和水平的重要前提。

一、信息

信息是对客观世界中各种事物的运动状态和变化的反映，是客观事物之间相互联系和相互作用的表征，表现的是客观事物运动状态和变化的实质内容。

数据(Data)是载荷或记录信息并使之按照一定规则排列组合的物理符号。它可以是数字、文字、图像、声音、视频数据，也可以是计算机代码。人们对信息的接受始于对数据的接收，对信息的获取只能通过对数据背景和规则的解读。背景是接收者针对特定数据的信息准备，即当接收者了解物理符号序列的规律，并知道每个符号或符号组合公认的指向性目标或含义时，便可以获取一组数据载荷的信息，亦即数据转化为信息。

信息是数据载荷的内容，对于同一信息，其数据表现形式可以多种多样。例如，你可以打电话告诉某人某件事（利用语言符号），也可以写信告诉某人同一件事（利用文字符号），或者干脆画一个图（利用图像符号）。

知识是信息接收者通过对信息的提炼和推理而获得的认识，是人类通过信息对事物运动规律的把握，是人的大脑通过思维重新组合的、系统化的信息集合。

知识的传输一般遵循如下模式：

传输者的知识→数据→信息→接收者的信息

这一模式说明，要传输知识，传输者首先要将头脑中的知识转化为数据，使之成为按一定的规则排列组合的物理符号，再通过一定渠道将数据传至接收者。接收者如果能够解读数据的背景与规则，则可以接收到相关的信息。然而最终能否获取传输者意欲传递的知识，还取决于接收者个人对信息的提炼与推理。只有当信息接收者接收到信息并能够从中提取关于事物运动的规律性认识和合理解释时，信息才转化为知识。例如，一份病人的病历对非医护人员仅仅是数据或信息，而对医生则能提供相关的知识。可见，信息能够转化为知识的关键在于信息接收者对信息的理解能力。

概言之，数据是信息的原材料，而信息则是知识的原材料，数据涵盖范围最广，信息次之，知识最小。如图 14—1 和图 14—2 所示。

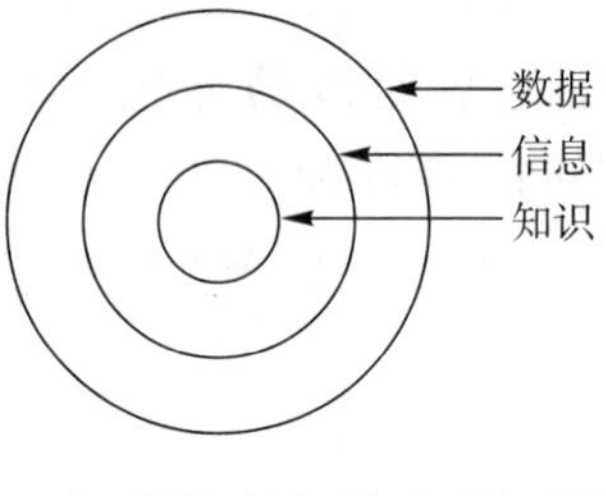

图 14－1　数据、信息和知识的包含关系

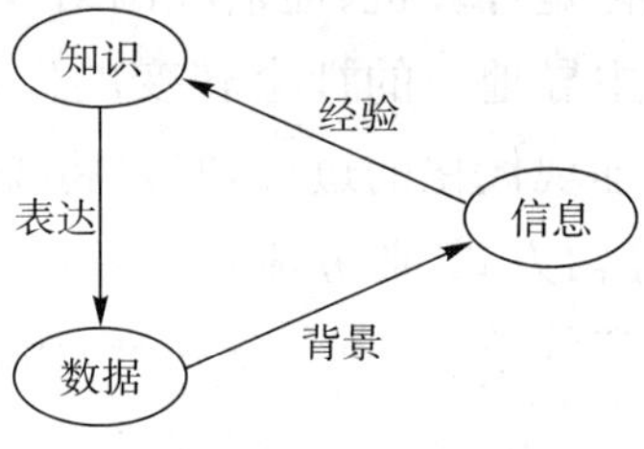

图 14－2　数据、信息和知识的相互关系

（一）信息的特性

1. 普遍性

信息的普遍性是指信息是无处不在，也是无时不在的。信息普遍存在于自然界、人类社会之中，也存在于人类的思维或精神领域之中。同客观世界所产生的信息一样，精神世界、思维领域的信息也可以具有相对独立性，可以被记录下来加以保存、复制或重现。

2. 无限性

信息的无限性表现在两个方面：一是一切事物的运动状态和方式都是信息，而客观事物是无限的，因此它所产生的信息必然是无限的；二是信息的无限性还表现为信息可以无限扩展。为了某种目的了解某种信息，就使得信息不断向外延伸。例如，在对某种产品情况进行调查时，从了解该产品在企业的生产情况，延伸到对该产品的原材料及客户情况的了解，随着这种了解的一步步深化，使得人们对信息的需求无限增加。

3. 共享性

信息可以脱离原事物相对独立地存在，因此可以被无限制地进行复制、传播或分配给众多用户，为大家所共享。信息的共享性有利于信息成为企业的一种资源。严格地说，只有实现企业信息的共享，信息才能真正成为企业的资源，才能充分利用信息提高企业的生产效率。

4. 存储性

信息可以通过一定的方法在时间上实现转移，即信息的存储性。例如，昨天的信息可以转移到今天，今天的信息转移到明天等。存储可以借助于各种各样的存储介质，如纸张、磁带、磁盘、光盘等。

5. 不增值性

信息量在传递过程中具有不增值性。尽管信息具有相对独立性，可以无限制地进行复制，为众多用户所共享，但是在复制或传递过程中，信息量永远不会增加，相反，由于噪声干扰的影响，由于复制和传递过程中不可避免地存在误差或非线性操作，结果得到的信息量只会减少。

6. 时效性(动态性)

由于产生信息的物质世界和精神世界不断变化，现有的信息只能反映它在过去某个时刻的运动状态和方式。随着时间的推移，其对解决特定问题的作用会逐渐降低，以至完全失去效用，这就是信息的时效性。当然，该信息作为一种历史记录可能在其他方面继续发挥作用。信息从产生到对解决特定问题完全失去效用的过程构成信息的生命周期。

7. 可加工性(可变换性)

信息的可加工性反映在两个方面：一是信息可以通过编码进行转换，如将信息存储在计算机里转换成二进制代码，便于存储或处理；二是信息可以加工提炼，使杂乱无章的数据变为有使用价值的、有意义的知识。

8. 真伪性

信息的真伪性是指信息对客观事物运动表征描述的真实性、准确度。一个信息可能符合实际情况，也可能与实际情况不符合。如果接收者接收了一个不符合事实的信息，那么这个信息就会给接收者的决策活动带来不利的影响。因此，在收集信息时，要尊重事实，确保信息的真实性。

9. 有用性

从信息的含义可知，信息是对人们决策有用的一种特殊数据。但信息的有用性是相对的，某信息对一个决策目标是有用的，但可能对另一个决策目标是无用的甚至是有害的；同一信息在不同时间、不同地点对同一决策的效用也是不同的。

(二)信息的类型

同一般事物的分类一样,信息的类型也取决于其分类的准则和方法。

以决策目标为准则,信息可以划分为有用信息、无用信息和有害信息。

按信息产生的领域分类,有工业信息、农业信息、军事信息、政治信息和管理信息等。

按信息源的性质来分类,有语言信息、图像信息和文字信息等。

从对信息的掌握程度来看,有确定性信息和不确定性信息。

从信息的性质来看,有语法信息、语义信息和语用信息。这是最常用的一种分类方法。语义信息指"事物运动表征"的含义,它与主体的知识结构及其理解能力密切相关。语用信息指"事物运动表征"的效用,它与主体要解决的问题及其运用能力密切相关。语法信息指关于"事物运动表征"本身的结构,不涉及这些表征的含义和效用,是最基本、最客观的层次。它是迄今为止在理论上研究得最多的层次。

根据事物的运动状态不同,语法信息可以划分为:

一是有限状态语法信息和无限状态语法信息;

二是连续状态语法信息和离散状态语法信息;

三是明晰状态语法信息和模糊状态语法信息。

按照事物的运动方式不同,语法信息又可以划分为:概率型信息、偶然型信息和确定型信息。它们分别对应随机、半随机和确定型三种不同的运动方式。

所谓"概率型信息"是指各状态完全按照概率规则或统计规律出现的语法信息。偶然型信息是指各状态的出现是随机的而不是确定的信息,但这些状态的出现是偶然的,不能大量重复出现,因此不能用概率统计的规则来描述。确定型信息是指各状态的出现能用经典数学公式来描述,其未知因素常表现在初始条件和环境影响(约束条件)的方面。

二、信息技术

人类在认识环境、适应环境与改造环境的过程中,为了应付日趋复杂的环境变化,需要不断地增强自己的信息处理能力,即扩展信息器官的功能,主要包括感觉器官、神经系统、思维器官和效应器官的功能。

信息技术(Information Technology,简称IT),是主要用于管理和处理信息所采用的各种技术的总称。它主要是应用计算机科学和通信技术来设计、开发、安装和实施信息系统及应用软件。它也常被称为信息和通信技术(Information and Communications Technology, ICT)。主要包括传感技术、计算机技术和通信技术。

未来最重要的技术趋势,就是要求以现代计算机技术为核心的智能技术与通信技术、感测技术和控制技术融合在一起,形成具有信息化、智能化和综合化特征的智能信息环境系统,以有效地扩展人类的信息功能。信息技术的形成与发展过程,正是人类认识世界和改造世界的信息实践过程。人类从外界事物获取客观信息来认识世界，通过加工处理再生出新的主观信息，并反作用于外部事物来改造客观世界。在人类认识、改造世界的信息实践活动中，有许多技术相互联系、相互影响，一起构成了实现人类所需要的信息功能和信息技术群。

与其他技术一样，信息技术的发展也是分层次的。按人类信息器官功能来划分的信息技术（即智能技术、感测技术、通信技术和控制技术）是信息技术群的主体，它们是人类信息功能的直接扩展。而微电子技术、激光技术、生物技术及机械技术等是信息技术群的支持性技术，它们是实现各项信息技术功能的必要手段。新材料、新能量技术则是信息技术群的基础性技术，它们的开发和应用是发展和改进一切新的更优秀的支持技术的前提。现代信息技术的层次结构如图 14－1 所示。

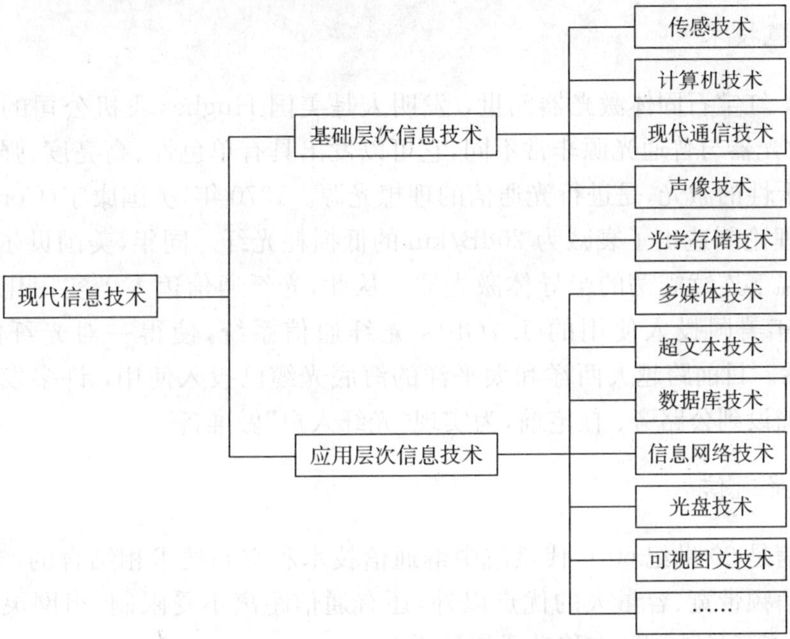

图 14－1 现代信息技术的层次结构

三、常见信息技术

随着信息技术、计算机技术以及网络技术的不断发展，对信息技术的研究也开始从多个方面进行，出现了许多研究热点，如人工智能技术、多媒体技术及通信技术等。

（一）人工智能技术

人工智能技术（Artificial Intelligence，AI）的研究目的是要使计算机逐步具有类似人脑的某些智能，即能理解外部环境，提出概念，建立方法，进行演绎、归纳和推理，做出科学的判断和决策，具备自学习、自适应功能等。可以说，AI 技术代表着未来信息处理技术的发展方向。

实现人工智能有两种途径:一是以传统计算机硬件技术为基础,在一些知识比较完备且可以形式化表达的领域里,通过软件在一定程度上实现类似人脑智能活动的效果,即面向功能模拟的专家系统,这是比较现实的方法;二是采用全新的硬件技术和软件方法研制具有类似于人脑结构、能像人脑一样思维的计算机,即面向结构模拟的神经计算机。

(二)多媒体技术

多媒体技术就是将文字、声音、图形、静态图像和动态图像等信息媒体与计算机集成在一起,使计算机应用由单纯的文字处理进入文、图、声和影集成处理的技术,其核心特性是信息媒体的多样性、集成性和交互性。

(三)光缆技术

1960年,红宝石固体激光器问世,发明人是美国 Hughes 飞机公司的梅曼(T. H. Maman)。激光器与普通光源非常不同,它可以发出具有单色性、高亮度、强方向性且具有良好的相干性的激光,是进行光通信的理想光源。1970年,美国康宁(Coming)玻璃公司根据高氏理论制造出了衰减为20dB/km的低损耗光纤。同年,美国贝尔实验室研制成功可在室温下连续震荡的半导体激光器。从此,光纤通信迈入了实用化的高速发展阶段。1987年美国投入使用的 1.7Gb/s 光纤通信系统,使得一对光纤能同时传输24192路电话。目前跨越大西洋和太平洋的海底光缆已投入使用,许多发达国家已经开始把光缆铺设到公路旁、住宅前,为实现"光纤入户"做准备。

(四)卫星通信

卫星通信是20世纪60年代微波中继通信技术和空间技术相结合的产物。它除了兼有微波通信频带宽、容量大的优点以外,还有通信距离不受限制、组网灵活及费用节省的优势,且能满足陆、海、空移动通信的需要。

(五)决策支持系统

决策支持系统(DSS)是由管理决策系统(Management Decision Systems,MDS)演化而来的。DSS是以管理科学、运筹学、控制论和行为科学为基础,以计算机技术、模拟技术和信息技术为手段,面对半结构化的决策问题,支持决策活动的具有智能作用的人机计算机系统。它能为决策者提供决策所需要的数据、信息和背景资料,帮助明确决策目标和进行问题的识别,建立或修改决策模型,提供各种备选方案,并对各种方案进行评价和优选,通过人机对话进行分析、比较和判断,为正确决策提供有益帮助。

(六)RFID技术

射频识别即RFID(Radio Frequency IDentification)技术,又称"电子标签"、"无线射

频识别”,是一种通信技术,可通过无线电讯号识别特定目标并读写相关数据,而无需识别系统与特定目标之间建立机械或光学接触。

(七)物联网

物联网是新一代信息技术的重要组成部分。其英文名称是“The Internet of Things”。由此,顾名思义,“物联网就是物物相连的互联网”。物联网被视为互联网的应用扩展,应用创新是物联网发展的核心,以用户体验为核心的创新是物联网发展的灵魂。

这里有两层意思:第一,物联网的核心和基础仍然是互联网,是在互联网基础上的延伸和扩展的网络;第二,其用户端延伸和扩展到了任何物品与物品之间,进行信息交换和通信。因此,物联网的定义是通过射频识别(RFID)、红外感应器、全球定位系统、激光扫描器等信息传感设备,按约定的协议,把任何物品与互联网相连接,进行信息交换和通信,以实现对物品的智能化识别、定位、跟踪、监控和管理的一种网络。

物联网不仅仅提供了传感器的连接,其本身也具有智能处理的能力,能够对物体实施智能控制。物联网将传感器和智能处理相结合,利用云计算、模式识别等各种智能技术,扩充其应用领域。从传感器获得的海量信息中分析、加工和处理出有意义的数据,以适应不同用户的不同需求,发现新的应用领域和应用模式。

知识链接

中移动:物联网抢入最后一公里

固网能力欠缺的中移动,一直在创新业务体系,希望通过自己对行业的理解以及对产业链资源的整合,在物联网产业竞争中找到杀手业务,进而凭借物联网杀手业务的拓展,强化其固网宽带能力,并结合其个人用户优势,在市场竞争中依靠物联网业务的排他性合作,获得“最后一公里”的垄断地位。

与此同时,中移动还在积极推动无线传感器网络与 TD 网络融合,确立了依靠物联网业务提升 TD 核心竞争力的发展思路。

中移动现有的物联网产品包括:宜居通、电梯卫士、城市消防远程监控系统、地质灾害防治系统、校讯通、车务通等。其中,电梯卫士为成熟成品,早在 2006、2007 年就已推出;城市消防远程监控系统和地质灾害防治系统是在去年末和今年初用于商用,而宜居通则是中移动首个基于 TD 的物联网应用。

在这些物联网产品中,安防是中移动 M2M 应用一脉相承的主要功能,从最早的电梯卫士到现在的“宜居通”,源自安防需求的中移动物联网产品已经越来越多样化。

由于在物联网领域发力较早,中移动已制定了自己的物联网终端通信标准,并制定了家居场景下的传感网与通信网交互的企业标准。中移动正在积极推动这些标准成为国标。

中移动认为物联网有三种业务模式，分别为行业垂直应用模式、行业共性平台应用模式和公共服务模式。在中移动的规划中，未来物联网应用将整合各方资源，并最终面向行业及公众用户，提供能够渗入到各行各业价值链中的统一服务平台。中移动的物联网发展战略是："通过政府支持，在准入、价格、应用试点行业示范项目等多方面营造宽松的产业环境，并提供必要的政策和资金支持推动产业发展；采用多种方式，引入在现有行业价值链之中的服务集成商，借助他们的行业应用知识，开发各种应用产品并打破行业壁垒，丰富产品应用；制定物联网产业、终端、平台和各种通信协议标准，实现技术标准化和业务标准化。"

（资料来源：慧聪热泵网）

第二节　信息管理

信息管理活动的发展历史源远流长。从原始社会人类的结绳记事，到今天人们广泛利用计算机等信息技术来提升信息的管理水平与效率，可以说，人类的历史有多长，信息管理活动的发展历史就有多长。

一、信息管理

信息管理是人类为了有效地开发和利用信息资源，以现代信息技术为手段，对信息资源进行计划、组织、领导和控制的社会活动。简单地说，信息管理就是人对信息资源和信息活动的管理。这一定义体现了信息管理的"信息资源和信息活动"两个方面。因此，信息管理微观上包括对信息内容的管理，宏观上包括对信息机构和信息系统的管理。

信息管理的对象是信息资源和信息活动。

（一）信息资源

信息资源（Information Resources）是经过人类开发与组织的信息、信息技术、信息人员要素的有机集合。

（二）信息活动

信息活动是指人类社会围绕信息资源的形成、传递和利用而开展的管理活动与服务活动。

信息管理是一种组织管理活动。一方面，信息管理的基本职能是计划、组织、领导与控制，与组织管理活动的基本职能相一致，因此信息管理是组织管理活动的一种。另一方面，信息资源与组织的人、财、物一样是其经营与发展的重要资源，因此组织的管理活动包括信息管理活动。

信息管理是一种具有社会规模的活动。信息管理活动是涉及广泛的社会个体和群体以及国家参与的普遍性的信息获取、控制和利用的活动，具有普遍性和社会性。

二、信息管理的特征

信息管理的特征主要体现在两个方面。

（一）管理特征

信息管理是管理的一种，因此具有管理所具有的一般特性。但是信息管理作为一个专门的管理类型，又有自己的独有特征：

其一，管理的对象是信息资源和信息活动。

其二，信息管理贯穿于整个管理过程之中，有其自身的管理，同时支持其他管理活动。

（二）时代特征

时代特征表现在：

1. 信息量迅速增长

随着经济全球化，世界各国和地区之间的政治、经济、文化交往日益频繁以至信息大量产生。同时信息组织与存储技术迅速发展，使得信息存储积累可靠便捷。

2. 信息处理和传播速度更快

由于信息技术的飞速发展，使得信息处理和传播的速度越来越快。

3. 信息处理的方法日趋复杂

随着管理工作对信息需求的提高，信息处理的方法也就越来越复杂。

4. 信息管理所涉及的研究领域不断扩大

从科学角度看，信息管理涉及管理学、社会科学、行为科学、经济学、心理学、计算机科学等；从技术上看，信息管理涉及计算机技术、通信技术、办公自动化技术、测试技术、微缩技术等。

三、信息管理的组织机构

组织机构反映了组织中不同成员、不同部门之间的分工协作关系。信息管理的组织机构是实施信息收集、加工、存储、传递等有关信息管理活动的组织形式，包括情报所、统计局、图书馆及其他政府信息服务机构等非营利性信息机构和以咨询公司为代表的营利性信息机构。

以基于 CIO 的企业信息管理组织模式为例。

规模比较大的企业都应设置独立的信息部门，设置专职工作人员来做这方面的工作。这个部门过去类似于一个管理部门，但现在是组织高层机构的直属部门，它由一个负责信息系统建设的信息化委员会来领导。如图 14－2 所示。

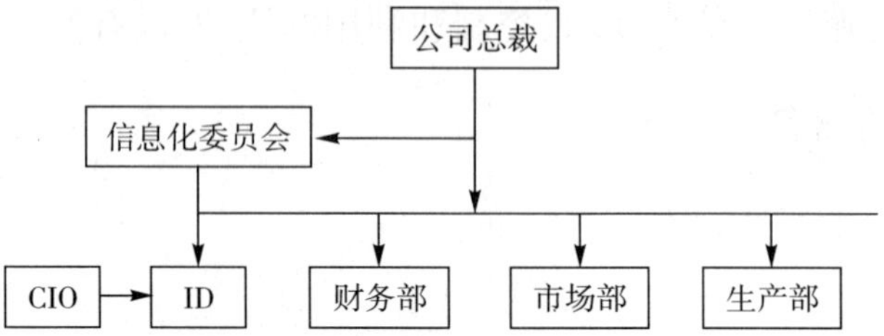

图 14－2　企业信息管理的组织机构

企业信息管理的组织机构主要承担四个功能：一是信息汇总与收集；二是信息管理与检索；三是信息分析与处理；四是信息协调与沟通。

信息管理部门的领导人被称为“信息主管”（Chief Information Officer，CIO），也称“首席信息主管”或“首席信息官”。CIO 是一个组织（企业或政府部门）中负责信息管理（包括信息技术系统，如计算机系统和通讯系统等）的战略策划、规划、协调和实施的高级官员，通过谋划和指导信息资源的最佳利用来支持组织的目标。

CIO 作为企业信息管理的最高管理者，直接对总经理（CEO）负责，全面统筹负责全企业的信息管理工作。CIO 往往是组织的高层决策人士，或由公司的副总经理来兼任。他除了直接管理信息管理部门外，还需从整个组织出发，协调和监督其他部门提供和使用信息等。至于 ID 之下设置什么样的执行机构，可以视企业的不同情况做多种考虑。例如，在以 CIO 领导的信息管理部门，下设系统运行部（负责信息系统的运行工作）、系统开发部（负责应用软件的开发工作）和信息服务部（负责信息的服务管理），如图 14－3 所示。

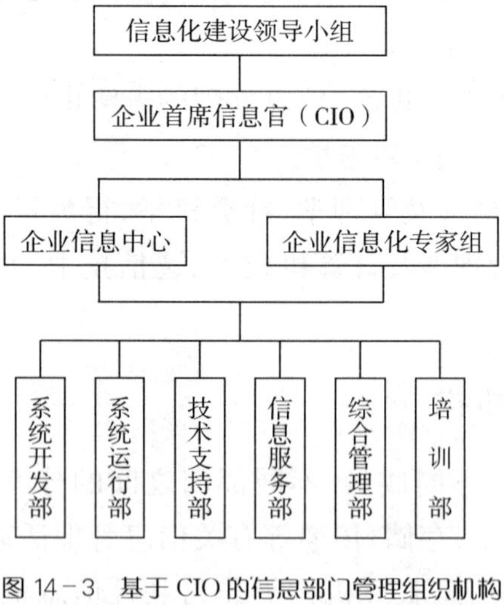

图 14－3　基于 CIO 的信息部门管理组织机构

第三节 信息化管理

一、信息化对企业管理的影响

企业信息化管理的精髓是信息集成，其核心要素是数据平台的建设和数据的深度挖掘，通过信息管理系统把企业的设计、采购、生产、制造、财务、营销、经营、管理等各个环节集成起来，共享信息和资源，同时利用现代的技术手段来寻找自己的潜在客户，有效地支撑企业的决策系统，达到降低库存、提高生产效能和质量、快速应变的目的，增强企业的市场竞争力。信息化对传统企业管理产生了如下一些影响：

其一，改变企业的传统管理模式，实行扁平化管理和网络化管理，实现面向客户的集成化管理目标。

其二，运用信息技术对企业的商流、物流、资金流和信息流进行有效控制和管理，逐步实现商流、物流、资金流和信息流的同步发展，通过四流系统将原来管理金字塔体系打破，实现扁平化的流水线管理方式。

而我们所理解的企业信息化管理内涵包括以下三部分：

一是信息化管理是为达到企业目标而进行的一个过程。

二是信息化管理不是 IT 与经营管理简单的结合，而是相互融合和创新。

三是信息化管理是一个动态的系统和一个动态的管理过程。

管理聚焦

苏宁电器的信息化之路——CRM 应用

苏宁电器是中国 3C(家电、电脑、通讯)家电连锁零售企业的领先者。截止 2005 年 12 月底，苏宁电器在中国 27 个省和直辖市，90 多个城市拥有近 300 多家连锁店，员工人数 70000 多名。据商务部统计数据显示，2005 年苏宁电器销售额近 400 亿元。苏宁电器是“全国 20 家大型商业企业集团”之一。更为之称道的是苏宁的信息化工作，曾入选“2005 年度中国企业信息化 500 强”，排名第 45 位，成为前百强企业中唯一入选的零售企业。以 SAP/ERP 为核心的苏宁信息化平台在国内商业零售领域是第一家。

苏宁在全国 100 多个城市客户服务中心利用内部 VOIP 网络及呼叫中心系统建成了集中式与分布式相结合的客户关系管理系统，建立 5000 万个顾客消费数据库。建立视频、OA、VOIP、多媒体监控，组成企业辅助管理系统，包括图像监控、通讯视频、信息汇聚、指挥调度、情报显示、报警等功能，对全国连锁店面及物流中心进行实时图像监控，总部及大区远程多媒体监控中心负责实时监控连锁店、物流仓库、售后网点及重要场所运作情况，实现全国连锁网络“足不出户”的全方位远程管理。

实现了全会员制销售和跨地区、跨平台的信息管理，统一库存、统一客户资料，实行一卡式销售。苏宁实现20000多个终端同步运作，大大提高管理效率。苏宁各地的客服中心都是以CRM系统为运作基础的。客户服务中心拥有CRM等一套庞大的信息系统，CRM系统将自动语言应答、智能排队、网上呼叫、语音信箱、传真和语言记录功能、电子邮件处理、屏幕自动弹出、报表功能、集成中文TTS转换功能、集成SMS短消息服务等多项功能纳入其中，建立了一个覆盖全国的对外统一服务、对内全面智能的管理平台。

依托数字化平台，苏宁会员制服务全面升级，店面全面升级为会员制(CRM)销售模式，大大简化消费者的购物环节，方便顾客。现在，累积积分可以冲抵现金，成为苏宁吸引消费者一个重要因素。目前苏宁针对会员消费者，推出会员价商品、会员联盟商家、会员特色服务等专项服务内容。

比如某一款产品限量特价之后，顾客荣誉卡里记录着该顾客的信息，苏宁可以提前通知这些有意向购买这个商品的顾客，把优惠让给他们，而不需要他们排队。

另外，苏宁针对客户的个性化优惠变得切实可行，比如苏宁可以给某些有着良好购买记录的顾客直接现金优惠，也可以根据对方的购买习惯打包进行捆绑式销售，这些都给顾客带来实际效益。而且让利是可见的，是实时的，比大规模没有针对性的促销更有利。

(资料来源：杰斯信息网)

二、信息化管理的应用

目前，使用较广泛的信息化管理应用主要包括：虚拟企业、电子商务、业务流程重组、供应链管理和客户关系管理等。

(一)虚拟企业

所谓“虚拟企业”是指一些独立的厂商、顾客甚至竞争对手，以商业机遇中的项目、产品或服务为中心，充分利用各自的核心能力，广泛运用以互联网为核心的信息技术，以合作协议、外包、战略联盟、特许经营商或许可甚至成立合资企业的方式，所构建的以营利为目的的动态的、网络型的经济组织。

(二)电子商务

随着信息技术在国际贸易和商业领域中的广泛应用，利用计算机技术、网络通信技术和Internet实现商务活动，成为国际市场上出现和发展起来的新兴贸易方式。借助

Internet,使信息网络、金融网络实现国际化、信息化和无纸化,这已经成为各国商务发展的一大趋势。电子商务则适应这种以全球网络把事务活动和贸易活动中发生关系的各方有机联系起来的要求,使得信息流、资金流、实物流迅速流动,极大地方便和促进了各种事务活动和贸易活动。

(三)业务流程重组(BPR)

业务流程重组最早由美国的 Michael Hammer 和 Jame Champy 提出,在 20 世纪 90 年代达到全盛的一种管理思想。这种管理思想强调以业务流程为改造对象和中心、以关心客户的需求和满意度为目标、对现有的业务流程进行根本的再思考和彻底的再设计,利用先进的制造技术、信息技术以及现代的管理手段,最大限度地实现技术上的功能集成和管理上的职能集成,以打破传统的职能型组织结构,建立全新的过程型组织结构,从而实现企业经营在成本、质量、服务和速度等方面的巨大改善。

企业流程与企业的运行方式、组织的协调合作、人的组织管理、新技术的应用与融合等紧密相关,因而,企业流程再造不仅涉及技术,也涉及人文因素。以新的企业流程代替原有的企业流程,以扁平化的企业组织代替金字塔形的企业组织。其中,信息技术的应用是流程再造的核心,信息技术既是流程再造的出发点,也是流程再造的最终体现者。

(四)供应链管理(SCM)

供应链管理(Supply Chain Management,SCM)是一种集成的管理思想和方法,它执行供应链中从供应商到最终用户的物流的计划和控制等职能。从单一的企业角度来看,是指企业通过改善上、下游供应链关系,整合和优化供应链中的信息流、物流、资金流,以获得企业的竞争优势。

随着市场竞争的加剧,企业的竞争力从"产品制造"转向"客户需求",由最终客户的需求决定整个链条上企业活动的去向,供应链管理的发展随之从企业内部活动扩展到相关上下游企业之间的内部活动和相互联系活动的管理。供应链的信息化程度高低,决定了现代企业的发展命运。

(五)客户关系管理(CRM)

在互联网时代,信息技术革命极大地改变了企业的商业模式,尤其对企业与客户之间的互动关系产生了巨大的影响。市场已经进入了客户导向的时代,深入了解客户需求,及时将客户意见反馈到产品、服务设计中,为客户提供更加个性化、深入化的服务,将成为企业成功的关键。在这种环境下,企业的客户关系管理应运而生。

CRM 的产生是市场与科技发展的结果。在社会进程中,客户关系管理一直就存在,只是在不同的社会阶段其重要性不同,具体的表现形式不同而已。对于信息技术快速发展的今天,所谓客户关系管理(CRM)是指通过管理客户信息资源,提供客户满意的产品和服务，与客户建立起长期稳定、相互信任、互惠互利的密切关系的动态过程和经营策略。

本章小结

信息化是指培养、发展以计算机为主的智能化工具为代表的新生产力，并使之造福于社会的历史过程。

信息化管理是以信息化带动工业化，实现企业管理现代化的过程，它是将现代信息技术与先进的管理理念相融合，转变企业生产方式、经营方式、业务流程、传统管理方式和组织方式，重新整合企业内外部资源，提高企业效率和效益，增强企业竞争力的过程。

本章以信息化为背景，从信息的概念及发展出发，深入浅出地阐述了信息技术和信息管理技术以及其对信息管理的影响。在此基础之上，列举现今企业信息化管理过程中常见的信息化手段和方法。

本章习题

1. 除了本章所提到常见的信息技术之外，你还能想到有哪些信息技术？
2. 简述信息管理的特征？
3. 如何理解企业信息化管理？

案例研讨

奇瑞公司的 SAP /ERP 实施与信息化建设

奇瑞汽车有限公司是一家从事汽车产品自主研发、生产制造和销售服务等业务的国有大型汽车企业。该公司领导对信息化非常重视，信息化一直被列为该公司的重要工作之一。根据公司信息化发展战略和信息技术应用现状，奇瑞公司在分析现有条件和信息技术应用发展趋势的基础上，制定了企业信息化总体规划，将统一平台，综合利用 SAP 的集成信息作为奇瑞汽车公司重要的战略之一。该公司领导层在 ERP 选型之前设定了“以提高企业运营效率，建立集产、供、销、财务于一体的集成管理信息系统”的目标。他们认为，制造业信息化是发展的必然趋势，只有通过 ERP 系统的实施来进行企业信息化管理，才能够增强企业竞争优势。

2002 年 3 月，该公司开始实施 SAP/ERP 项目，实施咨询顾问为 IBM 公司，经过近 6 个月的时间，项目第一阶段于 2002 年 10 月成功上线。在项目第一阶段，奇瑞公司成功地减少了库存，降低了成本，延长了原材料库存周期，加快了订单输入时间，缩短了订货周期和生产准备周期，同时提高了生产效率，缩短了财务月结处理时间，降低应收账水平，改进了资金流，引入了精益生产方式，使得管理体系的运行更加顺畅。

在成功实施ERP的同时，该公司购置和开发CAD、Pro－e、UG、PLM、SCM、CRM、内部信息交换平台（即B/S架构下基于Intranet的OA系统）、外部服务网站等，实现PLM、ERP、SCM、CRM、门户网站等初步集成；2004年再次投入2700万元，对信息系统进行集成，扩大应用范围至全公司。奇瑞SCM系统由公司自主研发，主要用于采购计划发布，完成与供应商之间的订单传递、供货服务等功能，SCM与SAP之间信息采用定时更新。奇瑞基于SAP的CRM系统集成了语音服务系统（客户互动中心）和DCS（奇瑞销售服务系统），基本实现对客户和经销商的电子化服务。

该公司拥有一支有力的信息化建设、维护和信息资源应用队伍，仅专职人员就有60多人。公司成立了信息科、ERP项目组、PLM小组、SCM小组、CRM项目组等信息化部门，并由公司分管领导直接负责。

在企业信息化标准及信息管理制度上，奇瑞引用了一系列的国家信息化建设标准，编制了31个企业内部信息化标准和信息管理制度，并在奇瑞公司内部发布执行以保证信息化战略的顺利实施。

奇瑞公司目前正在进行电子商务综合信息平台的建设。奇瑞信息化的目标是在先进管理思想指导下，在国际化、全球大市场视野下，以客户为中心，市场为导向，建立一个集成的功能强大的信息交互平台，通过进一步完善和建设ERP、CRM、LMS、SCM、EPS、DSS、基础建设等信息系统并有效集成，建设奇瑞汽车电子商务综合信息平台，最终规范和理顺了公司的全部管理和业务流程，提升了信息系统的应用水平，提高了决策能力。

（资料来源：黄梯云：《管理信息系统》，北京：高等教育出版社，2009。）

案例思考题：

1. 奇瑞公司的ERP实施成功的因素有哪些？
2. 在分析该公司各信息系统应用业务领域及其作用的基础上，试讨论管理信息系统具有的特点。
3. 分析和讨论该案例反映了ERP的哪些经营理念？为什么？

应用训练

选择一家国际知名的制造公司，完成以下任务。

（1）记录这家公司的信息（如公司的名称、公司所属的国家、业务范围等）。

（2）公司的管理模式发生了哪些变化？引起这些变化的原因是什么？

（3）公司在供应链管理上有何特色？

（4）以报告的形式记录以上所有的步骤。

第十五章 全球化与管理

学习目标

▶了解经济全球化背景下外部管理环境的变化
▶熟悉和掌握经济全球化背景下组织的全球化战略内涵
▶熟悉和掌握经济全球化背景下主要管理职能的变化

案例导引

飞得更高

您可能不熟悉海尔集团，但是，如果您曾经在沃尔玛、Bed Beyong、劳氏、家得宝或塔吉特购买过电冰箱、微波炉或空调，或即使您没有买过，您也一定可以看到这个公司的产品。海尔的名字出现在2005年美国商业新闻的头条中，那时候它正在出价购买国内电器制造商泰克(Maytag)。现在，海尔的产品出口到160多个国家和地区，年收入超过了120亿美元。

海尔集团是中国最大的家用电器制造商，其CEO张瑞敏满怀雄心壮志。美国有通用电气，德国有梅赛德斯—奔驰，日本有索尼，而中国也应当有可与他们媲美的全球竞争者。张瑞敏期望改变这种现状。海尔在中国享有令人羡慕的威望(在一项"年轻、时尚"中国人的调查中，海尔继上海大众和摩托罗拉之后位列中国最受欢迎的第三大品牌，可口可乐位列第四)，但是，张瑞敏并不满足。他想获得世界的认可，把公司打造成为中国第一个真正的全球品牌，并进入《财富》全球500强。但是，要完成这些目标可能意味着会失去"中国风味"。在2005年Interbrand公司所组织的一次网络调查中，79%的调查对象认为，"中国制造"的标志损害了中国的品牌形象，这也是中国企业面临的最大挑战——改变中国产品廉价、价值低、质量差、不可靠的形象。

海尔集团始于青岛电冰箱厂。1984年，当张瑞敏掌管这家政府控股的公司时，他担任CEO后的第一个举动就是拿起榔头敲碎了76台质量差的电冰箱。为什么？为了使大家充分认识到要改进产品的质量。那时候的公司只有1种产品和800名员工。现在,公司在世界各地有50000多名员工,生产超过96个类别15000种不同的产品,从空调到手机到吸尘器等。他在13个国家和地区建立了生产工厂,包括美国、整个欧洲、中东、非洲和南亚。除了生产工厂外,海尔在全球还拥有18个研发和设计中心。海尔平均每天能开发出1.3个新产品。持续创新是海尔公司文化的核心,而海尔的产品也是以质量和创新在全球闻名。

在张瑞敏打造全球化品牌的推动下,海尔开始赞助一支澳大利亚的棒球队,也就是现在有名的墨尔本海尔老虎队。它最近还同澳大利亚的西虎队签订了赞助协议,并成为美国NBA的市场合作伙伴。而海尔最成功之举是被挑选为北京2008年奥运会家用电器的官方赞助商。这种"曝光"使公司向张瑞敏提出的成为真正的全球品牌的战略目标又迈进了一大步。

(资料来源:斯蒂芬·P·罗宾斯:《管理学》,孙建敏等译,北京:中国人民大学出版社。)

经济全球化给管理学的发展带来了机遇和挑战。限于篇幅,本章试图从全球化背景下的管理环境,战略(企业经营)和主要职能的视角,重点介绍在全球化背景下管理学的基本知识点,仅起抛砖引玉的作用。

第一节 全球化环境

管理环境是管理工作的前提和基础,对管理而言,经济全球化使管理环境发生了深刻变化。因此,认真分析和掌握经济全球化背景下的管理环境,是做好全球化管理工作的必然要求。

一、全球化的内涵

全球化既是反映世界各国及各国人员之间比以往任何时候都更加相互依赖,而且这种依赖程度越来越高的一个事实,又是反映技术发展和人类发展这两股最根本推动力的一个过程。

(一)全球化的含义

全球化主要体现在经济全球化上。

经济全球化是指商品、服务、生产要素与信息的跨国界流动的规模与形式不断增加,通过国际分工,在世界市场范围内提高资源配置的效率,从而使各国间经济相互依赖程度日益加深的经济态势。

可以从不同层面来定义和理解经济全球化。在世界层面上,经济全球化是指国家之间日益增长的经济相互依赖性，反映在商品、服务、资本和信息等方面不断增长的跨国流通上，具体表现：跨国服务贸易增长迅速；国外直接投资（FDI）发展迅猛；跨国旅游人数快速增加；跨国并购进程加快等。在国家或地区层面上，经济全球化是指一个国家或地区的经济与世界其他地域之间的联系程度。具体表现这种联系程度的一些关键性指标有：进出口额占GDP的比例；国外直接投资有价证券的进出流动额等。在产业层面上，经济全球化是指某一产业在全球范围内的扩张和活动，以及在全球国家或地区间相互依赖的程度。经济全球化产业的市场往往由若干个全球化公司所主导。衡量产业全球化的关键指标通常包括：该产业跨国贸易额在世界总产值中所占的百分比；该产业跨国投资额在该产业实现的投资总额中所占的百分比等。在公司层面上，经济全球化是指公司在各国或地区的收入分布和资产扩展的程度，以及与各国或地区的资本、商品和信息的跨国、跨地区交流程度。

（二）全球化的特征

1. 世界市场的自由化

世界市场的自由化包括商品、服务、技术、信息、劳动力、货币资本的交易全球化，市场竞争的全球化。

2. 国际规则的全球化

一是公开制定的国际公约，虽然仍是发达国家的影响占上风，但毕竟发展中国家做了抵消其支配性的努力；二是从发达国家做起的国际惯例，发展中国家只能是接受，而不可能做什么改进。

3. 文化的全球化

在国际经济中，还有附属于经济全球化的所谓文化的全球化，实际上就是消费的全球化（包括精神消费），它是以商业的全球发展为背景的。这种全球化基本与发达国家率先开发的新型商品与消费倾向吻合。

4. 金融全球化

金融全球化的速度超过了生产和交换全球化的速度，使得各国之间的经济波动更容易传导；现代金融体系的缺陷无法有效防止金融投机对实力不强的国家金融安全的威胁；各国金融屏障的撤消，破坏着经济和社会生活的稳定。

5. 跨国公司数目剧增

作为经济全球化主要载体的跨国公司数目剧增，这些跨国公司是当今世界经济中集生产、贸易、投资、金融、技术开发和转移以及其他服务于一体的经营实体，推行全球化经营战略，进行跨越国家和地区界限的生产要素组合，推动了国际企业的合作与兼并，已成为经济全球化进程加快的主要动力。

6. 国际合作成为时代的主旋律

需要国际合作解决的全球性经济问题不断增加。诸如环境、贫困、人口、反毒品走私等原来属于一国内部的问题成了国际问题;原本完全是一国所独有的权力日益成为国际社会共同拥有的权力;各国的经济活动越来越多地遵循国际惯例和国际条约来进行,相互协调解决争端成为时代的主旋律。

(三)全球化对发展中国家的影响

全球化对发达国家和发展中国家都会产生积极和消极的影响,特别是对发展中国家的影响。

1. 经济全球化对发展中国家的积极影响

(1)大量外资和先进技术的涌入,有助于解决发展中国家资金不足和技术落后的问题,促进经济的发展。发达国家利用雄厚的资本,对发展中国家进行资源掠夺和市场挤占的同时,也为发展中国家吸收发达国家的资本输出创造了条件。

(2)经济全球化有助于发展中国家产业结构的优化和产业水平的提升。当发达国家把一些低附加值的劳动密集型产业、资本密集型产业和一些层次较低的技术密集型产业转移给发展中国家时,势必有助于发展中国家改进技术和设备,促进产业结构的调整。

(3)促进了对外贸易的不断发展。经济全球化的发展和国际贸易比重的逐步提高,以及发达国家逐步扩大向发展中国家开放市场,有助于发展中国家依据自身条件,开展本国的国际贸易,并在世界贸易市场中依据市场机制来调整本国贸易政策,在优化经济结构和产业结构的同时,不断开拓国际市场,解决产品的销售问题。

(4)经济全球化有助于发展中国家跨国公司的发展。尽管发展中国家跨国公司起步较晚,但由于经济全球化向着一体化发展进程的加快,发展中国家跨国公司具有更大的发展空间和更广泛地参与国际竞争的机会。

2. 经济全球化对发展中国家的负面影响

(1)发展中国家参与经济全球化的制度成本和交易成本高于发达国家。因为经济全球化的制度和规则是发达国家经济制度与规则的进一步延伸。尽管也有国际有关经济全球化制度与规则方面的磋商和协议,但其结果仍然是发达国家起主要作用。故存在较多熟悉、运用、实践等方面的成本,以及在经济全球化中的交易成本,使发展中国家在国际经济交往中始终处于劣势地位。

(2)发展中国家由于在国际竞争中处于外围而遭受不平等待遇。在国际经济互存关系中,存在着严重的不对称的"金字塔"型结构,这种结构由权力——博弈关系构建而成。其中,有些国家对国际事务有较大发言权,另一些国家则显得微不足道。

(3)经济全球化对发展中国家民族工业发展的负面影响。一般来说,发展中国家特别是落后国家的民族工业基础薄弱,发展缓慢,竞争力不强。而发达国家由于在技术、资金、组织、管理等方面的比较优势,使他们在经济全球化中必然处于主导地位。

(4)国际资本对发展中国家的负面影响和冲击不容忽视。首先,跨国资本为谋求最大利益,总有一种摆脱所在投资国政府控制的倾向,因而必然会与投资国的产业政策等制度发生摩擦与对立。其次,跨国资本的自由流动属性,在一定情况下容易给发展中国家造成债务负担,进而引发债务危机。再次,跨国资本的大量进入增大了发展中国家金融市场的投机性和风险度,容易引起金融市场的不稳定,给短期投机资本冲击发展中国家的国内市场以可乘之机。

二、经济全球化与地区经济一体化

经济全球化为世界经济一体化提供了现实基础和客观条件。广义的世界经济一体化,指世界各国经济之间彼此相互开放,形成相互联系、相互依赖的有机体。狭义全球经济一体化,即地区经济一体化。在 WTO 的推动下,地区经济一体化的活力、潜能及其对人类社会发展产生了巨大而深远的影响。

(一)地区经济一体化的含义

地区经济一体化,指区域内两个或两个以上国家或地区,在一个由政府授权组成的并具有超国家性的共同机构下,通过制定统一的对内对外经济政策、财政与金融政策等,消除国别之间阻碍经济贸易发展的障碍,实现区域内互利互惠、协调发展和资源优化配置,最终形成一个政治经济高度协调统一的有机体的过程。

(二)地区经济一体化的形成

经济全球化使经济资源跨国界的流动和配置日益增强,各国经济间相互开放和融合的程度大大加深。由于各国在生产力水平、经济结构等方面存在着很大差异,达到完全的一体化还需要较长的过程。因此,在这个过程中,一些地理相近的国家或地区通过加强合作,制定相对区域外国家更加优惠的贸易、投资政策,建立共同的商品贸易市场和生产要素贸易市场或是两者兼备的综合性贸易市场,实现商品价格和生产要素价格的均等,为谋求风险成本和机会成本的最小化和利益的最大化,形成了一体化程度较高的区域组织或国家集团。

近年来,区域范围的双边和多边贸易协定迅速遍及全球,自由贸易区的发展已是经济全球化的又一新特征。可以说,没有经济全球化的发展,也就没有区域经济一体化的繁荣。这里简要介绍三个具有代表性的地区经济一体化组织和 WTO 的发展现状。

1. 欧洲联盟

欧洲联盟(European Union),简称欧盟(EU),总部设在比利时首都布鲁塞尔,由欧洲共同体(European Community,又称“欧洲共同市场”)发展而来,主要经历了三个阶段:荷卢比三国经济联盟、欧洲共同体和欧盟。它集政治实体和经济实体于一身,是在世界上具有重要影响的区域一体化组织。1991 年 12 月,欧洲共同体马斯特里赫特首脑会议通过《欧洲联盟条约》,通称《马斯特里赫特条约》(简称《马约》)。1993 年 11 月 1 日,《马约》正式生效,欧盟正式诞生。欧盟至 2010 年 10 月止共有 27 个成员国,人口达 5 亿,GDP 为 16.106 万亿美元。欧元(euro)于2002年1月1日正式启用,但英国仍然使用英镑。

欧洲一体化发展到今天,建立了内部单一市场并统一了货币,目前正在寻求政治领域的一体化。无论在规模上还是制度建设上,欧盟都是区域经济一体化的先锋和典范。

2. 北美自由贸易区

由美国、加拿大和墨西哥三国组成的北美自由贸易区,于1994年宣布成立。北美自由贸易区协定为三国间的贸易和投资制定了许多法规,包括逐步取消关税以及其他贸易壁垒和投资限制等,加快了墨西哥吸引外资的速度,特别是吸引美国投资。美墨之间的经济互补性强,墨西哥需要美国的先进设备和技术,美国需要墨西哥的市场和廉价的劳动力。墨西哥作为发展中国家与美加建立经济一体化组织,为其赢得了经济发展空间,尽管墨西哥的农业、机械设备行业受到了一定的影响,但总体上看是受益的。

北美自由贸易区是世界上第一个由最发达国家和发展中国家组成的区域经济一体化组织,南北合作和大国主导是其最显著的特征。北美自由贸易区的成立促进了美国与拉美国家的双边或多边贸易协定的谈判,为实现贸易自由化目标奠定了基础。

3. 东亚区域一体化

东南亚国家联盟(简称东盟,Association of Southeast Asian Nations—ASEAN)于1967年8月8日正式成立。东盟由最初成立时的5个成员国(马来西亚、菲律宾、泰国、印度尼西亚、新加坡)扩大到10个成员国(另:文莱、越南、老挝、缅甸和柬埔寨)。为了早日实现东盟内部的经济一体化,东盟自由贸易区于2002年1月1日正式启动。自由贸易区的目标是促进东盟成为一个具有竞争力的基地,以吸引外资;消除成员国之间关税与非关税障碍,促进本地区贸易自由化;扩大成员国之间互惠贸易的范围,促进区域内贸易;建立内部市场。

20世纪90年代初,东盟率先发起东亚区域合作进程,逐步形成了以东盟为中心的一系列区域合作机制。其中,东盟分别与中日韩(10+3)和中国(10+1)建立的合作机制已经发展成为东亚合作的主要渠道。此外,东盟还与美国、日本、澳大利亚、新西兰、加拿大、韩国、中国、俄罗斯、印度9国以及欧盟形成对话伙伴关系。初见雏形的东亚区域经济一体化开始形成。

4. 世界贸易组织

1994年4月15日在摩洛哥的马拉喀什市举行的关贸总协定乌拉圭回合部长会议决定成立更具全球性的世界贸易组织(简称"世贸组织",World Trade Organization—WTO),以取代成立于1947年的关贸总协定(GATT)。它作为联合国的专门机构,是"布雷顿森林体系"的第三个机构(另两个机构即现在的世界银行和国际货币基金组织)。世贸组织成员分四类:发达成员、发展中成员、转轨经济体成员和最不发达成员。到2011年为止,世贸组织正式成员已经达到153个。

(1)基本职能。管理和执行共同构成世贸组织的多边及诸边贸易协定;作为多边贸易谈判的讲坛;寻求解决贸易争端;监督各成员贸易政策,并与其他制定全球经济政策有关的国际机构进行合作。

(2)宗旨。世贸组织的宗旨是:提高生活水平,保证充分就业和大幅度、稳步提高实际收入和有效需求;扩大货物和服务的生产与贸易;坚持走可持续发展之路,各成员方应促进对世界资源的最优利用、保护和维护环境,并以符合不同经济发展水平下各成员需要的方式,加强采取各种相应的措施;积极努力确保发展中国家,尤其是最不发达国家在国际贸易增长中获得与其经济发展水平相适应的份额和利益;建立一体化的多边贸易体制。

总之,区域经济一体化的发展态势对世界经济的力量对比变化和世界多极化发展趋势无疑具有重大影响。

三、经济全球化与政治经济文化环境

全球化经营的组织不仅要面对经济全球化和地区经济一体化的管理环境压力,而且要面对和适应各国的政治法律环境、经济环境、技术环境和社会文化环境。

(一)政治法律环境

政治法律环境是指对组织活动具有实际与潜在影响的政治力量和对组织活动加以限制和要求的法律法规等因素。具体来说,政治环境主要包括国家政治制度、政党制度、政治性团体、国家政策、社会政治气氛、政治思想等因素。法律环境主要包括国家的法律规范、国家司法与执法机关、企业的法律意识等因素。政治法律因素对组织的影响是广泛而深刻的,有时甚至是决定性的。

组织在进行战略选择时,首先要考虑的问题是拟投资企业所在国家和地区政局的稳定性和安全性。在此基础上,要着重考虑政府对发展地方经济的支持力度和政务工作的效率。一般来说,为了促进当地经济的发展,所在国家和地方政府会出台一系列优惠政策来吸引投资者,为企业提供优质、高效的行政服务,切实保障企业的利益。

企业应选择稳定安全、能提供高效优质服务的政治环境。对国际化经营的企业还需要考虑目标国对外来企业和外来商品的政策及态度等。国家的政治环境是否有利于外国商品的进口和投资,各个国家有很大差别,企业应该在比较中做出最好的选择。

(二)经济环境

经济环境是指直接影响企业生存和发展的国家经济发展状况及趋势、经济体制及其运行状况、国家的经济政策及措施等因素。具体来说,经济环境主要包括社会经济结构、经济体制、经济发展状况、国家经济政策等因素。经济环境是影响企业生存和发展最重要的宏观环境。

企业在进行经营战略选择时,应密切关注经济形势的发展,要对国家经济政策的变化、自然资源的丰歉、人口规模和结构的改变和经济增长速度等因素进行深入分析,并采取相应的措施，抓住机遇，避免危机，以适应不断变化的经济环境。

（三）技术环境

技术环境是指企业所处的环境中科技要素及与该要素直接相关的各种社会现象的集合，包括国家科技体制、科技政策、科技水平和科技发展趋势等因素。技术进步对经济发展的影响，从本质上说是企业对新技术开发的投入、采用和扩散。新技术的快速扩散，能使产品的生命周期大幅度缩短，给那些能快速推出新产品和新服务的企业带来竞争优势，最先导入新技术的企业通常能够获得更高的市场份额和更高的回报。技术正越来越成为企业生存和发展的关键因素。

企业在进行经营战略选择时，要密切关注所在行业的技术发展动态和竞争者技术开发、新产品开发方面的动向，及时了解是否有当前技术的替代技术出现，并发现可能给企业带来竞争利益的新技术、新材料和新工艺的出现。因为，伴随着新技术、新材料和新工艺的出现，则可能进一步强化企业专业化经营的深度和广度。

（四）社会文化环境

社会文化环境是指企业所处地区在社会与文化方面所具备的基本条件，它包括民族特征、文化传统、价值观、宗教信仰、教育水平、社会结构、风俗习惯等因素。社会文化因素对企业经营战略的影响是间接的、潜在的和持久的。企业对社会文化环境分析的目的是要把社会文化内化为企业文化，建立一套独特的管理思想，形成员工共同认可的价值观，使企业的一切生产经营活动都符合文化环境的价值检验。另外，企业对社会文化环境的分析与关注最终会落实到对人的关注上，从而能有效地激励员工，有效地为顾客服务。

第二节 全球化战略

制定全球化战略是组织实现全球性扩张和发展的基础，全球一体化的压力和本地反应的压力的平衡，是组织制定全球战略布局的主要依据。选择不同战略组织模式，实施不同的进入方式和进入阶段，是实现全球化战略的基本问题。

一、全球化战略的内涵

所谓“全球化战略”，就是组织以全世界市场为活动舞台，进行世界性资源的最优配置，追求全球范围的最大利润，实现全球性扩张和发展。具体地说，就是组织对投资方向、重点项目、目标市场国的确定和安排、产品研制开发、重大价格决策、利润控制和分配等重大问题进行全面合理的安排。通过实施全球化战略，实现组织利益的最大化。

全球化战略包括全球战略目标和部署。全球化战略目标是指战略时期内应该达到的目标。它既是提出战略的出发点，又是实施战略的归宿。如果没有明确的目标或目标不正确，则战略将失去指导意义，甚至导致重大的损失。全球化战略目标一般包括以下几个方面的要求：

(一)竞争目标

竞争目标是指全球市场占有的广度和深度，往往用世界市场的占有面或占有率来表示。

(二)发展目标

发展目标是指达到的规模、发展的速度等。

(三)贡献目标

贡献目标是指销售额、利润额等。

(四)综合实力目标

综合实力目标是指投入产出总量、工艺技术水平、产业及产品结构、综合经济效益等。

全球战略目标确定后，就要进行战略部署，也就是为了实现战略目标，如何在发展方式、途径、方针政策、策略措施上进行统筹兼顾、全面安排。战略部署具体包括：

(一)战略重点

要确定重点、突出重点、加强重点，用重点产品、行业、部门来促进全面振兴发展，用重点带动一般，最终实现战略目标。当然，重点不是固定不变的，不同时期可以有不同的重点。另外，一定时期内，重点不能太多。

(二)战略布局

就是要从世界范围内来考虑原材料及劳动手段的利用、劳动力的雇佣、资本的筹措和运用，产品的生产和销售。也就是从世界空间来考虑组织资源的配置，尽可能多地利用东道国的资源，力求资源向效益高的国家、领域、产业流动，以达到资源的世界范围的最优配置。

(三)战略步骤

任何战略目标的实现都需要经历一个过程，都需要较长时间，不可能一蹴而就。这就必须设计分阶段的具体目标和任务。只有通过每一个战略步骤完成阶段性目标，最终的战略目标才有实现的可能。

（四）战略对策

在实现全球战略目标的过程中，需要处理一系列事务，解决许多问题，做多方面工作，这就需要提出基本的政策、措施、办法和策略等。既包括国际通用的对策，又包括针对具体东道国的对策；既包括长期性、总体性对策，又包括短期性、局部性对策；既包括经济性对策，又包括政治性、社会性对策等。

二、全球化战略的选择依据

为全球市场上的竞争制定最佳的全球战略，谋划全球战略布局是组织面临的关键任务之一。但是，以什么为主要依据？学者们认为全球一体化的压力和本地反应的压力的平衡，是组织制定全球战略布局的主要依据。目前，全球管理者常常通过全球一体化的压力和本地反应的压力矩阵来确定组织的战略位置，如图 15－1 所示。纵轴衡量全球一体化的压力，而横轴衡量本地反应的压力。

全球一体化的压力　高	全球模式 把全球视为单一的市场， 公司总部集中控制运营	跨国模式 专业化工厂符合本地反应的要求，通过 复杂的协调机制来进行全球一体化
全球一体化的压力　低	国际模式 利用现有的能力向外国市 场拓展	多国模式 设在多个国家的子公司作为独立的业务 单位来运营
	低	高
	本地反应的压力	

图 15－1　组织战略模式选择

（一）全球一体化的压力

当不同国家的消费者对某一种商品的品味和喜好相近时，就存在着普遍的需求。因此，普遍的需求给全球战略带来了很大的压力。满足普遍需求的产品几乎与不同的市场无关，使得全球一体化更加容易。许多工业市场都是这样的情况，比如电容器、电阻器和半导体芯片这样的电子产品就是能满足普遍需求的产品。

降低成本的竞争压力可能迫使企业在全球范围内进行一体化生产。这对于那些把价格作为主要竞争武器并且竞争激烈的产业（如小型计算器和半导体芯片）来说是很重要的，对于那些把基地设在要素成本低廉的（例如低劳动力成本和低能源成本）国家的国际性竞争产业来说同样也是很重要的。

进行全球战略协调的竞争对手的出现是产生全球一体化的另一个要素。对全球竞争威胁做出反应需要进行全球战略协调，这给公司总部对各国子公司的竞争策略进行集中决策带来了压力。因此，一个产业中的一家跨国公司，一旦采用全球战略协调的做法，它的竞争者可能被迫以同样的方法做出反应。

(二)本地反应的压力

当不同国家的客户的品味和喜好存在巨大差异时,本地区反应带来的强大压力随之而来。在很多情况下,企业必须在不同的地方适应不同的需求。在这种情况下,产品销售不得不入乡随俗。比如,美国客户对小货车的需求很大,尤其在美国南部和西部,许多家庭把小货车作为第二或第三种交通工具。与之相比,小货车在欧洲被人们用作公用事业,主要由企业而不是个人购买。因此,汽车厂家要根据客户需求的差别来修改其销售的信息。

当不同的国家的传统习惯不同时,本地区反应带来的压力也会应运而生。比如,英国人在道路的左边行车,需要方向盘设在右边的车辆,而相邻的法国人却在道路的右侧行车。因此,企业必须按照传统习惯来相应地生产。

不同国家分销渠道和销售方式的差异也会带来本地区反应的压力。在制药业,日本的分销体制与美国有着根本的不同。日本的医生不喜欢美国式的硬性销售方式。因此,美国的制药公司不得不适应日本销售方法(柔性与硬性销售)。

最后,东道国政府在经济和政治上的要求也可能造成一定程度的本地区反应的压力。十分重要的一点是,地方保护主义、经济民族主义和本地内容规定(即要求一定比例的产品必须在本地制造)要求国际公司在本地制造产品。

因此,如何平衡全球一体化的压力和本地反应的压力,是全球化战略选择的主要依据。

三、全球化战略的组织模式

全球一体化的压力和本地反应的压力矩阵显示了四种国际竞争的途径,即国际模式、多国模式、全球模式和跨国模式。采用不同模式的组织,其战略途径及其结构与体制都不尽相同。

(一)国际模式

为帮助公司开发其现有的核心能力并扩展到外国市场而设计。国际模式利用其设在有业务往来的国家的子公司开展业务,由母公司行使最终的控制权。子公司有一定的自由度来根据当地的情况更改产品,但像研发这样的核心功能则倾向于集中在母公司。所以,子公司在新产品、工艺、创意方面对母公司的依赖需要母公司进行大量的协调和控制。

国际模式的优点是便于从母公司向世界各地的子公司转移技术和知识。例如,IBM、施乐和柯达公司均受益于把其核心技术和研发向海外转移。可口可乐、亨氏和宝洁在海外取得成功更多地基于母公司的市场营销技能。20世纪后期,包括丰田和本田在内的许多日本公司,以它们技术方面的核心能力成功地进入了美国市场,还有其他一些公司依靠的是管理技能方面的竞争优势。

国际模式的缺点就是它不能提供最大限度的、根据当地情况做出反应的自由。此外，它通常不能提供以规模经济来实现低成本的机会。

（二）多国模式

与国际模式相比，多国模式也利用其在各国的子公司（如独立公司）开展业务，但却给子公司提供很大的自主权，以根据当地的情况做出相应的改变。每个当地子公司是一个自治的单位，具有在当地市场运作所需要的所有职能。这样，每一个子公司都有自己的制造、销售、研究和人事职能。由于这样的自主性，每一个子公司都能够根据当地客户的品味和喜好以及竞争环境、政治、法律和社会结构对产品和策略进行"量体裁衣"。

多国模式允许子公司根据当地国家的情况做出反应的优点决定了它们较少需要公司总部来进行协调和指导。由于这样的子公司是自治单位，产品和服务很少在子公司之间相互转移，因此减少了转移价格及类似问题的出现。

多国模式的主要缺点是较高的制造成本和重复工作。尽管多国模式也能将其核心技术在各国之间传递，但不能通过实行集中制造场所和向全球市场提供标准产品的方式实现规模经济。而且，由于多国模式倾向于将战略决策权分散，它难以向竞争对手发起协调一致的全球性的进攻。当竞争对手有这样的能力的时候，这就是一个巨大的劣势。

（三）全球模式

全球模式使公司在成本和技能最优的少数地方进行生产，将标准化的产品向全球市场销售。采用全球模式的公司把全球作为一个单一的市场，认为不同国家的消费者的品味和喜好没有实质性的差别。例如，宝洁公司在欧洲成功地胜过联合利华公司就是因为前者把整个欧洲大陆作为一个统一的市场整体。

一方面，采用全球模式的公司在任何产业中都寻求低成本，它们选择几个成本低廉的地方建立全球规模的加工设施以实现规模经济。规模经济可以通过在新产品开发、工厂和设备以及全球营销中分摊投资中的固定成本而实现。由于全球模式实行集中化运营，子公司通常只限于从事销售和服务。

另一方面，因为追求纯粹的全球模式的公司努力使其产品和服务标准化，对不同国家用户的品味和喜好较少做出响应，所以试图通过全球产品标准化来降低成本就可能导致不能使每一个用户满意。例如，宝洁公司已经相当成功地应用了全球模式，但在日本试图销售其名为"快乐"的洗涤剂时却出现了问题。该产品在日本没能起到应有的洗涤作用，因为日本人使用大量的织物柔软剂，这影响了"快乐"洗涤剂的效果。声称"快乐"洗涤剂适用于任何水温的优点在日本也未兑现，因为在日本，大部分洗涤都是在冷水中进行的。

追求纯粹的全球模式的公司需要做较多的协调工作，因此需要较多的人员和文书工作。而且,这类公司还必须为在不同国家之间进行的转移产品确定价格。转移价格问题在同一个国家内部都难以解决,对于一个全球性的公司来说,变化无常的汇率就使得这一问题更加复杂。

(四)跨国模式

在当今全球经济中,要想形成竞争优势,常常需要同时从适应当地情况、转移技术和节约成本中追求利润。这就引发了一个问题,就是能否设计一个组织,使得公司能够同时获得全球扩展的所有利益。跨国组织模式就是为了达到上述目的而产生的。

采用跨国模式的公司的某些功能,特别是研究和开发功能,倾向于集中在本国进行。其他一些功能也集中,但不一定必须在本国。比如,为了节约成本,公司可以把劳动力密集型产品全球规模的生产厂地建立在如墨西哥、新加坡这样低工资国家;把需要技术型劳动力的工厂建立在德国或日本这样技术比较高的国家。特别是销售、服务和最后组装等功能倾向于交给各国的子公司,以便更大程度地适应当地的情况。因此,主要零部件在集中的工厂制造以实现规模经济,然后运到各地的工厂,在那里组装成最终产品,并且按照当地的需求对产品做出改动。

跨国公司最突出的特点是促进子公司之间的沟通。子公司之间为了互利而相互转让技术和知识。同时,集中化的加工厂与地方的组装厂相协调,以便平稳地运行全球集成的生产体系。在子公司之间进行沟通需要一个缜密的、正式的机制,如由来自各子公司的负责协调的人组成的委员会。同等重要的是,在子公司之间会经常性地进行管理者互换。这使得国际管理者能够在不同的子公司建立一个全球人际网络,以便在需要时能够实现信息共享。子公司之间的协调需要公司总部起到主动的作用。

四、全球化战略的实施途径

全球化战略实施的途径,从横向上说就是组织全球扩展的进入途径;从纵向上说就是全球扩展的发展阶段。

(一)进入途径

在考虑向全球扩展的时候,国际管理者必须确定一个进入海外市场的最佳方式。有五种进入海外市场的基本途径:出口、许可、连锁、合资和建立全资子公司。

1. 出口

大部分加工型企业先以出口商的身份进入全球市场,随后为了服务海外的市场,再以其他方式进入全球市场。

出口方式的优点:

(1)减少了在其他国家的加工成本。

(2)从其全球销售量上实现巨大的规模经济。

出口方式的缺点：

(1)如果其他国家能够提供更低成本的加工场所，则公司在本国生产出口产品就不划算。

(2)运输成本高昂，尤其是对于大批量的产品来说更是如此。

(3)进口国能够设立关税障碍或威胁要课以关税。比如，日本的汽车厂家就是为了减少这样的风险，而在美国建立了制造厂。

2. 许可

许可是一种约定，指另一国的被许可人按商议的价格（通常是按照销售额支付的版税）购买在该国生产授权公司的产品的特许权，然后投入项目运行所需的大部分经费。许可的优点是公司不需承担打开海外市场的成本和风险。许可的缺点是技术诀窍容易泄漏。比如，RCA公司由于向几家日本公司授权而失去了对彩色电视机技术的控制。日本的公司迅速模仿RCA公司的技术，然后又利用这些技术打进了美国的彩电市场。

3. 连锁

连锁在许多方面与许可的方式相似。许可主要为加工制造行业的公司所采用，连锁主要为服务业的公司所采用。在连锁经营方式中，公司向连锁经营者出售品牌的使用权，同时收取一笔保证金，并从以后的赢利中按一定的比例分成。但与许可不同的是，连锁经营必须同意遵守严格的经营规则。比如，当麦当劳与一个海外公司签订连锁协议时，它期望这家麦当劳与世界上的其他分店采取一样的经营方式。

连锁经营的优点与许可很相似，其最大的缺点就是对产品的质量失去控制。一个在香港的希尔顿国际饭店住宿的商业旅行者能合乎理性地期望得到与他在纽约所能得到的同样的客房质量、食品和服务。但是如果海外的连锁经营者对质量问题关心不够，其影响就远不止在当地市场的销售减少，而是有损于公司在全球的声誉。如果一个商业旅行者在香港的希尔顿饭店有过不愉快的经历，他可能再也不会去其他的希尔顿饭店。公司与特许经营者在地理位置上的距离使得其对低劣的质量难以检测。

4. 合资

与另一个国家的公司一起建立合资公司，很久以来一直是一种流行的进入新市场的方式。合资让公司在两个方面受益：

其一，当地的合伙人对其国家的竞争条件、文化、语言、政治体制和商业体制的了解。

其二，与当地合伙人分担开发成本和风险。此外，许多国家政治上的考虑使合资成为唯一可行的进入方式。

合资的方式除了有上述优势外，也有两个可能的劣势。

其一，就像许可方式一样，公司冒着技术上失控于其合资伙伴的风险。

其二，因为合资伙伴也分享控制权，公司就可能失去对其子公司的控制。关于“谁控制什么”的冲突确实是许多合资公司失败的原因。实际上，近年来全球合资企业的数量在逐渐减少。

5. 全资子公司

建立全资子公司，也就是一个由母公司全权拥有的独立的公司，这是进入海外市场成本最高的一种方式。采用这种方式的公司必须承担在海外运行子公司所发生的全部成本和风险(与之相比，合资方式的成本和风险是分担的，许可方式的成本和风险大部分是由被授权者承担的)。

设立全资子公司有两个明显的优点。第一，如果一家公司的竞争优势是技术上的，子公司通常是人们选择的进入海外市场的方式，因为它可以减少对技术失去控制的风险。例如，在进入半导体、电子和制药业时，全资子公司是有利的方式。第二，全资子公司使公司牢牢控制其在其他国家的运营，对于执行全球战略来说这是必须的。建立全球加工体系需要公司全球总部拥有对各地分支机构运营的高度控制权。与被许可者或合资伙伴不同，全资子公司通常接受总部做出的关于如何生产、生产多少以及如何定价的决定。如表 15—1 所示。

表 15—1　进入模式的比较

	出口	许可	连锁	合资	全资子公司
优点	规模经济、与全球战略一致	较低的开发成本、较低的政治风险	较低的开发成本、较低的政治风险	对当地了解、分担成本与风险、可能是唯一的选择	控制技术、控制运作
缺点	无低成本场所、高昂的运费、关税障碍	失去对技术的控制	失去对质量的控制	失去对技术的控制、与合伙人冲突	高成本、高风险

(二)发展阶段

在考虑向全球扩展的时候，国际管理者采取何种进入模式，与全球扩展的发展阶段即进入阶段息息相关。一般而言，全球扩展的进入阶段可划分为三个阶段，即阶段Ⅰ——被动反应阶段；阶段Ⅱ——明显的主动进入阶段；阶段Ⅲ——建立国际性公司阶段。每个阶段有不同的进入模式组合，如图 15—2 所示。

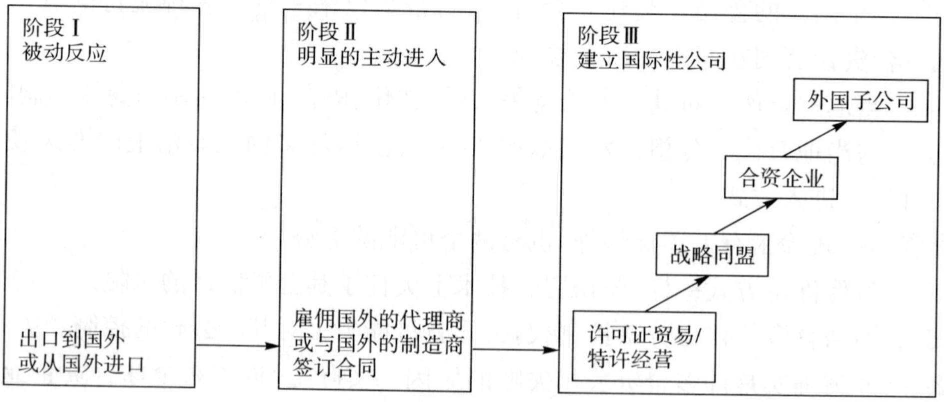

图 15-2　进入阶段

第三节 全球化管理

在分析和掌握经济全球化背景下的外部管理环境和全球化战略的基础上，限于篇幅，本节从全球管理者、全球化组织模式的演进、跨文化管理和风险管理等方面，介绍全球化管理的主要职能特点。

一、全球管理者

全球化组织中的管理者我们称之为“全球管理者”。全球管理者持有的观念，全球管理者的配备，全球管理者的甄选标准和领导风格，这些将直接决定组织的成败。

（一）全球管理者的三种观念

全球管理者持有的观念可以划分为三种全球观，即民族中心论、多国中心论和全球中心论。如表15－2所示。

表15－2 三种全球观念的主要内容

	民族中心论	多国中心论	全球中心论
取向	母国取向	东道国取向	全球取向
优点	结构比较简单； 控制比较严密。	广泛的了解外国市场和工作环境； 东道国政府更多支持； 鼓舞当地管理者的士气。	熟悉全球事务的能力； 当地目标和全球目标的平衡； 选用最优秀的人才和最佳工作方式而不受国籍之限。
缺点	管理比较无效； 缺乏灵活性； 社会和政治力量的强力反对。	重复性工作； 低效率； 因过于关注当地传统而难以维护全球目标。	很难实现； 管理者必须同时具备当地知识和全球知识。

民族中心论是一种狭隘的观念，认为母国的工作方式和惯例是最好的，他们不放心让外国雇员掌握关键的决策权和技术。多国中心论认为东道国的管理人员知道经营业务的最佳工作方式和惯例，可能给予外国机构独立经营的权力，并由外国雇员掌握决策权。全球中心论的核心是在世界范围内选用最佳方式和最优秀的人才。

持有不同观念的全球管理者特别是高层管理者，在计划、组织、领导和控制管理过程中，在全球人员配备、招聘与甄选时会产生决定性影响。

（二）全球管理者的配备

全球化组织的管理者的选聘来源：一是本国人员（外派人员）；二是驻在国公民；三是第三国公民。多数组织使用这三类雇员的组合，每一类雇员各有其优缺点。

由于全球化组织或决策者的文化背景不同，在选聘管理者或领导者时会具有不同的倾向。比如：高露洁公司使用外派人员来缩短产品到市场的送货时间，AT&T公司使用外派人员来帮助传播公司的文化。美国的公司特别倾向于使用更多的第三国公民在既不同于本国又不同于母公司所属国的国家工作。第三国的公民能够使母公司与其分支机构所在国之间的政治紧张关系变得温和，他们往往起到折中的作用。

有些管理人员认为，当地雇员更容易得到，且其熟悉当地的文化和语言，又因不需要外派而使开销减少。此外，当地政府经常对那些为当地创造良好就业机会的公司予以鼓励（或者对使用外派人员加以限制）。由于这些原因，培养一支当地的良好的劳动力队伍对于他们在海外取得成功是至关重要的，他们还把当地的主要雇员送到美国接受技能训练。在高级管理岗位上使用当地人而不从本国派出这一趋势在那些想创造一个跨文化的公司中尤为明显。例如，在霍尼韦尔公司的欧洲分部中，许多高级管理岗位是由非美国人担任的。

（三）全球管理者的甄选标准

作为一名全球化管理者，既需要理解全球化管理的环境，又需要理解与掌握一些全球化管理所必须的关键能力。因此，甄选最优秀、最合适的管理者，必须制定合理、可行的标准。目前，经过大量研究和实践证明，甄选标准主要考虑以下几个方面：

1. 文化敏感性与适应能力

全球管理者必须能够适应于其他国家的文化环境，了解外国雇员和同事与自己不同的思维和行为方式。因此，全球管理者必须具有较强的文化敏锐性，愿意接受、了解和学习其他国家的文化，同时，有较强的适应能力，能够很快适应异国他乡的文化和生活方式，并与自己的管理工作相结合。

为了减少文化适应性方面的障碍，许多全球组织，尤其是美国或欧洲的一些企业，常常选聘在他们国家留学的外国学生，以弥补其本国管理者在文化适应性方面的不足。比如，美国到中国开展业务，首先将全球管理者甄选的重点放在具有美国留学背景的中国人身上，因为这些人不存在文化适应性问题。

2. 工作技巧与领导能力

工作技巧与领导能力是全球管理者开展工作的基础，一个管理者过去的良好绩效通常是他的技术与管理能力的证明。一般而言，在本国获得成功的技术能力和管理技能在海外开展工作也同样适用。

当然，并非所有在本国成功的管理者都会在国外做得同样出色。最重要的原因是环境，特别是文化环境存在差异。因此，许多全球组织把成熟性、情绪稳定性、独立性、创造性、首创性、信息沟通能力、承受压力的程度等作为衡量全球管理者工作技巧和领导能力的标准。

3. 年龄、经历与教育

大量研究表明，全球化时代的年轻管理者更能欣赏其他文化，更热衷于国际性经营管理工作。但年轻人常常缺乏丰富的管理经验与技术技能，缺乏海外工作的体验与经历。因而，对全球组织来说，如何寻求年龄与经验间的平衡，成为制定外派人员甄选标准时需要考虑的一个重要问题。同时，在不同的文化中，人们对年龄的看法也是不同的。在一些文化中，年轻标志着活力与未来，人们能够坦然接受比自己年轻的人担任自己上司这个事实。但在另一些文化中，年轻意味着没有经验、缺乏阅历、不能委以重任。目前，跨国公司往往把有培养前途的年轻经理人员派遣到国外工作，使他们及时获得跨文化管理经验，以便他们在年富力强时能担任需要这种经验的高级管理职务。

学位与学历也是所有全球组织在招聘外派人员时考虑的主要标准之一，特别对国际高级管理人员来说，这是一项关键标准。然而，对于什么是最理想的学位，并不存在统一的标准。一般来说，高技术公司的组织倾向于选择拥有理工科学位的人。也有些公司认为，人文科学能培养出有思想深度、魄力、想象力、创造性与领导气质的成功管理者。当然，许多全球组织都自己设计一些培训课程来培训自己的管理人员，而不仅仅依靠正规教育。例如，德国西门子公司就为其国际管理团队提供特殊培训，以便帮助他们更有效地处理将会在海外工作中遇到的各种问题。

4. 语言能力

语言能力，或者准确地说外语知识与运用能力，也是全球组织招聘与甄选外派管理者的一个关键标准。熟练的外语不仅可以使外派管理者直接地、无障碍地与当地的雇员和同事进行自如的沟通与交流，也是外派管理者与当地人建立关系、发展友谊、减少冲突的重要保证。例如，高露洁公司为了培养具有全球视野的市场营销管理人员，专门制定了全球市场营销管理培训项目。公司要求参加这个项目培训的人员必须具有美国大学的 MBA 学历，能够熟练地使用计算机，具有一定的业务经验，至少熟练掌握一门以上的外语。因此，全球组织外派人员应当把学习外语视为学习文化，特别是学习其他国家的人们的价值观及行为习惯的最有效、最直接的方法。

除了以上四个方面的标准外，不同国家的全球组织在选择外派人员时所关注的主要问题也受其文化的影响。有些国家只注重个人能力，而有些国家会优先考虑部族和家庭成员，而非应聘者本人的技术水平。例如，美国很注重雇员的技术能力；而非洲的经理就常常雇用他们的亲戚和部族成员；在印度、韩国、拉丁美洲等国家和地区经常出现“重裙带关系、轻技术”的现象。

管理聚焦

在全球环境中取得成功所需要的各种技巧，如表15—3所示。除了文化敏感性、技术专长和业务知识以外，一个人在国外的成功可能很大程度地取决于他学习的能力。

表15—3 发现国际管理人员

目标	具体说明
对文化差异的敏感性	与来自其他文化的人一起工作时，努力去理解他们的观点
业务知识	对公司的产品和服务全面了解
勇于表明自己的主张	对问题愿意表明自己的立场和观点
善于与人交往	具有与人交往的特殊才能
正直	说实话、可信赖
有洞察力	善于在复杂的问题中鉴别最重要的
为成功而献身	为了公司的成功而表现出鲜明的献身精神
承担风险	承担个人的和商业风险
学习方面	具体说明
利用反馈	根据反馈结果而做出改变
喜爱新的文化	喜欢在国外工作的挑战
寻找机会学习	抓住机会去做新的事情
接受批评	乐于接受他人的批评意见
寻找反馈意见	即使在他人不情愿提供时也希望得到反馈
灵活机动	对无法改变的事情不去投入太多

（资料来源：托马斯·S.贝特曼：《管理学——新竞争格局》，王雪莉译，北京：北京大学出版社。）

二、全球组织设计的演进

20世纪60年代中期以后，跨国公司开始走向世界经济舞台。跨国公司组织结构的设计成为理论界研究的重要课题。全球化组织结构的设计在经济全球化的过程中，伴随着海外子公司在母公司的战略和经营作用的变化而不断变化。经历了从职能式组织设计向全球性组织设计，并进而向全球矩阵组织设计，再到网络组织设计的演进过程。

（一）职能式组织设计阶段

在20世纪80年代中期以前，学者们仅仅将海外子公司视为母公司的战略执行者和经营单元，跨国公司子公司的角色并没有得到重视。在这种视角下，学者们研究的重点是如何设计一个超出单纯职能式的、适合跨国公司规模大、产品多元化特点的层级组织结构。

由于产品多元化和高技术产品出现，市场不确定性大大提高，以往单纯的职能式组织结构已经不能适应市场要求。为了提高组织的市场反应速度和专业化程度，适应当时企业发展的需要，分部门制成为跨国公司组织结构发展的方向。但是该设计协调成本很大，随着多元化经营的开展和公司兼并浪潮的到来，跨国公司的规模急剧扩张，简单的分部门制又落后于跨国公司的发展需要。为了达到提高经营效率、提高协调能力、节约组织控制成本的目的，学者们又提出了 M 型组织结构，即至今仍被广泛采用的事业部制。在事业部制组织结构中，下属分支机构已经具有了一定程度的自主权，同时分支机构之间存在一定的横向联系。但是事业部制组织结构的研究仅仅注意到了正式结构这一个组织变量，而没有抓住跨国公司面临战略任务的复杂性。因此，在这个阶段中，跨国公司具体组织架构整体上主要还是表现为职能式组织设计，即总部各职能部门分别负责本职能部门所需要进行管理的一切海外业务。该设计只能适应于跨国公司初期发展的需要，随着跨国公司的不断成长，必然要被其他组织设计所替代。

值得注意的是，在这个阶段中，学者们就已经提出了具备全球化视角的 EPG 设计，即母国中心(Ethnocentric)、东道国中心(Polycentric)与全球中心(Geocentric)三种跨国公司组织类型。每种类型中，母公司与子公司之间具有不同的行为关系。但是，由于当时跨国公司仅仅将部分生产或分销单位置于其他国家，跨国公司的全球化形象并不突出。所以，EPG 设计并未引起理论界更多的关注，也没有将理论界的研究从传统视角引入到全球化视角之下。

(二)全球性组织设计阶段

20 世纪 80 年代以后，海外子公司在提升跨国公司全球竞争力方面的重要作用和战略价值得到广泛认可，这就要求跨国公司需要更加充分地发挥子公司在战略制定和市场开拓方面的作用，而传统视角下的层级结构显然并不能够很好的满足这个要求。另外，跨国公司海外子公司角色的差异，以及由此引起的资源在跨国公司内部流动量的增加，迫切要求跨国公司组织结构采取新的变革。

在这个背景下，国外许多学者陆续开始将全球化视角引入组织结构的研究中。其中，学者 Herbert(1984)基于跨国公司是一个全球化系统的观点，从资源获得、资源互惠和资源整合三个维度详细地阐述了战略结构构架问题。学者 Porter(1985)从跨国公司战略竞争力角度提出扁平化组织的概念，强调了组织内部的关系互动性和下属经营单元的战略角色作用，向传统层级结构提出了挑战。而学者 Bartlett 和 Ghoshal(1986)则首次将“跨国”的概念引入到公司组织结构设计中，认为局限于单一组织的传统组织结构已经无法适应动态环境对跨国公司战略灵活性的要求，要发展多维战略能力就必须要突破传统结构的束缚。学者 Hedlund(1986)在综合这些研究的基础上提出了跨国公司的变异分层(社会学新名词,指不靠地位而靠知识或作用所建立的权威)组织设计,改变了原有的以总公司为基地的层级结构的设计,提出多节点式的网络构架雏形,强调海外子公司之间的横向联系,从地域、产品、功能等多个维度赋予了跨国公司海外子公司更多的决策空间,强调信息在跨国公司中的共享和决策权力的分散。

上述研究成果折射了跨国公司组织设计的演进方向,同样也体现在了跨国公司组织结构设计的实践之中。在这个阶段中,跨国公司的组织设计经历了从职能式组织设计向全球性组织设计,并进而向全球矩阵组织设计的转变。

(三)全球矩阵组织设计阶段

全球性组织设计强调跨国公司的业务与经营环境的复杂性,采用全球地区性组织设计和全球产品组织设计两种组织架构方式,整合跨国公司全球资源,对跨国公司规模的扩张提供了有效的组织载体。然而,全球性组织设计的两种方式仅仅偏重于战略发展的某一方面,即全球地区性组织设计强调当地适应性和灵活性的战略要求,而全球产品组织设计强调全球产品与营销的战略要求。对于跨国公司的持续发展而言,两者必须统一。因此,全球性组织设计进而演化为全球矩阵组织设计。但是,矩阵结构具有多重领导和机制混乱的先天不足。所以,该设计只能作为一种跨国公司组织结构的过渡设计,必然被新型的网络组织设计所替代。

(四)全球网络组织设计阶段

学者 Ghoshal 和 Bartlett(1990)首次将网络组织理论引入跨国组织结构的研究中。在该研究中,他们将跨国公司母公司与子公司所在地的供应商、客户等所组成的外部网络囊括到跨国公司网络体系中,分别针对不同类型的业务联系定义了内部性密度与跨越性密度两个概念。其中,内部性密度用以衡量跨国公司海外子公司与其所在地的内部网络、外部网络之间的业务联系密切程度。跨越性密度用以衡量跨国公司海外子公司与非所在地的内部网络、外部网络之间的业务联系密切程度。在此基础上,应用上述密度的概念从资源获取、交换和集权分权角度来分析不同跨国公司所特有的结构属性,指出跨国公司是一组嵌入在不同国别环境下外部网络中的异质性企业所组成的全球内部网络组织。

在随后的研究中,学者们从实证角度论证了海外子公司与母公司之间,以及子公司相互之间的密切关系,从而进一步支持了网络组织形态的合理性。学者 Sharon(2000)通过对美国跨国公司实际数据的分析,指出在跨国公司组织管理全球子公司的方式上,等级制的总部——子公司设计曾经较长时间占统治地位,同时其在目前的全球战略的执行中仍然占据着较重要的地位,但是当今跨国公司内部组织关系更多的是差异化的内部一体化网络成员之间的关系,而且这种组织设计对当今复杂的全球化公司极其重要。

在这个阶段中，跨国公司组织结构在实践上完成了从全球性组织设计和全球矩阵式组织设计向跨国公司网络组织设计的巨大转变。

根据资源在跨国公司组织内部的流量与海外子公司角色的多样性两个维度的定义，可以将上述演进过程整理如图 15—3 所示：

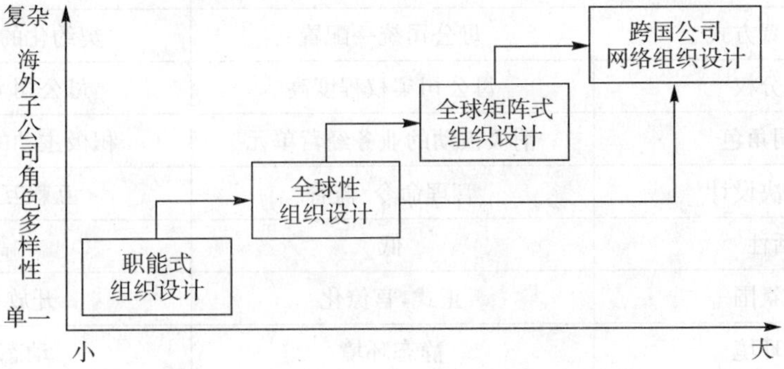

图 15－3　资源在跨国公司组织内部的流量

尽管跨国公司网络组织设计的研究已经有了突破性的进展，产生了许多重要的研究成果，如表 15—4 所示。但到目前为止，关于网络组织的定义、内涵和研究仍然随着科技的进步和市场环境的变化而不断发展，并没有形成一个标准不变的框架。如何利用网络组织形态，协调组织各种纵横关系，克服“条块分割”，实现“条块结合”，健全全球经营网络仍然是跨国公司的重大课题。关于传统的跨国公司组织设计与网络组织设计的比较，如表 15—5 所示。

表 15—4　跨国公司网络组织设计产生过程中的重要理论成果及实践结果

演进阶段	研究者	理论成果	实践结果
传统视角下的跨国公司组织设计研究	Lawrence G. Franko(1974)	提出分部门制组织结构	跨国公司职能式组织设计
	Williamson(1975)、Chandler(1977)	提出了 M 型组织结构	
全球化视角下的跨国公司组织设计研究	Porter Michael E(1985)	提出扁平化组织结构	全球性组织设计、全球矩阵组织设计
	Bartlett C. A 和 Ghoshal S (1986)	首次将“跨国”概念引入公司组织结构设计中	
	Hedlund G(1986)	提出跨国公司的变异分层组织设计	
跨国公司网络组织设计研究	Ghoshal 和 Bartlett(1990)	首次将网络组织设计引入跨国组织结构研究中	跨国公司网络组织设计

表 15—5 传统的跨国公司组织设计与网络组织设计的比较

组织描述参数	传统组织设计	网络组织设计
组织结构	纵向的层级式结构	纵横交错的网络式结构
组织控制设计	产权控制	资源控制
资源配置方式	母公司统一配置	契约化的配置方式
集权分权	母公司集权程度高	母公司大量分权
子公司角色	消极被动的业务经营单元	积极主动的网络节点
冲突解决设计	管理命令/监管	互赖互惠规范
灵活性	低	高
环境氛围	正式,官僚化	开放,互利
适应环境	静态环境	动态环境

三、跨文化管理

在跨文化条件下如何克服异质文化的冲突,进行卓有成效的管理,即如何在不同形态的文化氛围中设计出切实可行的组织结构和管理机制,最合理地配置企业资源,特别是最大限度地挖掘和利用企业人力资源的潜力和价值,从而最大化地提高企业的综合效益,成为全球组织重要的课题。关于全球管理中的文化问题,学者们进行了大量卓有成效的研究,提出了许多理论和文化评价模型,如霍夫斯泰德评估文化的框架和评价文化的 GLOBE 框架等,极大地丰富了跨文化管理理论。

(一)跨文化沟通障碍的原因

现代的交通和通信技术已经把世界变成了一个"地球村",人们很容易忘记国与国之间的差异实际上是多么大、多么持久。每一种文化都有其自己的标准、习惯和行为预期,在全球环境中的成功取决于一个人了解本国文化和外国文化的能力并认识到突变会遇到阻碍。

不同文化背景的人具有不同的价值取向、思维方式和行为表现。这些人同在一个组织内共事,在管理中按照各自的文化定式行事,必然会产生文化上的碰撞,从而导致组织内部的文化摩擦和冲突。其主要原因来自于 3 个方面:

1. 文化差异导致的沟通障碍

不同国家语言不同、文化背景不同,对同一信息的理解会产生差异,甚至会得出截然不同的结论,从而导致信息理解的差异。同时,不同的文化模式有不同的沟通方式,如果沟通双方来自不同的文化便会存在沟通障碍。例如,人们对于时间、空间事物、风俗习惯、价值观等的不同认识,常会导致沟通误会和冲突。

2. 民族的差异

不同的民族文化孕育了不同的民族心理和精神气质。处于不同民族之中的群体及成员有着特定的价值取向，遵循着特定的风俗习惯和文化规范。人们往往习惯于根据自身文化的个性和价值观念去解释判断其他一切群体的行为，因而产生了对异文化的偏见。同时，对另一种文化先入为主的刻板印象也会影响我们的判断，例如法国人浪漫、德国人严谨、日本人工作努力等，这些就是刻板印象。人们过分注重事物的整体印象，而忽视个体差异，会导致我们不能客观地观察另一种文化。另外，民族中心主义即按照本民族文化的观念和标准去理解和衡量其他民族文化中的一切，包括人们的行为举止、交际方式、社会习俗、管理模式以及价值观念等。

3. 思维的差异

思维的不同是跨文化冲突的重要原因。在思维方式上，一般认为东方与西方存在着明显的差异。在逻辑特征方面，一般认为西方人的特点是就事论事的象棋逻辑；东方人则是顾虑全局的围棋逻辑。此外，一般认为西方人在思维方式上是团队取向，侧重事物的方面，忠诚于原则和注重个人；而东方人则注重等级，侧重人的方面，因时因地制宜和注重整体。

文化特质决定了企业管理者的价值观体系，从而决定了他们的经营观念和管理模式，这种经营观念和管理模式必然渗透到管理的计划、组织、指挥、协调和控制等各个环节中去，同时，不同的文化背景也会导致员工对待企业的各项管理活动的态度不同。因此，对企业人力资源的管理、生产组织和企业文化等方面产生了影响。

(二)跨文化管理模式

由于各种企业面临的政治、经济环境不同，文化差异及其冲突、产生原因和表现形式也有差别，管理者及员工的素质也存在着差异，使得跨文化管理呈现出多样化的模式，按文化整合的方式不同，企业跨文化管理的战略模式可以分为 3 种类型：

1. 注入式

注入式即用先进的强文化彻底改造落后的弱文化，它适合于经营实力悬殊的企业文化的整合，如海尔集团对被它兼并的企业都是通过先派企业文化中心的人用海尔文化彻底改造其整套文化模式，实现文化整合的，海尔在并购莱阳时激活了“休克鱼”就是典型的注入式案例。

2. 融合式

融合式即将几种势均力敌的企业文化有机的结合在一起，形成一种既带有原来各种文化痕迹又有所创新的新文化。它适合于强强联合的企业集团以及有相似文化背景的企业合作，如上海贝尔公司在中比双方合作与沟通的过程中形成的“团结、奋进、为大家”的贝尔文化，既可以找到合资双方原有文化的影子，又赋予了新的内涵。

3. 促进式

促进式指的是强文化受弱文化的冲击时，在保持基本样式不变、价值体系相对稳定的基础上，使原文化的功能更齐全、结构更完善，由于企业内原有文化既非力量悬殊，也非势均力敌，这种整合方式介于注入式和融合式之间，整体上坚持强文化，但又不是强文化的简单复制，如华北制药集团，1993年起陆续和日、美、德等一些国家和地区的企业联手，建立了近20家合资公司，这些新公司继续秉承"人类健康至上，质量永远第一"的原有文化，但又吸收了外资企业高度重视市场开发和销售领先的管理文化，产品质量稳步提高。

当然，以上战略模式的优劣不是绝对的，在具体操作时要综合考虑多种因素：一是各种企业文化的类型及相互认同的程度，两种根本对立的企业文化，如民主型和专制型，一般难以进行融合式进行整合，相互认同程度越高，融合就越容易；一方对另一方认同程度越高，则注入式和促进式就越适应。二是各种企业文化的影响力及力量对比状况悬殊，一般适合注入式；力量对比均衡，适合融合式。三是各种企业文化与整个企业经营目标的适应程度，企业文化与经营目标越适应，则越有生命力，而以它为蓝本改造其他文化也就越有效。四是文化差异的层面，基本价值观层面的差异和冲突一般难以改变，即使在力量悬殊的不同企业文化间，也只有促进式才易被接受，而注入式则操之过急，行为规范层面的差异容易改变，战略选择的余地较大，此外，战略模式的划分也是相对的，进行战略模式选择，必须综合考虑各种因素，并根据其变化，随时做出调整。

知识链接

1. 一位美国主管第一次去德国的时候，应邀到一位最大的客户家里做客，他希望成为一位得体的客人，于是给女主人送了一束红玫瑰，一共12支。后来，他才知道在德国，如果花是偶数则代表坏运气，而且红玫瑰象征着一种极其浪漫的情意。

2. 一位在美国经营的主管，被秘鲁管理人员认为是冷酷、不值得信任的，因为在面对面的讨论中，该美国主管总是离得很远，他并不知道，在秘鲁和其他拉丁语系国家，人们习惯与谈话人站得很近。

3. 竖起两个大拇指在中东国家被视为一种很冒犯的手势，在澳大利亚是很不礼貌的。在法国则是表示OK。

4. 一位调到沙特阿拉伯的美国经理成功地从一个沙特制造商那里获得了一份100万美元的合同。这位制造商的代表到会时晚了几个小时，但美方主管认为无关紧要。当这个美国人后来知道沙特并无遵守此合同的意图时，既惊讶又沮丧。原来那位代表是为了出席会议迟到之故，出于礼貌而签订了这份合同。

（资料来源：[美]斯蒂芬·P·罗宾斯：《管理学》，孙建敏等译，北京：中国人民大学出版社。）

四、风险控制

全球化管理风险从广义上讲是指企业进行全球化经营时，各种不确定性因素给企业带来的影响。进行全球化管理风险控制，必须认真分析风险来源，明确风险类型，制定科学的风险控制程序和采取有效的处置风险方法，最大限度地控制风险。

（一）风险类型

由于不确定性因素很多，所以企业全球化经营风险类型也很多，范围也甚广。一般包括以下风险：

1. 销售风险

销售风险是指因产品销售困难而产生的危机。销售风险产生的原因包括：市场预测失误，预测量与实际需求量差距过大；生产的产品品种、款式、质量不适应消费者需要；产品价格不合理或竞争对手低价倾销；销售渠道不适合或不畅通，影响产品销售等。

2. 商品物质风险

企业在国际化经营过程中，由于自然灾害和意外事故，可能造成商品物质的短少和损失。这种风险是客观存在的，必须清醒估计。

3. 财务风险

财务风险是整个企业经营状况的反映。企业经营中可能遇到入不敷出、现金周转不灵、债台高筑而不能按期偿还等情况。

4. 人事风险

人事风险是企业在员工招聘、经理任命过程中存在的风险。它产生的原因有：任人唯亲，排挤贤良；提拔过头，难以胜任；环境变化，原有工作人员不能胜任。

5. 价格风险

这是指国际市场行情变化引起价格波动而使企业蒙受损失的可能性。由于各种因素都会引起价格变动，故价格风险是经常性和普遍性的。

6. 技术风险

采用新技术固然是企业发展的重要因素，但也包含着风险。首先，新技术开发的费用很高；其次，新技术与本企业原有技术不一定相容；最后，新技术推广的进程和更新周期如果很快，也会造成风险。

7. 投资风险

投资的方向、区域、项目都是有风险的。一旦决策失误，会造成巨大损失。

（二）风险控制的程序

风险管理必须依照科学的程序进行，主要包括以下阶段：

1. 风险界定

如前所述，风险的产生来源于不同渠道，影响程度也不同。界定风险，可以使决策者明确哪些风险因素会对企业造成重大损害，这些损害的程度如何；对于次要风险，可以不予理睬，或以较小精力应付。

2. 风险识别

识别现在的和预计的风险是分析风险、制定对策的基础。识别风险的方式包括：①建立风险报告系统。风险报告系统不但报告企业内部运行情况，而且报告对企业产生影响的各种外部情报。②利用问卷调查了解企业各个部门的风险。绘制管理过程流程图或制造过程流程图，以了解各部门的运行及其监督的整体状况，并挑选出重要事项。③建立风险预测系统。对于来自企业内外部的各种风险，在发生前都有其预兆表征，通过定性、定量分析这些表征要素，可以预测这些风险的变动方向、变动幅度、变动时间等。

3. 风险分析

对风险的分析一般包括：①风险对企业总部和各子公司的影响。②风险对全球战略每一组成部分的影响。③风险对管理的每一职能作用的影响。

4. 制定风险管理战略

风险管理战略是企业消除、减少或接受可能风险的行动纲领。在风险识别和分析的基础上，决定风险管理战略应充分考虑企业对风险的态度和承受负面性结果的程度等。战略的制定要进行风险防范的成本收益分析，以确保企业的损失最小或收益最大。

5. 建立风险控制系统

管理者本身不可能是任何事务的专家，需要建立包括专家和企业高层管理人员在内的全体员工共同参与的风险控制系统。因此，他必须成为各专家之同的协调者。此外使所有员工都对企业的风险具备警觉性是管理者的基本工作。

通过以上结构化的管理程序，发觉潜在的风险，并推动企业整体风险防范。但一位称职的管理者还必须能够针对特定问题找到有关人士，寻求解决该特定问题的答案，以消除某些正在酝酿的潜在危机。

（三）处置风险的方法

管理者通过风险管理程序，基本上可以揭示企业所面临的风险。用以处理风险的方法基本上有以下 4 种：

1. 回避风险

有些方案风险太大，超过企业的承受能力，必须加以回避。如产品开发中，花费的开支很高，如果成功的把握很小，可以购买技术专利，避免独自研究开发失败造成重大损失。

2. 减少风险

当风险无法避免时，企业可以设法减少风险。如决策时作好灵敏度分析；在发展新产品系列前做好充分的市场调查和预测；通过设备预防检修制度减少设备事故造成的生产中断；搞好安全教育、执行操作规程和提供各种安全设施以减少安全事故。

3. 接受风险

有时候，企业可以用自我保险的方式把风险接受下来。自我保险就是企业定期提取一笔资金作为专门基金，供将来发生意外灾害或事故时补偿损失之用。

4. 转移风险

转移风险的方式有很多，不同的风险类型有不同的具体风险转移措施。转包和保险是常用的转移风险的方法。

总之，一个管理控制系统必须从母公司和分公司两角度来考察。第一，管理控制系统的制定逻辑。全球化企业必须通过分公司的战略实施而服务于协调总部确定的价值创造过程。管理控制系统必须帮助分公司适应其当地环境，有利于分公司挖掘当地所有的机会与潜力。第二，管理控制系统的设计。分公司的管理控制系统的设计必须同时用于解决政治风险、经济风险和文化差异；分公司的管理控制系统还必须反映分公司的战略。

本章小结

本章重点讨论了经济全球化背景下组织进行全球扩张和发展所面临的外部管理环境的变化，制定全球化战略的依据和实施全球化战略的选择、进入方式和阶段等基本问题。从全球管理者与领导者、全球化组织模式的演进、跨文化管理和风险管理等方面，介绍全球化管理的主要职能特点。

本章习题

1. 全球化组织面临的外部环境包括哪些？什么是区域经济一体化？
2. 什么是全球化战略？全球化战略制定的基本依据是什么？
3. 简述全球化组织模式的演进过程？
4. 全球管理者应具备哪些基本素质？
5. 如何进行跨文化沟通？

案例研讨

保利公司的总经理

保利公司是一家中美合资的专业汽车生产制造企业，总投资600万美元，其中固定资产350万美元，中方占有53%的股份，美方占有47%的股份，主要生产针对工薪家庭的轻便、实用的汽车，在中国有广阔的潜在市场。

谁出任公司的总经理呢？外方认为，保利公司的先进技术、设备均来自美国，要使公司发展壮大，必须由美国人来管理。中方也认为，由美国人来管理，可以学习借鉴国外企业管理方法和经验，有利于消化吸收引进技术和提高工作效率。因此，董事会形成决议：聘请美国山姆先生任总经理。山姆先生有20年管理汽车生产企业的经验，对振兴公司胸有成竹。谁知事与愿违，公司开业一年不但没有赚到一分钱，反而亏损80多万美元。山姆先生被公司辞退了。

这位曾经在日本、德国、美国等地成功地管理过汽车生产企业的经理何以在中国失败呢？多数人认为，山姆先生是个好人，在技术管理方面是个内行，为公司吸收和消化先进技术做了很多工作。他对搞好保利公司怀有良好的愿望，“要让保利公司变成一个纯美国式的企业”。他工作认真负责，反对别人干预他的管理工作，并完全按照美国的模式设置了公司的组织结构并建立了一整套规章制度。在管理体制上，山姆先生实行分层管理制度：总经理只管两个副总经理，下面再一层管一层。但这套制度的执行结果造成了管理混乱，人心涣散，员工普遍缺乏主动性，工作效率大大降低。山姆先生强调“我是总经理，你们要听我的”。他甚至要求，工作进入正轨后，除副总经理外的其他员工不得进入总经理的办公室。他不知道，中国企业负责人在职工面前总是强调和大家一样，以求得职工的认同。最终，山姆先生在公司陷入非常被动、孤立的局面。

山姆先生走后，保利公司选派了一位懂经营管理、富有开拓精神的中方年轻副厂长担任总经理，并随之组建了平均年龄只有33岁的领导班子。新班子根据实际情况和组织文化，迅速制定了新的规章制度，调整了机构，调动了全体员工的积极性。在销售方面，采取了多种促销手段。半年后，保利公司宣告扭亏为盈。

（资料来源：单凤儒：《管理学基础》，北京：高等教育出版社，2000。）

案例思考题：

试运用管理的有关原理分析保利公司总经理成败的原因。

应用训练

测试你的全球观念

全球一体化要求管理者学会有效地与其他文化的人们协同工作，那种美国人就应当以美国人的方式来工作和与人交往的观念是错误的。请完成下列测试，来看看你是否具有全球观。

对下列行为，你是否感到内疚：

(1)不耐烦，认为“时间就是金钱”或者“让咱们直接进入正题”这样的观点是正确的。

(2)注意力集中不起来，不愿意听人讲话，或忍受不了沉默。

(3)你是否喜欢与人争执，有时甚至“好战”？

(4)对你所在圈子以外的事一无所知。

(5)外语很差。

(6)注意短期的成功。

(7)坚信前期的准备工作远不如沟通本身重要。

(8)守法主义,公事公办。

(9)对全球化方面的研讨会毫无兴趣,在图书馆也不愿意阅读全球化题材的书,更不愿意与国外学生和雇员交往。

测试表

完全不				完全是	
1	2	3	4	5	
1	2	3	4	5	
1	2	3	4	5	
1	2	3	4	5	
1	2	3	4	5	
1	2	3	4	5	
1	2	3	4	5	
1	2	3	4	5	
1	2	3	4	5	总分:

如果你的得分小于 27 分,那么你有禀赋而且有兴趣在国际企业中取得佳绩。如果得分大于 27 分,你得考虑改变自己。

现在忽略你的分数,重新看一下所有的题,对那些获得 4 或者 5 分的项目认真研究一下,提出具体的改进措施。

参考文献

［1］汪洁. 管理学基础［M］. 北京：清华大学出版社，2009.

［2］朱友发，司树宏. 管理学基础［M］. 北京：北京师范大学出版社，2010.

［3］钱钶，刘春斌，梅艺华. 管理学基础［M］. 北京：北京理工大学出版社，2010.

［4］季辉，林维柏. 管理学基础. 第3版［M］. 重庆：重庆大学出版社，2011.

［5］周三多，陈传明，鲁明泓编. 管理学——原理与方法. 第5版［M］. 上海：复旦大学出版社，2009.

［6］郭小平，廖志江. 管理学原理［M］. 兰州：兰州大学出版社，2005.

［7］孙成志，刘明霞，林波. 管理学. 第4版［M］. 大连：东北财经大学出版社，2010.

［8］朱占峰. 管理学原理. 第2版［M］. 武汉：武汉理工大学出版社，2009.

［9］杨红娟. 管理学概论［M］. 北京：冶金工业出版社，2009.

［10］朱镕基. 管理现代化［M］. 北京：企业管理出版社，1985.

［11］［美］尼尔 A. 雷恩著，赵睿等译. 管理思想的演变［M］. 北京：中国社会科学出版社，1995.

［12］［美］彼得. F. 德鲁克著，屠瑞华，张晓宇译. 有效的管理者［M］. 北京：工人出版社，1989.

［13］［美］E·戴尔著，孙耀君等译. 伟大的组织者［M］. 北京：中国社会科学出版社，1991.

［14］［美］斯蒂芬·P·罗宾斯，孙健敏等译. 管理学. 第9版［M］. 北京：中国人民大学出版社，2008.

［15］［美］托马斯. 贝特曼（T. Bateman），斯考特. 斯奈尔（S. snee）. 管理学. 第4版［M］. 北京：北京大学出版社，2001.

［16］王凯，陈超. 管理学基础. 第2版［M］. 北京：高等教育出版社，2006.

［17］倪杰. 管理学原理. 第2版［M］. 北京：清华大学出版社，2011.

［18］郑明身. 组织设计与变革——理论·实务·案例［M］. 北京：企业管理出版社，2007.

［19］刘松博，龙静. 组织理论与设计. 第2版［M］. 北京：中国人民大学出版社，2009.

［20］贾隽，行金玲．组织理论与设计［M］．西安：西安交通大学出版社，2011.

［21］秦志华．人力资源管理．第 3 版［M］．北京：中国人民大学出版社，2009.

［22］彭剑锋．人力资源管理概论．第 2 版［M］．上海：复旦大学出版社，2011.

［23］潘开灵，邓旭东．管理学．第 2 版［M］．北京：科学出版社，2010.

［24］冯拾松，赵红英．管理学原理．第 2 版［M］．北京：机械工业出版社，2010.

［25］赵涛，齐二石．管理学．第 3 版［M］．天津：天津大学出版社，2010.

［26］王凤彬，李东．管理学．第 4 版［M］．北京：中国人民大学出版社，2011.

［27］马云献．变革型和事务型领导研究述评［J］．河南商业高等专科学校学报．第 19 卷第 5 期．2006.

［28］［美］哈罗德・孔茨，海因茨・韦里克．管理学．第 9 版［M］．北京：经济科学出版社，1993.

［29］［美］W・H・纽曼，小 C・E・萨默．管理过程——概念、行为和实践［M］．北京：中国社会科学出版社，1995.

［30］［美］约翰・科特著，史向东，颜艳译．现代企业的领导艺术［M］．北京：华夏出版社，1997.

［31］［美］约瑟夫・阿洛伊斯・熊彼特．经济发展理论［M］．北京：中国社会科学出版社，2009.

［32］常修泽等．现代企业创新论［M］．天津：天津人民出版社，1994.

［33］芮明杰．现代企业管理创新［M］．太原：山西经济出版社，1998.

［34］Robert A. Burgelman, Modesto A. Maidique, and Steven C. Wheelwright, *Strategic Management of Technology and Innovation*,（New York: McGraw－Hill Higher Education, 2000）.

［35］Eric Von Hippel, *The Sources of Innovation*（Oxford, UK: University Press, 1994）; Dorothy Leonard, *Wellsprings of Knowledge: Building and Sustaining the Sources of Innovation*（Cambridge MA: Harvard Business School Press, 1998）.

［36］John Hagedoorn, Albert N. Link, and Nicholaw S. Vonortas, "*Research Partnerships*," Research Policy, April 2000, 29, no. 4/5, pp. 567—586; Sang—Seung Yi, "*Entry, Licensing and Research Joint Ventures*," International Journal of Organization, January 1999, 17.

［37］张钢．现代企业理论与组织创新研究［J］．科研管理，第 22 卷，第 1 期，2001.

［38］裴利芳，胡德旺．组织行为学教程［M］．北京：经济管理出版社，2003.

［39］何斌，张立厚．信息管理原理与方法［M］．北京：清华大学出版社，2006.

［40］岳建波．信息管理基础［M］．北京：清华大学出版社，1999.

［41］李兴国．信息管理学．第 2 版［M］．北京：高等教育出版社，2007.

［42］娄策群．信息管理学基础［M］．北京：科学出版社，2005.

[43] 黄梯云. 管理信息系统. 第 4 版 [M]. 北京:高等教育出版社,2009.

[44] 穆炯,许丽佳. 电子商务概论 [M]. 北京:清华大学出版社,2011.

[45] [美]理查德·L. 达夫特. 韩经纶等译. 管理学. 第 5 版 [M]. 北京:机械工业出版社,2003.

[46] [美]托马斯·S. 贝特曼著,王雪莉译. 管理学——新竞争格局. 第 6 版 [M]. 北京:北京大学出版社,2007.

[47] 贾旭东. 国际管理学 [M]. 北京:中国人民大学出版社. 2009.

[48] 郎蒙. 跨国公司组织模式的演进与变迁——从传统视角到网络视角. 百度文库.

后　记

在人类社会活动中，管理活动无处不在，无时不有。当人类社会开始工业化时，管理学应运而生。管理学伴随着人类社会进步，不断丰富和发展。特别是近30余年来，管理学是我国发展最为迅速的学科之一，无论在出书种类还是发行数量上，都表现出作为一门新兴学科所具有的勃勃生机。同时，也反映出人们日益重视管理，探索、研究和揭示管理活动的规律、原理与方法的祈求。

我们在长期教学实践中，针对应用型高校学生群体，采用过多种版本《管理学》教材，受益匪浅。但总感到教材或多或少地存在学术性太重、理论性太强，实用性、针对性和趣味性等不尽如人意的地方。恰逢安徽大学出版社组织编写针对应用型高校学生群体系列教材之机，我们应邀领取了《管理学》教材的编写任务。

编写《管理学》教材，对我们来说，既是机遇又是挑战。是机遇，我们可以趁机认真总结在长期讲授本课程中的经验和体会，提升教学质量和水平；是挑战，我们是第一次尝试，根据应用型高校学生群体的实际，力求编写出系统性、适应性和针对性的教材，满足服务对象的需求。

在编写过程中，从教材框架设计、编写原则、章节内容取舍和安排、体例版面布局和案例选择等方面，编写组成员认真进行了多次讨论和沟通。尽管如此，由于能力和经验不足，还存在许多不尽如人意的地方。希望能够在使用过程中不断改进和完善。

具体编写安排，霍圣年老师编写了第一章；郭瑞老师编写了第二章；陈方旻老师编写了第三章、第五章；单杰老师编写了第四章；惠光伦老师编写了第六章、第十二章；裴飞云老师编写了第七章、第八章；周峰老师编写了第九章；何叶荣老师编写了第十章、第十一章；杨渊老师编写了第十三章、第十四章；周学锋老师编写了第十五章并负责了教材的统稿工作。何叶荣老师、惠光伦老师和杨渊老师为整个教材的案例选择、绘图和排版等方面做了大量工作。

最后，还要再次感谢安徽大学出版社的领导和许多专家同仁给予的大力支持和关心指导！

编　者

2012年4月